U0120754

祁龙威文集

QILONGWEI WENJI

祁龙威 著
吴善中 编

贰

广陵书社

本册目录

考证学集林^[1]

---

[1] 本文集编者按,《考证学集林》,广陵书社 2003 年 8 月版。

漏网喁鱼集^[1]

---

[1] 本文集编者按,《漏网喁鱼集〔外一种〕》(《近代史料笔记丛刊》),中华书局 1959 年 12 月初版,1985 年第二次印刷。

海角续编[1]

洪秀全选集[2]

---

[1] 本文集编者按，《海角续编》，原为《漏网喁鱼集》之外一种，中华书局
1959 年 12 月初版，1985 年第二次印刷。

[2] 本文集编者按，《洪秀全选集》，中华书局 1976 年 1 月版，作者署名为
"扬州师范学院中文系编"。

附录

洪仁玕选集[1]

---

[1]　本文集编者按,《洪仁玕选集》,中华书局 1978 年 6 月版,作者署名为
"扬州师范学院中文系编"。原附录《洪仁玕年表》,收入《太平天国史料学
举例》,为合体例,此处存目。

附录

劫余小记^[1]

史致谔与外国侵略者往来信函选录^[2]

---

[1] 本文集编者按，《劫余小记》，原载《近代史资料增刊·太平天国资料》，科学出版社 1959 年 3 月版。

[2] 本文集编者按，《史致谔与外国侵略者往来信函选录》，原载《近代史资料增刊·太平天国资料》，科学出版社 1959 年 3 月版。

殷谱经侍郎自定年谱(摘录)^[1]

---

[1] 本文集编者按,《殷谱经侍郎自定年谱(摘录)》,祁龙威先生供稿,原载《中国近代史资料丛刊·第二次鸦片战争(二)》,上海人民出版社 1978 年 7 月版。

祁龙威文集·专著(附：史料搜集整理)

考 证 学 集 林

序

戴　逸

祁龙威教授是我的同乡,同生长于江苏常熟,同受业于金鹤冲叔远先生门下,他稍长几岁,是我的学长。我们相交已四十多年,切磋学业,交流心得,他为人豪爽热情,常常操着浓重的常熟方言,抒发新见,议论风生,一座为之动容,我从中受益甚多。

龙威同志治中国近代史,尤致力于太平天国史,著作甚丰,他学问淹博,多才多艺,曾受过文字音韵学的训练,遍览古代经典,娴熟传统学术,尤精于考证。他青少年时代即在一个传统文化浓郁的环境中成长。我们的老师金叔远先生是邑中饱学宿儒,正直耿介,以教书为业,生活清贫,淡泊荣利。1946 年夏,我去北京大学历史系学习的前夕,曾从金先生学《史记》两个月,学生只有我和何鼎新同学二人。金先生的教学方法很特殊,他要求我们每天用朱、蓝二色毛笔先圈点阅读《史记》若干页,第二天和我们讲解讨论。圈点阅读时,我只识其字句,知其大意,经讲解讨论,我才能深入理解篇中的精意,金老师就是这样引领学生们步入学术的殿堂。这两个月的学习,使我得益匪浅,可惜时间太短,未能得叔远先生真传。龙威学长在金先生门下,较我为早,时间也长得多,与叔远师关系密切,我很羡慕他长时间得到名师的传授,所以形成了深厚的学术根底。

　　还有，我常听龙威同志谈起他的表亲杨无恙先生，杨是常熟的名士，极有成就的诗人，龙威同志与他谊属近亲，从杨求学问业，故学向精进。我也认识无恙先生，那是 30 年代末，避日寇之难，迁居上海，与杨家住屋相邻。我还是初中一年级的小孩子，尚不识无恙先生的诗赋文章，但我的父亲对无恙先生极为尊敬。杨家住地虽狭小，生活也不富裕，家中却经常高朋满座，常招集一批友人吟诗作画，虽在国难期间，也不废诗文会友，我也不知道龙威同志曾否参加过无恙先生招集的此类雅聚。又龙威同志青年时代即与章太炎弟子王仲荦、朱季海等前辈论交，英年早慧，饫闻笃学之论。

　　龙威同志青少年时代在这样浓郁的文化氛围中成长，和这样有学问的师长亲友相交往，环境优越，得天独厚，耳濡目染，蕴深涵厚，再加上性喜文史，勤奋钻研，所以有非常扎实的国学基础。我阅读母校孝友中学校史前几班校友中，祁龙威的名字赫然在目，他是当年全校名列前茅的高材生。

　　这部《考证学集林》是龙威同志运用考证方法研究历史的心血所萃。考证学是我国的传统学术，宋代司马光作《资治通鉴考异》，明陈第作《毛诗古音考》，这是早期的考证学著作。至清代，顾炎武、阎若璩、惠栋、戴震、钱大昕、王念孙、王引之，将考证学发扬光大，成为清代学术的一大特色。龙威同志说："考证乃是占有史料的方法，包括搜集史料、比较史料、归纳史料等过程，乃是历史研究者不可缺少的基本功之一。"历史是早已逝去的人物和事件，历史学家不能参与历史，也不能在实验室里复制历史场景，而只能通过史料去认识历史，研究历史。因此，只有占有史料是历史研究中最基本、最重要的一步，离开了大量并经过考核的确凿史料就谈不上再现历史的真实,谈不上恢复历史的本来面貌。

但是存留下来的史料,数量浩瀚,分散在各个地方,有档案、书籍、报刊、碑刻、实物等等,记载的内容多有分歧,真伪杂出,精粗并陈。一件事实,一个日期,一位人物,有时不同记载达十余种之多,前后矛盾,相互抵牾,莫衷一是,这就需要历史学家从多方面进行核实考信,辨其真假,正其讹误,补其脱漏,定其是非。考证工作是一项既繁难又琐屑的工作。但它是历史研究不可超越、不可缺少的重要环节,没有了考证,就没有了信史。

距今二百年前,清代乾嘉学派是我国考证学的集大成者。当时,考经证史,蔚然成风。惠栋继阎若璩考伪《古文尚书》,推倒了儒家奉为权威的十六字心传;戴震考《水经注》,发明了判别经注混淆的义例,使原书豁然贯通;钱大昕考二十二史,订讹补缺,抉疑发覆,纠正了正史记载中的谬误;王念孙、王引之父子考古代经典,"一字之证,博及万卷,折心解颐,他人百思不能到"[1]。乾嘉学派把考证发展到高峰,给中国的传统文化作了清理和总结。

考证学运用人类理性的力量思考、核查、研究学术,强调实事求是,重视证据,无征不信。凡立一说,必多方搜集证据,包括本证与旁证,有了充足的证据,才敢下判断,无证存疑,孤证不立,遇有力之反证,则必修改成说。这种方法依靠逻辑的证明、理性的推导,归纳证据以寻求结论,不留浮议,不涉虚诞,不盲从权威,不凭借主观感悟,与近代科学精神相接近,排斥蒙昧主义、宗教信仰和超自然的认知方式。近代著名学者梁启超、王国维、陈垣、陈寅恪、胡适等除接受西方学术的影响外,均广泛地吸收了乾嘉学派

[1] 阮元:《王石臞先生墓志铭》。

的研究成果与方法。马克思主义的历史学家同样也把考证看作历史研究的基本工作,运用考证和归纳的方法,可以从辨别事实真伪,叙述历史过程过渡到揭示历史的规律。考证学的原则与唯物史观相通。郭沫若、范文澜、翦伯赞等历史学家也受到传统考证学的影响。

做考证工作要有两个条件,一是学问渊博,见多识广,能从各种文献和实物资料中搜罗爬梳,广征博引,寻找更多的证据。尤其要懂得小学,识字审音,乃能辨证经史。二是有科学头脑,逻辑训练,认真求证,广密推理,一丝不苟。下一判断,如老吏断狱,客观冷静,不杂成见,不带感情。龙威同志具有这两方面的优长,故而他运用考证方法治中国近代史,能得人所不能得,能见人所不能见,能言人所不能言。

由于中国近代史史料繁富、记载杂出,矛盾纷歧之说极多,而做考证工作的同志极少,故龙威同志这部《考证学集林》实有筚路蓝缕开辟榛莽之功。书中不仅考订史实,辨别伪书,做了很切实有益的工作;还总结考证学的原则,介绍考证学派和考证学家,为治考证者指点门径,提供知识,传授方法,这部书是对中国近代史和考证学的有力促进和重要贡献。今值《考证学集林》即将出版之际,聊缀数语,以表祝贺。

上卷

近世史家与考证学的发展

清末民初的史料浩如烟海，我所读甚鲜，本文只是略举一些日记、笔记、专集等为例，以论述自清以来考证学的发展及其经验。

一、清代的考证学

考证，一曰考据，清以前即有之，如司马光撰《资治通鉴考异》。考证大盛于清，"考证学"成为清学之总称。梁启超《清代学术概论》言："其在我国，自秦以后，确能成为时代之思潮者，则汉之经学，隋唐之佛学，宋及明之理学，清之考证学，四者而已。"他甚至说："夫无考证学则是无清学也。"

但经学、佛学、理学，都是指研究的内容，而考证乃是指研究的方法。梁氏又言："凡欲一种学术之发达，其第一要件，在先有精良之研究法。清代考证学，顾、阎、胡、惠、戴诸师，实辟出一新途径，俾人人共循。"究竟什么是清人的考证方法呢？梁氏指出："清儒之治学，纯用归纳法。"即罗列佐证，得出结论。他们用此法研究经学、史学、子学、语言文字学、天文、地理、数学，等等。

顾炎武为清代考证学之鼻祖。他本明陈第之说，运用本证、旁证和推理审音之法，探讨先秦古音。其求"诗本音"，"列本证、旁证二条：本证者，《诗》自相证也。旁证者，采之他书也。二者俱无，则宛转以审其音，参伍以谐其韵"。其后戴震提倡以字书与经训互证，所谓"以字证经，以经证字"。其徒段玉裁本此一语，撰成《说文解字注》。在顾、戴大师等倡导下，清代的文字音韵之学大兴。王国维尝言："如高邮王氏、栖霞郝氏之于训诂，歙县程氏之于名物，金坛段氏之于《说文》，皆足上掩前哲。然其尤卓绝者则为韵学。古韵之学自昆山顾氏，而婺源江氏，而休宁戴氏，而金坛段氏，而曲阜孔氏，而高邮王氏，而歙县江氏，作者不过七人，然古音廿二部之目，遂令后世无可增损。"[1]

　　清人考证文字音韵的主要成果，不是在于解决个别难题，而是在于归纳出原理和规律。王国维云："尝谓自明以来，古韵学之发明有三：一为连江陈氏古本音不同今韵之说；二为戴氏阴阳二声相配之说；三为段氏古四声不同今韵之说，而部目之分其小者也。"[2]王氏赞段氏《说文解字注》云："许君《说文序》云：'今叙篆文，合以古籀。'段君玉裁注之曰：'小篆因古籀而不变者多，其有小篆已改古籀，古籀异于小篆者，则以古籀附小篆之后，曰：古文作某，籀文作某。此全书之通例也。其变例则先古籀后小篆。'又于'皆取史籀大篆或颇省改'下注曰：'许所列小篆固皆古文大篆，其不云：古文作某，籀文作某者，古籀同于小篆也。其既出小篆，又云：古文作某，籀文作某者，则所谓或颇省改者也。'此数语可谓千古卓识，二千年来治《说文》者未有能言之明白晓畅如是者也。"[3]

---

[1]　王国维：《观堂集林》卷八《周代金石文韵读序》。

[2]　《观堂集林》卷八《五声说》。

[3]　《观堂集林》卷七《说文今叙篆文合以古籀说》。

清人也以考证施之于史学。顾炎武惩明亡之失,撰《日知录》以待后王之治。其书多综合史事,讨论得失,以明盛衰兴亡之理,遂开史学考证之端。乾嘉之际,赵翼著《廿二史札记》,绍其余绪。同时,王鸣盛著《十七史商榷》、钱大昕著《二十二史考异》,偏重考证史籍记载与版本之歧异。他们以本书自证即以正史之纪传与表志互证;以它书证本书即以杂史证正史;又以实物证史籍即以金石碑版证正史;他们并以宋元善本、《永乐大典》辑本等证通行之本。钱大昕尤为博学。他通晓历法,撰《宋辽金元四史朔闰考》。他识蒙古语,补《元史·氏族表》《元史·艺文志》。近世陈垣,长于考史,他拳拳服膺钱大昕。陈寅恪菲薄清代史学,谓"远不逮宋人",但亦推许钱氏。

清代考史之学,从狭义言,则以赵翼、王鸣盛、钱大昕等及其著作为代表;但若从文化史的角度看,从"六经皆史"的广义言,则清代考证之学,实皆为考史之学。近世柳诒徵尝谓乾嘉"诸儒治经,实皆考史……其他之治古音,治六书,治舆地,治金石,皆为古史学,尤不待言"[1]。

后人言史学考证,必师法清人。

二、近世史家对考证学的发展

近世我国遭受列强政治和文化的冲击,同时有殷墟甲骨和敦煌经卷等的重要发现,老一辈史家大大地发展了清代的考证学。

他们重新突出顾炎武等所提倡的以经世致用为目的,从为学

---

[1]　柳诒徵:《中国文化史》第三编第十章《考证学派》。

问而学问的书斋里,走向救亡卫国的文化战场,以史学考证为反抗外国侵略服务。兹举数事为例:

1937 年"七七"事变之后,日寇逐步侵占了我国的华北、华东与华中等地,并扶植了一批伪政权,一时群魔乱舞。国民政府迁都重庆。其时蛰居北平聚徒讲学的陈垣作《明季滇黔佛教考》,隐喻西南为中国正朔之所在,伸张民族大义。其时,转辗西南,教授各大学的陈寅恪为作序,表明作者心事,启示读者:此书"虽曰宗教史,未尝不可作政治史读也"。1943 年,陈垣与人书云:"至于史学,此间风气亦变。从前专重考证,服膺嘉定钱氏;事变后,颇趋重实用,推尊昆山顾氏;近又进一步,颇提倡有意义之史学。故前两年讲《日知录》,今年讲《鲒埼亭集》,亦欲以正人心,端士习,不徒为精密之考证而已。"[1]

1943 年,第二次世界大战正在进行,美国有人起意战后不把日本强占的中国领土台湾还给中国,拟划为"委任统治地"。此事激起中国知识界的义愤。1 月 7 日,重庆《大公报》以《中国必收复台湾》为题发表社论,严正声明:"台湾是中国领土。"史学家朱希祖读后认为"理由充沛,实足以代表全国人心"。他奋笔撰《中国最初经营台湾事略》,用史料为《大公报》社论作注脚,公布于 1 月 9 日该报[2]。

史学考证与爱国主义相结合,闪烁出永存的光辉。这是老一辈史家所作的贡献。

---

[1] 陈垣 1943 年 11 月 24 日《与方豪书》,见台湾新文丰出版公司 1993 年版的《陈援庵先生全集》第十六册。

[2] 参见台北九思出版公司出版的《朱希祖先生文集》:第五册《中国最初经营台湾事略》;第六册朱偰等撰《朱逿先先生年谱》。

清代学分汉宋，人为地把义理与考据对立起来。清人谓学者须具三长，而其说不一，或言义理、考据、词章，或言才、学、识。义理与考据孰先？论者也各偏一端，或谓义理乃考据、词章之源，或谓义理、词章未有不由考据而得者。对这些问题，老一辈史家作了研究和解答。

朱希祖尝论"词章属于才，考据属于学，义理属于识，三者本可相通"[1]。由是学者对作史三长的理解更进了一步。史才就是词章，史学就是考据，史识就是义理。

义理与考据孰先？钱穆协调了清人之说："圣人制作，此义理为考核之源也；后人钻研经籍，因明义理，此考核为义理之源也。"[2]这里的考核，就是考据。

人们不禁要问，圣人究竟根据什么发明义理呢？陈寅恪发表了卓见——"在史中求史识"[3]，即由史学得史识。这就是说，义理是从历史实际中来的。

经过老一辈史家的探讨，人们逐步明确了考证在历史研究中的重要地位，它不是可有可无，而是必不可少的。

老一辈史家在遵循清儒家法的基础上，把考证学发展到了更加完善和更加精密的程度。

其一，反对琐屑破碎和畸形发展。

清代考证末流之弊，即琐屑破碎，畸形发展，以小废大。柳诒徵尝云："考据的方法，是一种极好的方法。不过学者所应担心

[1]《朱逖先先生年谱》。

[2] 钱穆：《近三百年学术史》第八章。

[3] 俞大维：《怀念陈寅恪先生》，见台北《"中央研究院"历史语言研究所集刊》第四十一卷第一期。

的,就是须防畸形的发达,不要专在一方面或一局部用功,而忽略
了全部。所以一方面能留意历史的全体,一方面更能用考据方法
来治历史,那便是最好的了。"[1]柳氏所撰《中国文化史》,体大思
精,就是他正确运用考据的成果。朱希祖曾规划"专治一历代史,
而考据其全体,庶不流为琐碎之考证"[2]。他研究战国史,惜因病
早逝,未竟其业。

其二,反对主观武断。

考证学要求言必有据,反对想当然。《光明日报》副刊第八
十八期"史学"载《柬埔寨与我国友好联系》一文,把柬埔寨与我
国交往从三国提到了前汉,照寻常说法早了几百年。其论证是引
《梁书·海南诸国传》等,有"海南诸国自汉武以来皆朝贡"等语,
就断定"柬埔寨和我国在地理上那样靠近,当时也必定已经发生
关系"云云。陈垣严肃批评说:"这样断定,颇与昆曲《十五贯》
过于执县令的审判方法相类,过县令说:'看她艳如桃李,岂能无
人勾引,年正青春,怎会冷若冰霜?'就判定苏戍娟和熊友兰一定
有奸情了。这种判法是不能令人满意的。"[3]

其三,反对以单文只证,作出奇异的结论。

考证学不凭单文只证立论,而是凭核之全面而皆合的论据。
柳诒徵尝云:"今人喜以文字说史,远取甲骨鼎彝古文,近则秦篆。
爬罗抉剔,时多新异可喜之谊。顾研究古代文字,虽亦考史之一
涂术,要当以史为本,不可专信文字,转举古今共信之史籍一概抹

---

[1]《历史之知识》,见《柳诒徵史学论文集》,上海古籍出版社 1991 年版。
[2]《朱逖先先生年谱》。
[3]《柬埔寨始通中国问题》,见《陈垣学术论文集》第二集,中华书局
1982 年版。

煞。即以文字言,亦宜求造字之通例,说字之通例,虽第举一字,必证之他文而皆合,此清代经师治诸经、治小学之法也。不明乎此,第就单文只谊,矜为创获,鲜不为通人所笑矣。"[1]

其四,提倡分类法,由粗入细。

罗振玉尝与王国维论清代学术有云:"本朝经史考证之学,冠于历代,大抵国初以来,多治全经,博大而精密略逊。自乾隆、嘉庆以后,学者多分类考究,较细于前。我辈今日治学,宜用分类法,立论必详,著录必确,始可以传世。"[2]罗、王即本此法,考证古史。

其五,建设辅助科学。

陈垣归纳前人和自己的经验,创建考证学的各种辅助科学。

陈氏讲"校法四例":一、对校,以同书的祖本或别本对读;二、本校,以本书前后互校;三、他校,以他书校本书;四、理校,用推理来校勘。"遇无古本可据或数本互异而无所适从之时,则须用此法。"[3]

陈氏撰《史讳举例》,自序云:"民国以前,凡文字不得直书当代君主或所尊之名,必须用其他方法以避之,是之为避讳。""研究避讳而能用之于校勘学及考古学者,谓之'避讳学'。"[4]

陈氏尝以《日知录》《鲒埼亭集》《廿二史札记》为底本,指导学生考证其史料来源,谓之"史源学"。

---

[1]《论以〈说文〉证史必先知〈说文〉之义例》,见《柳翼谋先生文录》,台北广文出版社 1970 年版。

[2] 陈邦直:《罗振玉传》,见《罗振玉传记汇编》,香港大东图书公司 1978 年版。

[3] 陈垣:《元典章校补释例》卷六。

[4] 陈垣:《史讳举例》卷一。

陈氏精通历法,撰《二十史朔闰表》和《中西回史日历》。他又撰《中国佛教史籍概论》,编《敦煌劫余录》,辑《道家金石略》等,丰富和发展了目录学和金石学。

其六,发明历史考证的公式。

参考数学逻辑,结合历史研究的特点,陈寅恪发明了考证史事的公式。据其门弟子所记:"先生自述所用的考证方法,先确定'时'与'地',然后核以人事,合则是,否则非。"陈氏把"时"和"地"的交叉点,比喻解析几何之Cartesian Point[1]。

其七,应用新材料。

在清末,殷墟甲骨和敦煌文物等的发现,为史学家提供了大量的新材料、新证据,并把考证学推进入了世界性的洪流。

今河南安阳市西郊,为殷代都城的废墟。清末,在这里出土了数量众多的龟甲兽骨,其上刻有卜辞。经著名学者王懿荣、刘鹗、罗振玉等先后收藏,外国列强闻而抢夺,国际汉学家群起研究,据以正经传、补古史、考文字,甲骨学遂成为显学。我国学者应用甲骨文研究古史最有贡献的,推王国维。他撰《殷卜辞中所见先公先王考》等名作,用甲骨文印证《史记》等古籍,创造了"二重证据法",发展了考证学。

罗振玉等又以无文字的土俑等印证古史。罗氏编《古明器图录》,为研究中古以降之历史、制度、社会、风俗等提供资料。

19世纪末,在僻处中国西北边陲的敦煌莫高窟发现了数百年无人知晓的藏经洞,内有四万余件文书,都是北宋以前用汉文、藏

---

[1] 蒋天枢:《陈寅恪先生传》,见《纪念陈寅恪先生诞辰百年学术论文集》,北京大学出版社1989年版。

文、回鹘文等多种语言记录下来的文化结晶,还有绘画、雕刻等珍贵艺术品。英、法、沙俄、日、美等国纷起掠夺,我国仅保留了劫余的一部分。英、法、日本等国的汉学家,纷纷开展对敦煌文物的著录和考释。我国的罗振玉、王国维、陈寅恪、陈垣等老一辈史家,也率先应用敦煌资料考证中世纪中国的政治史、文化史、社会史。由此产生了影响深远的"敦煌学"。陈寅恪称之为"世界学术之新潮流"[1]。

其八,掌握多种语言文字。

清季,在从科举道路上成长起来的高级官员和士大夫之中,能识外国文字的是极少数。如翁同龢曾状元及第,两代帝师,算是文化素养很高的上层人物,但他听到曾纪泽与外国使节讲英语,茫然不知所说是什么。《翁同龢日记》:光绪十三年正月初十日,"饭罢诣总理衙门,群公皆集。未初,各国来拜年,余避西壁,遥望中席,约有廿余人,曾侯与作夷语,啁啾不已。"叶昌炽博学多识,有"通人"之誉,但他不识法语,所以无法读懂伯希和的著作。《缘督庐日记钞》:民国丙辰十二月二十日,"益庵与夒一偕归,其奴带至张鞠生一函,法人伯利和书两本,皆其本国文,旁行草书,非吾所习,莫明其宗旨也。"光、宣以降,从国内外学校成长起来的学者情况就不同了。如王国维、朱希祖等都娴日语。陈寅恪先后在法国巴黎大学、德国柏林大学、美国哈佛大学等进修,对英语等具有较高造诣,又识满语、蒙语,并通梵文。正因为陈氏掌握多种中外语言,所以他能够写出《四声三问》那样的名篇,考论出南北

---

[1]《敦煌劫余录序》,见《陈寅恪先生文史论集》下卷,香港文文出版社1972年版。

朝时沈约等创"平上去入"四声之说，"实依据及摹拟中国当日转读佛经之三声，而中国当日转读佛经之三声，又出于印度古时声明论之三声也"[1]。也由于他识梵文，通内典，因而陈氏对敦煌经卷的某些考释，能言罗振玉等所不能言。

由上述可见，我人言史学考证，不能低估老一辈史家所作的贡献，必须正确对待和继承他们的业绩。

三、史料考证的科学性

考史工作的全过程包括两个阶段：一、搜集史料；二、整理史料。兹顺序举例论证其科学性。

（一）从搜集史料看考证学的科学性

其一，发现线索。

搜集史料，必先掌握线索。

（1）有些清末民初的重要史料尚无刊本，但见前人征引。我们曾从张孝若的《南通张季直先生传记》得知张謇有日记。又从溥仪《我的前半生》得知郑孝胥有日记。其后遂找到了两书。类似的线索甚多，如：吴庆坻《蕉廊脞录》征引朱学勤《枢垣日记》。

朱字修伯，杭州人，咸、同之际，任职军机处，故以"枢垣"名其日记。他虽位不过大理寺卿，但因深得恭亲王奕䜣信任，成为一时政治上炙手可热的人物。翁同龢曾与换帖，李鸿章、刘坤一、吴煦等地方要员都与之暗通声气。《平粤》《平捻》方略，是标榜"同治中兴"的两部重要官书，其首席提调兼纂修即朱学勤。他又

---

[1] 《四声三问》，见《陈寅恪先生文史论集》上卷。

是藏书家，遗有《结一庐书目》行世。

《枢垣日记》三十卷，其目见张佩纶所撰朱氏《墓志》，缪荃孙据以写入《结一庐文集序》[1]。吴庆坻从朱学勤次子潏（字子涵）得见其家藏《端肃遗事密札》，摘录入所著《蕉廊脞录》，并屡引朱学勤遗著文集、笔记、日记。兹将《日记》两条节录于下：

> 同治二年正月十八日辰刻日晕……二月二十七日，日冠抱珥，一时方散。见朱大理学勤日记。

> 同治己巳（即同治八年）六月二十日，武英殿灾，自亥刻起至次日辰刻止，延烧他屋至三十余间，所藏书悉烬焉。至午刻，而军机处收各衙门交开救火职名单者络绎不绝，有识者为之寒心。亦见朱大理日记。

另有一条极可能也录自朱氏日记，但未注出处，故须核实。

> 癸酉（即同治十二年）二月十三日，醇亲王奏请将山东所获之张凌云致祭该亲王园寝折中有云"去年系军机大臣拟旨，现在乃天子当阳，迥不相侔"等语，恭邸阅之不怿，令章京办奏稿辨明其事，朱修伯丈劝不可，李文正鸿藻又力言之，而恭邸意未解，卒奏之。盖两邸意见之深如此。

吴氏又曾收藏《王文韶日记》。《蕉廊脞录》云："予尝得文勤日记数十巨册，皆其官京师及鄂湘时所记，论人论事皆有识。在鄂臬、

---

[1]《艺风堂文续集》卷五。

湘藩、湘抚任,公余无日不观书。老辈固不可及。又辛未三月某日日记一则云:'郭子美军门来晤……'"核之中华书局1989年排印本《王文韶日记》,吴氏所引一节见上册,第254页,乃是同治十年三月二十四日所记,对郭松林进箴言。可证此书确曾经吴氏过目。今《王文韶日记》已由杭州市图书馆提供出版,深盼朱学勤《枢垣日记》不久亦公之于世。

又如:陆宝忠的日记,其门人陈宗彝据之为补《年谱》。冯煦"有精楷日记四十余册",见蒋国榜为《蒿叟随笔》写的后记。类此者尚多。

(2)清末民初有大量函札未刊入作者专集,也有线索可考。如:

李元度在曾国藩生前,即已将曾给他的信装裱成册。《湘乡曾氏文献》第九册辑同治十年五月五日,曾国荃与曾国藩书:次青"前后所得亲笔信,尚有八十余封,已装成一册"。曾国藩死后,王闿运看过这些信。《湘绮楼日记》:同治十二年正月廿七日,"观曾侯与次青书札"。

王仁堪保存一批曾氏兄弟等给其祖四川总督王庆云的信。《刘葆真太史集》有代江宁布政使许振祎作《跋王可庄庋藏曾湘乡手书后》云:"右曾文正师书十八叶,宫保师书六叶,附罗壮节公五叶,闽县王文勤公孙可庄修撰都为一册。戊子九月,典试江南,以示振祎。"按,戊子为光绪十四年。宫保师指时任江督的曾国荃。

俞樾自言藏彭玉麟手札,"无虑百十通"。见《春在堂杂文》六编卷九《彭刚直公墨迹跋》。

又如李鸿藻与潘祖荫的往返信函极多,至今尚有三千余通保存其后人处,未刊行。见李宗侗为《李鸿藻年谱》写的按语。

（3）有些刊本如姚绍崇《论语衍义》，传世甚稀，但在常见书中留下线索。

姚字桂轩，益阳儒生，胡林翼延至湖北戎幕，为讲《论语》，联系历史时事，相与讨论。胡殁后，姚撰成《衍义》，为研究胡林翼提供重要史料。刘声木《苌楚斋续笔》卷六言："此书镂板已久，惜传本甚稀，湖南坊间尚难购得，他处更未之见。"但郭嵩焘、李元度均为之作序，分别载于《养知书屋文集》卷四与《天岳山馆文钞》七。《郭嵩焘日记》：光绪八年正月十八日，"桂轩见赠《论语衍义》一部，示其在湖北军营与胡文忠公讲释《论语》义旨，援史事相印证。予曾为之序。甲戌赴都，其书尚未刊成也。至是始蒙枉赠。"

从事搜集清末民初史料者，当留心和收集这些线索，以便访寻，这是考史工作的第一步。

其二，鉴定真伪对。

新发现的史料，必须鉴定其真伪。兹举两例：一是简又文等鉴定《石达开日记》是伪书；一是罗尔纲鉴定湘乡曾氏所藏《李秀成亲供》是真迹。

（1）《石达开日记》，许指严编辑，1922年上海世界书局出版，1928年发行至第七版。近年海外几家出版社仍作为史料翻印。这是一册颇有坏影响的伪书，不可不辨。

此书来历见之于韩文举《舟车醒睡录》。其中有云："翼王石达开被擒时，系于臬署狱中，神色闲定自如，日拈笔自述其生平行事，小字密行至盈四卷。殉国后，清川藩录一副本，庋之藩库，其真本则在臬库，闻两本皆完好无恙，蜀人多有见之者。"此说又见之李岳瑞《春冰室野乘》。但萧一山曾从四川省政府旧档案中搜访此书,茫无着落。而许指严附会伪撰《石达开日记》。其弁言云:有四川青神吴姓友人,"先世为蜀藩库吏,得睹《石达开手书日记》,乃节录其恢诡奥折者,与官私书所传夐异。"许氏得其抄本,"因考订各家记载,联缀其事,润色其词"。由此产生了现在流传的《石达开日记》。简又文在《五十年来太平天国史之研究》一文中强调指出:"许氏之作,予断定为其投机伪造者,适能迎合社会人士兴味,轰动一时,至翻印多次,只可以小说视之,绝不能目为史料也。从史学上看来,此为伪书无疑。"在简氏指导下,燕京大学学生李崇惠撰《石达开日记之研究》,载《史学年报》第一期[1]。李氏判定《石达开日记》是伪书,其主要理由有三:一该书之日历与天历不符;二该书有"演说"等新名词,显然不能出之石达开手笔;三该书中之纪年与记事均与他种记载大相径庭。总之,此书来历不明,破绽百出,许氏亦自承认为郢书燕说,其出于虚构伪托,可以断定。

(2)1864年太平天国天京失陷,忠王李秀成被俘,他写下了长篇供词。曾国藩亲笔删改后,于安庆刻本流传,其真迹则一直深秘在湘乡曾富厚堂。1944年暮春,广西通志馆派秘书吕集义等至湘乡阅看此书并摄影十五帧。由是学术界始见曾氏所藏部分《李秀成亲供》照片。50年代初,有人否定此件是李秀成手写之本。于是原在广西通志馆工作的太平天国史专家罗尔纲氏,在法医的协助下,使用现代技术,对笔迹进行鉴定,确认此为李秀成的手稿无疑。先是,学术界已从庞际云所藏《忠王李秀成答词手卷》

---

[1]《史学年报》,燕京大学历史学会编,创刊于民国十八年。1969年,台北学生书局重印,凡六册。李崇惠:《石达开日记之研究》,见第一册。

见到李秀成的手迹。当李秀成被俘后,曾国藩令亲信幕僚李鸿裔、庞际云面讯了若干问题。《手卷》就是讯问的记录。其中有曾国藩写的问语;有李鸿裔、庞际云分别记得李秀成答语;有李秀成手书的二十八字:"胡以晄即是豫王,前是护国侯,后是豫王。秦日昌即是秦日纲,是为燕王。"据庞际云最后说明,是因李秀成语操土音不可辨,乃令执笔写下来的。经法医检验笔迹的结果,湘乡曾氏所藏《李秀成亲供》与这二十八字是出一人之手,由此确证《亲供》是李秀成的真迹。

发现线索和鉴定真伪,是搜集史料中的两项考证工作。以上的事例证明,这种方法是科学的。

(二)从整理史料看考证学的科学性

其一,解题。

解题一般包括:释书名,考作者,交代原件来历与下落,说明版本,评估价值。兹分别举例以明之。

(1)释书名

有些书名与内容有关,对之必须解释。如黄彭年《紫泥日记》,是黄氏于光绪十五年以江苏布政使护理巡抚轮值监临时的日记。内容涉及清代科举制度。黄氏引唐诗"紫泥盈手发天书","监临例用紫笔,故借以题册"。见本书。

(2)考作者

有些要籍的作者,旧的解题所言甚鲜,需要充实。如记载太平天国前期历史的《贼情汇纂》,虽几经翻印,有人甚至为易名《太平天国别史》出版,然而对作者张德坚的生平,却历来言者寥寥。仅据其书自序,读者知为扬州甘泉县人。咸丰三年任湖北抚辕巡捕。并从卷首所录咸丰四年十一月初三日曾国藩给张德坚等的札文,知其时张为湖北即补县丞。卷首又有"原委官绅衔名",首列"湖北即补府经历县丞张德坚"。《太平天国资料目录》对之无所补充。考李元度《天岳山馆文钞》有《东斋诗草序》《书马萋斐太守来书后》《答马太守毓华书》三文,为张德坚提供了有关资料。《东斋诗草序》云:"咸丰乙卯,予驻军湖口苏官渡。上元马萋斐太守避寇来归,为逻者所扼,予一见而伟之。时君年才逾冠,同行五人,江都陈伯义其一也。留军中匝月。会张石朋大令至,携君等谒曾文正公,为请路引回籍,文正亦以国士待君,尝解衣衣之。石朋奉檄著《贼情汇纂》,以贼中事询君,又留月余乃归……同治壬申,石朋以哭文正公诗邮示,且言君莅秦有善政,于予尤每饭不忘……光绪丙子,君以所著《东斋诗草》来征序,开卷第一篇,即湖口见赠之作也……惜文正薨,石朋亦久物故,而陈生伯义者不知尚在人间否也?"《书马萋斐太守来书后》云:"会张石朋大令来军,与陈生同县。"《答马太守毓华书》亦有"适张石朋大令至,与陈生为梓谊"云云。盖清代扬州同城二县,故甘泉人与江都人也称"同县"。

有些名著的真正作者,需要考证说明。如《曾文正公年谱》,托名曾门大弟子黎庶昌撰。因冠以湖广总督李瀚章署名的序,故又被当作李瀚章、黎庶昌撰。其实,此书的真正执笔者是曾氏晚年幕客曹耀湘。薛福成《庸庵文编》卷四《叙曾文正公幕府宾僚》:"凡以宿学客戎幕,从容讽议,往来不常,或招致书局并不责以公事者……阅览则……刑部郎中长沙曹耀湘镜初。"曾国藩死后,曹与杨书霖等受曾纪泽委托,设传忠书局于长沙,编印《曾文正公全集》,先成《年谱》。《曾惠敏公手写日记》:同治十二年闰六月廿五日,"看镜初所撰先文正年谱良久"。七月廿九日,"看镜初所撰文正公年谱"。曹以研究《墨子》得王闿运称许。《湘绮楼文集》卷三《墨子校注序》："颇闻同时注《墨子》者数家,而吾友曹耀湘尤神解深通"云云。

有的虽是常见史料,但对其书撰成的状况,旧的解题却并未交代清楚。如《淮军平捻记》,署名周世澄撰,而王闿运却说是赵烈文作。《湘绮楼日记》:光绪三年七月廿七日,"得怀庭书,送赵惠甫《平捻记》"。《捻军》(《中国近代史资料丛刊》)所附"书目解题",对此无一字说明。按赵烈文《能静居日记》:光绪元年七月十五日,"删改孟甥所作《淮军平捻记》成,所记合肥公平东西捻时事,合肥以付孟舆而嘱余订定,凡三载始迄功,余为删其繁芜,去其偏驳,亦一句甫毕。其事多据奏疏公牍,虽未必尽实录,然曲说道谀则无之矣"。合肥公,李鸿章。孟舆,周世澄字。周为赵烈文四姊之子,故称"孟甥"。盖此书由周世澄撰,经赵烈文修改定稿,故人们又当作赵氏之书。

以上都是有特殊情况需要考证的事例。至于一般对作者生平的简介,则有《碑传集》、人名词典等提供资料,这里就无须举例示意了。

(3)交代原件来历与下落

对新公布的史料,必须交代其来历。1980年,湖南人民出版社为《郭嵩焘日记》写的"出版说明"即是一例。编者首援郭焯莹《郭氏佚书叙目》言此书撰写大略:"先兵左自道光十八年入试京师,随所见所闻及起居酬接,按日记之,终于卒之岁。"次引杨钧在其民国十七年出版的《草堂之灵》言:郭氏后人曾拟刊此书,"请为之序"。到50年代,湖南省图书馆收藏此书时,原稿已残缺。现存始咸丰五年迄光绪十七年,中缺三段,为时约三十九个月。编者并言：郭氏出使赴英途中的五十五天日记《使西日程》，盖经整理发表，与原稿颇有出入云云。

有些要籍虽已出版，但解题仍须交代其原件下落，以便考核。如李慈铭《越缦堂日记》的石印本，据陈乃乾等说，经与原稿勘对，发现已经涂抹姓名多条。按此书于上海石印后，经手者将"书稿交于浙江图书馆"。见1920年7月19日《张元济日记》。今此书被海内外出版界用多种形式翻印，甚盼有关人士访寻原稿一校。

（4）说明各种版本差别

有些重要史料已刊行多次，解题必须说明其版本差别。反映义和团运动时北京情形的《高枬日记》即是一例。此书先有光绪三十年铅印的四卷本，题《高给谏庚子日记》，书口简称《庚子日记》。起光绪二十六年（庚子）五月十五日，迄光绪二十七年（辛丑）正月十六日。后有清翰堂木刻的八卷本，题《高给谏日记》。起光绪二十六年五月十五日，迄光绪二十九年（癸卯）十二月九日，中缺癸卯年正月至七月。原铅印四卷本末辛丑正月元旦至十六日的日记，木刻八卷本移冠第五卷。1976年，台湾学生书局据木刻八卷本影印，分上下册，题《庚子日记》，编入《中国史学丛书》。1978年，北京中华书局出版的《庚子记事》，其中也辑此书，系据四卷本排印，并节录八卷本后四卷的内容若干条于后，改名《高枬日记》。

（5）评估价值

评估史料价值，当从大处着眼。有些前人的书评，数语洞中要害，可资借鉴。如赵烈文《能静居日记》录曾国藩讽大学士潘世恩的笔记不谈国家大事云：同治六年八月十四日，"涤师来久谭，偶论及潘文恭《思补斋笔记》所录，皆科第师生之锢习而已，间有掌故,亦止于翰林荣遇。政地垂二十年,无一语及国是,其生平概可见矣!"又如张佩纶《涧于日记》于光绪十七年七月十五日赞美朱学勤《结一庐杂钞》云:其书"专记本朝饷项出入盈虚之数,用意甚深……其言切实著明,欲边海者省,改封存之旧以备西洋,且预防土木奢纵之害。《杂钞》在同治初年,而所见如此,可云远识矣!"在反对内政腐败和外国侵略的前提下,以上一贬一褒,对两书的史料价值高下分明,使人一目了然。

其二,标点。

(1)标点史料者首须读懂史料

1963 年,我在北京笺注《张謇日记》。按张謇于光绪二十年状元及第。三月十二日,他记下了会试第二场的五经题:

> 《易》:"形乃谓之器,制而用之谓之法。"《书》:"四曰星辰。"《诗》:"以御宾客,且以酌醴。"《春秋》:"取邾水自漷水,季孙宿如晋。"《礼》:"命相布德和令,行庆施惠,下及兆民,庆赐遂行。"

由于我对经学缺乏根底,临时又未检原书,望文取义,以致错点为"命相布德,和令行庆,施惠下及兆民,庆赐遂行"。北京大学邵循正教授,一见样本,即拈朱笔为之更正。光绪二十年会试的正考官为礼部尚书李鸿藻。1969 年,台湾出版了《李鸿藻年谱》。我查其中所引《李鸿藻日记》,也列此"五艺"题,点句与邵先生不谋而合。惜邵氏已作古人,不及见矣。

(2)标点须与校勘相结合

赵烈文于咸丰十一年三月二十二日,在上海看到四本太平天国的书籍,载入《能静居日记》。"《天父圣旨》一本,记贼中伪托天父下凡,所说言语鄙俚不经,皆托东王口中传出……杨逆之跋扈僭伪朝,因洪逆之假托妖言,授人以柄,然洪逆坚忍不怒,其是以图杨而杀之,盖亦鸷狠之极者矣。《钦命记题记》一本……此书庚申所刊。《王长兄次兄亲耳亲目共证福音书》一本……此书庚申七月刊。《资政新篇》一本,贼族洪仁玕所作以上洪逆者……观此一书,则贼中不为无人。"

原稿虽未点句,但四本书之间有三个空格,以示分段。其中"庚申七月刊"与上文相联为句,是指《王长兄次兄亲耳亲目共证福音书》的刊刻时间,因此书开卷说明于天历庚申七月三十一日献上也。《太平天国史料丛编简辑》在节录《能静居日记》标点排印时,误把"庚申七月刊"与下文《资政新篇》相联为句,遂使学术界误会《资政新篇》有太平天国庚申十年七月刊本。如与《能静居日记》的稿本或影印本相校,便不会有此误了。

其三,注释。

陈垣氏尝言:"注书例有二派:一注训诂典故;一注本事。"如罗尔纲氏的《李秀成自传原稿注》,可谓对二者兼而有之。我注释《张謇日记》等清末民初史料,侧重钩稽背景,说明本事,择要作注,择善取材。兹举例以就正于同行诸前辈。

(1)光绪二十年七月四日《张謇日记》:

> 天津焦某寄来朝鲜图。

笺注先据翁、张往来信函及翁日记,说明张謇为供翁同龢了解朝鲜军情而从天津取来朝鲜地图。时日本陆军已攻击驻朝清军,前此翁有书与张謇云："牙军殆哉，忧心如捣。元山，检地图不得，极闷。"见《翁松禅致张啬庵手书》第十三件。本日未刻，张謇作书与翁云："顷得天津局刻朝鲜图。"见陆史一抄《张謇致翁同龢密信》第十一件。《翁同龢日记》：初五日，"张季直函送地图"。笺注又采王季烈为其父颂蔚所撰事略，补此事背景。王颂蔚时为军机处章京。中日战起，颂蔚进言于军机大臣翁同龢："枢府有总持军机之责，尤当先知战地情形，今日军机处中并高丽地图而无之，每遇奏报军情地名且不知所指，安有运筹帷幄，决胜千里之望乎！""于是枢府始令北洋进高丽地图，至则所图并不开方计里，疏略殊甚。"见《蟏庐未定稿·先考资政事略》。

这样注释，目的帮助读者从翁、张寻觅朝鲜地图，看到清政府落后、腐朽与对日战争必将失败的阴影。

（2）1916 年 7 月 21 日《张元济日记》：

> 晚，约伯利和、沈子培、叶菊裳、张石铭、缪小山、蒋孟蘋在寓晚饭。刘翰怡丁本生母忧未到。

注：伯利和，即伯希和（P.Pelliot）。清宣统二年，张元济在欧洲访寻被英法劫去的敦煌古籍时，与伯希和相识，并遭其多方刁难。宣统三年二月廿三日，张氏与汪康年书云："问弟去年在巴黎看伯利和所得敦煌古书，曾否抄得目录？彼时本欲录存，无如法国国家十分郑重，不许常人观览，弟由公使馆介绍，特别许可，且由伯君伴往，跬步不离，重房密屋，光线甚乏，而伯君又匆匆欲行，故只能略观大概，而弟亦以行期太迫，不能再往。因晤伯君，知英人某先至敦煌，所得亦甚富。到英访得，亦入国家图书馆矣。其珍

秘一如法人,四部不如伯君多,而佛经及其他古物则远过之。其四部书亦已商妥,将来亦可影照也。"见《汪康年师友书札》(二)。至是,伯希和出任法国驻华使馆武官,道经上海,以敦煌所出《尚书释文》残帙照片送与张元济,并希冀与中国学界相会,于是在张寓有此次聚餐。叶昌炽《缘督庐日记》:丙辰六月廿二日,"晨起,案上有书,张鞠生京卿招晚酌,言有法国友人毕利和,即在敦煌石室得古书携归其国者,今来中土研究古学,甚愿与吾国通人相见,能操华语。亦有一函招翰怡,未知其在苦也。六点钟,如约往。陪客尚有艺风、乙盦、张石铭、蒋孟蘋……毕君携照片九纸,云是《经典释文·尧典》《舜典》两篇残帙,唐时写本,未经宋人窜改,可以发梅赜、卫包之伏而得其所从来。"翌年,张元济嘱吴士鉴作校语并序,将此敦煌文物照片刊入《涵芬楼秘笈》第四集。

以上注释力求帮助读者了解自敦煌失宝之后,中国知识界与外国劫经者之间有斗争有联系的事实,构成了这次聚餐的背景。

解题、标点、注释是整理史料的三项主要工作,方法也是考证。经验证明,这是科学的。

四、从三本新书的失误看考证学的重要性

《永乐大典史话》《中国敦煌学史》和《翁同龢传》是近十年间三本有影响的新书。在应用史料上,三书因疏于考证,致有个别失误。这是一个学风问题,值得注意。兹分别言之。

(一)引用史料,必须核实

1986年,北京中华书局出版的《永乐大典史话》是一本反映我国大陆研究《永乐大典》聚散、搜集影印《大典》存卷最新成果

的好书。但在引用史料上，尚有疏误。此书第十九页历述庚子翰林院被焚，接着说：

> 事后，在废墟堆中，还有不少人捡到《永乐大典》，译学馆官员刘可毅在侵略军的马槽下就捡到《大典》数十册。

这完全是无稽之谈。《史话》未说所据何书，但可以查明其祖本是30年代商务印书馆出版的郭伯恭《永乐大典考》。在郭书第九章里，征引了两则野史：

> 蒋芷侪《都门识小录》云："庚子拳乱后，四库藏书残佚过半，都人传言，英法德日四国运去者不少；又言洋兵入城时，曾取该书之厚二寸许长尺许以代砖，支垫军用等物。武进刘葆真太史（可毅）拾得数册，阅之皆《永乐大典》也。此真斯文扫地矣。"

> 王小隐《梦天余话》云："庚子拳匪之乱，红巾满京华……译学馆总办刘可毅太史于乱兵马槽下，拾得《永乐大典》数十册。"

这两书所说，关于刘可毅于八国联军侵入北京后拾得《永乐大典》一事，乃是传闻失实之词。按，刘树屏《伯兄葆真家传》云："兄名可毅……己丑恩科举人，壬辰会元，选庶吉士，散馆授编修。""己亥岁……适京师大学堂临聘教员，寿州相国以兄名应，于是尽室北行。庚子春，拳乱甫萌芽，由山左而天津而蔓延都下。兄谓此乱民非义民也，不戢必有大祸。五月朔，堂中行谒圣礼，管学许侍郎景澄至，兄迎谓曰：'祸亟矣，及今斩数十人，可定，迟且燎原。'……比月之望，拳焰益炽，且红帕首刃入都市矣。兄复于谒圣时大言之……堂上下役吏闻者皆目兄为二毛子。二十日晨，送孥赴通州。途遇拳党，指而目之曰：'若非大学堂教习刘翰林乎？'遂拥之去。"[1]其后家人多方探讯，断定他已死。杨典诰《庚子大事记》于是年六月初三日记："编修刘可毅，既非在教之人，第平时喜谈时务经济，竟被义和团所戕害。"又按，翰林院被焚，是在庚子年五月二十七日。八国联军侵入北京，是在七月二十日。均见《高枏日记》。其时刘可毅已死。他怎能在战后废墟中拾取被洋兵从翰林院抢出之《永乐大典》呢？

关于列强掠夺《永乐大典》的罪证甚多，郭伯恭氏未能搜集以考《大典》之散亡，而误引两条传闻失实之野史，未加考核，贻误读者，这是不足取的。然而到了 80 年代，我国一些研究《永乐大典》的新书却还在重复郭氏的失误。

1985 年，台北文史哲出版社出版的《永乐大典及其辑佚书研究》第 169 页云：

> 光绪二十六年（1900），八国联军之役，义和团焚翰林院以攻英使馆，《大典》遭难，及洋兵入城，至取《大典》代砖，以支垫军用等物，当时译学馆总办刘可毅在侵略军的马槽下，就拣到《大典》数十册。

---

[1] 附见《刘葆真太史集》。

至于《永乐大典史话》，则不仅承袭了郭伯恭所引的失实之词，而且加以夸大，说什么"在废墟堆中，还有不少人捡到《永乐大典》。"很不严肃。

（二）转引史料，须检原书

1992 年北京语言学院出版社出版的《中国敦煌学史》，是一部有意义的文化史新著。海内外敦煌学者将对之作出全面的评价。这里只提请作者注意一点，即转引史料，须检原书。陈垣在《回回教入中国史略》中曾批评有的作者，"引书不检原本"。《中国敦煌学史》也有此缺陷，以致以误传误。此书"绪论"云：

> 1902 年，甘肃学政叶昌炽通过当时的敦煌县令汪宗翰得到藏经洞出土的文物多件，作了最早的记录："已闻石室发见事，亦得画象两轴，写经五卷。"[1]

按，苏氏此文原载《中美月刊》第九卷六至九期，后辑入台北学生书局 1969 年初版的《敦煌论集》。其中提到了叶昌炽与敦煌文物最早流传的关系：

> 近人著述中，最早提到敦煌卷子的，是叶昌炽的《缘督庐日记》。叶氏于清光绪二十八年（1902）五月朔，接任甘肃学政，曾赴各地主考，西至酒泉。在他的宣统元年（1909）十二月十三日日记中说："午后，张阎如来，携赠《鸣沙山石室秘录》（按，即罗振玉所撰）一册，即敦煌之千佛山莫高窟

---

[1] 事见《缘督庐日记》，转引自苏莹辉：《谈敦煌学》。

也。唐宋之间所藏经籍碑版释氏经典文字，无所不有。其精者大半为法人伯希和所得，置巴黎图书馆。英人（盖指斯坦因，其到敦煌还在伯希和以前）亦得其畸零。中国守土之吏，熟视无睹。鄙人行部至酒泉，虽未出嘉峪关，相距不过千里，已闻石室发见事，亦得画象两轴，写经五卷。"光绪二十八年，距离卷子发现的时候，才只两年。而斯坦因首次到达敦煌千佛洞是在 1907 年，叶昌炽早在五年以前（即叶氏行部至酒泉的时候）获得敦煌的卷轴了。虽然叶氏所得不多，但敦煌卷轴的最早流传，自应以此为滥觞。

此即《中国敦煌学史》的根据。其中有两点不够确切：（1）叶昌炽"行部至酒泉"得到敦煌文物的时间是光绪三十年（1904），不是光绪二十八年（1902）；（2）叶昌炽在光绪三十年八、九月的日记里，对敦煌文物作了最早的翔实的记录，至于"已闻石室发见事，亦得画象两轴，写经五卷"，则系叶氏事后追忆的大概而已。

按，叶昌炽著、王季烈节抄的《缘督庐日记钞》，民国二十二年由上海蟫隐庐石印行世。1964 年，台湾学生书局据以影印入《中国史学丛书》。这是一部常见的名著。

光绪二十八年，叶昌炽以翰林院编修出任甘肃学政。光绪三十年，他视学巡行到了酒泉。敦煌知县汪宗翰等给叶氏送来了千佛洞的文物。《缘督庐日记钞》：光绪三十年八月二十日，汪粟庵[1]来函，"贻《敦煌县志》四册，朱拓一纸称为《裴岑碑》，细视非汉刻，似《姜行本碑》。又宋画绢本《水月观音象》。下有绘观

---

[1]　汪粟庵，《缘督庐日记钞》作"汪栗庵"。

音菩萨功德记,行书右行,后题'于时乾德六年岁次戊辰五月癸未朔,十五日丁酉题记';又大字一行云'节度行军司马金紫光禄大夫检校司空兼御史大夫上柱国曹延清供养';又三行云'女小娘子宗花一心供养,慈母娘子李氏一心供养,小娘子阴氏一心供养'。其帧仅以薄纸拓;而千余年不坏,谓非佛力所护持耶! 又写经三十一叶,密行小字,每半叶八行,行三十三至三十五字不等,旁有紫色笔,如斜风细雨,字小如蝇,皆梵文。以上经象,粟庵皆得自千佛洞者也。"九月初五日,"夜,敦煌王广文宗海以同谱之谊馈……唐写经两卷、画象一帧,皆莫高窟中物也。写经一为《大般若经》之第百一卷,一为《开益经》残帙。画象视粟庵所贻一帧笔法较古。佛象上有贝多罗树,其右上首一行题'南无地藏菩萨'。下侧书'忌日画施'四字。次一行题'五道将军',有一人兜牟持兵而立者即其象。左一行题'道明和尚',有僧象在下。其下方有妇人拈花象,旁题一行云'故大朝于阗金玉国天公主李氏供养'"。初七日,"夜,敦煌王广文来,云莫高窟开于光绪二十六年,仅一丸泥,眘然扃镝自启,岂非显晦有时哉!"

以上就是中国学者对敦煌文物最早的著录。

不久,斯坦因与伯希和相继至敦煌劫经。叶昌炽在苏州家居,得悉此情,深悔以往"不能罄其宝藏"而痛自诘责。《缘督庐日记钞》:宣统元年十月十六日,"午后,张阆如来,言敦煌又新开一石室,唐宋写经画象甚多,为一法人以二百元捆载去,可惜也。俗吏边氓,安知爱古,令人思汪粟庵。"十二月十三日,"午后,张阆如来,携赠《鸣沙山石室秘录》一册,即敦煌之千佛山莫高窟也。唐宋之间所藏经籍碑版释氏经典文字,无所不有。其精者大半为法人伯希和所得,置巴黎图书馆。英人亦得其畸零。中国守土之吏,熟视无睹。鄙人行部至酒泉,虽未出嘉峪关,相距不过千里,已闻石室发见事,亦得画象两轴,写经五卷,而竟不能罄其宝藏,牦轩奉使之为何,愧疚不暇,而敢责人哉!"这是叶昌炽于宣统元年对往事的回忆。

如果作者不满足于转引,而一检《缘督庐日记钞》原书,《中国敦煌学史》的有关叙述便一定能够比较确切。

又按,叶昌炽于民国六年死后,两轴敦煌古画归南浔蒋汝藻收藏。蒋字孟蘋,号乐庵,三代藏书,王国维为编《密韵楼藏书志》。蒋好抄书,王国维又为作《乐庵写书图序》。民国十二年,蒋汝藻为王氏刊《观堂集林》,其中辑入王氏为两画写的跋文。因内容考证瓜沙史事,所以民国十三年刊行的罗福苌《沙州文录补》也辑此两跋。

其一为《于阗公主供养地藏菩萨画像跋》。核其内容,此画盖即王宗海赠与叶昌炽的地藏菩萨像。其二为《曹夫人绘观音菩萨像跋》。核其内容,此画盖即汪宗翰赠与叶昌炽的《水月观音象》。惟叶氏所见者尚为完本,而王氏作跋时此画已漫漶有缺文。此画的影印本见于民国九年上海广仓学宭刊行的《艺术丛编》第二十二册,因已残缺,所以与王国维跋一样,不能取代叶昌炽的原始记录。王氏过早逝世,未能见到《缘督庐日记钞》的出版。其门人姜亮夫氏曾把叶氏所记与王氏跋文作了校勘,撰《读王静安先生曹夫人绘观音菩萨像跋》一文,刊于《兰州大学学报》1981年第4期,后辑入上海古籍出版社1987年出版的姜氏专著《敦煌学论文集》。王国维两跋都仅言此两画系"南林蒋氏"所藏,未言原系叶昌炽之物。姜氏为作注释:"又按此图,光绪甲辰敦煌知县汪宗翰得之,以贻甘肃学政长洲叶昌炽,后乃归南林蒋氏者也。"

由于未检《缘督庐日记钞》，所以《中国敦煌学史》作者在该书第 70 页、第 147 页等处提到王国维的这两篇跋时，都未与叶昌炽的原始记录相联系，而且误释"南林蒋氏"为蒋斧。考清末民初文献所称藏书家"乌程蒋氏""归安蒋氏""南林蒋氏"，均指南浔蒋汝藻，一如称另一个南浔大藏书家刘承幹（翰怡）为"南林刘氏"等。至于蒋斧字伯斧，吴县人，王国维称之为"吴县蒋伯斧郎中"者是也。他虽是最早的敦煌学者之一，但与以上两幅敦煌古画无涉，不能张冠李戴。

（三）研究史料，必须仔细

1994 年北京中华书局出版的《翁同龢传》，是一本前无依傍的新创作。作者在收集资料和撰写两方面所作出的努力，值得敬佩。此书出版后在海外不胫而走。1995 年，我在美国密歇根大学、匹兹堡大学的东亚图书馆，先后高兴地看到这本新书。可惜其中尚有一些显著的错误，涉及对最基本史料——《翁同龢日记》等的研究，尚需加密的问题。

例如此书说："1885 年 9 月（光绪十一年八月），张謇参加顺天乡试……这一次张謇考中了南元，北元则为常州人刘若曾（可毅）。"这里有两点错误：一刘若曾与刘可毅不是一人；二清制，常州人不得中顺天乡试的解元。按，刘若曾字仲鲁，刘可毅字葆真，各有其人，都屡见于《翁同龢日记》：

> 光绪十一年八月初六日，"是日上幸南海，余乘船到朝房，闻派考官……潘祖荫为正考官，余与奎润、童华副之"。
>
> 九月十一日，"寅初填榜起，天明填至五十名，伯寅判名次，余书姓名……元：刘若曾、张謇、赵致中、穆星沅、谈

长康"。

《张謇日记》可相参证：

> 光绪十一年九月十二日，"看榜……第一刘若曾，闻亦
> 孝友诚实君子也"。

叶昌炽执笔的《潘祖荫年谱》作了补充：

> 光绪十一年"八月初六日，充顺天乡试正考官……（九月）
> 十二日揭晓，得士二百八十人，解元刘若曾，直隶盐山县人"。

以上证明，光绪十一年顺天乡试的解元，是盐山刘若曾，不是武进
刘可毅。

《翁同龢日记》又云：

> 光绪十二年四月十八日，"张謇、刘若曾、徐鄂（下第将
> 归）来辞；长谈"。
>
> 光绪十五年三月初七日，"同邑会试者凡二十二人，余
> 各送元卷四两……门生刘若曾（号仲鲁）、张謇（号季述），亦
> 各送四两"。

刘若曾于是科会试中式。《张謇日记》：

> 光绪十五年四月九日，"听录被放，仲鲁中式"。

《翁同龢日记》：

> 光绪十八年三月初六日，"寅正苏拉来告派充正考
> 官……祁世长、霍穆欢、李端棻为副考官。同考官刘
> 若曾……"

请读者注意，此次会试，刘若曾已充任房官。

《张謇日记》：

> 光绪十八年三月六日，"会试总裁翁同龢、祁世长、霍穆
> 欢、李端棻……仲鲁、子封、爽秋并同考"。

同考，即同考官。

《翁同龢日记》接着说：

> （四月）十一日，"戌正填五魁，三刻毕，会元武进刘可
> 毅也"。
>
> 廿三日，"会元刘葆真来"。

以上充分证明，刘若曾、刘可毅绝非一人。

至光绪二十六年，刘可毅被义和团所杀，刘若曾则仍任京官。《吴汝纶日记》卷十三：辛丑六月十六日，"刘中鲁来谈，以宋本晁具茨诗见示，乃书贾伪作，非真本也。"辛丑，光绪二十七年。中鲁，即仲鲁。彼时，吴汝纶正在北京。

至于顺天乡试的解元必须直隶人，则有中华书局出版的《清

秘述闻三编》可供核实。俞樾《春在堂杂文补遗》卷五《都察院左副都御史薛公墓志铭》云："故事,顺天乡试必以北人为元,其第二必南人,所谓南元也。"此事又见周寿昌《思益堂日札》卷四"南元"条。顺天乡试第一名为解元,顺天人；第二名南元,江南各省人；第三名为北元,华北各省人。常州人刘可毅怎能成为顺天乡试的解元且称之为北元呢？

　　大醇小疵,这是任何一本成功的著作所难免。由于"引用史料,不加核实","转引史料,不检原书","研究史料,不够仔细"等,均属忽视考证,这是一个学风问题,用特提请注意。若有曲解失考之处,即请批评指正。

（原载《中国文化》1996 年 6 月第 13 期）

考证学与中国近代史研究

考证，一称考据，又云考订，或言考索，亦作考核，是我国传统的治学方法。始于孔门，盛于宋，大盛于清，更盛于近世，而且被国际汉学家所共同运用。考证的内容，总是随着时代的进步而发生新陈代谢，它作为方法，也随着新材料、新科技、新观念的出现，而发展得愈益精密和完善。我国自古迄今的杰出历史家都长于考证。我们研究中国近代史也需要考证。

一、考证学的发展

清儒钱大昕为其先辈阎若璩作传云："平生长于考证，遇有疑义，反复穷究，必得其解乃已。"[1]这说明了考证的基本功能是查明事实，释疑解惑。它包括订误、辨伪等方面。

《吕氏春秋》卷二十二的《察传篇》记孔门弟子卜子夏订正读史伪误的故事：

> 子夏之晋过卫，有读史记者曰："晋师三豕涉河。"子夏曰："非也，是己亥也。夫己与三相近；豕与亥相似。"至于

---

[1] 钱大昕：《潜研堂文集》卷三十八。

晋而问之,则曰:"晋师己亥涉河也。"

后出的《家语》也载此事。它是考证的萌芽。其方法是发现矛盾,查明事实,解决矛盾。

宋代学术超越汉唐。王国维《宋代之金石学》言:"宋代学术,方面最多,进步亦最著……考证之学亦至宋而大盛。"[1]其最突出的成果为司马光及其助手所撰的《资治通鉴考异》。

钱大昕《续通志列传总序》云:"司马光之《通鉴》,别为《考异》一书,参诸家异同,正其谬误。"[2]《通鉴考异》采用比较法。由于历史事件虽只能出现一次,而记载却往往有多种,以故我们可以也必须对同一历史事件的不同记载,进行比较研究,以求得近真的结论。这是考证史料的科学方法。傅斯年《史料论略》说:"在中国详述比较史料的最早一部书,是《通鉴考异》……在西洋则这方法的成熟后了好几百年;到了十七八世纪,这方法才算有自觉的完成了。"[3]

最早应用石文考史的也是宋人,如欧阳修撰《集古录》,既据史传以考遗刻,复以遗刻还正史传,盖即近世"二重证据法"的滥觞。

明中叶以后,考证之风勃起。陈第作《毛诗古音考》,始把考证方法条理化,"列本证、旁证二条:本证者,《诗》自相证也;旁证者,采之他书也"。其后顾炎武采用此法,撰《诗本音》,探析古

---

[1] 王国维:《宋代之金石学》,最早发表于清华研究院编:《国学论丛》第1卷第3号,赵万里辑:《王静安先生遗著》。

[2] 《潜研堂文集》卷十八。

[3] 《傅斯年全集》第2册,台湾联经出版公司1980年版。

韵,开有清一代研究古音学的先河。

再后,戴震治训诂学,提倡以字书与经籍互证,所谓"以字考经,以经考字"。戴氏《尔雅注疏笺补序》云:"《尔雅》,六经之通释也,援《尔雅》附经而经明,证《尔雅》以经而《尔雅》明。"[1]其徒段玉裁即本此法,撰成《说文解字注》。

梁启超《清代学术概论》言:"清儒之治学,纯用归纳法。"这就是顾、戴诸大师所倡导的考证方法。阎若璩、惠栋等以之辨伪《古文尚书》,钱大昕、崔述等以之考史,程瑶田等以之释古代名物,高邮王氏父子以之释经传虚字,清末沈曾植等又以之研究西北地理等。正如王国维为沈氏所撰的七十寿序所云:"夫学问之品类不同,而其方法则一。国初诸老用之以治经世之学;乾嘉诸老广之以治经史之学,先生复广之以治一切诸学。"[2]王氏所说的方法,即是考证。考证学遂成为清学的总称。《清代学术概论》又言:"夫无考证学则是无清学也。"

但是,考证仅是治学的初级阶段,不是治学的终极。司马光如果只完成了《考异》,便不能通古今之变,资后王之治。朱熹《答吴斗南书》有云:"论为学,考证已是末流。"[3]朱氏的根本之学乃是义理之学。原来以经世致用为目标的清代考证之学盛极一时,但其弊则为专事考证而弃义理;以复古为目的,与日新月异的人事脱节。于是就在乾嘉之际,即有较有远见的考证学者对此表示异议。

[1]《戴东原集》卷一。
[2]《沈乙盦先生七十寿序》,见《观堂余墨》下。
[3]《朱文公文集》卷五十九。吴仁杰,字斗南,著《两汉刊误补遗》等考史之作。

翁方纲《考订论》（上）之一云："考订之学以衷于义理为主。""考订者，对空谈义理之学而言之也。凡所为考订者，欲以资义理之求是也。而其究也，惟博辩之是炫，而于义理之本然反置不问者，是即畔道之渐所由启也。"[1]

罗振玉编《昭代经师手简》二编辑焦循与王引之书手迹云："循尝怪为学之士，自立一考据名目，以时言，则唐必胜宋，汉必胜唐；以先儒言，则贾、孔必胜程、朱，许、郑必胜贾、孔；凡许、郑一言必皆奉为圭璧而不敢少加疑词。窃谓此风日炽，非失之愚，即失之伪。"

鸦片战争之后，随着国际资本主义列强的不断入侵，民族危机日益深重，知识界奋起发动变法图强的救亡斗争，对钻研故纸堆的考证学日益不满。《汪康年师友书札》（二）辑梁启超于戊戌维新时与汪氏书，严词斥责："考证之蠹天下，其效极于今日。"

也就在列强政治文化的冲击下，知识界把古老的考证学推向前进。受欧洲进化论的刺激，康有为等开始断定经籍所载的唐虞盛世乃是孔子等思想家所假托的，并非事实。顾颉刚《古史辨自序》云："长素先生受了西洋历史家考定的上古史的影响，知道中国古史的不可信。"[2]

西方新技术的输入，也推动考证学的改进。例如我国虽已绘画了多种地图，但对面积等的计算都不精确。《汪康年师友书札》（二）录高凤谦与汪氏书云："胡文忠地图为中国最详之本，惟当时测量之学未兴，纯仍旧本，不免错误。"至是，始用新法测算，改订

---

[1] 翁方纲:《复初斋文集》卷七。
[2] 《顾颉刚古史论文集》第1册，中华书局1993年版，本文所引顾氏的几篇《古史辨》序，都据此册，以下不再注明。

旧图。

最早引进外文资料以考证中国历史的是洪钧。光绪间,洪氏任驻外公使,得利用波斯、阿拉伯、俄、法、英、德、土耳其诸国的资料,撰《元史译文证补》三十卷,"证中国所未确","补中国所未闻"。李思纯《元史学》谓:"此方法实为中西交通后无论何项学术皆可应用,而洪氏能首开先路,独辟新途。"

民国初年,罗振玉、王国维等对殷墟甲骨等实物资料的研究,成为吸引知识界的新事物。试检《鲁迅日记》所附"书帐",便可看到他从 1915 年至 1921 年期间,对新出的古物图录和考释,几乎是见书即购。

叶恭绰《汉晋木简序》云:"自斯坦因入新疆,为大宗之发掘,于是我国竹木简之见于世者顿增数百事,罗叔言氏首辑印若干为《流沙坠简》,我国学术界惊为破天荒之一事。"

顾颉刚《古史辨自序》追叙从民国十年春起,在北京大学研究所国学门的图书馆看了许多书,而"最得到益处的是罗叔蕴先生(振玉)和王静安先生(国维)的著述"。顾氏说:"我始见到商代的甲骨文字和他们的考释,我始见到二十年中新发现的北邙明器、敦煌佚籍、新疆木简的图像……我知道要建设真实的古史,只有从实物上着手的一条路是大路。"

民国十四年(1925),王国维在清华学校研究院讲《古史新证》,对这一时期由于地下实物的出土而促使考证学发展做了总结。王氏说:"吾辈生于今日,幸于纸上之材料外,更得地下新材料,由此种材料,吾辈因得据以补正纸上之材料,亦得证明古书之某部分全为实录,即百家不雅驯之言,亦不无表示一面之事实,此

'二重证据法',惟在今日始得为之。"[1]

在辛亥革命后的十几年间,代表考证学主流的是王国维。在1922 年 8 月 28 日《胡适的日记》里,把当时的考证学家章炳麟、叶德辉、罗振玉、王国维四人做了比较,胡氏说:"内中章炳麟是在学术上已半僵了,罗与叶没有条理系统,只有王国维最有希望。"兹略举前人对王氏学术的评述,以表明其时考证学发生的蜕变。

1. 从以经学为中心转向史学

历来考证学的中心是经学。即使如钱大昕、崔述等史家,也强调以史翼经,以史附经,考史须折衷于六经。这是束缚考证学更新的枷锁。但到王国维便不同了。王学的中心已转向史学。吴其昌《王观堂先生学述》云:"先师非经学家,其治经学的主旨,乃在推证古史。""先师之推证古史,其主要根基系乃在小学。""先师之治小学,从金石甲骨以证合《说文》,其目的亦在古史。""先师之治宋元戏曲,亦主旨重在整理其已往之史料。""先师晚年专治西北地理史事。"[2]王国维把考证学的中心,从经学转向史学,这是近世学术史上的大突破。

2. 从抱残守缺转向吸取新事物

清儒称考证学为"古学",其倾向是"好古",即使注重贯通的高邮王氏,也插架无唐以后书。但王国维已大量吸取新事物。陈寅恪《王静安先生遗书序》云:"自昔大师巨子,其关系于民族盛衰学术兴废者,不仅在能承续先哲将坠之业,为其托命之人,而尤

---

[1]《古史新证》,最早发表于 1927 年 10 月出版的《国学月刊》第 8、9、10 期合刊。1935 年,北平来薰阁据手稿影印单行本。此据台湾文华出版公司1968 年版,《王观堂先生全集》第 6 册。

[2]《国学论丛》第 1 卷第 3 号。

在能开拓学术之区宇,补前修所未逮,故其著作可以转移一时之
风气,而示来者以轨则也。先生之学博矣精矣,几若无涯岸之可
望,辙迹之可寻,然详绎遗书,其学术内容及治学方法,殆可举三
目以概括之者。一曰取地下的实物与纸上之遗文互相释证,凡属
于考古学及上古史之作,如《殷卜辞中所见先公先王考》及《鬼方
昆夷猃狁考》等是也。二曰取异族之故书与吾国之旧籍相补正,
凡属于辽金元史事及边疆地理之作,如《萌古考》及《元朝秘史之
主因亦儿坚考》等是也。三曰取外来之观念与固有之材料互相参
证,凡属于文艺批评及小说戏曲之作,如《红楼梦评论》及《宋元
戏曲考》《唐宋大曲考》等是也。此三类之著作,其学术性质固有
异同,所用方法亦不尽符会,要皆足以转移一时之风气,而示来者
以轨则。吾国他日文史考据之学,范围纵广,途径纵多,恐亦无以
远出三类之外。此先生之书所以为吾国近代学术界最重要之产
物也。"[1]

3. 从古籍整理转向探讨古代制度变化的轨迹

清儒考史,局限于整理古籍。王国维也有对《竹书纪年》的
考证等,为学术界所重视,但其考证古史的最可贵的成果,乃是对
殷周制度变革的探讨。赵万里《王静安先生年谱》云:1917 年 7
月,"撰《殷周制度论》成。按,此篇虽寥寥不过十数叶,实为近世
经史之学第一篇大文字。盖先生据甲骨及吉金文字,兼以《诗》
《书》《礼》参之,以证殷之祀典及传统之制,均与有周大异。而
嫡庶之别,即起于周之初叶,周以前无有也。复由是于周之宗法
丧服及封子弟尊王室之制,为具体之解说,义据精深,方法缜密,

---

[1]　陈寅恪:《金明馆丛编》二编。

极考据家之能事,殆视为研究古文字学及古史学之归纳的结论可也"[1]。从琐碎的史籍考证发展到探讨制度的演变,这是王国维把考史之学推进到新境界的主要标志。

1927 年,王国维沉渊而死。嗣后,陈寅恪、陈垣等继续为史学考证做进一步的建设。

之前,从司马光到钱大昕都善于对史料进行比较对勘,考证异同,如近人余嘉锡《黄顾遗书序》所言:"一事也,数书同见,此书误,参之他书而得其不误者焉。一语也,各家并用,此篇误,参之他篇而得其不误者焉。"[2]但是,区别历史记载正确与错误的方法又是什么呢? 学术界从经验得知,必须是时间、地点和人事的综合。钟琦《皇朝琐屑录》卷十六留给我们一个典型的事例:

> 雍正十年,以绥远将军马尔赛纵寇伏法。赵翼《皇朝武功纪》谓策凌急檄马尔赛出归化城邀击准噶尔,闭关不出,故上命杀于军前。魏源《圣武纪》谓此战在漠北不在漠南,何由绕二千里之归化城乎? 按《朔方备乘》,是时马尔赛在拜达里克城,不在归化城也。

这里把三种记载作比较,判定赵翼误记。其方法是把时间、地点与人事作综合的考核。基于积累的经验,陈寅恪发明了考证史事的公式。据其门弟子所记:"先生自述所用的考证方法,先确定'时'和'地',然后核以人事,合则是,否则非。"陈氏把"时"和

---

[1]《国学论丛》第 1 卷第 3 号。
[2]《余嘉锡论学杂著》下册。

"地"的交叉点,比喻解析几何之Cartesian Point[1]。

为建设史料考证的各种辅助科学,陈垣作出了巨大的贡献。陈乐素《陈垣史学论著述序》说:1925年以后的几年里,陈垣"着重于目录学、史源学、校勘学、避讳学、年代学的研究",他的《中西回史日历》《二十史朔闰表》《史讳举例》《校勘学释例》等名作,都撰成于此时。其后,在抗日战争中,陈垣作《通鉴胡注表微》,其中有《校勘篇》《考证篇》《辨误篇》等,也都是总结史学考证经验的续作。

在20世纪的最初三十年间,王国维、陈寅恪、陈垣等老一代人,为我国史学考证的科学方法完成了建基的工作。

然而,对中国历史的研究,不能满足于这一步。"史学所以经世。"灾难深重的中华民族迫切要求史学界把精密的考证成果升华到理论高度,从而帮助政治家们揭示现代中国从贫弱走向富强之路。顾颉刚《古史辨序》反映当时的史学动态说:"以前所谓史学只达到事实的表面,现在应该探求它的核心了。"这是得到唯物史观启蒙的结果。

唯物史观给中国知识界提供了崭新的科学理论:(1)社会的存在决定意识;(2)生产力与生产关系的矛盾,经济基础与上层建筑的矛盾,乃是推动人类社会发展的两个基本矛盾;(3)人民群众创造历史。人们开始用这些原理观察和解释王国维等的考证成果,透过现象看本质,把历史学推上了高峰。其主要代表是郭沫若。1930年,郭氏发表《中国古代社会研究》。他是把考证学与

---

[1] 蒋天枢:《陈寅恪先生传》,载《纪念陈寅恪先生诞辰百年学术论文集》。

唯物史观相结合的先驱者。

1931 年"九·一八"事变，日本军国主义进攻我国东北的炮声，激起我国的知识界奋起救亡。1934 年，陈寅恪发表《李德裕归葬传说辨证》一文，据洛阳出土碑版，考实李德裕之所以得从贬所归葬，是因唐宣宗追叙其积粟以备西北边患之功。由此兴叹："此点关系唐末五代及宋辽金元之世局颇巨"，启发读者关切民族盛衰，反对"粉饰敷衍苟安一时之下策"，含意深长[1]。与此同时，曾受乾嘉考证学严格锻炼的吴承仕、范文澜等一批志士仁人，率先运用唯物史观，阐述中国人民创造历史，鼓舞爱国群众抗日救亡的斗志。

考证学为爱国主义服务，考证学与唯物史观相结合，为未来的中国新史学行奠基礼。

二、考证学的准则——"言必有据"

考证重在证据。胡适《考据学的责任与方法》一文强调说："历史的考据是用证据来考定过去的事实，史学家用证据考定事实之有无、真伪、是非，与侦探访案，法官判狱，责任严重相同，方法的谨严也相同。"他要求"凡做考证的人，必须建立两个驳问自己的标准"，"第一个驳问是要审查某种证据的真实性；第二个驳问是要扣紧证据对于本题的相干性"[2]。只有证据确凿，才能作出结论。

---

[1] 陈寅恪:《金明馆丛编》二编。
[2] 《胡适选集》(考据)，台北《文星丛刊》106 号。

　　从事考证的老前辈都提倡慎于下笔,严于取证。如汤用彤撰《魏晋南北朝佛教史》就是这样。《胡适的日记》:1937 年 1 月 17 日,"读汤锡予的《魏晋南北朝佛教史》稿本第一册,全日为他校阅。此书极好"。1 月 18 日,"到北大,与汤锡予先生畅谈……锡予的书极小心,处处注重证据,无证之说虽有理亦不敢用。这是最可效法的态度"。刘文典撰《庄子补正》也是这样。"其著书之例,虽能确证其有所脱,然无书本可依者,则不之补。虽能确证其有所误,然不详其所以致误之由者,亦不之正。"陈寅恪为作序,叹为"天下之至慎"。陈垣《余嘉锡论学杂著序》言,余氏"下笔不苟"。"他引用史料一定要穷源究委,找到可靠的根据,才写在论文里。"

　　然而,智者千虑,难免一失。这里举几个名家失误的事例,以供借鉴。

　　一是顾炎武以意揣度之误。钱大昕《跋〈金石文字记〉》云:"昆山顾氏论《开成石经》缺笔之例,自高宗至明皇,以祧庙而不讳,信矣。至文宗讳涵而不缺笔,则引古者卒哭乃讳,以证生不当讳。此考之未审,而强为之词也。秦汉以后,御名未有不避者……文宗本名涵,及即位,改名昂。既有改名,则旧名固在不讳之条。'九经'无昂字,设有之,亦必缺笔也。亭林偶未检《唐史本纪》,以意揣度,遂有此失。"[1]

　　二是孙诒让粗心举证之误。陈垣《关于四十二章经考》一文有云:"考证史事,不能不缜密。稍一疏忽,即易成笑柄。孙仲容为清末大师,其所著《牟子理惑论书后》据《牟子》以证《老子河

---

[1]《潜研堂文集》卷三十。

上注》为伪，谓《牟子》多引《老子》，而篇末云所理三十七条，兼法《老子·道经》三十七篇。今所传河上公注本《老子》，分八十一章，而《汉艺文志》载《老子》有《傅氏说经》三十七篇。彼此互证，知汉人所见《老子》，固分三十七章，今《河上注》不尔，足明其为伪本云云。夫《河上注》之真伪，另一问题。然因《河上注》分八十一章，遂谓与牟子所见《老子·道经》三十七篇不合，遽指为伪；不知《河上注道经》何尝非三十七篇，所谓八十一篇者，与《德经》四十四篇合计耳。"[1]

三是王国维凭孤证判是非之误。王氏曾指责戴震不敬其师江永，不尊之为"先生"，而称为"老儒江慎修"。胡适于《考据学的责任与方法》一文中指出，此说不能成立。胡氏查阅了全部《戴氏遗书》，其中称江永为"江先生"或"江慎修先生"的凡三十二次，而称"老儒江慎修"的仅见于《声韵考》与《六书音韵表序》。这两文追叙郑庠、顾炎武与江永发展古音研究的历史功绩，有郑庠分六部，近昆山顾炎武列十部，吾郡老儒"江慎修永列十有三部"云云。联系上文看，戴氏并无对江氏不敬之意[2]。

上举三例的具体情况不同，但导致失误的原因则一，即立论无据，违背了考证学的准则。

另有两例更须引以为戒。

1.凭记忆"恍忽"命笔，竟致大谬

章学诚《丙辰札记》云："李百药撰《高齐书》矣，其子延寿撰《南北史》，叙述高齐，岂能徒借父书，无变例欤。"这里，章氏把李

---

［1］《陈垣史学论著选》，上海人民出版社1981年版。

［2］ 按，清儒尊先师为君，如许慎为许君、郑玄为郑君。戴震晚岁《与段若膺论韵书》尊江永为江君。

百药、李延寿误为父子。余嘉锡《书章实斋遗书后》云："按，李百
药定州定平人，子名安期。延寿，相州人，父名大师（均见《唐书》
一百二，列传第二十七）。二人如风马牛之不相及，盖因百药《北
齐书》系用其父德林《齐史》重修而成（见《史通·正史篇》）。章
氏恍忽记其父子修史，而忘却德林，遂使百药谓他人父矣。"[1]

2. 削足适履，引文失实

《清代学术概论》，为梁启超得意之作，但其中有些引文失实。
柳诒徵《顾氏学述》云：

> 《清代学术概论》：炎武所以能当一代开派宗师之名者
> 何在？则其能建设研究之方法而已……其自述治音韵之学
> 也，曰："列本证、旁证二条：本证者，《诗》自相证也；旁证
> 者，采之他书也。二者俱无，则宛转以审其音，参伍以谐其
> 韵。"此所用者，皆近世科学的研究法，乾嘉以还，学者固所
> 共习，在当时固炎武所自创也。盖顾氏《音论》中卷《古诗
> 无叶音》一篇中，尝引陈第《毛诗古音考序》及《读诗拙言》
> 《屈宋古音义序》，其下方为顾氏自为之论。顾氏明言之曰：
> "已上皆季立之论。"梁氏读其所引陈氏之说，不知何以不
> 顾前后，第节取中间数语，误为顾氏之说。[2]

谢国桢氏早年所著《顾宁人学谱》也有此失。按，顾炎武《音论》
中卷照录了明陈第（字季立）《毛诗古音考序》全文，其中有云：

---

[1]《余嘉锡论学杂著》下册。

[2]《柳诒徵史学论文续集》，上海古籍出版社1991年版。

> 晚年独居海上，惟取三百篇日夕读之，惧子侄之学《诗》不知古音也，于是稍为考据，列本证、旁证二条：本证者，《诗》自相证也；旁证者，采之他书也。二者俱无，则宛转以审其音，参伍以谐其韵，无非欲便于歌咏，可长言嗟叹而已。

谢氏于叙述顾炎武传略时，引此一段，上加"宁人云"三字。宁人，顾炎武字。于是陈第所言便被改为顾氏语矣。其实，顾炎武晚年往来华北，终老华阴，何尝有"独居海上"之事？谢氏不察，竟致此失[1]。

要正确对待前贤考证的失误。钱大昕《答王西庄书》："愚以为学问乃千秋事，订伪规过，非以訾毁前人，实以嘉惠后学，但议论须平允，词气须谦和，一事之失，无妨全体之善，不可效宋儒所云，一有差失，则余无足观耳。"[2]

要严肃对待自己从事考证的得失。陈寅恪《三论李唐氏族问题》有云："夫考证之业，譬诸积薪，后来者居上，自无胶守所见，一成不变之理……但必发见确实之证据，然后始能改易其主张，不敢固执，亦不敢轻改，惟偏蔽之务去，真理之是从。"[3]

诸如上述，集中到一点，考证工作者必须遵守"言必有据"的准则。这就是实事求是。

---

[1]《顾宁人学谱》，第13页，载台湾商务印书馆《万有文库荟要》。按，钱穆《朱子新学案·朱子之校勘学》云："顾炎武《音论》自言据《诗经》通古音之方法，曰：'列本证、旁证二条：本证者，《诗》自相证也；旁证者，采之他书也。二者俱无，则宛转以审其音，参伍以谐其韵。'"亦未言顾氏本之陈第。似受梁、谢诸氏影响，未检《音论》原书。

[2]《潜研堂文集》卷三十五。

[3] 陈寅恪：《金明馆丛编》二编。

三、考证学为中国近代史研究服务

研究中国古代史,需要考证,研究中国近代史,由于资料丰富,情况复杂,更需要考证。十几年来,我与研究生讨论近代史,做了一点考证工作,积累了一些经验和意见,请同行指教。

(一)必先建设目录学

目录是治学的门径。考证近代史,也必先建设资料目录。

还在 20 世纪的 40 年代,郭廷以发表《太平天国史事日志》,附"引用书目"(包括中英文)六百余种。自 50 年代起,中国史学会编辑《中国近代史资料丛刊》,从《鸦片战争》到《北洋军阀》共十二种,分别附录有关"书目解题",其中的《太平天国资料目录》单行出版。对此,学者称便。

我与诸生讨论太平天国文献,从目录入手。拙作《太平天国经籍志》,就是讲课的产物。

对旧的近代史料目录,需要增补。以"日记"一类来说,不能停留在曾国藩、翁同龢、李慈铭、王闿运、叶昌炽的"五大日记"阶段,而要包罗近期问世的郭嵩焘、曾纪泽、王文韶、赵烈文、张謇等多家牵涉朝章国故的日记。有些尚待出版的重要日记,也该列目。如《郑孝胥日记》(稿本)六十八册,起光绪八年,迄民国二十六年。今藏中国历史博物馆(按,此书已由中华书局于 1993 年 10 月出版。笔者于美国尚未见刊本)。有的要籍虽已出版多年,但以后出现的有关版本等资料却为旧的"解题"所漏记,也须补辑。如李慈铭《越缦堂日记》于民国十九年石印之前已于《中国学报》发表,见鲁迅《壬子日记》。而蔡元培《刊印越缦堂日记缘起》等皆未言此事。按,《鲁迅日记》云:民国元年十二月二十八日,"赴留黎厂购《中国学报》第二期一册,四角,报中殊无善文,但以有《越缦日记》,故买存之"。鲁迅时任教育部佥事。《艺风堂友朋书札》辑吴昌绶致缪荃孙书(六十)亦云:"近见《中国学报》……《越缦日记》不同,而亦有复见。"

对旧的"书目"的错误,应予订正。如高枬《庚子日记》,因作者官至都察院给事中,故又题《高给谏日记》,而《义和团》(《中国近代史资料丛刊》)所附"书目"误以"给谏"为人名,为吴湘相氏所讥。见吴著《近代史料举隅》所辑《史料与史学》一文。

(二)继续发展辨伪学

1.辨伪书

清儒揭露了不少伪造的思想古籍,有些尚有利用价值。陈寅恪《冯友兰中国哲学史上册审查报告》言:"以中国今日之考据学,已足辨别古书之真伪……而最要在能审定伪材料之时代及作者而利用之。"[1]但近代史料中的伪书却只能起淆乱视听的坏作用,必须加以揭露和清除。

辨伪的方法,是将伪书的内容与真实记载相对勘,发现破绽,抓住铁证。罗尔纲从胡适那里学到此法,用以识破《江南春梦庵笔记》是太平天国史料中的一部大伪书。其经验尤为突出。

按,此书出笼于光绪年间,伪托太平天国赞王蒙得恩的亲信沈懋良所作,作者自称其资料皆得自蒙得恩。所记太平天国的官制等都古怪离奇,欺骗了不少读者,包括朱希祖、谢兴尧等著名学者。但它留下了作伪的马脚,终于被罗氏所揭露。特别是蒙得恩

---

[1] 陈寅恪:《金明馆丛编》二编。

于太平天国辛酉十一年死去，有洪秀全的文书为证，而此书却记甲子十四年蒙得恩在天王宫值宿，岂非见鬼！至于对蒙得恩的年龄、家庭等情形，沈懋良也是下笔即谬。由此判明，作者并非真是蒙得恩身边的人，所写的资料也绝非得自蒙得恩而是捏造的。

在罗先生的启发下，我于80年代揭露了太平天国史料中的又一部伪书《燐血丛钞》。

2．辨伪物

伪造的近代文物不少，我们必须细心鉴别，以免上当。1956年春，我在扬州见一"汉砚拓本"，砚侧有太平天国大将赖文光题字，即作为"新史料"发表于《光明日报·史学》。感谢荣孟源前辈，立即撰文纠正。荣氏用"内证"法指出"题字"种种破绽，肯定是赝鼎。其一，"题字"与太平天国制度不符，如赖文光自署"平天贵"，太平天国从无此爵。其二，"题字"与太平天国史实不合，如杨秀清早于丙辰六年死于内讧，赖文光怎能于己未九年还向东王献汉砚呢？我终生铭记荣氏的教诲，并经常与诸生讨论，引以为戒。

（三）辨误

1．辨笔记资料之误

陈垣《全谢山联姻春氏》一文有云："随笔杂记之属，有裨于史学。然史学重考证，如只凭记忆，或仅据所闻，漫然载笔，其事每不可据。"[1] 近代的笔记资料尤多，必须核其史源，辨其错误。

如清末宣统年间在上海发行的《刍言报》，陆续发表了该报创办人汪康年谈掌故的短文，其后汇辑为《汪穰卿笔记》。其中有一则赞胡林翼云：

---

[1]《陈垣史学论著选》，上海人民出版社1981年版。

> 胡文忠病，尝饮王远仲药而愈。已而治兵黄州时，军事方
> 急，前病复发，或劝迎王，文忠曰："安可因己求生，置人危地。"

这里，汪康年弄错了为胡林翼治病的人名和胡氏病危的地点。按，为胡林翼治病的是湖北道员张曜孙字仲远，不是王远仲。此次胡氏病危的地点是安徽太湖县，不是湖北黄州城。兹以《胡文忠遗集》（八十六卷本）与之核对的结果如下：

胡林翼于咸丰十年春间在黄州发病，由张曜孙为之诊治而暂愈，是年三月二十八日，胡氏《复荆州府唐荫云》："弟请假一月，仍在营调养，现服张仲远方，颇有成效。"旋移驻太湖。冬春之际，病又大发，官文拟遣张曜孙从武昌前往诊治，胡氏于咸丰十一年二月二十七日《复官中堂》云："林翼大病五月……前闻仲远之病而不敢请。继因太湖虽守备皆完，而以烽烟之地，迎客以求自活，究非人情。今则病势危笃，一日不如一日，来亦无及矣。"汪康年的这则笔记，就是从以上故事附会而来的。

又按，张曜孙仍即日赶到太湖为胡氏治病。咸丰十一年三月初十日，胡林翼《复官使相》："仲远初九日到营，其言病状甚悉，仲远必已另函致省中矣。"十三日《致官揆帅》："仲远之药已服三帖，亦尚相安。"由此可见，汪康年的短文不仅疏误，而且有断章取义之嫌。

2．辨社会传说之误

近代的社会传说甚多，必须核实，订正讹误。如义和团运动时，清廷顽固派杀不附己之大臣徐用仪、许景澄、袁昶等，一时社会传诵袁昶所撰与许景澄合奏忤慈禧太后之三折稿。著名学者俞樾据此写入许景澄墓志铭。但经民国初年清史馆同人查档，发

现此三折并未入奏。章梫《一山文存》卷三《袁昶传后》云：

> 三忠授命后，海内传袁忠节三折稿甚著，俞曲园先生撰《许文肃墓志》亦采之，谓许与袁合奏者。余在史馆复纂《许文肃传》，即据以辑录。迨复纂《袁忠节传》，初辑者备录三折，顾亚遽前辈瑗复纂其后二折，签云："实未入奏。"余又遍查军机、内阁、奏事处各档，五月以后，七月初三日以前，实无袁忠节折件。许文肃有二折，亦均言他事，则袁之第一折亦未入奏者，因并删之，兼删《许文肃传》与袁合疏之事。

由此可见，对近代的社会传说，不可轻信。

（四）利用人证

考证古代史，只能利用纸上和实物的资料。考证近代史，又可从当事人获得确据。兹举两例：

1. 王国维逝世后，清华研究院师生误以为王氏于清末曾在学部所属图书馆任编辑，经推荐王氏至学部供职之罗振玉驳正，谓王氏所在单位不是图书馆而是学部图书局。

按，陈寅恪《王观堂先生挽词》中有"图籍艺风充馆长"之句，罗振玉见而致书陈氏云："此篇中间叙图书局，似误混为图书馆。图书局直隶学部，主编译教科书及审定等事，其局长以丞参兼之。至图书馆，庚辛间始开创，馆长为艺风。忠悫未尝任馆事也。"[1]

---

[1] 罗振玉的这封信附见于《国学论丛》第 10 卷第 3 号陈寅恪《王观堂先生挽词》后。赵万里《王静安先生年谱》也误学部图书局为图书馆。王德毅《王国维年谱》已订正。但近见北京中华书局 1994 年出版的《中国文献学史》下册，第 1241 页，叙王氏简历仍有"一九〇九年充图书馆编译"云云。

艺风,缪荃孙。忠悫,清逊帝溥仪予王国维谥。

2. 罗尔纲《太平天国史纲》推论太平天国革故鼎新对五四新文化运动有影响。被"五四"当事人胡适提出反证。

《胡适的日记》:1937年2月21日,"读罗尔纲《太平天国史纲》一册。下午,尔纲与吴春晗同来。我对他们说:做书不可学时髦。此书的毛病在于不免时髦。例如一三二页说:'这种种的改革,都给后来的辛亥时代以至五四运动时代的文化运动以深重的影响。'我对他们说:我们直到近几年史料发现多了,始知道太平天国时代有一些社会改革。当初谁也不知道这些事,如何能有深重的影响呢?"罗尔纲《师门五年记》也载此事。其中引胡适语有云:"你又说五四新文化运动,是受了太平天国通俗文学的影响。我还不曾读过太平天国的白话文哩。"

上举两例充分说明,人证对考证近代史料的重要性。在50年代末、60年代初,扬州师范学院历史系师生在对《辛亥革命江苏地区史料》的编辑过程中,曾及时发挥了人证与书证、物证互证的作用。

(五)重视调查访问的资料

近世较有政治头脑的文人留下了一些调查访问的史料,弥足珍贵,值得重视。兹举两例:

1. 张佩纶《涧于日记》:

> (光绪六年九月初四日)与蔡辅臣告士、容舫侄出都,辅臣同载至八里桥,顾辅臣曰:"此可守也,僧邸何以致败?"舆者曰:"君不见某公墓树乎?僧邸将战,先期命农家皆割新禾,守冢户皆刊林木,于是千里之内一无障蔽,意欲便骑

兵驰逐,反为英人所乘,遂致败绩。"今他冢均植新树,惟某公墓树皆截顶,望之惨然!

此是实地从群众中得来的真实史料,它具体地反映了1860年僧格林沁骑兵部队于八里桥抗击英国侵略军之所以失败,乃是由于指挥官对世界近代战争的无知。

2.赵烈文《能静居日记》:

> (同治四年闰五月初七日)未刻,至仪征……申到纱帽州,大雨如注,街市为皖南镇刘松山兵占满,无可落足……闻刘军索饷,住此不肯前,渡江甫一营,尚有五营在江南螺丝沟。东阳一带,在在皆满,行旅为之断绝。

> (初八日)闻趁船洪姓副将道刘镇松山之谬:初发皖南,绐士卒至芜湖领饷,至芜湖复云须至金陵,至金陵领得五万,乃寄己家至八千金,自哨官以上皆有分,独兵勇无有,复云须过江发饷,且云江口不过三十里,士卒行至螺丝沟不啻百余里,已拥大舟粮运中流而进,士卒终日不得食,故怒甚而哗,连日来往南北岸调停解说,则已晚矣。又其平时各勇告假,以须偿欠,皆坚勒不许,至勇丁耐苦不得自去,则此款领到后全归干没。旧制勇丁须五百人一营,今则三百人已为满数,故一充营官统领无不立富,家中起房造屋,水面连艑大舟,四出营利,而士卒恒半菽不饱,人心思乱,已非一日云云。余昨见中堂原奏,皖南之勇如愿北行,则全军赴徐,否则只令统将前往。臣自霆军哗变,不敢强南勇北行。其札刘镇亦如此。乃委转诳诱,不知所居何心! 又在扬见随

身之勇,行役甚劳,而统将提督张诗日绿轿红伞,无复从军
之概。自古吏治患在中饱,今军中亦然,危哉危哉!

按,刘松山被官书公牍粉饰为湘军最朴诚的大将,所部老湘军是
未腐败的劲旅,但与其实际有天壤之别。赵烈文的目击记,正暴
露了所谓"同治中兴"的真相。

(六)理清历法

阅读和排比近代中国史料,往往涉及几种历法的交错。清朝
沿用的农历与民国改用阳历的交错;清朝"时宪书"的干支与太
平天国"天历"干支的交错;西历的星期与天历星期的交错,等
等。稍不审慎,即致谬误。

近世著名小说《孽海花》的作者曾朴死后,其长子虚白为作
《年谱》。《曾虚白自传》:"这份《年谱》虽然供给了研究父亲生
活的作家很多资料,但因我只凭父亲所遗《日记》等零星手稿与
平日闲谈可能的记忆,在短时期内仓卒写成,经热心读者指摘错
误者已有多处。特别不可恕者,当时为求民前民后纪年统一起见,
概用公历纪年,而计算疏忽,竟先后差了一年。"

我初读 1951 年上海出版公司据手稿印行的《鲁迅日记》时,
因见从民国元年起九年间,纪年都用干支,遂误以为仍按农历计
算。但随后读到他的《乙卯日记》:2 月 14 日,"晴,旧历乙卯元
旦,星期休息。"于是始知其月日都已改阳历。

近年我与诸生排比近代史料,充分利用了郭廷以、荣孟源等
前辈对历法的考证成果。吴子善中补前修之未密,撰成了《太平
天国历法研究》一书。

（七）熟悉制度与地理

钱穆老前辈经常叮咛门弟子，研究历史必须有两只脚：一是制度，一是地理[1]。兹举一失误的事例，说明这二者是考证近代史料必下的功夫。

张謇《柳西草堂日记》载光绪十八年（壬辰）会试报罢后闻闱中事云：

> （四月十二日）子培来，为述子封语，为之增感。盖常熟师于江苏卷上堂时，无时不谕同考细心校阅……旋四川施某荐刘可毅卷……力谓此系张季直卷……尝问爽秋，以文气跳荡辨其非。填榜之先，子封请观其卷，以孟艺及诗秦字韵，力决及非。常熟叹为无可如何。拆封时又于红号知为常州卷也。卒乃见此卷果刘可毅。于是常熟、寿阳及子封亟查予卷在第三房冯金鉴所……早已以"词意宽平"而斥落矣。

按，张謇称会试正副总裁人名都用籍贯地名代。常熟，众所周知指翁同龢，此次会试的正总裁。寿阳，指祁世长，山西寿阳人，此次会试副总裁之一，其事迹详台湾联经出版公司影印的《寿阳祁氏遗稿》中的《祁太府君行述》。查台湾成文出版社影印上海图书馆珍藏的《清代朱卷集成》第七十三册，光绪壬辰会元刘可毅卷，翁同龢评"奇才奇才"。祁世长评"通才也，国器也"。他们是共同把它揣作张謇所撰而定为会元卷的，不意误中了刘可毅。于

---

[1]　严耕望：《钱穆宾四先生与我》。

是翁、祁与同考官沈曾桐一起追查张卷下落，始知已被第三房同考官冯金鉴所斥落。爽秋，袁昶。子封，沈曾桐，曾植（子培）之弟。近年中华书局出版的《翁同龢传》第391页节录张孝若为其父所作传，用白话译述了这段张謇的《日记》，有"事后，翁同龢、孙家鼐、沈曾桐等四处寻找张卷，结果发现在第三房冯金鉴（心兰）那儿"云云。这里，作者把"寿阳"误混为"寿州"，遂把孙家鼐顶替了祁世长。查安徽寿州人孙家鼐不在此次会试考官之列，怎能擅自入闱，参加追查张謇试卷的下落呢？此事告诉我们，对制度与地理的考证，不能不密。

我对这两方面的功夫也很浅薄，但门人中已有注意及此的，如华强撰《太平天国地理志》、周新国撰《太平天国刑法研究》，等等。

四、结束语——古为今用

在陈垣老前辈逝世时，北京大学邵循正教授写了一副士林传诵的挽联："稽古到高年，终随革命崇今用；校雠捐故技，不为乾嘉作殿军。"考证中国近代史，离今不远，关系密切，尤其要重视古为今用。

在近代中国，最大的是非，是爱国还是卖国。这是史学考证必先分辨的头等大事。例如围绕英国侵占我国香港，史学领域曾激起一些漩涡。其一为对民族英雄林则徐的评价问题。按，在中英鸦片战争时，清政府内部有反抗和投降的两种人。林则徐千古流芳，琦善万年遗臭，这是在清季即已有定评的。然而世界上却有极少数史家想对此翻案。他们罗列当时英强我弱的史料，论证中国必败，说什么林则徐侥幸在临战罢官，否则必将在英国炮舰面前损兵折将,身败名裂。由此推断琦善的对英投降、割地赔款,是当时中国唯一"正确"的外交政策。但是,对照考证学的准则,这种想当然是不能成为结论的。因为林则徐统兵抗英,是胜是败,未见事实。怎能凭揣度作为对琦善卖国政策喝彩的根据呢?清同治八年三月二十四日,直隶总督曾国藩与幕僚闲话:尽管林则徐也有缺点,琦善也有优点,"然至今有讥林公为非者,天下必从而唾骂矣"[1]。由此可见,对林、琦二人的功罪,广大人民已有公论。谁想要把它颠倒过来,必遭天下的唾骂,他们企图以推论取代考证,是不科学的。

(原载《扬州大学学报(人文社会科学版)》1997 年第 1 期)

---

[1]《曾文正公手写日记》:同治八年三月二十四日,"酉正至幕府一谈"。未叙所谈内容。此据《桐城吴先生日记》卷五《时政》。

考证学与太平天国史研究

——纪念罗尔纲先生

考证一称考据,是我国学者占有史料的传统方法。它包括搜集、比较对勘和归纳演绎等过程。考证始于孔门,盛于宋,大盛于清,更盛于近世。自陈垣逝世之后,海内论考证学耆耇大师,首推罗尔纲。罗先生以考证治太平天国史,其博大精深是当世无双的。

有清之季,统治者以"叛逆"诬太平军。《剿平粤匪方略》等书,一时成为歪曲太平天国史的范本。清室旋亡,于是对太平天国起义史的研究始得解禁。风会既开,异人并出。从20世纪的二三十年代起,萧一山、郭廷以、简又文、罗尔纲等各举一帜,披荆斩棘,开辟这一历史学的新领域。

萧一山向海外寻访中土流失的太平天国印书和文书,其收获之富与价值之高,时人以之与殷墟甲骨和敦煌经卷的发现相比拟。

郭廷以裒集中英文资料二百余种,系年月日编排太平天国史事,为士林造福无量。郭氏对天历与阴阳历换算的考订以及对"引用书目"的辑录,也均为一代太平天国史学的兴起,创造了条件。

简又文译《太平天国起义记》,撰《金田之游》,开创从外文移译和实地搜集太平天国史料的风气。简氏以半个世纪的时间,完成了一纵一横的宏伟计划,撰成了《太平天国全史》和《太平天国典制通考》两巨著,为旧中国的太平天国史学做了总结。

在中华人民共和国成立之后四十余年,又一次为太平天国史研究做总结的是罗尔纲。罗先生留下的《太平天国史》和《李秀成自述原稿注》等杰作,其精博皆凌驾前哲,在并世,也是无与伦比的。我们纪念罗先生,必须从他的丰硕成果中探讨其治学经验,特别是对考证学发展的经验,以利我国历史科学的发展。

一

罗先生是搜集太平天国史料的集大成者。他创造了对图书馆摸底的方法,其收获之富,是前所未有的。

南京图书馆,一直是我国东南的大图书馆,历经前贤缪荃孙、柳诒徵、蒋复璁等经营积累,库藏极为丰富。中华人民共和国成立后,又陆续增加了不少珍贵书籍。1954 年时,它的颐和路库藏共有书七十多万册。在江苏省文化部门的赞助下,罗先生率同助手们按库、按架、按排,一册一册地、一页一页地寻找太平天国史料,历时四个多月,计搜得有关资料合共一六六一种,包括稿本和抄本六十种。其精华以后都辑入《太平天国史料丛编简辑》中。

对有些史料的获得,必须是长期绩学的结果。罗先生《李秀成自述原稿注》自序说:"四十九年来,好似乌龟爬行一样,一点一滴地去作注,有些注真正是踏破铁鞋无觅处,到费尽九牛二虎之力找到了,却又自笑无知。"

搜集,是占有史料的第一步,在这方面,罗先生攀登了以往考据家所未能到达的高峰。

比较对勘,是占有史料的第二步。只有经过比较研究,才能对搜集所得的史料,判别其真伪,区分其正确与错误,确定其时间与空间等,这是考证工作最重要的环节。在这方面,罗先生作出了巨大的贡献。

罗先生考辨伪书,先用已肯定的文献记载与伪书内容相比较对勘,发现矛盾,揭出破绽。这是清儒阎若璩等揭露东晋所出伪古文《尚书》的方法,罗先生卓有成效地以之揭露《江南春梦庵笔记》等伪造的太平天国史料。这些伪书之所以能够迷惑人,是因为真赝参半,似是而非。以故罗先生又将流行的记载与伪书相比勘,找到伪书的出处。这也是乾嘉学者惠栋等辨伪的家法。王国维撰《竹书纪年疏证》,判定今本《纪年》已非汲冢原书而系后人伪作,即用此法。"是犹捕盗者之获得真赃"[1],使作伪者无所隐匿。罗先生易疏证为表解,使读者一目了然。他于《太平天国史料考释集重印题记》中说:"这个方法,我于1931年初次使用它将上海中华图书馆出版的石刻本蒲松龄《聊斋全集》与两部《聊斋全集》抄本对勘,列成对照表,发现石印本的二百六十二首诗全部是假造的。其后研究太平天国史,追查大伪书《江南春梦庵笔记》、罗惇曧《太平天国战纪》等作伪的根据,都是用校勘列成对照表考出的。"

对记载同一历史事件的多种史料进行比较对勘,考辨异同,求得近真的结论,这是裴松之注《三国志》、司马光撰《资治通鉴考异》所创造的方法。清儒钱大昕进一步使用此法,撰成《二十二史考异》。罗先生以之治太平天国史,努力求其史源,从而判明

[1]《竹书纪年疏证序》,见《王国维遗书》第12册,上海古籍书店1983年版。

正确与错误,使方法与结论更加科学化。例如,他在名作《洪大全考》中,把《剿平粤匪方略》著录的咸丰元年四月初十日入奏的广西巡抚周天爵奏和同日咸丰批答的上谕与《实录》《圣训》及王先谦、潘颐福两家《咸丰朝东华续录》所引同一文件相比勘,发现《方略》所列"贼首"中有"洪大全"而无"洪秀全",而其他各书都有"洪秀全"而无"洪大全",究竟谁对谁错呢?最后,罗先生终于从故宫博物院南京分院所藏的清朝《剿捕档》中查到了咸丰元年四月初十日给周天爵寄谕的原抄件,才发现所列"贼首"名单中的乃是"洪泉"。又据周天爵的一封信,也作"洪泉"。按,《太平天日》,洪秀全一名洪全。由此罗先生作出裁决:《实录》《圣训》等易"洪泉"为"洪秀全",是对的;《方略》改"洪泉"为"洪大全"是错的。

宋朱熹撰《韩文考异》,对同一文献的不同版本,进行比较对勘,分辨先后,区别正误,成为一代考证学的杰作。罗先生也以此法研究太平天国史料的版本差别,颇多发明。例如他跋《资政新篇》说:"这一部书,除我国保存的一部外,英国剑桥大学图书馆也收藏有一部。这两部书封面都同样题'太平天国己未九年新镌',但校对结果,却是两个不同的版本,根据两本不同的字考证起来,知道英国剑桥大学图书馆藏本是初刻本,而保存在我国上海市文物保管委员会的这一部乃是改正重印本。"

昔王国维研究古代史,以久已流行的纸上文献与新发现的地下实物相比较对勘,创造了"二重证据法"。罗先生研究太平天国史,不仅善于利用书证和物证,还充分发挥了人证的作用。例如在50年代,罗先生等在南京群众中进行反复调查,历时五年之久,终于否定了一个所谓天王元妃出家普渡庵的离奇传说。

前贤鉴定古人书法,都单凭目力比较其真伪。罗先生则已借助法医的科学技术。例如他请法医把先发现的庞际云所藏《忠王李秀成答词手卷》上的二十八字手迹,与曾富厚堂珍藏的《李秀成亲供》相比较对勘,最终确定出于一人之手。于是尽管世间尚有曾国藩造作《李秀成亲供》等疑问,但被罗先生定下的铁案,实际已经是不可动摇的了。

为对太平天国史料进行考证,罗先生极其辛勤地为后学提供了各种辅助手段。例如,年代学,即对天历的研究。版本学,即对太平天国文献各种版本的研究。文物学,即对印章、钱币、文书、壁画等的研究。他都归纳出了各种类例和定理,有的已成定论;有的尚有争议,如"太平天国壁画不画人"等,正常地反映了科学发展的规律。

自昔大师巨子,都能集思广益,遂成不朽之业。如顾炎武撰《音学五书》,采纳门人张弨的意见。戴震论古音,汲取弟子段玉裁的学说。罗先生也是这样,他博采众长,大量引用后辈们的考证成果,遂能撰成巨著《太平天国史》。

考证学者一经接受科学的唯物史观,便能得到崭新的结论。这是学术界的共同感受。例如吴承仕与黄侃同为章炳麟的入室弟子,精通古文字语言学,各有千秋,众称"南黄北吴"。但二人对许慎《说文解字》的评价,颇有分歧:黄侃用静止的眼光看问题,认为《说文》至今都是活泼泼的;吴承仕则用历史发展的观点评许书,认为当东汉时,其中即有一部分过时的字和辞是死的,何况到了今天![1]显而易见,其结论是吴胜于黄。罗先生自入新中

---

[1]《语言文字之演进过程与社会意识形态》,见《吴承仕文录》,北京师范大学出版社 1984 年版。

国,即笃志学唯物史观。1957年在北京,我初识罗先生,尝聆听他在一次座谈会上发言,强调考证工作必须得到唯物史观的指导。以后,罗先生又将此意笔之于其书。他几十年如一日,力图把考证学与唯物史观相结合。

读者如将简著《太平天国全史》《太平天国典制通考》与罗著《太平天国史》相比,定能发现三点主要差别。第一,简著没有如罗著那样接受唯物史观。第二,简著未能如罗著那样采集近三十年的新史料。第三,简著也未能如罗著那样包罗近期海内外学者的考证成果。显而易见,时代的车轮把罗先生的学术推前了一大步。

二

我私淑罗先生,以考证治太平天国史垂四十年,自惭无成,闻罗先生之逝,有木坏山颓之痛,追怀教诲,永记数端:

一曰:"言必有据"

在70年代,我注释《洪秀全选集》《洪仁玕选集》,得到罗先生的殷勤教诲。

按,晚期"天王诏旨"所开接旨者名单首列三人,"天佑子侄、和甥、福甥"。前辈学者已释"天佑子侄"为王五殿下幼东王洪天佑,"和甥"为幼西王萧有和,但不知"福甥"为何人。我注为萧朝贵的次子懿王蒋有福,曾请正于罗先生,举庞际云所藏《忠王李秀成答词手卷》为证。该卷有曾国藩亲书提问太平天国亲贵的名单,与"天王诏旨"的接旨者名单相应,盖后者是前者的根据。其中列名在幼东王、幼西王之下的,即"懿王蒋有福"。罗先生问:

"萧朝贵之子为何姓蒋？"我答："萧朝贵之父'王亲蒋万兴'，见《太平天国史料》（开明书店版）所录'幼子诏旨'。由于父子异姓，所以长子从父姓萧，次子从祖姓蒋。"罗先生认为这道"幼主诏旨"系据向达抄本排印，"萧""蒋"形近，难免差错，尚需继续查证。其后，广西紫荆山区发现了一座道光二十四年刻石的《建造佛子路碑》，上有太平军老兄弟傅学贤、蒋万兴等捐钱的记录。等我再去北京时，罗先生欣然把拓本给看并热情地说："你的说法已找到了确证。"于是在罗先生的帮助下，我写成了《懿王蒋有福考》，发表于《太平天国学刊》第四辑。考证重在证据，这是罗先生的遗教。

二曰："坚持真理"

1980年，我发表《〈燐血丛钞〉辨伪》等文，挑起了同行中的一场论战。《燐血丛钞》出笼于50年代的苏州，内容真伪参半，其中所抄"太平军将士著作"，除早已流行的《李秀成供词》等外，其他新出世的如干王子的笔记《新说》等多种都是赝鼎。作伪者假托抄者为清季苏州书商谢绥之。其人在当时小有名，俞樾《春在堂随笔》中有他家世的资料。70年代末，《燐血丛钞》由上海《中华文史论丛》节录公布后，有些论著竞相征引，贻误读者匪浅。我把其中的《新说》等所谓"太平军将士著作"与已肯定为真实记载的太平天国文献相比较对勘，揭露大量破绽，又发现其书用多种形式抄袭大伪书《江南春梦庵笔记》，人赃并获，遂判定为近人伪作。但此说一时不能被同行所接受。甚至有人抨击清儒辨伪为不可信。有的刊物不愿发表我的申辩。有一次，目录已登了报，但到刊物出版时，文章竟被抽掉了。最后，罗先生出版《困学集》及《胡适琐记》，始肯定对《燐血丛钞》的辨伪，乃是对《江南春梦庵笔记》考伪等的继续。考证学必须"坚持真理"，这是罗先生的又一遗教。

三曰："推陈出新"

我追随罗先生以考证治太平天国史，所得也有与罗说相立异的。

还在50年代，我沿着罗先生指示的线索，采访太平天国史料。如在常熟发现龚又村《自怡日记》、佚名《庚申避难日记》。在常州，获见《史致谔档案》。在北京图书馆查到《杨舍堡城志》《相城小志》《贞丰里庚甲见闻录》《乌青镇志》等有关的江浙乡镇志，还有一些当事人著作，如苏州知府吴云的《两罍轩尺牍》等密件。内容反映太平军后期内部复杂衰败之状，令人惊心动魄。我把这些新出史料与先作为"信史"流传、影响极大的常熟《报恩牌坊碑序》相比较对勘，发现出于叛将之手的碑文是不真实的，其中所说："民物殷阜"的太平景象，是虚假的。拙作《从〈报恩牌坊碑序〉问题略论当前研究太平天国史工作中的偏向》一文，挑起了史学界的一场争论，多年后才趋平息。这个"偏向"，就是指背离了考证学实事求是的准则。

1978年5月，在南京举行了一次空前的太平天国史学术盛会，美国、英国、澳大利亚、西德、日本等国的学者到会。由于粉碎了"四人帮"，批判了极"左"思潮对太平天国史学的严重破坏，打破了一些禁区，与会者的思想极为活跃，充分开展自由讨论。我在会上对久为史学界所公认的太平天国实行政治平等、经济平等、男女平等、民族平等的"四大平等"说，提出异议。我列举确凿史料，论证这是不符合事实的。从理论上说，这也是农民小私有者所做不到的。例如洪秀全一人多妻，他有八十八个娘娘，怎能说太平天国实行了男女平等！

尽管这些新的考证所得与罗先生的著作有分歧，然而这仍然是罗先生考证方法指引下的成果。前修未密，后来者转精，不断推陈出新，这是考证学的规律，也是罗先生的遗教。

四曰："发扬光大"

1976 年唐山地震后，罗先生携家从北京到南京，住了几个月。1977 年初夏，我从扬州去南京太平天国历史博物馆，谒罗先生请益。罗先生勉以用唯物史观正确评价乾嘉学派，并将考证学发扬光大，教育英才。1989 年，罗先生又以此意写入《太平天国经籍志序》。我自惭治太平天国史无成，遑论对考证学做总结。以下略说几点心得，作为对罗先生遗教的怀念。

（1）考证学不自清乾嘉始。由于乾嘉之际考证学盛极一时，以故言考证者必追尊乾嘉诸老。但乾嘉并非考证学的极峰。近世章炳麟、王国维、胡适、陈垣以及有些海外汉学家都发展了考证学。罗先生就是当代考证学的大师。

（2）考证学的内容必然沿着时代进步的轨迹而发生新陈代谢，它作为治学的科学方法也必然随着新思想、新科技、新资料的出现而不断更新和完善。我们应当继承和发展乾嘉学派的考证方法，施之于史学与一切诸学，罗先生已为我们作出了榜样。

（3）考证学必须面向社会，结合人伦日用。清季维新志士之所以扬弃"乾嘉余唾"，就是因为乾嘉学派的末流，为考证而考证，引人钻入故纸堆中过生活，脱离了如火如荼救中国的实际。罗先生以考证治太平天国史，其总的目的是明确的，为我国的民主革命和社会主义建设服务。但在辨伪、注释等具体问题上，并不处处强求与政治挂钩，这也是对的。解决这些史料上的问题，就为弄清事实,以便总结历史经验,供当代和后世借鉴。

(4)考证学不可避免受立场、观点的影响。旧中国的老先生们从唯心论和形而上学看问题,得出"太平天国破坏论"。罗先生从唯物论和辩证法看问题,揭露"官逼民反",承担"破坏"罪责的,应当是残酷剥削广大农民的内外反动派而不是太平军。考证学只有与科学的唯物史观相结合,才能发扬光大。这是罗先生四十余年所尽瘁于是的未竟之业,薪尽火传,我们应当继续努力。

(原载《纪念罗尔纲教授文集》,《江苏文史资料》1998 年版)

我与考证学

一、从事考证学六十年

我年十六岁,正值抗日战争,在上海租界肄业东吴大学附中,课余师从国学巨擘金松岑先生。先生方教授光华大学,与诸生讲论顾炎武、王夫之等学术志行,恢宏民族大义。于是勉我读亭林、船山之书,留心史事。先师又令与王仲荦、朱季海、贝仲琪诸君子游。三君者皆章太炎先生晚年弟子,本顾炎武"读九经自考文始,考文自知音始"之训,组织考文学会,笃志考史。我受诸君熏陶,始读顾氏《音学五书》、段氏《说文解字注》等书,走朴学考据之路。其时我与三君常在法租界辣斐德路辣斐坊贝仲琪家一亭子间内,谈经论史。王仲荦遗著《嵝华山馆丛稿续编》有"匡鼎谈诗处,当年辣斐坊"之句,盖追话旧事。

在青年时,我所从事的考证之作,有《释名补笺》《南唐书考异》等。先师勉以勿"抱残守缺"。又告诫:"考史小处固宜留心,尤当从大处着眼。"亡何,先师溘逝,但遗训昭昭,永远激励我坚持考证要有正确的方向。

自入新中国,我即治中国近代史,但急功近利,不耐心绩学,不下功夫从事考证,以致犯重大失误。1955 年,我在扬州旧货店见一幅太平天国大将赖文光藏汉砚的拓本,砚侧有赖文光题字,我喜出望外,便当作"新史料"发表于《光明日报》。旋蒙荣孟源前辈撰文指出,这是赝品。此件破绽甚多,特别是赖文光署爵"平天贵",这与太平天国官制不符。从此我引以为戒,决心对史料下巨大的考证功夫。我努力搜集后期太平军在江浙地区活动的史料,如吴云《两罍轩尺牍》、龚又村《自怡日记》等,从中发现李秀成部太平军复杂衰败,通敌内乱之状,惊心动魄。我以之与简又文、罗尔纲等前辈所当作"信史"的常熟《报恩牌坊碑序》相比较对勘,发现出于叛将之手的谀颂忠王的碑文是不真实的,其中所说"民物殷阜"等是虚假的。1957年5月23日,《光明日报》发表的拙作《从〈报恩牌坊碑序〉问题略论当前研究太平天国史工作中的偏向》一文,挑起了史学界同仁的争论,多年后才趋平息。此文所说的"偏向",就是指背离了考证学"实事求是"的准则。

　　然而我仍在同年于《山西师范学院学报》1957年第2期所发表的《太平天国后期的土地问题》一文中,盲从前人所宣传的关于太平天国曾在苏南地区实行"耕者有其田"之说。直到1959年11月12日《光明日报》发表的拙作《关于〈天朝田亩制度〉的性质和实施问题》一文,始订正了以前自己的谬误。经过考证,对一条重要史料,我否定了以前的曲解。按,顾汝钰《海虞贼乱志》记太平天国庚申十年在常熟东乡"着旅帅卒长按田造花名册,以实种作准,业户不得挂名收租"。以往史学界误解"实种作准"为谁种的归谁所有,便断言实行"耕者有其田"。我也是这样。其实此是以农民实际耕种的田亩数多少为准,地主不得据虚额浮收地租的意思。正是证明太平军准许这里的地主收租,绝对不是实施"耕者有其田"的根据。由此可见,有时对某一史料的失考,会作出重大的错误结论。也由此可见,历史研究者必须重视考证。

只有考明事实，才能运用唯物史观作出正确的判断。

从 1957 年起，为丰富乡土教材，我与扬州师院历史系的几位同事和同学，辗转在江苏各地搜集辛亥革命的文献、文物和口碑，共获资料四十余万言，选编为《辛亥革命江苏地区史料》，于 1962 年初由江苏人民出版社印行。经验表明，考证近代史，不仅要像研究古代史那样，取证于故籍和实物，而且要充分发挥人证的作用。例如，我们于无锡市博物馆发现一件革命党的宣传品，词气慷慨，可与陈天华《猛回头》《警世钟》相媲美，但不知作者姓名。旋见章士钊《赵伯先事略》，始知此为章氏秘密印刷的赵声之作。1962 年，我至北京，持此件与章老面核，得到了证实。

在大量史料考证的基础上，在唯物史观的指引下，我写成了《论清末的铁路风潮》一文，用事实阐明了铁路风潮之所以引发辛亥革命，乃是列强掠夺中国铁路和清政府卖路的必然结果。此文发表在《历史研究》1964 年第 2 期。经验告诉我，唯物史观是科学，论从史出，它需要史料，需要考证。如果把论与史对立起来，把唯物史观与考证学对立起来，历史研究就得不到健康的发展。

极其不幸的是，我国发生了"十年动乱"，科学文化遭到一场浩劫。我发表于 1964 年 8 月 15 日上海《文汇报》的《试论李秀成》一文，据史料指出李秀成曾支撑太平军后期战局，但晚节有亏，竟遭到了极"左"思潮的批判，说什么对李秀成的评价应该是"前功尽弃"。在极"左"思潮猖獗时，唯物史观被歪曲，考证学遭摧残。

然而中华民族的文明终究要前进。在中共十一届三中全会之后，学术界恢复了民主，恢复了实事求是的准则，于是我重理旧业，继续以考证治太平天国史。从 70 年代末到 90 年代初，我获得了几项主要考证成果：

1. 否定太平天国实行"四大平等"说

1978 年 5 月，在南京举行了一次空前的太平天国史学术盛会，美国、英国、澳大利亚、西德、日本等国的学者到会，充分开展自由讨论。我在会上对久为史学界所公认的太平天国实行政治平等、经济平等、男女平等、民族平等的"四大平等"说，提出异议。我列举确凿史料，论证这是不符合事实的。例如洪秀全一人多妻，他有八十八个娘娘，幼天王也有四个幼娘娘，怎能说太平天国实行了男女平等！我将此意写入《洪仁玕与太平天国革命》一文，其后辑入中华书局 1981 年出版的《太平天国史学术讨论会论文集》中。

史学界历来认为《天朝田亩制度》是太平天国推行人人平等的纲领性文件，其实不然。我师从清儒戴震"由字以通其辞，由辞以通其道"的考证方法，研究《天朝田亩制度》，作《释"功勋等臣，世食天禄"》一文，发表于《历史教学》1979 年第 10 期。文章说明，《天朝田亩制度》规定，少数"功勋等臣"既不耕田，也不打仗，世代由国家供养；而绝大多数男女，则平时要种田，战时要打仗，过绝对平均主义的原始生活。这不是平等的纲领，而是不平等的纲领。

2. 《燐血丛钞》辨伪

辨伪，是考证学的重要课目。太平天国的史料极为丰富，但出于伪造的也不少。罗尔纲前辈著《〈江南春梦庵笔记〉考伪》等篇，给后学提供了识别真伪的方法和经验。罗先生仿清儒阎若璩辨伪古文《尚书》之法，取已肯定为真实的史料与《江南春梦庵笔记》相比勘，发露破绽，找到作伪的铁证。又仿清儒惠栋考伪古文《尚书》出处之法,取流行的资料,疏证伪书。这样,人赃俱获,使作伪者无所隐匿。我师法罗氏,于1980年9月30日《光明日报》发表《〈新说〉质疑》;于同年第3期《扬州师院学报》发表《〈燐血丛钞〉辨伪》;于1981年第10期《历史教学》发表《李秀成官爵考——兼辨新出"民不能忘"碑文是假的》,连续揭露《燐血丛钞》是伪书。按,此书出笼于50年代的苏州,内容真伪掺杂,其中所抄"太平军将士著作",除早已流行的《李秀成供词》等外,其他新出世的如干王子的笔记《新说》等多种都是赝鼎。70年代末,《燐血丛钞》由上海《中华文史论丛》节录公布后,有些论著竞相征引,贻误读者匪浅。我把其中的《新说》等所谓"太平军将士著作"与已肯定为真实的太平天国文献相比较对勘,揭露破绽,又发现其书用多种形式抄袭大伪书《江南春梦庵笔记》,遂判定为近人伪作。不久,罗尔纲先生在《困学集》及《胡适琐记》中,先后肯定对《燐血丛钞》的辨伪,乃是对《江南春梦庵笔记》考伪等的继续。

3. 建设太平天国文献学

王欣夫前辈的《文献学讲义》指出,我国传统的文献学是目录、版本和校勘三者的组合。罗尔纲先生凭长期从事考证太平天国文献的经验,认为太平天国文献学乃是辨伪、校勘、注释三者的结合。在80年代末,我著《太平天国经籍志》,由六部分组成:一、"旨准颁行诏书"二十九部;二、其他太平天国印书;三、诸王自述;四、近人所编太平天国文献;五、太平天国文献释文举要;六、伪书考辨。1993年由广西人民出版社印行。罗先生赐序有云:"几十年来,我国研究太平天国史的学者分别在辨伪、校勘、注释上做了许多工作。但把这三者结合起来而成为太平天国文献学,为中国史学创造了一门新学科,则自龙威同志这部《太平天国经籍志》始。"这是罗先生的谦词。其实,创造太平天国文献学的是罗老自己,而我撰此书,不过是为前贤添砖加瓦而已。

遵罗先生之教,我治太平天国文献,取法乾嘉考据。兹举《释文举要》为例。按,戴震治训诂学,提倡以字书与经籍互证。戴氏《尔雅注疏笺补序》云:"《尔雅》,六经之通释也,援《尔雅》附经而经明,证《尔雅》以经而《尔雅》明。"其徒段玉裁即本此法,撰成《说文解字注》。我也用戴氏"以字考经,以经考字"之法,撰次《太平天国文献释文》。一、列举所见文献,寻绎其意义;二、广征前人解释,择善而从。如释"乃埋":"《天父下凡诏书》(二):'得我四兄乃埋牵带,方得成人。'《贼情汇纂》:'乃埋,贼用二字作救世解。'乃,粤地方言,同拉。《天情道理书》:'乃马者有人。'《金陵省难纪略》:'拉谓之乃,拉马谓之乃马。'埋犹言合也,也是广东方言,见鲁迅《三闲集》。太平天国以后造了一个'龛'字,代替'埋'字。《天情道理书》:'东王蒙天父亲命下凡,为天国左辅正军师,救饥赎病,乃龛天下万郭弟妹。'万郭即万国。《粤匪纪略》:'贼妄改四子书,又改魂字为魤,埋字为龛。'"

4. 探讨湘军史料

研究太平天国史,不能不研究它的对手湘军的历史。湘军对内镇压了太平天国农民起义,对外反抗过列强的侵略,它与数十年中国的经济、政治、文化均有关系。研究近代史者不可不关注湘军史。我也以考证治湘军史料,先后撰《〈湘军志〉钩沉》(《中国史学名著评介》第 3 卷)、《湘军史料丛谈》(《清史研究》1992年第 3 期)、《胡林翼史料杂考》(《曾国藩学刊》总第 4 期)等篇。另有一些读湘军史料笔记,如《冲天炮李金旸考》(《书品》1992

年第 2 辑）等。在这方面,尚有大块处女地需要开垦。由此可见,对太平天国史的考证工作并非已是强弩之末。

5. 教育英才

与撰著同时,我以考证学教授了七届硕士研究生。诸生继简又文、罗尔纲等前辈而起,重纂太平天国典制,如华强撰《地理志》,周新国撰《刑法志》,吴善中撰《历法志》,均有新意,先后由广西人民出版社刊入《太平天国史丛书》中。其他如华国梁撰《职官志》,夏春涛撰《服饰志》,王波撰《科举志》,施义慧撰《妇女志》,亦皆从考史入手,斐然成章。至若朱树谦所作《校本贼情汇纂补正》(《近代史资料》总 78 号)、陶海洋所作《胡林翼资料简介》(《曾国藩学刊》总第 7 期)等,则更显示他们的研究工作是以结实的史料考证作基础,这已成为及门诸友治学的共同风格。

戴逸学兄尝论"治史四要素":"一个是材料,一个是思想,一个是文采,一个是品德。"[1]这就是古人所提倡的"史学、史识、史才、史德"。材料,就是史料。梁启超云:"史料不具或不确,则无复史可言。"[2]以故我培养研究生,要求他们必先占有史料,必先学会占有史料的科学方法,即考证。

二、对考证学的粗浅认识

1994 年 6 月至 1997 年 1 月,我旅居美国。先后利用密歇根大学、匹茨堡大学东亚图书馆的庋藏,纵览海内外出版的当代中

---

[1]《繁露集》。
[2]《中国历史研究法》。

国考证学论著,特别是梁启超、王国维、胡适、陈寅恪、陈垣、郭沫若等之书,总结其发展乾嘉考证学的经验,先后撰成《近世史家与考证学的发展》和《考证学与中国近代史研究》二文,前者发表于1996年6月第13期《中国文化》,后者发表于1997年第1期《扬州大学学报》创刊号。归国后续有撰述,以表达自己对考证学的概念、方法、准则及其历史发展等的一些新的认识。借此机会,敬向学界同仁求教。

1. 什么是考证?

考证,或言考据,人们都解释为一种治学的方法。古人曾以之治经学、语言文字学、目录学、版本学、金石学……而其用途最广的方面则为研究历史。郭沫若曾言:"研究历史当然要有史料。马克思主张尽可能地占有大量资料,也说明资料对科学研究的重要。占有了史料,就必须辨别它的真假,查考它的年代,去其糟粕,取其精华,这一番检查的工夫,也就是所谓考据。"[1]我略广此意,把"占有史料"看作是史料工作的全过程,其方法统属考证。它包括搜集史料、比较史料和归纳史料。这三者虽有先后,但有时交错进行,不可截然分割。

2. 考证学的方法及其发展

考证,产生于社会生活中。《吕氏春秋》卷二十二的《察传》篇载孔门弟子卜子夏订误的故事:

> 子夏之晋过卫,有读史记者曰:"晋师三豕涉河。"子夏

---

[1]《文史论集》,《关于目前历史研究中的几个问题——答〈新建设〉编辑部问》。

> 曰："非也，是己亥也。夫己与三相近，豕与亥相似。"至于
> 晋而问之，则曰："晋师己亥涉河也。"

后出的《家语》也载此事。它是考证的萌芽。其法是发现矛盾，查明确证，解决矛盾。

两汉以降，学者始用以探讨故事，辨别古籍之是非真伪。

考证之学至宋而大盛，其最突出的成果为司马光及其助手所撰的《资治通鉴考异》。《四库全书提要》云："昔陈寿作《三国志》，裴松之注之，详引诸事错互之文，折衷以是，其例最善。而修史之家，未有自撰一书，明所以去取之故者，有之实自光始。"此书体现了对史料的搜集、比较和归纳的全过程。正如近人所云："其于史料也，搜之欲其备，而辨之欲其精。""虽一事之细，必其时间空间及其周遭之一切关系，一切背景，举无不可容认之反证，而后取焉。"[1]其突出之点是采用比较法。由于历史事件虽只能出现一次，而记载却往往有多种，以故历史学者可以也必须进行比较研究，以求得近真的结论。这是科学的方法。傅斯年《史料论略》说："在中国详述比较史料的最早一部书，是《通鉴考异》……在西洋则这方法的成熟后了好几百年，到了十七八世纪，这方法才算有自觉的完成了。"[2]

对同一种书的不同版本，也需用比较法，分辨是非。朱熹的《韩文考异》即善用此法的名作。自序云："悉考众本之同异，而一以文势义理及它书之可证验者决之。苟是矣，则虽民间近出小

---

[1]　张须：《通鉴学》第三章"《通鉴》之史料及其鉴别"。
[2]　《傅斯年全集》第2册。

本不敢违。有所未安，则虽官本古本石本不敢信。"这是科学的态度。至于区别是非的标准，则朱熹已善于把时间、地点与人事作综合的考核。该书卷六校《祭田横墓文》即是典型的一例。原文有云："贞元十一年九月，愈如东京，道出田横墓下。"有的版本作"贞元十九年九月十一日，愈东如京，道出田横墓下。"朱熹断定后一种本子是错的。其一，韩愈于贞元十一年出长安，至河阳，继而有至东京洛阳之事。至于在贞元十九年秋，则方为御史，是冬即贬阳山，安得以九月出田横墓下？其二，查田横墓在洛阳东二十里，从河阳经墓下而走洛阳，乃是西向，安得言"东如京"？且洛阳也不应单称"京"，唐京乃是长安。

明中叶以后，考证之风勃起。陈第作《毛诗古音考》，始把考证方法条理化，"列本证、旁证二条：本证者，《诗》自相证也；旁证者，采之他书也"。其后顾炎武采用此法，撰《诗本音》，探析古韵分部，开有清一代朴学考订之风。此书也体现了对资料的搜集、比较和归纳的全过程，但突出的是归纳。兹举一例。《周南·卷耳》："采采卷耳，不盈顷筐，嗟我怀人，置彼周行。"按，"行"字，今有二音，一在《广韵》十一唐，一在十二庚。顾氏从《诗经》及其他古籍韵文所用"行"字共六十七例归纳出结论，谓古代只有一音，当属唐韵，户朗反。其后戴震发明"以字考经，以经考字"；王念孙、引之父子提倡"因音以求义"，皆是推广此法。以故梁启超《清代学术概论》言："清儒之治学，纯用归纳法。"清代的考史大师推钱大昕。钱氏即以对史料的搜集、比较和归纳三步曲，撰《二十二史考异》。例如，他以六十余种纸上和实物的记载，与《宋史》相对勘，择善而从。以后钱氏作《诸史拾遗》时，订补有关《宋史》九十条，又增引二十余种资料，与本书相比较研究，分辨其正确与错误。钱氏所补《元史·艺文志》《元史·氏族志》,也莫非考证学的成果。

惠栋、戴震、钱大昕、段玉裁、王念孙、王引之所处的清乾隆、嘉庆时期,考证学达到了高峰,以故言考证者必称"乾嘉学派"。

但不能误会乾嘉诸老已为考证画了句号。因为考证是治学的方法,它的内容必然随着时代变化而新陈代谢,但作为方法却必然受着新思想、新材料、新技术的影响而发展得愈益完善。到了近世,在西方政治文化的冲击下,经过学术界的努力,考证学有了巨大进展。

海峡对岸有一位学人曾论:"民初,中国上古史的研究方法约可分三类:一是以书本上的考证与传统思想——也就是乾嘉治学方法结合治古史的,如章炳麟;二是以文献的考证,结合新出土的甲骨文治古史,始于孙诒让,而以罗振玉、王国维为代表;三是以载籍的考据,结合实证主义方法而治古史,胡适为倡导者。"[1]这不单是对治古代史的几个流派的分析,同时也表述了从章炳麟到王国维再到胡适所代表的考证学的发展。

嗣后,陈寅恪强调"从史学得史识"。他发明了考证史事的公式。据其门人蒋天枢《陈寅恪传》所记:"先生自述所用的考证方法,先确定'时'和'地',然后核以人事,合则是,否则非。"陈垣撰《校勘学释例》,分析比较史料的四类事例。他又以"史源学"教授生徒,寻找史料的祖本,以校正由转手而发生的差错。二陈所作的努力,都使考证方法更臻完善和缜密。

---

[1] 江淑惠:《郭沫若之金石文字研究》。

3.考证学的准则

考证重在证据。胡适《考据学的责任与方法》一文强调说："历史的考据是用证据来考定过去的事实,史学家用证据考定事实之有无、真伪、是非,与侦探访案,法官判狱,责任严重相同,方法的谨严也相同。"他要求"凡做考证的人,必须建立两个驳问自己的标准","第一个驳问是要审查某种证据的真实性,第二个驳问是要扣紧证据对于本题的相干性"[1]。只有证据确凿,才能成为定论。考证学切戒以下几种违背准则的做法:

（1）凭传闻

如徐珂《清稗类钞》有言:"湘乡曾氏藏有《求阙斋日记》真迹,装以册页,得数十巨册,皆文正所手书。宣统纪元,携至上海,将付石印,中颇有讥刺朝政、抑扬人物处。或见之喜曰:'此信史也。'意欲摘录,以卷帙浩繁而罢。及印本出,重览一过,则讥刺朝政、抑扬人物,皆删除净尽矣。"及后台湾学生书局影印本《曾文正公手写日记》出版,王君澧华以之与上海石印本相比较,始知石印本除少道光十九、二十年日记外,其中仅有个别删节,而徐珂所言,"则不免言过其词了"[2]。

（2）凭记忆

如邓之诚《骨董琐记》卷一有"天禄琳琅"条云:"'天禄琳琅'在乾清宫东昭仁殿,藏宋金元板书。宋金用锦函,元青绢函,明褐色绢函。金板唯《贞观政要》一书。按光绪甲午,正集全失,续集存其半耳。"此邓氏凭记忆之词,遂将《天禄琳琅》正集于光

---

[1] 台北《文星丛刊》106号。
[2]《曾国藩家藏史料考论》。

绪二十年(甲午)被查明已亡失,误会为亡于甲午。

按,《清宫史续编》卷七十九云:"溯自乾隆甲子岁,敕检内府书善本,进呈览定,列架庋置昭仁殿,御题'天禄琳琅'为额。越乙未,重加整比,删除赝刻,特命著为《天禄琳琅书目前编》,详其年代刊印流传藏　鉴赏采择之由,书成凡十卷,后入《钦定四库全书》者是也。"卷八十六云:"嘉庆二年丁巳十月,敕尚书彭元瑞等仿前编体例,重辑《天禄琳琅续编》。"光绪二十年春间,光绪帝命师傅翁同龢、孙家鼐偕同南书房陆宝忠等,查点昭仁殿藏书,发现《天禄琳琅正续编》已大量缺少,"大氐《续编》多半有,而《正编》则未见一部,未知庋藏别处,抑毁于淀园也。"见是年三月二十二日《翁同龢日记》。邓之诚氏阅过此书,但据记忆命笔,以致失误。"淀园",圆明园,咸丰十年被英国侵略军所焚毁。

(3)凭印象

如欧阳竟无武断《大乘起信论》是伪书。盛成《旧世新书》云:"这是一部法信宗的重要经典,是杨仁山从日本搞回来的。后来欧阳竟无先生说这部书是伪书。陈寅恪在印度山中找到了《大乘起信论》的梵文原版。他在广西大学曾对我讲:'欧阳竟无说这部书是伪书,完全是武断。'"

我从事考证学虽历时已久,但深愧成业甚鲜,也很少经验体会可供青年借鉴。年来每读蒋方震为梁启超《清代学术概论》所作序,深有所感。蒋氏指斥当时"社会之风尚,犹有足以为学术之大障者,则受外界经济之影响,实利主义兴,多金为上,位尊次之,而对于学者之态度,则含有迂远不适用之意味……此则愿当世君子有以力矫之矣。"旨哉斯言! 我也深愿青年一代的考证学者,能甘于淡泊,安于寂寞,困而学之,长期如一日,随着时代的潮流,比王国维、陈寅恪等往哲,走前一大步,为中华民族的文化昌隆作贡献。

(原载《学林春秋》二编上册,北京朝华出版社 1999 年版)

考证学与历史研究

考证,或称考据,是人们研究社会历史的科学方法。我们了解现状,必须进行调查研究。同样重要,历史家了解过去,必须对史料进行考证。梁启超《中国历史研究法》尝言:"史料不具或不确,即无复史可言。"以故,考证是历史研究的基础。

自古迄今,考证史料的主要方法,是"归纳比较法"。归纳比较版本歧异的,为"校勘学";归纳比较文件真赝的,为"辨伪学";归纳比较记载异同的,为"考异学","考证"是其总称。兹分科就其产生及其典型之作举例,以见考证对历史研究的重要。

一、校勘学举例

学术界言校勘萌芽于先秦,所举最可信的事例,是《吕氏春秋》记孔门弟子卜子夏订史的故事。

> 子夏之晋过卫,有读史记者曰:"晋师三豕涉河。"子夏曰:"非也,是己亥也。夫己与三相近,豕与亥相似。"至于晋而问之,则曰:"晋师己亥涉河也。"

唐刘知几《史通·补注篇》赞刘孝标注《世说》,"察及泉鱼,辨穷河豕",即用此典故。清刘寿曾以为订史之始[1]。近世胡适谓"已具有校勘学的基本成分"[2]。这一故事,最早体现了史料校勘对历史研究的重要性。历史学者如盲从"三豕"涉河,则岂非闹笑话!

王国维《宋代之金石学》中尝言,考证盛于宋代。其时,出现了一部校勘学的杰作——朱熹《韩文考异》。"韩文",是唐大文豪韩愈的专集。自唐迄宋,《韩文》的传本甚多,颇有歧异。与朱熹同时人方崧卿撰《韩集举正》,详加评比。《四库全书总目》称其书"所据碑本凡十有七,所据诸家之书,凡唐令狐澄本、南唐保大本、秘阁本、祥符杭本、嘉祐蜀本、谢克家本、李昞本,参以唐赵德《文录》、宋白《文苑英华》、姚铉《唐文粹》,参互钩贯,用力亦勤"。但朱熹嫌其去取不当,"多以祥符杭本、嘉祐蜀本及李、谢所据馆阁本为定,而尤尊馆阁本,虽有谬误,往往曲从,它本虽善,亦弃不录"。于是"辄因其书更为校定。悉考众本之同异,而一以文势义理及他书之可证验者决之。苟是矣,则虽民间近出小本不敢违。有所未安,则虽官本、古本、石本不敢信"[3]。这是比较科学的态度。怎样评定是非?朱熹已弥补了单纯以善本校正坊本的不足,能够把时间、地点与人事作综合的判断,而告读者以去取之由。兹举其校《祭田横墓文》为例:

按,此文开首有"贞元十一年九月,愈如东京,道出田横墓下"语,方氏从阁、杭、蜀本作"愈东如京"。二本均释韩愈是时往洛阳。朱熹从洪氏本改定为"愈如东京"。洪氏谓韩愈于唐德宗贞元十一年出长安,至河阳,继而有至东京洛阳之事。朱熹补证:查

[1] 刘寿曾:《传雅堂文集》卷二《周易汉读考序》。
[2] 胡适:《元典章校补释例序》。
[3] 朱熹:《韩文考异序》。

田横墓在洛阳东二十里,从河阳经墓下而走洛阳,乃是西向,安得言"东如京"?且洛阳也不应单称"京",唐京乃是长安。

《韩文考异》为后人研究韩愈和唐史提供了比较可靠的文献。

二、辨伪学举例

东汉马融辨伪今文《太誓》,是我国史籍辨伪的滥觞。此为学术界所公认。

按,《太誓》是周武王灭殷纣的文告。孔子以之编入《尚书》。秦焚书后,《尚书》散失。汉文帝时,伏生传于齐鲁之间,得二十八篇。武帝时,又从民间得《太誓》一篇。这二十九篇都用当时的隶书传写,合称《今文尚书》,以区别于从孔壁发现的以篆书传写的《古文尚书》。

从现存先秦古籍所引《太誓》二十余条看,此文对研究殷、周易代之际,提供了珍贵史料。其中"民之所欲,天必从之"一语,两见于《春秋左传》,两见于《国语》。盖春秋列国的有识之士,已公认民心向背,关系国家兴亡,值得当世君主借鉴。惟西汉所得的《太誓》非真本,马融对之致疑。马注《尚书》见《隋书·经籍志》,现已失传。所辨《太誓》之辞见唐孔颖达《尚书正义》所引:

> 《太誓》后得,按其文似若浅露。又云:"八百诸侯不召自来,不期同时,不谋同辞",及"火复于上,至于王屋,流为雕,至五,以谷俱来举火"。神怪,得无在子所不语中乎!又《春秋》引《太誓》曰:"民之所欲,天必从之。"《国语》引《太誓》曰:"朕梦协朕卜,袭于休祥,戎商必克。"《孟子》引

《太誓》曰："我武维扬，侵之于疆，取彼凶残，我伐用张，于汤有光。"孙卿引《太誓》曰："独夫受。"《礼记》引《太誓》曰："予克受，非予武，惟朕文考无罪；受克予，非朕文考有罪，惟予小子无良。"今文《太誓》皆无此语。我见书传多矣，所引《太誓》而不在《太誓》者甚多，弗复悉记，略举五事以明之，亦可知矣。

马融所举《春秋》，系《春秋左氏传》。《左传》襄三十一年、昭元年两引《太誓》："民之所欲，天必从之。"孙卿即荀卿。所引《太誓》，见《荀子·议兵篇》。余与原书核实，引文大多符合。考《论语》《墨子》《管子》等也引《太誓》，以故马融云"甚多"，但未尽列举。

近世陈垣论"校法四例"之三为他校法，即以他书校本书。其中云：凡其书"有为后人所引用者，可以后人之书校之"[1]。东汉马融已将此法施之于辨伪。

古史辨伪的最大公案，为辨东晋所出本伪《古文尚书》。

按，《尚书》为上古之政府文件，孔子删取百篇。秦焚书之后，西汉时，济南伏生传《尧典》等二十八篇，又河内女子献《太誓》一篇，合称《今文尚书》。别有孔安国献从孔子宅壁所得《古文尚书》，较今文多十六篇。其书亡于晋永嘉之乱。东晋时，豫章内史梅赜献《古文尚书》及孔安国所为传，较今文多二十五篇。唐陆德明据以作《尚书释文》，孔颖达据以撰《尚书正义》。由是治《尚书》者都据东晋本。宋吴棫、朱熹始疑其行文不古。元吴澄著

---

[1] 陈垣：《元典章校补释例》。

《书纂言》，仅注今文，谓东晋晚出之书不可信。明梅鷟著《尚书考异》，明白指斥梅赜作伪。清初，姚际恒撰《古今伪书考》《九经通论》，也辨梅赜伪书。阎若璩继起，沉潜二十余年，撰成《尚书古文疏证》，震撼了学术界。

阎氏根据《史记》《汉书》《说文解字》等汉人所记有关孔壁《古文尚书》的资料与东晋本做比较对勘，发现了一系列矛盾：篇数不合，篇名不合，内容不合。所谓"孔安国传"，也有矛盾。按，《论语》有"虽有周亲，不如仁人"句，何晏《集解》引孔安国注："亲而不贤不忠，则诛之，管、蔡是也。仁人，谓微人、箕子，来则用之。"[1]但东晋本《尚书孔传》同样注此二语，却说："周，至也。言纣至亲虽多，不如周家之少仁人。"其诠释相悬绝如此，岂出一人之手！也就在"孔传"中，出现了孔安国死后才设置的金城郡，暴露了后人作伪的马脚。

辨伪，往往有反复，使真伪愈辨愈明。与阎氏同时人毛奇龄著《古文尚书冤辞》，掀起了翻案的波澜。但巧辩不能取代作伪的事实。其后惠栋著《古文尚书考》，程廷祚著《晚书订疑》，段玉裁著《古文尚书撰异》，都申阎斥毛。明清诸儒还揭发了东晋本《古文尚书》剽窃成书的劣迹。于是人赃俱获，此案遂成定论。

学术界论清人辨伪之功，咸推阎若璩。然而《尚书古文疏证》尚有取伪证的疏失。阎氏曾举陈琳《檄吴将校部曲文》以揭伪《古文尚书》中厕入了魏、晋间语言，不知此文也是赝品。

按，陈琳系曹操智囊中的杰出文人，为建安七子之一。《三国志》附见《王粲传》。所著《陈琳集》，见《隋书·经籍志》，已散

---

[1]《论语·尧曰篇集解》。

佚。此檄仅见于《昭明文选》。清儒凌廷堪疑之：其一，何以陈寿《三国志》及裴松之注皆不载？其二，曹操南征孙权凡三次，《三国志·魏书·武帝纪》皆有岁月可考，何以此檄不明指何年？经过核实，凌氏终于发现了后人伪作的铁证，即檄文的发布者为尚书令荀彧，而檄文的内容却有荀彧死后之事。于是判定为"齐梁文士所拟作"[1]，而为萧统辑入了《昭明文选》，以致谬种流传。

任何史家必须辨别所据史料的真伪。《资治通鉴》为史书的杰作，然而尚有误信后人伪造的孔子《书序》之事，为朱熹所讥[2]。可见，辨伪对历史研究是多么重要！

三、考异学举例

考证史料最繁重的工作是比较异同。考异之作，始于东晋孙盛。当魏、蜀、吴三国鼎立以及魏、晋易代之际，史家各执一词，抑扬异致，读者必须加以比较抉择，于是孙盛撰《异同评》与《异同记》。

孙盛，字安国，生于西晋，长成并出仕于东晋。《晋书》有传。所著《魏氏春秋》及《晋阳秋》均著录《隋书·经籍志》。《晋阳秋》尤称良史。《文心雕龙·史传篇》赞其"以约举为能"。《史通·忤时篇》有"孙盛实录，取嫉权门"之语，美其直书桓温枋头之败。孙盛勤于采访史料。《史通·采撰篇》称："安国之述《阳秋》也，梁、益旧事，访诸故老。"他搜集史料，力求完备。裴松之《三国志·蜀书·诸葛亮传注》："孙盛、习凿齿搜求异同，罔有所

---

[1] 凌廷堪：《校礼堂文集》卷三《书陈琳檄吴文后》。

[2] 朱熹：《文集》卷五十四《答孙季和》。

遗。"既有异同,就需评比,于是产生了《异同评》《异同记》。其书不载于《隋志》,但学者犹能从裴氏《三国志注》见其鳞爪。

1.关于赤壁之战与孙权攻合肥孰前孰后,《魏书》与《吴书》所记歧异,孙盛评定其是非

《魏书·武帝纪》:建安十三年"十二月,孙权为备攻合肥,公自江陵征备,至巴丘遣张熹救合肥,权闻熹至,乃走。公至赤壁,与备战,不利。于是大疫,吏卒多死者,乃引军还。备遂有荆州江南诸郡"。裴注引孙盛《异同评》:"按《吴志》,刘备先破公军,然后权攻合肥。而此记云,权先攻合肥,后有赤壁之事。二者不同,《吴志》为是。"《吴志》,即《三国志·吴书》。

2.据蜀故老言,为诸葛瞻雪诬

《蜀书·诸葛亮传》:"自瞻、厥、建统事,姜维常征伐在外,宦人黄皓窃弄机柄,咸共将护,无能匡矫。"厥,董厥。建,樊建。裴注引孙盛《异同记》:"瞻、厥等以维好战无功,国内疲敝,宜表后主,召还为益州刺史,夺其兵权,蜀长老犹有瞻表以阎宇代维故事。晋永和三年,蜀史常璩说,蜀长老云:陈寿尝为瞻吏,为瞻所辱,故因此事归恶黄皓,而云瞻不能匡矫也。"按,孙盛曾于晋穆帝永和三年以参军随桓温伐蜀,见蜀史常璩于成都,从访故事。璩著有《华阳国志》传世。

又有徐众撰《三国志评》,见《隋志》及新旧《唐志》。今亦失传。裴松之《三国志注》引此书凡七条,均属对事件和人物的评论,不涉记载异同。

史料考异的最早杰作是裴氏《三国志注》。

《史通·古今正史》评述了魏、蜀、吴三国史书并存而多不惬人意。如说王沈《魏书》"多为时讳,殊非实录"。鱼豢私撰《魏略》，"事止明帝"。"其后孙盛撰《魏氏春秋》、王隐撰《蜀记》、张勃撰《吴录》，异闻错出，其流最多。"陈寿《三国志》"伤于简略"。于是南朝宋文帝命裴松之"兼采群书，补注其缺"。裴氏集书二百余种，除补充史料外，又做了大量比较异同的工作。他比孙盛进了一步，不单凭主观推理，而重视寻求客观证据。

1. 据确凿文献判明是非

如《蜀书·诸葛亮传》言：因徐庶力荐，"由是先主遂诣亮，凡三往，乃见"云云。注引《魏略》曰："刘备屯于樊城，是时曹公方定河北，亮知荆州当次受敌，而刘表性缓，不晓军事，亮乃北行见备……"又引《九州春秋》，"所言亦如之"。裴氏据《诸葛集·出师表》，判定陈寿所说为是。"臣松之以为亮表云：'先帝不以臣卑鄙，猥自枉屈，三顾臣于草庐之中，谘臣以当世之事。'则非亮先诣备，明矣。虽见闻异词，各生彼此，然乖背至是，亦良为可怪！"

2. 核以时间、地点和人事，判定某些记载不可信

如《蜀书·马超传注》引晋著作郎乐资《山阳公载记》云："超因见备待之厚，常呼备字。关羽怒，请杀之。备曰：'人穷来归我，卿等怒以呼我字而杀之，何以示于天下也！'张飞曰：'如是，当示之以礼。'明日大会，请超入，羽、飞并杖刀立值。超顾坐席，不见羽、飞，见其值也，乃大惊，遂一不复呼备字。"陈寿不言此事。裴松之核以时间、地点和人事，判定其说为妄。按，刘备入川，"留关羽镇荆州，羽未尝在益土也。故羽闻马超归降，以书问诸葛亮：'超人才可谁类比？'不得如书所云，羽焉得与张飞立值乎？"裴氏严斥《山阳公载记》："秽杂虚谬，若此之类，殆不可胜言也。"

裴松之注《三国志》的主要工作，是补其缺略，并非专事考异。宋司马光《资治通鉴考异》，才是我国史料考异的第一部专

书。《四库全书总目》云:"昔陈寿作《三国志》,裴松之注之,详引错互之文,折衷以是,其例最善。而修史之家,未有自撰一书,明所以去取之故者。有之,实自光始。"按,光上表自言,他"研精极虑",撰成《资治通鉴》二九四卷。"又参考群书,评其同异,俾归一途,为《考异》三十卷。"

《通鉴》同修官三人中,最长于考异的是刘恕。《宋史·文苑传》言,司马光"遇史事纷错者,辄以诿恕。恕于魏晋以后事,考证差谬,最为精详"。恕尤熟梁、唐、晋、汉、周五代史事。尝"偕司马光游万安山,道旁有碑,读之,乃五代列将,人所不知名者,恕能言其行事始终。归验旧史,信然"。于助修《通鉴》外,别撰《十国纪年》一书。所谓"十国",即五代时中原而外割据一方的前蜀、后蜀、吴、南唐、吴越、闽、楚、南汉、荆南、北汉。晁公武《郡斋读书志》引司马光题《纪年》后云:"世称路氏《九国春秋》在五代之史中最佳,此书又过之。以予考之,长于考异同。"《纪年》现无传本,但学者犹得从清初吴任臣所著《十国春秋》夹注的引文中,略窥其考异之功。在《通鉴考异》五代一段中,尤多刘恕的劳绩。兹即举以为例,论述其成果与经验。

《资治通鉴》取材丰富。据马端临《文献通考》引高似孙《纬略》所说:"《通鉴》采正史之外,其用杂史诸书,凡二百二十二家。"其中五代一段所参考的史书最多,近五十种,碑碣数种。以"实录"而论,司马光等所见者除梁、唐、晋、汉、周五代的而外,还有《南唐烈祖实录》《后蜀高祖实录》《后蜀后主实录》。其中高远撰《南唐烈祖实录》,至南宋时已残缺。《宋史·艺文志》著录二十卷。陈振孙《直斋书录解题》作十三卷,并注明"缺第八、第十二卷"。再后这些《实录》都已失传。清"四库馆臣"读宋王禹俶《五代史阙文自序》,谓以补《五代史》三百六十卷之阙,不得其解。不知所补者即《五代实录》,凡三百六十卷[1],已为清邵晋涵辈所不及见者也。可见,《通鉴》所参考的五代史料之丰富,是后人无法比拟的。

《通鉴考异》所处理史料的纷错复杂之状,已远过于裴松之《三国志注》。兹举数事以见大略。

1.参证群书,取长弃短,去伪存真

《通鉴》:唐明宗天成元年,"是岁,吴越王 以中国丧乱,朝命不通,改元宝正。后复通中国,乃讳而不称"。

《考异》曰:"阁自若《唐末汛闻录》云:'同光四年,京师乱,朝命断绝,镠遂僭大号,改元保正。明年,明宗锡命至,乃去号,复用唐正朔。'《纪年通谱》云:'镠虽外勤贡奉,而阴为僭窃,私改年号于其国。其后子孙奉中朝正朔,渐讳改元事。及钱俶纳土,凡其境内有石刻伪号者,悉使人交午凿灭之。惟今杭州西湖落星山塔院中有镠封此山为寿星宝石山伪诏,刻之于石,虽经镵毁,其文尚可读,后题云:宝正六年,岁在辛卯。明宗长兴二年也。其元年即天成元年也。好事者或传曰保正,非也。'余公绰《闽王事迹》云:同光元年春,梁策钱镠为尚父,来年改宝正元年。永隆三年,吴越世宗文穆王薨。林仁志《王氏启运图》云:同光元年,梁封浙东尚父为吴越国王。寻自改元宝正。长兴三年,吴越武肃王崩,子成宗嗣。公绰、仁志所记年岁差谬,然可见钱氏

[1] 晁公武:《郡斋读书志》范质"五代通录"条。

改元及庙号，故兼载焉。至今两浙民间犹谓钱镠为钱太祖。今参取诸书为据。"

2. 取证于碑碣等可靠史料，理清纪年上的交错混乱，分别是非，交代去取之故

《通鉴》：周太祖显德元年冬十一月，"北汉主疾病，命其子承钧监国，寻殂"。

《考异》曰："刘恕云：《世宗实录》《薛史·帝纪·僭伪传》皆云显德二年十一月，刘崇卒。《大定录》云显德二年春，旻（即刘崇）病死。《纪年通谱》：显德二年，崇之乾祐八年，冬，崇死。显德三年，承钧改元天会。（宋）开宝元年，承钧之天会十三年，死。开宝二年，继元改元广运。（宋太平）兴国四年，继元之广运十一年也。河东刘氏有国，全无纪录，惟其旧臣中书舍人直翰林院王保衡归朝后所纂《晋阳伪署见闻要录》云：甲寅年（周显德元年）春，南伐，败归。夏，周师攻围。旻积忧劳成心疾，是冬，卒。钧即位，丁巳年（显德四年）正月旦，改乾祐十年为天会元年。又云：钧丙戌年（唐天成元年）生，二十九嗣位，年四十三卒。右谏议大夫杨梦申奉敕撰《大汉都统追封定王刘继颙神道碑》云：'天会十二年，今皇帝践祚之初年也。''十七年，继颙卒。'末题：'广运元年，岁次甲戌，九月丙午朔。'今按周广顺元年辛亥，旻即帝位，称乾祐四年。显德元年甲寅，旻之乾祐七年也。旻卒，钧立。显德四年丁巳，钧改乾祐十年为天会元年。宋开宝元年戊辰，钧之天会十二年也。钧卒，继元立。开宝七年

甲戌，继元改天会十八年为广运元年。据历，是岁九月，丙午朔。（太平）兴国四年己卯，继元之广运六年也。钧以唐天成元年丙戌生，至显德元年甲寅嗣位，乃二十九矣。钧及继元逾年未改元，盖孟蜀后主、汉隐帝、周世宗之比也。诸书皆传闻相因，前后相戾，惟《晋阳见闻录》《刘继颙碑》岁月最可考正，故以为据。"

以上既是一幅北汉主三代的世系图，又是一帧北汉与中原诸朝纪年的对照表。这是刘恕从杂乱的史料中，进行归纳比较的结果。

不读《考异》，即无由深知《通鉴》取舍史料的广博而审慎。近人傅斯年指出，从《通鉴考异》，可以看到我国史料学的成熟。

然而司马光等仍有"以意忖度"的失误。例如关于后唐庄宗封秦王李茂贞为秦王问题，《通鉴考异》的结论就是错的。按，欧阳修《五代史·李茂贞传》与《通鉴》均谓李茂贞以岐王进爵秦王，当在后唐同光之世，即庄宗灭梁入洛之后。而《庄宗实录》记李茂贞于同光元年十一月遣使贺收复，已称秦王，自后皆称秦王。至二年辛巳制，有"秦王李茂贞可封秦王"云云。《通鉴考异》认为"岂有秦王封秦王之理？"并断言："必是至是时，始自岐王封秦王也。"清儒钱大昕《二十二史考异》据《旧唐书》及凤翔《法门寺碑》等确凿史料指出："《实录》所书本不误，温公以意改之，却非其实。"盖早在唐昭宗时，已改封李茂贞由岐王为秦王。至是，后唐庄宗"乃因其旧封授之，锡以册命"。故云："秦王可封秦王。""《欧史》之误，与温公同。"温公，即司马光。

近人曹聚仁写《现代中国通鉴》，深感取信于读者的不易。他说："历史的基本条件就是要传信，不能'传信'，只好'存疑'，假使最低限度的真实性都站不稳,那就不必谈其他了。"[1]由此可见,史料考异对历史研究是多么重要!

四、清儒对考证学的广泛运用

校勘、辨伪、考异所解决的问题虽然不同,但使用的方法却相通,都是"归纳比较法"。清代学者曾以之施于一切诸学。其尤著者,如顾炎武、江永等以之考古韵分部;戴震以之校《水经注》,分清久已混淆的经注;王念孙与子引之以之明三古辞气……皆有功于对我国古代社会的研究。兹举《诗本音》与《经传释辞》各一例,以见清儒善于运用"归纳比较法"。

按,"行"字,《唐韵》已有二音。行列之行(háng)入十一唐;行止之行(xíng)入十二庚。《诗本音》卷一《卷耳》:"采采卷耳,不盈顷筐,嗟我怀人,置彼周行。"下注:"考行字,《诗》凡三十二见,《书》三见,《易》四十四见,《左传》一见,《礼记》三见,《孟子》一见,《楚辞》十三见,并户郎反。其行列之行,行止之行,五行之行,同是一音。"即皆与阳、唐为韵。这就是顾炎武运用归纳比较法,取证于《诗经》及其他先秦韵文,以考古本音之例。

又按,《诗·终风》的"终风且暴"之"终",《毛传》《郑笺》都训为竟日,嗣后经师因循墨守,直至王念孙始发其覆。《经传释辞》卷九"终、众"条云:"此皆缘词生训,非经文本义。终犹既也,言既风且暴也。""下文'终风且霾','终风且曀',义并与此同"。王氏又列举《诗·燕燕》之"终温且惠",《北门》之"终窭且贫",

---

[1]　曹聚仁:《现代中国通鉴序》。

《伐木》之"终和且平",《甫田》之"终善且有",《正月》之"终其永怀,又窘阴雨"为证,谓"终与既同义,故或上言终而下言且,或上言终而下言又。说者皆以终为终竟之终,而经文上下相因之指,遂不可寻矣。"这就是王念孙运用归纳比较法,研究《诗经》,明古人辞气之例。正如王引之所说"揆之本文而协,验之他卷而通"[1],可证其方法是合乎科学的。

运用归纳比较法,清人不仅能读某字的古音,发现它的个性,而且能概括若干类似的古音,找到它们的共性。钱大昕发现"古无轻唇音",即典型之一例。钱氏把今读轻唇音之字,逐一核之先秦汉魏之书,发现古人皆读为重唇音。如"敷"读若"布";"负"读若"背"或"倍";"佛"读若"弼"或"勃";"文"读若"门";"弗"读若"不";"偾"读若"奔";"方"读若"旁";"封"读若"帮";"勿"读若"没";"无"读若"模";"妃"与"配"同,"凤"即"朋"字之今形……由此得出"凡轻唇之音古读皆为重唇"[2]的结论。在研究古代语言学方面,清儒的主要成果就在经过层叠使用归纳比较法,发现某些共性,如"阴阳二声相配"说、"古四声不同今韵"说,等等。这都是原理和规律。

运用归纳比较法,清儒还发现了古代社会生活交往中的一些习惯。例如汪中作《释三九》。"三"者数之成,"九"者数之终。汪氏发现,古人措词,往往以"三"见其多,但不必尽为三;以"九"见其极多,但不必尽为九,所言"三""九"皆非实数而是虚数。他取证于先秦及西汉之书。《易》:"近利市三倍。"《诗》:"如贾

[1] 王引之:《经传释辞序》。
[2] 钱大昕:《十驾斋养新录》卷五。

三倍。"《孟子》:"陈仲子食李三咽。"《史记》:"三致千金。"……
所言之"三",都以喻多,而非实数。同样情形,《楚辞》:"虽九死,
其犹未悔。"《孙子》:"善守者藏于九地之下,善攻者动于九天之
上。"《史记》:"若九牛之亡一毛","肠一日而九回。"……所言
之"九",都喻极多,也非实数。

清代学术界最尊学贯天人的"通儒",而提倡从精密的考证
入手。钱大昕所谓"通儒之学必自实事求是始"[1]。乾隆、嘉庆之
际,考证学达到高峰。如上所述,清儒善于考证,实际即善于运用
归纳比较法。但他们是不自觉地运用此法。这是由于历史条件
的限制,我们不能苛求于乾嘉诸老。

五、"实证主义"促进了考证学的发展

我国古代的考证学巨子,虽已发明了一些行之有效的考证条
例,如顾炎武取明陈第之说,列本证、旁证以考《诗》之本音,开
有清一代古韵学的先河;戴震治学,自言不外"以字考经,以经考
字",其徒段玉裁本此经验,撰成《说文解字注》[2]。然而他们都未
能表达自己思维的方法,从感性认识的变化程序来阐明考证学的
法则。连什么是考证,乾嘉学者也没有给人正确的答复。如有人
曾解释为:"考历代之名物、象数、典章制度,实有据者也。"[3]这还
不能表明一个科学的概念。其后焦循不满意惠氏学派对"汉学"

─────────────

[1] 钱大昕:《潜研堂文集》卷二十五《卢氏群书拾遗序》。
[2] 陈奂:《说文解字注跋》。
[3] 江藩:《经解入门》。

的盲从而欲取消"考据"之名[1]，也因不明白"考据"乃是治学的法则，与思想"保守"并不同科。直到近世，胡适吸取了西方的实证主义学说，用以总结乾嘉考据的经验，才能为中国学术史填补缺陷，发明了考证学的理论。

在 20 世纪初期，实证派在中国学界亮相登台，从一个侧面，标志学术文化的发展。其涉及考证学与历史研究的，主要如下：

其一，用西方的"实证论"，总结并改进传统的乾嘉考证学，其主要代表即胡适。胡氏提出的"大胆的假设，小心的求证"十字，是"实证论"的缩版。

其二，用地下发掘的实物材料与传统的纸上材料相印证，考求殷、周制度递变的轨迹，其主要代表为王国维。王氏提倡的"二重证据法"，为建设我国上古史行奠基礼。

其三，用西方的"进化论"，否定传统的"复古论"，不盲信古书传说，重新考释我国古代史，其主要代表为顾颉刚及其所创建的"古史辨派"。顾氏考证所得的"层累地造成的古史观"，揭露了"三皇五帝"的真相。

其中，在思想方法上的影响所及，几乎覆盖了以上史学流派的，就是胡适所推行的"实证论"。因此，我赞成称这一代史学前辈为"实证派"。他们自觉或不自觉地接受"实证主义"，发展了乾嘉考证学。

没有东西方在学术方法上的交流，是不可能出现这个新局面的。这个历史任务，落到了兼通东西方学术的胡适肩上。胡适是第一个说西方的"现代科学法则和我国古代的考据学、考证学，

---

[1]　焦循：《雕菰集》卷十三《与孙渊如观察论考据著作书》。

在方法上有其相通之处"的人。胡氏指出:"推理思想并非科学家在实验室内所专有,那只是人类常识上的法则。科学的法则只是把常识上的法则纪律化而已。"胡适又说:"治学方法东西双方原是一致的。双方之所以有基本上相同之点,就是因为彼此都是从人类的常识出发的。"[1]他曾以校勘学为例,评述东西方的治学方法相通。

胡适把校勘分为三步:"一是发现错误","必须依靠不同本子的比较";"二是改正";"三是证明所改不误","凡未经证实的改读,都只是假定而已,臆测而已"。"以上三步工夫,是中国与西洋学者共同遵守的方法,运用有精有疏,有巧有拙,校勘学的方法终不能跳出这三步工作范围之外。"[2]

胡适所说的"现代科学法则",即其在美国康奈尔大学所亲炙的杜威"实证论"。"杜威认为,一切有系统的思想和批判的法则,都是在一种怀疑状态之下产生的。"胡适为之作注脚:"也就是说,在一些史籍上发现了可疑之处,例如一个时间上的差异,和史迹上有些不符之处,使学者难以置信。"由此必须运用批判的治学方法,以解释困惑或疑问。这种"批判的治学方法",中国学界叫作"考证",胡氏对外译作"有证据的探讨"。

杜威把"批判的治学方法"的思维程序,表述为五个阶段:

> 第一阶段为思想之前奏(antecedent),是一个困惑、疑惑的阶段。这一阶段导致思想者认真去思考。

---

[1] 《胡适口述自传》。本节引胡适语未注出处的,皆见此文。
[2] 胡适:《元典章校补释例序》。

第二阶段为决定这疑虑和困惑究在何处。

第三阶段(为解决这些困惑和疑虑)思想者自己会去寻找一个(解决问题)的假设。

第四阶段,在此阶段中,思想者只有在这些假设中,选择其一作为对他的困惑和疑虑的可能解决的办法。

第五也是最后阶段,思想的人在这一阶段要求证,把他(大胆)选择的假设,(小心的)证明出来那是他对他的疑虑和困惑最满意的解决。

对以上程序,胡适概括为"大胆的假设,小心的求证"十字。这里的"假设",是已有依据的判断,而绝非凭空想当然。"想当然",是与"实证主义"背道而驰的。

中国的考证学不谋而合地支持了杜威的理论。经过比较,胡适应用现代科学术语,给乾嘉考据以新的解释和评价。"这些(乾嘉)大儒他们所用的中国固有古典训练中归纳比较的方法,也是极其严谨的和极其科学的。"但从总体上说,中国传统的考证学还比不上西方"实证论"严谨。乾嘉诸老还不免有"以意忖度"之失,而实证论者却坚持"无征不信""言必有据"。即以校勘为例,胡适找到了东西方的差距。他指出:"凡没有古本的依据,而仅仅推测某字与某字形似而误,某字涉上下文而误的,都是不科学的校勘。"[1]如高邮王氏父子,也不免有此失。实证论者坚持"先见古书之异文,然后定其是非",并找出其致误之由,是因字形近似或其他等。而乾嘉学者却往往把这种个别误例的原因,演绎为校

---

[1]　胡适:《元典章校补释例序》。

误的普遍根据,这实际是误走了"以意忖度""立言无据"的回头路。一发现与西方实证论的差距,中国的考证学就向前跃进了一步。大批学者自觉不自觉地转变为实证派。如汤用彤撰《魏晋南北朝佛教史》,"处处注重证据,无证之说虽有理亦不敢用"。胡适盛赞:"这是最可效法的态度。"[1]刘文典撰《庄子补正》,"虽能确证其有所误,然无书本可依者,则不之补。虽能确证其有所误,然不详其所以致误之由者,亦不之正"[2]。这正是实证主义的体现。其后,胡氏门人傅斯年创建的"新考证派",即以实证主义改进过的中国考证学派。

胡适以后又发表《考据学的责任与方法》一文,加强申述"实证主义"的理论。"历史的考据是用证据来考定过去的事实,史学家用证据考定事实之有无、真伪、是非,与侦探访案,法官判狱,责任严重相同,方法的谨严也相同。"他要求"凡做考证的人,必须建立两个驳问自己的标准","第一个驳问是要审查某种证据的真实性;第二个驳问是要扣紧证据对于本题的相干性"。只有这样,才能作结论。此文也是我国考证学的重要文献。

六、考证学与唯物史观相结合

实证主义对考证学的表述和改进,还是不圆满的。其一,实证主义没有说明,为什么东西方考证家不谋而合地都使用归纳比较法?杜威的五段论与胡适的十字公式,均未能透过现象看本质

---

[1] 《胡适的日记》1937年1月18日。

[2] 陈寅恪:《金明馆丛稿》二编《刘叔雅庄子补正序》。

明确反映考证进程的思维法则。其二，实证主义没有对防止考证工作的各种弊病，提供理论根据。学术界只有运用更科学的辩证法，才能比较圆满地解答这些重要课题，使考证学跨上更高峰。

在 20 世纪初期，马克思主义的唯物史观也进入中国，给知识界以强劲的刺激，先进的中国学者开始用崭新的唯物史观，解释前人的考证成果，产生了崭新的历史论著。其代表作有郭沫若《中国古代社会研究》等。1931 年"九·一八"事变，日本军国主义进攻我国东北的炮声，激起我国知识界奋起救亡。曾受乾嘉考证学锻炼过的一批志士仁人，率先运用唯物史观，阐述中国人民创造历史，以鼓舞爱国群众反抗日寇的斗志。其代表人物，有吴承仕、范文澜等。

吴承仕是乾嘉朴学殿军章炳麟的入室弟子，擅长经学，尤精"三礼"。他遵循乾嘉学派的遗规，深明文字、训诂、声韵。在 20 世纪的二三十年代，与章门另一高第黄侃，分别教授中央大学与北京师范大学，学术界有"南黄北吴"之目。吴氏所超越于章、黄之处的，是在于他晚年信仰了马克思主义，努力把前人及自己考证所得的经、小学成果，用唯物史观加以解释，借以证明马克思主义的历史理论也适用于中国。1933—1934 年，吴氏在《文史》上连续发表的《语言文字之演进过程与社会意识形态》《竹帛上的周代封建制与井田制》等论文，都是考证学与唯物史观初步结合的产物。范文澜曾师从黄侃，也是乾嘉学派的传人。他早期所作的《文心雕龙注》，就是考证学的成果。从他发表于燕京大学编印的《史学年报》上的某些论文看，范氏曾受"古史辨派"的影响。之后，他信仰了马克思主义。抗日战争中，吴承仕在敌占区拒绝当汉奸大学校长，宁愿贫病而死，大义凛然。范文澜崎岖走陕北，在极端困难的条件下,创始撰《中国通史简编》。中华人民共和国成立后,又创始撰《中国近代史》。学术界公认范氏之所以能撰此二书,筚路蓝缕,成为新中国历史科学奠基人之一,其主要条件有二:一是掌握了唯物史观;二是精通中国传统文化。也就是说,这些著作都是考证学与唯物史观相融合的结晶。

此外,还有一批史学前辈也作了同样努力,共同揭开建设新中国历史科学的序幕。

"论从史出",是唯物史观的准则。马克思主义指导下的历史研究,需要丰富的史料,需要精密的考证,以便作出科学的结论。恩格斯说:"即使只是在一个单独的历史实例上发展唯物主义的观点,也是一项要求多年冷静钻研的科学工作,因为很明显,在这里只说空话是无济于事的,只有靠大量的、批判地审查过的、充分地掌握了的历史资料,才能解决这样的任务。"[1]这里所谓"批判地审查",包括考证。历史唯物论者不仅需要运用现成的考证方法和成果,还需要用辩证法驾御并改进传统的考证学。

一用矛盾对立、统一的事物发展法则,取代胡适的十字公式,重新表述学者在从事"校勘""辨伪""考异"等工作中的思维发展程序,即"发现矛盾,充分揭露矛盾并试图解决矛盾,在一定条件(取得确证)下最终解决矛盾"。版本之是非,文件之真伪,记载之异同,无一不是矛盾。有矛盾就需比较,有统一就需归纳。因此,世界东西方的考据家不谋而合地都使用归纳比较法。

二用辩证法驾御和改进考证学,使考据家不再受静止的、孤

---

[1] 马克思、恩格斯:《马克思恩格斯全集》第13卷,人民出版社1965年版。

立的、片面的形而上学世界观的影响,为克服钻牛角尖、就事论事、割断因果等弊病,提供依据。

用辩证法表述和改进过的考证学,仍然不能解剖理性认识问题。例如,考证农民战争的起因,只能得到"官逼民反"的结果。必须进一步用唯物史观加以分析,才能揭露其根源是残酷的封建剥削。但前者已为后者准备了感性认识的基础。

实现以上建设工程,并非易事。当老一辈史家还未及完成其历史使命时,不幸发生十年"文革"之祸,历史学成了重灾区,考证交上了厄运,唯物史观被篡改和歪曲,其损失是难以估量的。现在我们必须百倍努力,追回失去的时间,加速建设历史科学,为实现中华民族的伟大复兴作出贡献。其关键在于方法必须对头。

1998 年,我有幸参加中国历史学会第六次代表大会,因病作了书面发言。我说:展望 21 世纪我国历史研究的主流,从方法上说,必将是"考证学与唯物史观相结合"。本文重申鄙见,抛砖引玉,期待同志们赐之教言。

(原载《扬州大学学报(人文社会科学版)》2002 年第 3 期)

考证学为近代史研究服务的
几点经验

　　考证，或称考据，是人们研究历史必须运用的工具。考证的对象是史料，包括书证、物证和人证。考证的方法，是归纳比较法。学者主要用以解决在占有史料过程中面对的各种矛盾："辨伪"判证据真赝；"校勘"定版本是非；"考异"评记载异同，目的是为弄清事实。随着人类文明的发展，人们对考证的需要愈多，考证也愈益完善。近世胡适等用西方的科学方法——"实验主义"改进了传统的乾嘉考证学。清末思想家孙宝瑄说得好："欲判决是非，非易事，其必不可不注意者曰：考证也，研究也，调查也，苟无是三者而漫然曰'我能决之'，是武断矣，未有不误且谬者。"[1]昔司马光撰《资治通鉴》，别为《通鉴考异》一书，比较史料异同，择善而从。学者若一读《考异》，即能深知《通鉴》采集之富与取舍之精。苟不如是，则此书怎能取信读者，成为千古的杰作！研究古代史需要考证。研究近代史，由于时间越近，史料越多也越复杂，以故考证之功尤不可少。本文略论近世我国考证学的发展和考证为近代史研究服务的一些经验与体会，供行家评议。

---

[1]《忘山庐日记》光绪三十二年十二月三日记，上海古籍出版社1983年版，第964页。

一、近世我国考证学的发展

梁启超在《清代学术概论》中，强调清学即考证学。若无考证学，则无清学。但考证是治学工具，并非专属清代。它与时俱进，民国年间，得到划时代的发展，胡适等人用西方的"实验主义"，改进了乾嘉考证学。

清代乾隆、嘉庆之际，学术界为惩明末"空谈心性"之弊，提倡实学，对考证的运用也达到高峰。乾嘉学者留下了一些合乎科学的考证经验。如戴震治训诂，不外"以字考经，以经考字"。高邮王念孙、引之父子发明古代虚字和校勘古书，要求"揆之本文而协，验之它卷而通"。这些都对学者在方法上有启发，但尚无体系。直到近世，胡适用美国杜威的"实验主义"学说，总结乾嘉学派的经验，才创始了中国考证学的理论。

"实验主义"是近世西方哲学的一个流派。它是研究自然科学的方法在哲学上的应用。"实验主义"包含两个基本观念：第一是"科学试验室的态度"；第二是"历史的态度"。它不承认永恒不变的天理，只承认一切真理都是应用的假设；假设能否成为真理，要看试验的效果。这就是"科学试验室的态度"。达尔文的进化论在哲学上应用的结果，便产生了"历史的态度"，就是要观察事物发生、发展的变化。这两个基本观念都是 19 世纪自然科学发达的影响，所以胡适说："实验主义"不过是科学方法在哲学上的应用而已[1]。

---

[1]　胡适：《实验主义》，见《胡适文集》第 2 册，北京大学出版社 1998 年版，第 213 页。

　　"实验主义"研究事物的思想程序,杜威分做五步走:(一)疑惑和困难是思想的起点;(二)确定疑难究在何处? (三)假设种种解决疑难的方案;(四)比较各种假设,择善而从;(五)取得确证,判定这种假设是真理,还是谬误。胡适概括为"大胆的假设,小心的求证"十个字,强调:"假设不大胆,不能有新发明。证据不充足,不能使人信仰。"这就是"实验主义"的方法论。胡适指出,乾嘉考证学与"实验主义"在方法上是暗合的。他曾举戴震假设《尚书·尧典》"光被四表",古本必有作"横被四表"者,钱大昕等为之举证为例,以论证乾嘉考证暗合"实验主义"方法论。

　　按,今本《尚书·尧典》:"光被四表,格于上下。"宋儒蔡沈解"光"为显。戴震谓当从《伪孔传》:"光,充也。"据唐孔颖达《五经正义》,"光"训充,本《尔雅·释言》。今本《尔雅》:"桄、颎,充也。"晋郭璞注:"皆充盛也。"唐陆德明《经典释文》谓"桄",孙炎本《尔雅》作"光",古黄反。戴氏云:"用是言之,光之为充,《尔雅》具其义。"他又考许慎《说文解字》:"桄,充也。"宋徐铉注《说文》引孙愐《唐韵》:"桄,古旷反。""五经"无"桄"字。《礼记·乐记》:"钟声铿铿以立号,号以立横,横以立武。"郑玄注:"横,充也。谓气作充满也。"《礼记·孔子闲居》:"夫民之父母乎,必达于礼乐之原,以致五至而行三无,以横于天下。"郑注:"横,充也。"戴氏看到了横、桄、光三字在两汉古籍中的关系,从而断言:"《尧典》古本必有作'横被四表'者。横被,广被也。""横四表,格上下,对举。""横转写为桄,脱误为光。追原古初,当读古旷反,庶合充霸广远之义。"胡适说:"这真是'大胆的假设'。"[1]在戴震的启发下,其友人钱大昕、姚鼐,族弟受堂,弟子

────────────

[1]　胡适:《清代学者的治学方法》,《胡适文集》第2册,第303页。

洪榜、段玉裁,为之"小心的求证",先后共得六条:

（一）《后汉书·冯异传》:"横被四表,昭假上下。"(昭假即昭格,古人假、格通用——笔者注。)

（二）班固《西都赋》:"横被六合。"

（三）《汉书·王莽传》:"昔唐尧横被四表。"

（四）王褒《圣主得贤臣颂》:"化溢四表,横被无穷。"

（五）《淮南·原道训》:"横四维而含阴阳"。汉高诱注:"横,读桄车之桄。"

（六）李善注《魏都赋》引《东京赋》:"惠风横被。"[1]

由此可见,古本《尚书·尧典》确有作"横被四表"者。戴震的假设遂得到了证实。清儒读《尚书·尧典》,订正宋人缘辞生训,一字之误,本无关宏旨。但胡适用以论证乾嘉考据与西方"实验主义"研究自然科学的思维法则,不谋而合,这却是近世学术史上的一件大事,值得注意。

胡适又举毕沅、王念孙校《墨子》一例,以论证乾嘉考据在方法上与西方"实验主义"暗通。按,《墨子·小取篇》有"辟也者,举也物而以明之也"。"辟"即譬字。"举也物"三字不可解。毕沅谓"也"乃衍文,删去后勉强可通,这是一种假设。王念孙认为,"也"乃"它"字,形近之故。举它物来说明此物,正是譬喻的意思,所谓"揆之本文而协"。可见这一假设比较合理。毕沅没有举出任何证据。王念孙列举《墨子·备城门篇》和《史记·老子韩非列传》等以"也"为"它"之例,所谓"验之它卷而通"。于是王

---

[1]《胡适文集》第2册,第302—304页。所引戴震:《与王内翰凤喈书》,见《戴震全书》,黄山书社1995年版,第6册,第277—279页。王鸣盛,字凤喈。对戴氏此说,汪中有异议,见其与刘台拱的一封信,但未能否定戴说。

氏的假设得到了证实[1]。清儒校正《墨子》传本上的一个误字,也非大事,但胡适以此疏通东西方治学的思维法则,启发学者,其意义就深远了。

胡适说:"科学方法只是'大胆的假设,小心的求证'十个字。没有证据,只可悬而不断,证据不够,只可假设,不可武断,必须等到证实之后,方才奉为定论。"[2]乾嘉考据之所以有卓越的成果,就是因为不自觉地实行了这种方法。但正因为是不自觉的,所以还偶有武断的缺陷,把假设当作结论,缺乏证据。上举毕沅校改《墨子》一例,就有武断之嫌,不符合"实验主义"的方法。"实验主义"只信服确凿的证据,胡适曾强调说:"科学的态度只是一句话'拿证据来'。"[3]于是在"实验主义"的影响下,中国传统的乾嘉考证学跃进到了自觉实行科学法则,即"言必有据"的新阶段。兹以胡适评陈垣的《元典章校补释例》为例,以见考证学的改进。

《元典章》是研究元代政教风俗、语言文字等的一部重要史料。今传本有沈家本刻本。陈垣于二十多年之中,搜获了几种抄本。1925年,故宫发现了元刻本。他和他的门人先用元刻本对校沈刻本,又用诸本互校,校得沈刻本讹误衍脱颠倒之处凡一万二千余条,写成《元典章校补》六卷、补缺文三卷、改订表格一卷,1931年由北京大学研究所国学门刊行。之后,陈氏又从这一万二千多条错误之中选取了一千余条,各依其所以致误之由,分别类

---

[1] 《胡适文集》第2册,第235—236页。所引王念孙校《墨子》,见《读书杂志》,江苏古籍出版社1985年版,第600页。王氏校《史记·老子韩非传》,见同书,第116页。

[2] 胡适:《介绍我自己的思想》,《胡适文集》第5册,第519页。

[3] 《几个反理学的思想家》,《胡适文集》第4册,第67页。

例,写成《元典章校补释例》六卷。此书对我国校勘学做了总结,故其后又取名《校勘学释例》。从卷一至卷五,历述沈刻《元典章》的四十二条误例。卷六则是陈氏校此书的凡例。其中的"校法四例":对校、本校、他校、理校,已成为当代学者公认为校勘古籍的普遍法则。胡适为之作序,收入《胡适文存》时,取名《校勘学方法论》[1]。这是一篇阐述校勘学理论的重要文献。

胡文指出:校勘之学起源于文件写刻等的错误,校勘的任务就是要改正这些错误。校勘工作分三步走:一是发现错误;二是改正;三是证明所改不误。校勘不能单凭"言之成理",而是要求"言必有据"。胡适说:"改定一个文件的文字,无论如何有理,必须在可能的范围之内提出证实。""凡没有古本的依据,而仅仅推测某字与某字'形似而误',某字'涉上下文而误'的,都是不科学的校勘。"这种弊病,连段玉裁、王念孙辈也不能免。陈垣校沈刻本《元典章》,力求以元刻本或别本为依据,"凡版本不能完全解决的疑难,只有最渊博的史识可以解决"。胡适盛赞这"是中国校勘学的第一次走上科学的路"。

再看张元济校"二十四史"与乾嘉校史的差别。乾嘉之际,钱大昕和王鸣盛两位史家倾大半生精力校勘正史,钱著《二十二史考异》,王著《十七史商榷》,纠正了刊本中的大量错误。但是其中也有不少是凭主观推理,没有版本和其他客观依据。张元济以见到的宋元善本与之核对,证实钱氏等的假设正确与错误都有,载入其《校史随笔》中。至于张氏自己校史,则已做到字字皆有文献依据,克服了乾嘉学者"以意忖度"的缺失。这正是取法

----

[1] 胡适:《几个反理学的思想家》,《胡适文集》第4册,第108—119页。

"实验主义"的标志。

上举校勘诸例,都属琐碎,不免由此有人低估实证考信的功能。其实不然。在一些大是大非的争论上,也必须凭借考证。近世史家朱希祖于抗日战争胜利前夕,为力争台湾回归祖国而撰写的《中国最初经营台湾事略》,即是一篇光耀千秋的考证文字。朱字逖先,一书遏先。清光绪之季,以官费留学日本,研究历史。就在日本时,得与黄侃、鲁迅等同问学于章炳麟(太炎)之门。归国后,历任北京大学、中山大学、中央大学等校教授。朱氏既得乾嘉学派真传,又受"实验主义"锻炼,以史学治经学,以新的考证方法解决一切疑难,反对今古文家的门户之见。关于出土古物的真伪问题,朱氏坚持须为客观判断,不宜偏任主观,凭空臆说。特别是他以确凿的史料考证为祖国统一作贡献,使自己的学术成果永放光辉,值得后人钦敬。1943 年,第二次世界大战正在进行,美国有人起意战后不把日本强占的中国领土台湾还给祖国,拟划为"委任统治地"。此事激起我爱国人士的义愤。1 月 7 日,重庆《大公报》以《中国必收复台湾》为题发表社论,严正声明"台湾是中国领土"。朱希祖读后谓"理由充沛,实足以代表人心"。于是奋笔撰《中国最初经营台湾事略》,以提供铁证。公布于 1 月 9 日该报。1944 年,朱氏在重庆病逝。1979 年,台北九思出版公司印行其遗著《朱希祖先生文集》,将此爱国主义杰作辑入第五册中。

"实验主义"对历史考证提出了严格的要求,必须去伪存真。胡适说:"一切史料都是证据。但史家要问:(1)这种证据是在什么地方寻出的? (2)什么时候寻出的? (3)什么人寻出的? (4)地方和时候看起来,这个人有做证人的资格吗? (5)这个人虽有证人资格,而他说这句话时有作伪(无心的或有意的)的可能吗？"[1] 必须给这些问题以严肃的回答，力求证据确凿可靠，才能作出结论。在胡适的倡导下，"实验主义"的治学方法影响了一大批历史学者。其门人傅斯年所创建的"新考证派"，至今仍是一个有实力的史学流派。

二、考证为近代史研究服务的经验与体会

我少时受几位章门弟子的影响，笃好乾嘉考据。中华人民共和国成立后，在唯物史观指引下，以考证治近代史。20世纪90年代，旅居美国时，读胡适所著书，略窥"实验主义"概要。近年私计将辩证法改进考证学使之与唯物史观相结合，以建设我国的历史科学[2]。是否有当？愿得同道匡谬。

1. 必须运用考证

如同法官治狱必须调查取证一样，历史研究者必先访寻史料。研究古代史，必须掌握书证和物证。《尚书》《春秋》是书证，甲骨、钟鼎是物证。研究近代史，还必须搜取人证。在20世纪的50年代末、60年代初，原扬州师范学院历史系编辑的《辛亥革命江苏地区史料》，就是一批文献、文物和口碑互证的产物。我负责其事，深有体会人证对近代史研究的重要性。如果我们不以三年多的时间，奔走清末江苏十府州之地，取证于仅存的一批革命党人、新军将士、起义农民及其他下层群众等当事人，则此书是不可能产生的。

---

[1]　胡适：《古史讨论的读后感》，《胡适文集》第3册，第86页。
[2]　参见拙作：《考证学与历史研究》，《扬州大学学报（人文社会科学版）》2002年第3期。

比较史料，是取证工作的最重要环节，包括辨伪、考异和校勘。由于客观存在证据有真伪，内容有异同，传刻有是非，所以我们无法避免运用考证以解决这些矛盾，从而达到认清历史真相的目的。

我们不断碰到伪造的书证、物证和人证，若不加鉴别，则就不能维护近代史研究的科学性。一些前辈和同行做了大量的辨伪工作，如辨伪造的《林则徐家书》，辨伪造的《石达开日记》，等等。其中最有影响的是罗尔纲先生对大伪书《江南春梦庵笔记》的揭露，这是史料辨伪的典范。

此书出笼于清光绪年间，由上海《申报》馆分段印行。作者托名随从太平天国大将赞王蒙得恩十余年的沈懋良，所记涉及太平天国一朝史事，自言皆得自蒙得恩。简又文等前辈虽深感其内容离奇，与他书不类，但都误信为失传秘本，竞相征引，给太平天国史研究制造了混乱。中华人民共和国成立后，专家分段编辑《中国近代史资料丛刊》，此书被收入《太平天国》四。于是谬种流传更广。罗先生以博大精深的学识和科学的方法，对这部大伪书做了三项细密的工作：其一，将已被肯定的太平天国文献——《蒙时雍家书》等与之比较，充分揭露矛盾；其二，从史料内容与史料来源的矛盾找到作伪的铁证，那位自称长期在蒙得恩身边的人，却对蒙得恩的生平是无知，甚至在蒙得恩死去三年之后，还说他在天王宫值宿，真是"活见鬼"！其三，揭露作伪手法：剽窃《平定粤寇纪略》等常见材料，窜改某些太平天国文书，捏造离奇事实。于是人赃俱获，此案遂成定论。

我是在上当之后学会辨伪的。1955年，我在扬州旧货铺上见到一幅太平军将领赖文光藏汉砚的拓本，砚侧有赖文光三行题

字,自称于太平天国九年率师北伐时,将此砚献给东王。署爵"平
天贵"。寥寥数语,矛盾重重。特别是是年杨秀清已死,何来东
王?且太平天国无"天贵"爵名。但我不加考证,竟当作"新史
料",刊布于《光明日报》,以此证明赖文光是知识分子。不久,蒙
荣孟源前辈撰文指出,这是赝品。从此我引以为戒,决心对史料
考证下功夫。

到了20世纪的80年代,学术界又揭露《燐血丛钞》是伪书,
我参预其事。按,此书系抄本,凡四册,出现于20世纪50年代的
苏州,托名清季书商谢绥之随李鸿章部清军攻陷苏州后所收集的
"太平军将领的笔记"等图籍,来历不明,眩人耳目。罗尔纲先生
即知其不可信,故未编入《太平天国史料汇编》中。1979年,《中
华文史论丛增刊——太平天国史料专辑》选刊了此书的一部分,
有"干王子"所作的《新说》等。我读后困惑,发表《〈新说〉质
疑》,提出种种疑点:其一,据已公布的确凿文献,干王洪仁玕并
无这样一个带兵打仗的儿子;其二,若是"干王子",为何对干王
的历史却是无知?其三,作者为何不署真名?其四,为何书中多
处触犯太平天国"拜上帝"的禁忌?因此,我大胆假设,这不是干
王子的著作,而是他人伪托[1]。随后,我小心求证,续撰《〈燐血丛
钞〉辨伪》[2],揭露此书大量抄袭《江南春梦庵笔记》,伪上加伪,
则其为伪书无疑。

最繁重的史料工作是考异。对同一事件,往往有不同的记载,
各执一词,抑扬异致。这就需要我们以时间、地点和人事作综合

---

[1]《太平天国史学导论》,学苑出版社1989年版,第143—145页。
[2]《太平天国史学导论》,第146—161页。

地比较,分辨其正确与虚妄,以定取舍。在 20 世纪 50 年代,拙作《从〈报恩牌坊碑序〉问题略论当前研究太平天国史工作中的偏向》一文,断言此碑的内容不可信。这就是考异的成果。其详将在下文叙述。

近代史料在传抄、刊刻等过程中,也难免发生讹误,须按祖本校正。如在江苏人民出版社分册出版的《吴煦档案选编》中,有四封署名"黄羸山房主人"给吴煦的信,内容都涉"辛酉政变"前夕清廷机密,作者系军机首领恭亲王奕䜣的心腹,但不知为谁。我因见章士钊等所考释的《热河密札》受信者"黄螺主人"为时在北京的军机章京朱学勤。古人书"螺"为"蠃","蠃"与"羸"形近,遂大胆假设"黄羸山房主人"当是"黄蠃山房主人"之讹。后小心查阅吴煦档案原件,所写信纸上即有"黄蠃山房"印记,得到了证实。盖原件为行书,抄者失察致误,排印时以误传误。

归纳史料,是取证工作的总结阶段。围绕某一专题,把审查过的可信史料,钩稽连缀成篇,以说明其人其事。如我发表于《近代史资料》总 99 期的《〈天禄琳琅正编〉亡失考》,即是归纳史料之作。要求不羼入自己语言,以忠实于原始史料。

搜集、比较、归纳,是史料考证的全过程,只有经过这三步走,学者才能真正地占有史料,以便作进一步研究。

2. 必须正确运用考证

在 20 世纪的 30 年代末,我把马令和陆游各写的两部《南唐书》做了比较,发现颇有歧异,以之上闻先师吴江金松岑。先师诏以"考史小处固宜留心,尤当从大处着眼"。此言深铭我心,影响终身治学。对于中国近代史,我写过一些考证文章。其中较有意义的只有两篇:一篇即《从〈报恩牌坊碑序〉问题略论当前研究太平天国史工作中的偏向》[1]；另一篇为《释"功勋等臣，世食天禄"》[2]，系读《天朝田亩制度》的札记。此二文均从小处考证入手，而由此引发涉及治乱兴亡的重大问题。

按，"报恩牌坊碑"系太平天国幸存的石刻之一。自简又文于 1937 年 6 月在《逸经》半月刊 32 期发表《常熟访碑记》后，其序文内容一直被史家当作描绘太平军统治常熟时年丰人乐的根据。我生长在常熟，曾祖是太平天国的乡官军帅。先辈遗说都属当时离乱之状。1956 年，我在北京图书馆看到吴云《两罍轩尺牍》、龚又村《自怡日记》等，做了一番比较研究之后，发觉碑文所说"禾苗布帛，均出以时；士农工商，各安其业。平租佣之额赋，准课税之重轻。春树万家，喧起鱼盐之市；夜灯几点，摇来虾菜之船"的民物殷阜景象，与其他记载兵荒马乱、民生凋敝的状况，大相径庭！难道后者都是出于地主文人的污蔑吗？答案是被否定的。原来此时此地是在以钱桂仁为首的叛徒集团所控制下，他们已暗通上海清军并与盘踞农村的地主团练徐佩瑗等相勾结，积草屯粮，伺机变天。1861 年冬密谋叛变未遂。为掩盖真相，1862 年春，钱桂仁等向农民募捐集赀，为忠王李秀成建坊立碑，歌功颂德，说尽好话。但不过隔了几个月，1863 年 1 月，钱桂仁部将骆国忠就在常熟发动大叛变，为中外反动派攻陷苏南打开了缺口。由此可见，后期太平军的内部严重不纯，有些将领腐化堕落，以至投敌叛变，加速了农民战争的失败。如果不通过考异，不揭穿《报恩牌坊碑序》内容的虚假性，信以为真，那么，历史学者怎样能够实

---

[1]《太平天国史论文选》，三联书店 1981 年版，上册，第 751—772 页。
[2]《太平天国史学导论》，第 114—115 页。

事求是,总结这次农民大起义失败的惨痛教训,供后世借鉴呢?

又按,《天朝田亩制度》是太平天国的重要文件。文件规划了一个不平等的理想国,但却被后人曲解为实现"四大平等"的纲领。其致误的关键是学术界片面理解这一文件的内容。多少论著只从"有田同耕,有饭同食,有衣同穿,有钱同使,无处不均匀,无人不饱暖"等绝对平均主义语句取证,而对文件起首规定的特权阶层的世袭待遇——"功勋等臣,世食天禄"八字却不予诠释。我们有相当一段时间,就是用这种形而上学的读书方法,曲解《天朝田亩制度》,曲解太平天国,甚至把扭曲的史论写进了学校教科书。直到20世纪的70年代末,学术界才敢从事实出发,否定太平天国实行"四大平等"(政治平等、经济平等、男女平等、民族平等)说。于是我发表《释"功勋等臣,世食天禄"》一文,由诠释"功勋"入手,从而说明《天朝田亩制度》的全面内容及其真实性质,还这个文件以本来面目。《天朝田亩制度》既要求绝大多数人在平均生产和分配的基础上,实行小农公有制,又允许少数人享受世袭不劳而获的特殊待遇,实际仍保留封建制。前者不过是一种幻想,后者却见诸实践。这就决定了太平天国农民起义虽然是反封建的,但最终却被封建制所吞没。这是由于小农经济的特点所决定的。

当然,不是所有的史料考证都能引出关系治乱兴亡的重大理论问题来,但是我们必须坚持从大处着眼,使之最终为探讨治乱兴亡的经验服务。为考据而考据,钻牛角尖,这为有识者所不取。但不能因噎废食,抛弃考据,这也是学者所当注意的。

3. 必须使考证学与唯物史观相结合

在我国学术史上,早有史家须具才、学、识三长的说法。近世朱希祖谓此与古文家的义理、考证、词章三长说相通。义理属于识，考证属于学，词章属于才。我友戴逸又用思想、材料、文采来诠释史家三长。不管说法如何变化，但都要求三者必须统一。我国古代的杰出史家司马迁、司马光等都是一身而兼三长的。然而在经学领域，有清一代，义理与考据之争，却连绵不绝，不能不影响史学。为什么在乾嘉学术隆盛之际，只诞生钱大昕的《二十二史考异》，而不曾有类似《资治通鉴》那样的杰作？这与"三长"的不能统一，尤其是义理与考据的不能统一，大有关系。中华人民共和国成立已逾半个世纪，清代的义理与考据之争已成历史，但由于极"左"思潮的干扰等原因，在历史研究中，论与史即理论与考据的关系也尚未妥帖。学术界曾经狠批以史料学当作史学，有时也反对缺乏史料依据的"放空炮"。但如何使二者融合，却未曾充分展开讨论。

清代经学中的义理与考据的关系，是道与载道工具的关系。戴震尝谓求道必自"六经"孔孟，"非从事于字义、制度、名物，无由以通其语言。宋儒讥训诂之学，轻语言文字，是犹渡江河而弃舟楫，欲登高而无阶梯也"[1]。清代的汉、宋之争，说到底，是理学与训诂学的分裂。这二者本无天然的内在联系，其时而分裂是可以理解的。但是，历史研究中理论与考证的关系却不是这样了。从辩证唯物主义的观点看来，人们认识历史必从初级到高级阶段：先是感性认识阶段，即史料考证阶段；继之是理性认识阶段，即理论分析阶段。通过考证，弄清历史问题的现象；再用唯物史

---

[1] 段玉裁：《戴东原先生年谱》引戴氏与段氏书，《戴震文集》，中华书局 1980 年版，第 217 页。

观进行分析，弄清历史问题的实质。可见，历史研究中理论与考据的关系乃是认识论上不可分割的两个阶段的关系。乾嘉学派、"实验主义"者，都只能做好前一段，不能达到后一段。王国维写《殷周制度论》，陈寅恪写《隋唐制度渊源考》，也都作好了前一段，没有达到后一段。直到郭沫若写《中国古代社会研究》，范文澜写《中国通史简编》和《中国近代史》，虽尚属草创，但已深入到了后一段，只因为他们不仅长于传统的考证学，而且已掌握了唯物史观。考证学与唯物史观相结合，便诞生了新中国的历史科学。由于十年"文革"之祸，使这项事业未得顺利发展。现在好了，预期新世纪的我国历史研究，从方法上说，其主流必将是考证学与唯物史观相结合。这是我从事近代史研究以及学习近代学术史的体会。是否有当，必有行家将以丰富的治学经验和高超的理论水平，来修订这一肤浅的论点。

（原载《近代史研究》2003 年第 3 期）

下卷

读阮元《揅经室集》札记

　　昔曾国藩尝称道阮元提倡读书作札记。这是乾嘉学者教人治学的基本功夫。时至今日，仍宜提倡此事。兹即举读阮元《揅经室集》(中华书局 1993 年版)为例，以示札记之效。

　　我国自两汉以降，统治学术领域的是儒家经学。汉代之经学，后人谓之"汉学"。当"汉学"不适应时代之际，继之而起的为"宋学"。当"宋学"又脱离实际时，代之而兴的是"清学"。乾嘉朴学就是否定明季宋学家"凿空说经"的产物。大体经历了三个阶段，建设成清代的经学。先是，以元和惠栋为宗师的吴派，力求恢复被宋学废弃的汉儒训诂，谓必由汉诂以明群经之义理。继之，以休宁戴震为宗师的皖派，坚持由字以通辞，由辞以明道，力求恢复孔、孟之义理，以区别于宋学"援禅入儒"之义理。再继之，以江都焦循、仪征阮元和曾作扬州寓公的歙人凌廷堪为主要代表的扬州学派，力求恢复义理所存在的儒家典则，使经学切合人伦日用。在复古的口号下，三者相续，创建了汉、宋之学以后的清学。这是在接受西方文化冲击前，中国学术的主流。近世有人信口谓乾嘉学派为考据而考据。读阮元之书，可悟此说实厚诬古人。乾嘉学派的主要代表人物，虽都以考据治学，但其最终目的是为通经致用，阮元其一也。其后道咸之际，曾国藩等倡导学者须具四

长：义理、考据、词章、经济，一时成为士大夫间风尚。读阮元之
书，已见其端倪。

《揅经室集》分四类编次：其一为说经之作，其二则近于史之
作，其三则近于子之作，其四则御试之赋及骈体有韵之作。初集
编于道光初年，所收皆乾嘉时所撰。继此有作，各以类续。斯篇
不依原书次序，着重探讨阮元的学术渊源及其治经宗旨与方法，
以示乾嘉经学的特色及其变化，虽云随笔，但非信手摘录，略有思
理在焉。

一、扬州传统文化之一《文选》学对阮元的影响

自隋、唐以来，扬州即传播《文选》学。《揅经室集》多处提到
阮元膏沐"选学"之余泽。《二集》卷二《胡西畊先生墓志铭》云：
"元幼时以韵语受知于先生，先生授元以《文选》之学。"《三集》
卷四《南宋淳熙贵池尤氏本文选序》亦云："元幼为《文选》学。"
但阮元不是与某些词章家一样，单纯倾倒于汉赋的词藻缛丽，而
是高度重视研究司马相如、扬雄等的作品，有助于通晓经籍训诂。
《二集》卷二《扬州隋文选楼记》云：

> 元谓古人古文小学与词赋同源共流，汉之相如、子云，
> 无不深通古文雅训。至隋时，曹宪在江、淮间，其道大明。
> 马、扬之学，传于《文选》，故曹宪既精雅训，又精"选学"，
> 传于一郡。……（所编）《桂苑珠丛》久亡佚，间见引于他
> 书。其书谅有部居，为小学训诂之渊海，故隋、唐间人注书
> 引据便而博。元幼时即为《文选》学，既而为《经籍籑诂》

二百十二卷,犹此志也。[1]

其后曾国藩亦言《文选》包罗雅训,他教子纪泽有云:"《说文》训诂之学,自中唐以后,人多不讲,宋以后说经,尤不明故训,及至我朝巨儒,始通小学,段茂堂、王怀祖两家,遂精研乎古人文字声音之本,乃知《文选》中古赋所用之字,无不典雅精当。尔若能熟读段、王两家之书,则知眼前常见之字,凡唐、宋文人误用者,惟六经不误,《文选》中汉赋亦不误也。"[2]由此可见,阮元之为《文选》学,实为讲究故训,以为挈经之助。

二、乾隆间惠、戴朴学大兴,扬州王念孙、 汪中等闻风而起,成为阮元等的先驱者

乾隆时,惠、戴之学先后兴起于苏、皖间,并传入扬州。扬州学界受其影响,把精力投向以挈经为主体的朴学,一时好古成风,人才辈出。汪中为李惇撰墓铭云:"是时古学大兴,元和惠氏、休宁戴氏,咸为学者所宗。自江以北,则王念孙为之唱,而君和之,中及刘台拱继之。"[3]焦循为李惇作传亦云:"乾隆六十年间,古学日起,高邮王黄门念孙、贾文学稻孙、李进士惇实倡其始,宝应刘教谕台拱、江都汪明经中、兴化任御史大椿、顾进士九苞起而应

---

[1] 阮元:《挈经室集》,中华书局 1993 年版,第 388—389 页。"所编"二字,系引者所加。

[2] 《曾国藩家训》,岳麓书社 1999 年版,第 47—48 页。

[3] 王清信、叶纯芳点校:《汪中集》,台北"中央研究院"中国文哲研究所筹备处 2000 年版,第 256 页。

之。"[1]按,这些都是比焦循、阮元前一辈的扬州学人。其中贾稻孙比阮元长五十岁,李惇比阮元长三十岁,王念孙、汪中均比阮元长二十岁,刘台拱比阮元长十二岁。任大椿于乾隆三十七年成进士时,阮元仅六岁。顾九苞之子凤毛,长阮元一岁,则九苞也为阮元长辈可知。阮元从这些乡前辈直接间接受教,在《揅经室集》中多所追记。《一集》卷十一《任子田侍御弁服释例序》云:

> 元居在江、淮间,乡里先进多治经之儒。若兴化顾进士文子九苞、(高邮)李进士成裕惇、(宝应)刘广文端临台拱、(兴化)任侍御子田大椿、(高邮)王黄门石臞念孙、(江都)汪明经中,皆耳目所及,或奉手有所受。[2]

戴门弟子王念孙,阮元尝从问训诂之学,得王氏"因音以求义"真传(见于《揅经室集》)。《一集》卷五《王伯申经义述闻序》云:

> 昔予初入京师,尝问字于怀祖先生,先生颇有所授。既而伯申及予门。予平日说经之意,与王氏乔梓投合无间。[3]

《一集》卷一《释矢》云:"义从音生也,字从音义造也。"[4]"可知

---

[1] 焦循:《雕菰集》,中华书局《丛书集成》1985年版,第6册,第343页。
[2] 《揅经室集》,第243页。括弧内地名是引者填补的。
[3] 《揅经室集》,第120页。
[4] 《揅经室集》,第22页。

人造字，字出乎音义，而义皆本乎音也。"[1]此即阐述王氏"因
音以求义"的理论。但"投合无间"，并非在具体字和辞的训释
方面都守成说，间亦申以己见。如《诗·终风》的"终风且暴"之
"终"，《毛诗郑笺》都缘词生训，作"竟日"解。王念孙发千古之
覆，释"终"为"既"。"既且"犹言"既又"。阮元作《释且》篇，
谓"且"乃古之"祖"字，引申而为"始"意。《诗》之"终且"，犹
言"终始"。见《揅经室集·一集》卷一。

任大椿亦传戴震之学。乾隆五十一年，阮元初入北京，向京
官中之三位前辈讲学者"随事请问，奉手有所授"。其一为王念
孙，其二为浙东学派传人邵晋涵，其三即任大椿。见《揅经室集·
二集》卷七《南江邵氏遗书序》。

刘台拱为焦循等后学所称颂的"当世大儒"。通经博学，尤
精"三礼"。《揅经室集·二集》卷二《刘端临先生墓表》云：

> 先生之学，自天文、律吕、六书、九数、声韵等事，靡不贯
> 洽。诸经中于"三礼"尤精研之，不为虚辞穿凿，故能发先
> 儒所未发，当世儒者撰书，多采其说。[2]

阮、刘为儿女亲家，交往较密。阮元说经，多折中于刘氏。《揅经
室集·一集》卷五《与郝兰皋户部论尔雅书》云：

> 予姻家刘端临台拱之言曰："子所雅言，《诗》《书》执

[1]《揅经室集》，第25页。
[2]《揅经室集》，第400页。

礼。诵《诗》读《书》,从周之正言,不为鲁之方言也。执礼者,诏相礼仪亦皆以周音说礼仪也。《小雅》《大雅》皆周诗之正言也。"刘氏此说,足发千古之蒙矣。[1]

《一集》卷二《仪礼丧服大功章传注舛误考》云:

> 《仪礼·丧服大功章》经曰"女子子嫁者、未嫁者,为世父母、叔父母、姑姊妹",自此以下,子夏传及郑康成注皆为唐以前人写校舛误,《贾疏》不能辨正,遗误至今矣……元向校《注疏》,有见于此……乾隆五十八年,奉诏校勘《仪礼》石经,欲删"下言"至"亲也"二十一字改传归注而未敢遽定,驰书问之刘君端临,刘君以为然,乃毅然删之,载其义入《仪礼石经校勘记》中。[2]

阮元贵显后,对上述乡前辈表彰不遗余力。如将李惇所著《群经识小》八卷刻入《皇清经解》,谓其书"考诸经古义二百二十余事,事事精确不磨,发前人所未发"[3]。列名阮元所拟《国史儒林传》的扬州学人,有任大椿、李惇、刘台拱、汪中,具载于《揅经室集·续二集》卷二《集传录存》。也可证这些乡先贤对阮元的影响之深。

---

[1]《揅经室集》,第124页。
[2]《揅经室集》,第41—42页。
[3]《揅经室集·续二集》卷二《高邮孝臣李君传》。

三、与阮元同辈的扬州经学家

阮元在扬州的学林挚友,莫过于焦循。他们生同里,少同学,长同志。焦循又是阮元的族姊夫,以故过从极密。焦氏著作多种皆由阮元作序。辑入《揅经室集》的,有《一集》卷三之《焦氏雕菰楼易学序》、《一集》卷十一之《焦理堂循群经宫室图序》、《二集》卷一之《扬州北湖小志序》、《三集》卷五之《里堂学算记序》。焦循殁后,阮元为撰《通儒扬州焦君传》,见《二集》卷四。

据《揅经室集》,与阮元切磋的扬州同辈学者,还有惠栋传人江藩。《一集》卷十一《国朝汉学师承记序》略述阮、江生平交谊:

> 甘泉江君子屏,得师传于红豆惠氏,博闻强记,无所不通,心贯群经,折中两汉。元幼与君同里同学,窃闻论说三十余年。[1]

《四集》诗卷四《题江子屏藩书窠图卷》生动地追叙了少时切磋学问之乐:

> 江君未弱冠,读书已万卷。百家无不收,岂徒集坟典。款识列尊彝,石墨堆碑版。我年幼于君,获与君友善。谈经析郑注,问字及许篆。书窠小东门,出城路不转。时从书里

---

[1]《揅经室集》,第248页。又见江藩:《国朝汉学师承记》,中华书局1983年版,第1页。

坐,左右任披展。[1]

江藩不仅经术淹贯,而且勤于考史,阮元亟称之。《二集》卷七《通鉴训纂序》云:

> 江君郑堂,专治汉经学,而子史百家亦无不通,于《通鉴》读之尤审,就己意所下者,抄成《资治通鉴训纂》若干卷,皆取其所采之本书而互证之,引览甚博,审决甚精。[2]

阮元之同乡同学尚多,而以淹博最被乡人称道的,则为"二堂",即焦循理堂与江藩郑堂[3]。

阮元之所以能成为一代大儒,其重要原因之一,即生长在乾隆年间经学大兴的扬州。有王念孙等前辈的牵引,有焦循等同辈的切磋,这些都为他在学术上的成长,提供了优越的条件。

四、阮元所崇敬的当代前辈大儒

顾炎武

汪中拟作《六儒颂》,以顾炎武、阎若璩、梅文鼎、胡渭、惠栋、戴震为继往开来的通儒。汪氏论清代朴学,"亭林始开其端"。阮元结合自己治学经世的经验,也极崇敬顾炎武。《揅经室集·三集》卷四《顾亭林先生肇域志跋》云:

---

[1]《揅经室集》,第818页。
[2]《揅经室集》,第556页。
[3] 王豫:《群雅集》。

亭林生长离乱，奔走戎马，阅书数万卷，手不辍录。观此帙密行细书，无一笔率略，始叹古人精力过人，志趣远大，世之习科条而无学术，守章句而无经世之具者，皆未足与于此也。[1]

全祖望

阮元治学，不专主浙西，而兼尊浙东。《揅经室集·二集》卷七《全谢山经史问答序》云：

予视学至鄞，求二万氏、全氏遗书及其后人。慈溪郑生勋奉先生《经史问答》来。往返寻绎，实足以继古贤、启后学，与顾亭林《日知录》相埒。我观象山、慈湖诸说，以空论敌朱子，如海上神山，虽极高妙，顷刻可见，而卒不可践。万、全之学出于梨洲而变之，则如百尺楼台，实从地起，其功非积年工力不成。噫！此本朝四明学术所以较昔人为不惮迂远也。[2]

惠栋、戴震

阮元对吴、皖两派经学宗师，一贯是惠、戴并尊。《揅经室集·一集》卷五《王伯申经义述闻序》云：

古书之最重者莫逾于经。经自汉、晋以及唐、宋，固全

---

[1]《揅经室集》，第 674 页。

[2]《揅经室集》，第 544 页。

赖古儒解注之力,然其间未发明而沿旧误者尚多,皆由于声
音文字假借转注未能通彻之故。我朝小学训诂远迈前代,
至乾隆间,惠氏定宇、戴氏东原大明之。[1]

《一集》卷二《拟国史儒林传序》也有"惠栋、戴震等,精发古义,
诂释圣言"云云。

阮元对当代前辈大儒的这些赞词,表述了自己治学的宗旨与
方法。其一,学以致用,目的在于经世。其二,崇尚实学,反对空
论。其三,读书首重挈经,通经必明小学训诂。

五、阮元挈经的方法

1. 由训诂以明义理

在经籍的训诂与义理问题上,当时有异说。有人将训诂与义
理分离,谓训诂之外,别有义理之学,惠、戴学者力破此论。戴震
名作《题惠定宇先生授经图》,实际即为申明惠氏关于"故训明而
后理义明"而作。钱大昕为臧玉林《经义杂识》作序,严词斥责舍
训诂而言义理者,乃禅学,"非吾儒之学也"[2]。然而当时已出现另
一极端,有人只讲究名物训诂,不及义理。以故阮元力主二者不
能割裂,不能偏废。他以由门径以升堂入室,比喻由训诂以明义
理,即发挥惠、戴之说。《挈经室集·一集》卷二《拟国史儒林传
序》云:

[1]《挈经室集》,第120页。
[2] 陈文和主编:《嘉定钱大昕全集》,江苏古籍出版社1997年版,第9册,
第375页。

综而论之,圣人之道,譬若宫墙,文字训诂,其门径也,门径苟误,跬步皆歧,安能升堂入室乎?学人求道太高,卑视章句,譬犹天际之翔,出于丰屋之上,高则高矣,户奥之间未尝窥也。或者但求名物,不论圣道,又若终年寝馈于门庑之间,无复知有堂屋矣。[1]

2. 推明古训,实事求是

乾嘉之际,训诂学经历了吴、皖两派的连续改进。先是,惠氏汉学矫宋学废旧注之弊,钩沉用力,搜求汉诂。钱大昕昌言:"诂训必依汉儒。"[2]又云:"'三礼'之有郑注,所谓悬诸日月,不刊之书也。"[3]"夫经与注相辅而行,破注者荒经之渐也。"[4]戴震对汉诂的正确与错误,有所区别。他指出:"汉儒训诂有师承,亦有时傅会。"[5]段、王继起,精治音训,对许、郑敢多厘正。阮元亦尊"汉人之诂,去圣贤为尤近"。自言:"元少为学,自宋人始,由宋而求唐,求晋、魏,求汉,乃愈得实。"[6]但他受戴学启示,不盲从旧注。道光三年,编《揅经室集》,自序云:"予之说经,推明古训,实事求是而已。"[7]其理论与事例屡见于书中。

《三集》卷二《江西校刻宋本十三经注疏后》,谓读经必由注疏,但不盲从注疏:

[1]《揅经室集》,第37—38页。

[2]《嘉定钱大昕全集》第9册,第375页。

[3] 钱大昕:《仪礼管见序》,《嘉定钱大昕全集》第9册,第373页。

[4]《仪礼管见序》,《嘉定钱大昕全集》第9册,第374页。

[5] 戴震:《与某书》,《戴震全书》,黄山书社1995年版,第6册,第495页。

[6] 阮元:《西湖诂经精舍记》,《揅经室集》,第547页。

[7]《西湖诂经精舍记》,《揅经室集·自序》,第1页。

窃谓士人读书当从经学始，经学当从注疏始。空疏之士，高明之徒，读注疏不终卷而思卧者，是不能潜心掌索，终日不知有诸儒经传之学矣。至于注疏诸义，亦有是非。我朝经学最盛，诸儒论之甚详，又在好学深思，实事求是之士，由注疏而推求寻览之也。[1]

不受唐人贾公彦、孔颖达"疏不破注"的思想束缚，从注违注一律以是非为准则。《一集》卷十一《焦理堂循群经宫室图序》云：

予以为儒者之于经，但求其是而已矣。是之所在，从注可，违注亦可，不必定如贾、孔"义"、"疏"之例也。[2]

即令是面对汉诂圭臬"郑注"，只要是不合经传本意，也敢于突破。《一集》卷十四《浙江图考·下》：

曰："康成之说，经学之宗也，子奈何非之？"曰："予岂不宗康成，顾质之经传而不合，故不敢从焉耳。"[3]

---

[1]《西湖诂经精舍记》，第620—621页。

[2]《西湖诂经精舍记》，第250页。按，对阮元矫"疏不破注"，凌廷堪不尽以为然。凌氏谓对不正确的汉注当破，但"疏不破注"，乃唐孔颖达、贾公彦撰诸经义疏之例，不能否定，以免"蹈宋人武断之习"。见《校礼堂文集》卷二十二《与阮伯元孝廉书》。伯元，阮元字。

[3]《揅经室集》，第335页。按，焦循谓《尚书郑注》已佚，阮元所驳郑玄注《禹贡》有与《汉书·地理志》不合处，乃后人辑自类书《初学记》，恐有舛误，非康成原文。见《雕菰集》卷十六《禹贡郑注释自序》。

3.研究古代文字音训,首重发明条例

清儒治学,长于考证,长于使用归纳比较法。他们以之治小学训诂,首重发明古人著作中的条例和规则,然后提纲挈领,贯通全书。对《尔雅》《说文解字》,都用此法。读《揅经室集》,可见阮元对此深有体会。

《一集》卷五《与郝兰皋户部论尔雅书》:

> 言由音联,音在字前,联音以为言,造字以赴音,音简而字繁,得其简者以通之,此声韵文字训诂之要也。[1]

《一集》卷十一《汉读考周礼六卷序》[2]云:

> 《说文解字》一书,人人读之,而许氏全书之例未之知,则许之可疑者多矣……金坛段若膺先生……谓《说文》五百四十部,次第以形相联;每部之中,次第以义相属;每字之下,兼说其古义、古形、古音。训释者,古义也;象某形、某声者,古形也;云某声、云读若某者,古音也,三者合一,篆乃完也。其引经传,有引以说古义者……有引以说古形者……有引以说古音者……学者以其说求,斯《说文》无不可通之处,斯经传无不可通之处矣。

---

[1]《揅经室集》,第124页。
[2]《周礼汉读考》,段玉裁撰。玉裁拟就先秦及汉代古籍中"读如""读为""当为"各例,以考古音,先成《周礼汉读考》六卷。其"自序"及"书后"均见《经韵楼集》卷一。

阮元认为,这种读书方法可收效于政事。上文又云:

> 稽古之学,必确得古人之义例,执其正,穷其变,而后其说之也不诬。政事之学,必审知利弊之所从生,与后日所终极,而立之法,使其弊不胜利,可持久不变。盖未有不精于稽古而能精于政事者也。[1]

六、阮元说经重在实践

阮元说经,在方法上与段、王等并无二致。善于因音求义,破旧注,作新解。但他志存经世,不单为释字而释字,重在阐发行事与实践。其例多见于《揅经室集》。

《一集》卷二《论语解》云:

> "学而时习之"者,学兼诵之行之。凡礼乐文艺之繁,伦常之纪,道德之要,载在先王之书者,皆当讲习之,贯习之……贯主行事,习亦行事,故时习者,时诵之,时行之也……故学必兼诵之行之,其义乃全。马融注,专以习为诵习,失之矣。[2]

《一集》卷二《大学格物说》:

---

[1]《揅经室集》,第 241—242 页。
[2]《揅经室集》,第 49—50 页。

《礼记·大学篇》曰："致知在格物,物格而后知至。"此二句虽从身心意知而来,实为天下国家之事。天下国家以立政行事为主。《大学》从身心说到意知,已极心思之用矣,恐学者终求之于心学而不验之行事也,故终显之曰:"致知在格物。"物者,事也。格者,至也。事者,家国天下之事,即止于五伦之至善,明德、新民皆事也。格有至义,即有止意,履而至,止于地,圣贤实践之道也。《大学集注》"格"亦训"至","物"亦训"事",惟云:"穷至事物之理。""至"外增"穷"字,"事"外增"理"字,加一转折变为"穷理"二字,遂与实践迥别。[1]

《一集》卷九《孟子论仁论》:

孟子论良能、良知,良知,即心端也;良能,实事也。舍事实而专言心,非孟子本指也……按良能、良知,"良"字与"赵孟之所贵,非良贵也""良"字同。良,实也(见《汉书注》),无奥旨也。此"良知"二字不过孟子偶然及之,与良贵相同,殊非七篇中最关紧要之言。且即为要言,亦应"良能"二字重于"良知",方是充仁推恩之道。不解王文成何所取,而以为圣贤传心之秘也?……圣贤讲学,不在空言,实而已矣。故孔子曰:"吾道一以贯之。"贯者,行之于实事,非通悟也。通悟,则良知之说缘之而起矣![2]

[1]《揅经室集》,第54—56页。
[2]《揅经室集》,第196、202、206页。

以上经说是否尽合训诂原理,有待讨论,但阮元力图把挈经引向与人事实践相结合的宗旨,已于此可见。《论语解》评"马融注,专以习为诵习"。据何晏《论语集解》,此乃王肃注意。殆因上承马融语,故阮元误记为马注。

七、阮元的育士之方

阮元的育士之方,是针对当时"汉学"末流脱离人伦日用与抱残守缺等而设计的,可为其挈经重视实践的宗旨作旁证。

1. 志行与书数并重

"志行",谓圣人之思想与行事。"书数",六书、九数。是时学者已多忽视前者而专重后者,故阮元设计纠偏。《揅经室集·一集》卷十一《诂经精舍策问》:

> 孔子曰:"我志在《春秋》,行在《孝经》。"此二句实为圣门微言,盖春秋时学行,惟《孝经》《春秋》最为切实正传。近时学者发明三代书数等事,远过古人,于春秋学行,尚未大为发明。本部院拙识所及,首为提倡。诸生如不鄙其庸近,试发明之,以成精舍学业焉。[1]

2. 博学

阮元先在杭州,建诂经精舍,奉祀许、郑,专宗汉学。后在广州,开学海堂,经史并举,汉宋兼容,倡导博学。东汉末,时人誉郑

---

[1]《揅经室集》,第 237 页。

玄为"经神",何休为"学海"。见王嘉《拾遗记》。堂名出此。详见《揅经室集·续四集》卷四《学海堂集序》：

> 昔者，何邵公学无不通，进退忠直，聿有"学海"之誉，与康成并举。惟此山堂，吞吐潮汐，近取于海，乃见主名。多士或习经传，寻疏义于宋、齐；或解文字，考故训于《仓》《雅》；或析道理，守晦庵之正传；或讨史志，求深宁之家法；或且规矩汉、晋，熟习《萧选》；师法唐、宋，各得诗笔。虽性之所近，业有殊工，而力有可兼，事亦并擅。若乃志在为山，亏于不至之讥；情止盈秋，未达进放之本，此受蒙于浅隘而已，乌睹百川之汇南溟哉！[1]

结　语

经学的完全意义应当是经世之学。以上札记着重表明，阮元　经之宗旨在于治世。他历任中央和地方大僚，未遑专事撰述，而其同志焦循却著书满箧。焦氏作《易》学三书，以《易》为改过之书，非占筮之书。阮元另一挚友凌廷堪，精治《礼》学，强调"圣人言礼不言理"，作《复礼》三篇，阮元赞叹为"唐、宋以来儒者所未有"[2]。所有这些，都为使经学面向人伦日用。这就形成了继吴、皖而起，比惠、戴走前一步的扬州学派。其中心人物即阮元。

---

[1]《揅经室集》，第 1077 页。
[2]《揅经室集》，第 468 页。

阮元学识渊博，为助挈经，精治金石文字，成为有清一大家。后人言清代的古代文字器物学者，必举阮元所著《积古斋钟鼎彝器款识》等书。其序文等散见于《挈经室集》。本篇未涉及，有待做专门研究。

2001年3月成初稿于澳洲

2002年3月修改于扬州

作者记，时年八十

《天禄琳琅正编》亡失考

　　《天禄琳琅正编》或称《天禄琳琅前编》，为清王朝内府藏书之最，内包括宋金元明珍贵古籍，凡四二二部。明代著名鉴赏家董其昌曾言，世间最珍贵之宋板书有《汉书》《文选》《杜诗》鼎足而三。而《天禄琳琅正编》却占有其二——《汉书》与《六臣注文选》。不幸亡失于咸丰庚申英法联军之役。兹辑录旧闻，以供考鉴。

　　按，"天禄琳琅"藏书始于乾隆中。其事具载于《清宫史》正、续编。

　　《清宫史》卷十二引乾隆帝《昭仁殿诗·小序》云："乾清宫之东簷为昭仁殿，圣祖在御时日夕寝兴之温室也。朕弗敢居焉，乃贮天禄琳琅宋元镌本于内，时一徘徊，曷胜今昔之思！"《清宫史续编》卷七十九云："溯自乾隆甲子岁，敕检内府书善本，进呈览定，列架庋置昭仁殿，御题'天禄琳琅'为额。越乙未，重加整比，删除赝刻，特命著为《天禄琳琅书目前编》，详其年代、刊印、流传、藏弆、鉴赏、采择之由，书成凡十卷，后入《钦定四库全书》者是也。"《四库全书总目提要》卷八十五云："《钦定天禄琳琅书目》十卷，乾隆四十年奉敕撰。初，乾隆九年，命内直诸臣检阅秘府藏书，择其善本，进呈御览，于昭仁殿列架庋置，赐名曰'天禄琳琅'。迄今三十余年，秘笈珍函，搜罗益富……因撷其菁华，重加整比，并命编为目录,以垂示方来。"

据阮元于乾隆五十七年六月所作《仪礼石经校勘记序》,他为校《仪礼石经》,曾根据多种版本,其中有"内廷'天禄琳琅'所收宋元本"。见《揅经室集·一集》卷二。阮元所见,当是《天禄琳琅》正编。

嘉庆初元,又辑《天禄琳琅续编》。《清宫史续编》卷八十六云:"嘉庆二年丁巳十月,敕尚书彭元瑞等仿前编体例,重辑《天禄琳琅续编》。""前编书目十卷,后编则二十卷。""前编书四百二十二部,后编则六百五十九部。""前编宋元明板外,仅金刻一种;后编则宋辽金元明五朝梓本俱全。"

道光中,又命词臣辑《天禄琳琅三编》。光绪间,江标曾在王懿荣处见其《书目》。见萧穆《敬孚类稿》卷九《记天禄琳琅目录三四两编本》一文。

咸丰一朝,烽烟四起,尤以遭英法联军入侵京阙之祸,对内府珍藏未遑检修。

同治时,始又遵行故事,曾将内府藏书发交北京书肆重新装修。缪荃孙《艺风堂文漫存·乙丁稿》卷三《琉璃厂书肆后记》云:宝名斋"装潢最佳,穆宗重装'天禄琳琅'书,由内务府发该肆。书面护叶,予检得不少,饶有古香。"肆雅堂"善装潢,与宝名同装'天禄琳琅'者。"

也就在同治间,已有"天禄琳琅"藏书流入书肆卖给私家。赵烈文《能静居日记》:同治十一年十一月初三日,"接孟舆十月三十日信,寄来淳祐本《文选》一部,又《鹤林玉露》一部,又《十七史详节》一部。《十七史详节》系内府秘藏,见于《天禄琳琅书目》，书中遇本朝庙讳，皆以金笺贴之，亦内府书之一证也"[1]。赵氏正署直隶磁州知州。孟舆，周世澄字，赵之姊子，时去北京，赵托购珍本古籍。

赵烈文当时所见的《天禄琳琅书目》尚是传抄本。光绪十年始由王先谦刊于长沙（见其《自定年谱》）。王氏《虚受堂文集》卷二《天禄琳琅跋》云："以世无刊本，罕获觏者。光绪七年于京师购得旧抄，携归长沙，从弟先泰见而惊喜，愿授之梓以公天下。"

光绪帝亲政后，在帝师翁同龢的诱导下，有检点《天禄琳琅正续编》之举。《翁同龢日记》：光绪十九年十一月二十三日，"以《天禄书目》进"。光绪二十年三月十七日，"是日奉谕，偕孙家鼐同至昭仁殿，检点'天禄琳琅'藏书。昨日已派南书房诸臣整比，今日命臣等只须隔日一往，并可先散。饭罢即往……南斋四君皆集，携刻本《书目》，见一部，即于目上印一红圈以识别，大约《正编》书皆未见，见者《续编》耳"。二十二日，"至昭仁殿检书。书已检毕，南斋欲重书悬签，并讹字改之。大氐《续编》多半有，而《正编》则未见一部，未知庋藏别处，抑毁于淀园也"。淀园，圆明园，咸丰十年被英法侵略军所焚毁。

时供职南书房的陆宝忠在其自编《年谱》中也留下有关记录。光绪二十年"三月十五日，奉朱谕，检查'天禄琳琅'书籍。次日即偕同直徐颂阁、陆凤石、吴穰丞、张野秋同诣昭仁殿检查。昭仁殿在乾清宫之东，圣祖当年寝宫也……乾隆间为藏书之所，凡最精本皆盖'天禄琳琅''石渠秘笈'小玺。同治初年由内务

---

[1] 查《天禄琳琅书目续目》，《正编》《续编》之中，皆有宋板《十七史详节》。赵烈文后死于常熟，所藏即易主。抗日战争中，我犹在该县市肆见到散出之"天放楼藏书"。不知宋板《十七史详节》尚存何处？

府派员查过,所写之签不无错误,且有残缺者,皆发武英殿。此次清查,上命逐一点检换签,开缮书档,一呈览,一存书房。次日添派毓庆宫师傅翁同龢、孙家鼐二公会同检阅。四月初一日检齐,分别经、史、子、集安架毕"。接着陆宝忠等又奉派在建福宫等处检点古物古书。

此事成为光绪帝德政之一。是年四月二十八日新进士朝考,即以"天禄琳琅"命诗题。孙雄《郑斋感逝诗·德宗景皇帝·小序》云:"甲午春间,德宗万机余暇,念典勤学,尽发内府'天禄琳琅'书籍,命词臣排目校理。是年朝考,钦命诗题:赋得'天禄琳琅'得'书'字,五言八韵。"

叶昌炽,时任翰林院编修,得见这次内廷查点的结果。《缘督庐日记钞》:光绪甲午六月初七日,"见内廷书目,宋元板及明刻旧抄在《天禄琳琅》外者甚多"。于是由新值南书房的王懿荣受命补编《天禄琳琅书目》。吴士鉴《王文敏公遗集序》云:"乾清宫之东北为昭仁殿,贮《天禄琳琅》。殿侧有古董房,储藏书籍乃乾隆时诸臣所未搜辑者。公与同直诸公奏请编订目录,得宋元明椠本若干种,撰为提要,拟名《天禄琳琅补编》,稿本粗具,会以事变不果奏刊。"事变,指中日战争。

辛亥革命之后,据刘声木《苌楚斋五笔》揭露,清逊帝溥仪曾以《天禄琳琅续编》之古籍赠人。

民国二十三年,张允亮编印《故宫善本书目》,其中有《天禄琳琅现存书目》一卷。《张元济傅增湘论书尺牍》辑是年一月十九日傅增湘与张元济书,有"友人编《天禄目》,欲知《前目》之书尚有存者否"云云。"友人",即张允亮。据张氏自序,这次核点的结果,故宫所存善本之中,已无一部《天禄琳琅正编》内的图书。至于《续编》，则亦已大量亡失，宋板佚者逾十之八，元板佚二之一，明板佚三之一。继清季光绪二十年清点之后，再一次查明，《天禄琳琅正编》业已亡失。

关于此事，有些传闻不足信。

民国十五年九月出版的《图书馆学季刊》一卷三期发表齐念衡《嘉庆二年乾清宫失慎与天禄琳琅》一文，谓此书早毁于嘉庆二年之火灾（按，叶德辉《书林清话》亦有此说）。1992年，北京现代出版社为纪念钱存训先生八十生日而出版的《中国图书文史论集》所辑卢秀菊氏《清代盛世之皇室印刷事业》一文，即据齐说，有"嘉庆二年（1797）乾清宫失火，昭仁殿同时被焚，'天禄琳琅'善本同归灰烬"云云。此等大事，何以既为嘉庆十一年奏上的《清宫史续编》所不载，又为翁同龢等所不知？所以我对此说不敢信。

邓之诚《骨董琐记》卷一"天禄琳琅"条，有"光绪甲午，正集全失，续集存其半"之语。显而易见，这是对《翁同龢日记》的误记，也不可信。

按，从鸦片战争之后，外患频仍，内政腐败，我国大量珍贵古籍或毁或失，其中最重要者为《永乐大典》、敦煌经卷和"天禄琳琅"。读史至此，能不愤慨！

（原载《近代史资料》1999年12月总99期）

《清秘述闻三种》解题

中华书局出版的《清秘述闻三种》包括：法式善撰《清秘述闻》、王家相等撰《清秘述闻续》、徐沅等撰《清秘述闻再续》。是书记录有清一代历次会试主考、同考官姓名、籍贯、履历和考题以及会元与三鼎甲的姓名、籍贯。是书也记录清代各省历次乡试主考、同考官姓名、籍贯、履历和考题以及解元姓名、籍贯。是书还记录各省历任学政的姓名、籍贯、履历。总之，它为研究清代科举，提供了较为系统的资料。

法式善撰"科名故实二书"：《清秘述闻》与《槐厅载笔》，取名与翰林院及国子监内的机构有关。按，《槐厅载笔》例言："予官学士时，尝考顺治乙酉以来，乡会试考官名字爵里及试士题目并学院学道题名，甄辑之为《清秘述闻》十六卷。其后改官祭酒，聚生徒讲业，睹闻益广，复博采科名掌故见于官书及各家撰著，足资考据者，仿朱检讨《日下旧闻》之例，厘而录之，为二十卷，命之曰《槐厅载笔》。槐厅者，国子监廨舍，祭酒所视事处，庭中古槐植自元时，以许鲁斋得名……因成书之地以为名，犹之《清秘述闻》云尔。"鲁斋，元儒许衡。

清秘堂为翰林院办理日常事务之所，居此办公之编修、检讨称"办事翰林"。李慈铭《越缦堂日记》：光绪十年十一月初五日，"……闻掌院与诸学士及办事翰林言"云云。查《清史稿·职官志》"翰林院"条:"办事翰林,满汉各二人。"原注:"雍正元年命俸浅编检主定稿说堂,此清秘堂办事翰林之始。"但其时尚无"清秘堂"之名。吴振棫《养吉斋丛录》云:"清秘堂本名东斋房。高宗幸翰林院,赐'集贤清秘'额,御制有《清秘堂偶题》一诗,遂更今名。"据吴长元《宸垣识略》,此乃乾隆九年之事。翰林院所有报到请假等事务,都由清秘堂办理。《艺风堂友朋书札》载恽毓鼎与缪荃孙书:"尊事询之清秘堂,仍须取印结,至署报到。"张謇《啬翁自订年谱》:光绪二十四年六月三日,"诣翰林院清秘堂请假"。法式善因曾任办事翰林官,见本书自序,以故自名其书曰《清秘述闻》。

根据《清秘述闻三种》,可以排比某些历史人物的简历。例如,有人曾误会黄体芳为同治二年进士第一人。其实,黄体芳是贡士第一名即会元,而非进士第一人——状元。这科状元是翁曾源。见魏茂林《清秘述闻续》。更可贵的是,《清秘述闻三种》所记载的清代科举制度的变化,从一个侧面反映出爱新觉罗王朝的兴衰,可供后人借鉴。即如《清秘述闻续》载:

> 同治二年癸亥恩科会试
> 考官:工部尚书李棠阶,字文园,河南河内人,壬午进士。左都御史单懋谦,字地山,湖北襄阳人,壬辰进士。右都御史宗室载龄,字鹤峰,镶蓝旗人,辛丑进士。户部侍郎沈桂芬,字经笙,顺天宛平人,丁未进士。
> 题:"大畏民志"二句,"其养民也"二句,"于是始兴之乐"。赋得"譬海出明珠"得"材"字。
> 会元黄体芳,字漱兰,浙江瑞安人。

> 状元翁曾源,字仲渊,江苏常熟人。榜眼龚承钧,字湘浦,湖南湘潭人。探花张之洞,字孝达,直隶南皮人。

同书又载:

> 同治四年乙丑科会试……
> 状元崇绮,字文山,蒙古正蓝旗人。榜眼于建章,字殿侯,广西临桂人。探花杨霁,字子和,汉军正红旗人。

单从以上记载,我们还看不透任何政治内容。但只需参看李慈铭日记等书,便可从中发现清政趋向腐败的阴影。同治四年四月二十四日《越缦堂日记》:

> 是日见礼部小金榜,状元崇绮,正蓝旗蒙古人;榜眼于建章,广西临桂人;探花杨霁,正红旗汉军人。国朝故事,旗人未有居一甲者,闻胪唱时,两宫欲更之。读卷大臣宝鋆尚书、绵宜侍郎皆顺旨,吾乡朱太宰独不可,乃止。昔科翁曾源以恩赐进士得大魁,朝野已窃窃私议,此举尤可异矣。崇绮为故相赛尚阿之子,咸丰初,官工部郎,以父逮问拟斩,并落其职。今上登极,恩复兵部主事。年已四十余。闻其人颇厉节好学。故郑王端华,其妇翁也,枋国时,独移病不出,足迹罕至其门。近年有荐其理学经济于朝者,盖满洲之佳公子也。然以赛相之酿成粤祸,重负国恩,几亡天下,军兴以来言偾事者以为戎首。予尝观《显皇帝实录》,当赛相督师广西时,文宗手诏慰谕重叠,有过家人。而永安州一役,

竟令窃寇逸围,遂流毒四海,不可复制,每为切齿痛恨。乃失事之后,既保要领,驯跻都统,复一品官,今复及见其子为天荒状元。天道真有不可知者矣!

对于患癫痫病的翁曾源得大魁天下,连其叔翁同龢也承认:一是意外,二是祖荫。《翁同龢日记》:

> 同治二年四月二十一日,"源侄出场,身体甚好,亦无讹字,为之欣慰"。
>
> 二十二日,"源侄近年为病所困,深虑不能成名,今邀先人余荫,得与廷试,从容挥洒而出,意若其有天佑乎!"
>
> 二十四日,"是日小传胪,源侄于黎明入内。辰正三刻,刘升驰报,源侄得一甲第一名,悲喜交集,涕泪满衣矣!"

按,大学士翁心存是咸丰帝师,又是慈禧太后政敌肃顺的反对者,其时新丧。其子原安徽巡抚翁同书则正因事系刑部狱。慈禧太后给予同书之子翁曾源状元及第,显然是对翁氏的政治补偿,故而同治二年四月二十四日《翁同龢日记》又说:"源侄得此科名,庶足仰答先人未竟之志,稍伸吾兄不白之冤乎!"

至于崇绮以旗人得破天荒为状元,继昌《行素斋杂记》也语及之。"国朝合榜取士,宗室八旗中一甲及第者四人,二甲第一者二人。道光癸未,传胪满洲麟文端魁,戊戌传胪宗室灵文恭桂,同治乙丑状元蒙古崇文山冢宰绮,探花汉军杨子和太守霁,光绪癸未榜眼宗室寿子年阁学耆,乙丑探花汉军刘静。"吴庆坻《蕉廊脞录》卷二引梁鼎芬谈科举掌故云:"道光戊戌,宗室灵桂列一甲三名,成庙谕曰:'我家子弟不必与寒士争此一名。'乃改第四。"可见清廷原是限制旗人列三鼎甲的。但到慈禧太后专政时就变了。

以上可为《清秘述闻三种》作注释。同、光之际,贵族显宦子弟包揽科名,正是清政不纲的一个侧面。

（原载《扬州师院学报(人文社会科学版)》1994 年第 4 期）

《热河密札》补笺

著名的《热河密札》(以下简称《密札》),是研究 1861 年那拉氏、奕䜣等人向端华、肃顺集团夺权即史称"辛酉政变"的重要资料。原件藏上海涵芬楼,已毁于日本军国主义炮火。幸经高劳选录十二通连载于《东方杂志》第九卷第一、二期,题名《清宫秘史》。因事涉政变密谋,字句隐晦,所以黄秋岳、章士钊、邵循正等学者,曾相继为作注释或疏证。章士钊氏并取名为《热河密札》。从内容判断,收发信者都系参预机密的军机章京,发信者在承德行在;收信人在北京留守。后者现可确定是奕䜣心腹朱学勤即朱修伯。

按,高劳抄录《密札》时,注明受书人为朱修伯的有第二、五、六共三札。注明受书人为"结一庐主人"的有第四、十、十一共三札。注明受书人为"黄螺主人"的有第七札。其他五通则无受书人姓名或别号[1]。对"结一庐主人"和"黄螺主人",高劳未加注释,现经考明,这些都是朱学勤的别号。

据张佩纶所撰《二品顶戴大理寺卿军机处行走朱公神道碑》,朱学勤,字修伯,浙江仁和人,咸丰三年进士,以翰林院庶吉士改户部,入直军机处,补户部湖广司主事。1860 年,英法联军侵入

---

[1] 以上见《近代史资料》1978 年第 1 期。又见黄濬:《花随人圣庵摭忆》,上海古籍书店 1983 年版,第 422—428 页。又见《第二次鸦片战争》第 2 册,上海人民出版社 1978 年版,第 301—309 页。

北京,咸丰帝逃往热河,朱学勤随恭王奕䜣留守。碑文称其"缱绻周旋,用弭大难"[1]。可见他曾左右奕䜣,实现政变。因为他身居机要,所以江浙官僚一时竞相拉拢。如翁同龢曾与换帖,结为兄弟[2]。吴煦密致长函,向通报江南军情。从朱学勤给时掌江海关的沪道吴煦的信看,他确能左右奕䜣,如说:

> 南北各口分设两大臣领其事,恒子久院卿本在津门,薄而不愿往,欲得江南一席,而海关之税不令观察司之,而伊专其出纳,再三向恭邸言之,恭邸未悉外间情形,竟为面允,命即草奏稿。弟思其事,难以口舌争,因于奏稿中备述职掌之重,军饷之烦,恭邸悟而命毁其稿。否则江南大局不可问矣![3]

为此,吴煦深表感佩:

> 恒院卿欲得江南一席,专司海关出纳,幸得阁下鼎力挽回,感佩何极![4]

正因为这样,所以承德军机处有人不断向他通消息。他之所以成为《热河密札》接受者,完全不是偶然的。

朱学勤好藏书。他利用英法联军侵入北京之际,大量收购公私散出之珍本秘籍,其藏书室即名"结一庐"。他与长子澄合撰

---

[1]《续碑传集》卷十七。

[2]《翁文恭公日记》:咸丰十一年三月,"朱修伯来换帖,年长,呼之为兄"。

[3]《吴煦档案选编》第五辑,江苏人民出版社 1984 年版,第 210 页。恒祺,字子久。

[4]《吴煦档案选编》第二辑,第 39 页。

"结一庐书目"[1]四卷,后由沈宗畸辑入《晨风阁丛书》中。徐珂《清稗类钞》有"朱子清藏书于结一庐"一节云:

> 咸丰庚申,英人焚淀园,京师戒严,持朱提一笏至厂肆,即可载书兼辆。仁和朱修伯得之最多。其长子澄,字子清,次子湝,字子安(涵),先后以道员需次江宁。子清亦好聚书,家藏既富,又裒益之,精本充牣。著《结一庐书目》。光绪庚寅,子清病殁。遗书八十柜,闻尽归张幼樵副宪佩纶。张为修伯之女夫也。[2]

由此可见,"结一庐主人"即朱学勤。

又按,吴煦档案所收存的朱学勤亲笔函稿,其署名为"黄赢山房主人",有时简称"黄赢主人"[3]。信笺刻有"黄赢山房"字样。吴煦亲笔签注,黄赢山房主人,系"军机章京户部主政朱"[4]。查"赢"古"螺"字,"黄赢主人"即"黄螺主人"。由此可见,"黄螺主人"也是朱学勤的别号。

综上所述,已可肯定,《热河密札》的北京受信人是奕䜣心腹朱学勤。

(原载《文史杂志》1985 年第 2 期)

---

[1]《晨风阁丛书》第 9 册(宣统元年木刻本)。内多宋元刊本,间有绛云、述古藏书,也有顾千里、黄荛圃等亲校旧抄。

[2]《清稗类钞选》,书目文献出版社 1984 年版,第 168 页。"厂肆",琉璃厂书肆。"女夫",婿。

[3]《吴煦档案选编》第五辑。"黄赢",讹作"黄赢"。

[4] 据李武纬所见太平天国历史博物馆藏原件。李经手《吴煦档案选编》的工作。

《湘军志》钩沉

梁启超在《中国近三百年学术史》中列举清代史学名著时，曾说："其局部的纪事本末之部，最著者有魏默深源之《圣武记》、王壬秋闿运之《湘军志》等。"清末，学人撰史，以得媲美《湘军志》为鹄的。陈衍《石遗室诗话》谓李希圣著《庚子国变记》，"不及万言，能尽情变，自负可追王闿运《湘军志》"。可见《湘军志》在学术界具有很大影响。王闿运（1832—1916），湖南湘潭人。博雅能文。年二十余，即挟策叩曾国藩。见知于当朝权贵肃顺。与湘军将帅彭玉麟等多所交往。王闿运以当时人撰当时史，《湘军志》以直笔见称。他敢于讥评曾国藩等，触怒了曾国荃等有势力人物，《湘军志》曾被毁版。湘军耆宿郭嵩焘、崑焘兄弟曾对其书逐条签驳，后由郭振墉编成《湘军志平议》。曾国荃则嘱王定安另撰《湘军记》。此事成为清季文化界一大公案。30年代，善谈掌故的徐一士为此专写的《王闿运与〈湘军志〉》一文，亦脍炙人口，著名于世。但是，对于王氏撰写《湘军志》的史观与史源，却一直未曾探讨。对王氏撰成这书的经过，徐一士等只是作了粗枝大叶的叙述。王闿运究竟怎样考虑这书的体例与结构？他怎样应用大事表和进军图等辅助手段叙次战争发展的时间和空间的？前人也都还没有注意到这些问题。本文试图用唯物史观对《湘军志》作解剖。谓之"钩沉"，以示用力。但难免如古人所说"有钩而未沉者，有沉而未钩者”，有待于作继续努力。

一、缘起和布局

发起请王闿运为湘军作志的，是湘军首脑曾国藩。曾国藩死后，由曾子纪泽经理，交王氏执笔撰写。见《湘军志平议》所录郭嵩焘致陈士杰书。但郭嵩焘未言本人也参预筹款等事。王闿运《湘绮楼日记》：光绪二年三月二十一日，“夜看各处复郭、曾书，湘军作志，美事也。到处求金，则成陋举。此盖欲以敌通志之官费，而主见已错矣。其中如王德榜部下十四部将之五十金作何开销，殊令人惆怅！”随后，王闿运出资搜集资料，如托购《方略》。《湘绮楼笺启·致徐受蘅》：“闿运今岁以湘中将撰《军志》，携妾入城，寓居凤凰台，饶秀野之趣。惟此书端绪烦乱，传述异同，私论官书，均当兼采。闻《发捻方略》八百卷已用洋人活版印行，未知曾刷几部可购致否？或须求借方得。顷书叔鸿弟乞其代办。倘须大力者方可问津，则求我公为觅全部，以资考证。若必须借抄，旷日殚功，以求簿录，即亦不必劳费，以官书本不精详，且此志又不资公家言也。如有买，则不妨多价。”又托抄“报销清册”。《湘绮楼笺启·致徐树钧》：“今携妾暂居龙泉精舍，方议排比历年军事，以述实迹。其中最难考者，各小营起撤日月，如募勇五百或三百，即有营官，有饷项，随生随灭，人视之无关轻重，而当时具有经画，最足以考证节镇之材否。而三江、两湖、闽、浙、齐、豫、川、广、云、贵、山西、直隶，俱有湘人为将者，或他人为将而湘人为勇。此十六省案卷岂能遍查？惟报销清册易于稽核。同治三年虽奉旨免报，其细册仍送贵部备查。镜初言，军机处、方略馆能手一二人,均与吾弟相知好,故去冬谆托,并望回示,以便寄上使费及笔札之资。恐须吾弟面托前途,但抄湘营开立及遣散日月人数,将弁籍贯,余皆不用。若册内并无兵勇籍贯及兵勇细数,则并不用抄彼虚假帐目,以免劳神。"

经过一年多的准备,王闿运才对《湘军志》开始构思。《湘绮楼日记》:光绪三年五月十九日,"始有意于撰军事"。他拟学司马迁《史记》。是年五月二十六日记,"始读《史记》,有述作之志"。

又经过几个月,王闿运着手撰写。《湘绮楼日记》:光绪四年二月八日,"撰《军志》一叶。……仍撰《军志》半叶"。从此,他几乎每日进行,直到是年十月底告一段落。

王闿运取法纪事本末。他熟思了全书的"局法",预定篇目的次序[1],但写作并不依此顺序。现依脱稿先后,列目如下:《曾军篇》《湖北篇》《水师篇》《江西篇》《曾军后篇》《浙江篇》《江西后篇》《江西援军篇》《援广西篇》《临淮篇》《援贵州篇》《湖南防守篇》《平捻篇》。按,《湘绮楼笺启·致张文心》:"《军志》甫成十篇,尚有短篇七首未就。"这是他在光绪四年八月下旬写的。可见他预定写十七篇。光绪五年,《致敖金甫》:"闿运去年撰成《湘军事志》十七篇。"但据《湘绮楼日记》,却仅成以上十三篇。

王闿运于光绪四年十一月离湘入川,十二月末抵成都,应川督丁宝桢之聘,主讲尊经书院。光绪五年十月,翻阅书稿,以"语多拗晦",考虑"尚须改令明显"。但因回湘迎眷,所以延至光绪

---

[1] 查《湘绮楼日记》,王氏称《曾军后篇》为《军志》第五篇,《临淮篇》为《军志》第九篇,皆与以后定稿之篇目次序相符。可见,王闿运曾预定篇目次序。

六年五月,始进行修改。并又誊写了清稿。光绪七年七月初一日,《湘绮楼日记》:"《湘军志》已全写。"之后,又补撰了三篇。《湘绮楼日记》:光绪七年七月八日,"作《湘军志·川陕篇》"。闰七月九日,"作《川陕篇》成,唯余议论兵、饷二篇,易为力矣!"十八日,"作《军志·营制篇》成"。二十一日,"作《筹饷篇》"。由是,现见的《湘军志》十六篇《湖南防守篇》《曾军篇》《湖北篇》《江西篇》《曾军后篇》《水师篇》《浙江篇》《江西后篇》《临淮篇》《援江西篇》《援广西篇》《援贵州篇》《援川陕篇》《平捻篇》《营制篇》《筹饷篇》,才撰写完成。

全书的总纲是湘军始末,而湘军的创始人是曾国藩,王闿运在《曾军后篇》结尾说:"自国藩始创用乡农代额军,招之则来,麾之则去,见湘军者乃知军利敝。胡林翼、左宗棠、李鸿章皆由此起,故各系其用兵之地,而独以国藩本指,为《曾军前后篇》。"可见他对篇名的拟定,也是经过斟酌的。除曾国藩外,一般皆不以人名篇。所以他初写《湘军篇》,后改《曾军前后篇》。初写《胡军篇》,后改《湖北篇》。全书的纲领实际与曾国藩相联系。篇与篇都是各自独立的,但也照应到衔接。如《曾军篇》的结尾说:"湖北三陷,死三巡抚,故胡林翼倾身以结士,倡勇敢,务权略,而鄂军兴。"继之便是《湖北篇》。又如《江西篇》的结尾说:"明年,寇陷苏杭,国藩督两江,以江西为根本,其强弱轻重与初败九江时绝殊,语在《后篇》。"继之便是《曾军后篇》。由此可见除《营制》《筹饷》外,王闿运拟定各篇的次序,尽量是从历史发展的先后出发的。但因各篇各记本题始末,所以在时间上有的不免也交错。

王闿运叙湘军战事,借助于自制地图和年表,以理清空间和时间。《湘绮楼日记》:光绪四年三月十七日,"再翻《方略》,便撰大事作表,半日毕一函耳,依此推之,五月乃可成表"。四月十日,"教非女作湖北省图"。四月十五日,"画九江进军图"。九月二十四日,"唯看《方略》便作表,终不甚细"云云。

二、取 材

《湘军志》的史料来源之一,是官修的《方略》。光绪二年七月四日,他在长沙听说"《方略》已由驿发到,曾、胡嗣子各一部",立即"取道欲迎会看之,竟不能得"。光绪三年,他始觅得此书,从此边写边阅,弄清战事的眉目。《湘绮楼日记》反映了他这方面的努力。光绪四年四月二十七日,"阅《方略》二十本,检江西军事"。六月九日,"翻《方略》二十本,将有所撰"。十月二十二日,"作《平捻篇》,翻《方略》,头绪纷繁,未皇他及"。十月二十七日,"重阅川陕事,翻《方略》八函,至暮毕"。他旋即离湘入川,《川陕篇》待以后补成。

在撰写《江西后篇》时,他翻过《文宗训》。

王闿运入川后,才得阅读清政府公报——邸抄,弄清军饷等某些具体问题。《湘绮楼日记》:光绪六年八月二十日,"翻断烂朝报二本,奏免报销,系同治三年七月初十日户部具奏:四川八十一营,设兵三万三千余"。

为了考索湘军将士的踪迹,他阅读了郭嵩焘、罗汝怀等所辑《湖南褒忠录》。《湘绮楼日记》:光绪四年二月十日,"次咸丰五年军事,殊不明晰。因念《褒忠录》虽断烂,既有成书,不可不详观,因为抄撰营官之可考者"。二十二日,"看《忠录》一本。河南马德顺者,前为湘军马队将,予在祁门从问牧马,方别十九年,遂不相闻，以为留江浙补镇将矣。及阅阵亡册，乃知其于十二年前战死甘肃。愕然伤之，为作一诗。德顺官至提督，谥武毅"。"又看《忠录》一本。"二十三日，"阅《忠录》一本，又翻名册五本"。

王闿运看过曾国藩的多种著作。《湘绮楼日记》：同治十二年正月二十五日，"阅曾侯日记，殊草草不足观"[1]。二十七日，"观曾侯与次青书札，无甚可取"。光绪四年二月十一日，"翻曾涤丈文集"。十八日、十九日、二十日所记都是"看曾集"。二十七日，"夜览涤公奏"。四月十六日，"看曾书疏竟日"。他并参阅过黎庶昌所撰《曾文正公年谱》，及王定安《求阙斋弟子记》。

王闿运读了胡林翼的著作。《湘绮楼日记》：光绪四年二月二十九日，"作《胡军篇》，看咏芝奏牍"。三月十六日，"看胡奏稿、书札"。

王闿运向曾任贵州巡抚的刘岳昭借阅资料。《湘绮楼日记》：光绪四年五月六日，"刘前抚送援黔奏稿十本来，检抄竟日"。五月七日，"检援黔奏稿毕"。

是年六月二十六日，王闿运"检湖南历年奏稿"。入川后，他得读先任湘抚、后任川督的骆秉章奏稿。《湘绮楼日记》：光绪六年闰七月四日，"和合处送《骆文忠奏稿》一部，内有误编者，盖其家唯案时月，不看年份之故。苏赓堂遂据以作碑，然则谓碑志可补史，其说殊谬"。

王闿运叙左宗棠军"平浙"，都采秦湘业、陈钟英《平浙纪

---

[1] 　查《曾文正公手书日记》刊行于清宣统元年，始于咸丰八年，曾国藩四十八岁。王闿运于同治十二年所见，当是稿本。《湘绮楼日记》谓"当彼三十岁时"云云，当是以后刊本所缺部分。同书：宣统二年正月五日，"震伯送《文正日记》及和韵诗来"。六日，"看《曾日记》"。这才是刊本。

略》。《湘绮楼日记》：光绪四年五月朔，"作《浙江军事篇》未两叶，不称意而罢。缘《浙纪》颇详，未能裁割也"。五月二十六日，"《浙江篇》草草成，中多未核，依怀庭书，略去其铺张者而已"。怀庭，陈钟英字，衡山人，与王氏交往颇密。是书有同治十二年浙江官书局刻本与光绪元年《申报》馆铅印本。光绪三年三月，陈钟英赠王闿运一部，王氏认为其中"多诔颂左公之词"，但"其序他事，则颇有关系"。又谓其资料"详悉"。"铺张者"，当即指"诔左"之词。

王闿运参考过赵烈文的《平捻记》。《湘绮楼日记》：光绪四年十月二十四日，"作《平捻篇》。看赵惠甫《平捻记》，自胜王定安"。

除文字资料外，《湘军志》的另一重要史料来源，是王闿运采访所得的传说。例如《湖南防守篇》说："金田村者，浔州倚郭桂平县地，前史所称大藤峡也，其西则武宣、贵县。土、客民自来杂居相仇。奸民杨秀清利客豪资，说令求土民女为妾，又自至土家激挠之，因劝豪劫女，使相攻烧。众无所归，秀清则悉劫之以叛，有众数千，恶自倡乱，乃投金田，合于洪秀全。"按，这一史料根据，是由金田村附近居民许某所提供的。《湘绮楼日记》：光绪三年二月二日，"许心□（原缺——引者注）府经历后至，谈洪寇之事起于一女，以土客相斗聚众也。许居金田村三里，云得其实"。

又如，《湖北篇》揭露李续宾排挤蒋益澧事："……及续宾代将，益澧屯鲁港，寇大攻之，请援中军，续宾报曰：'力不能相救，守、走唯公意。'益澧大沮，即升瞭楼，撤其楼，唯置旗鼓，下令军中曰：'贼势盛，我死此矣，诸军欲走者自去。'众惊愕相顾，凭垒死守。寇攻一日引去，益澧不待报而行。"初稿本无此情节。这是王氏在蜀采访湘军将士得来而补入的。《湘绮楼日记》：光绪五年三月二十八日，"陈总兵来，言涤庵忌蒋香泉，陷之鲁港，为寇围，蒋登望楼吹角而寇退，遂告归，胡抚留之，蒋遂大骂。使留此人，无三河之败也。又言罗山分三道攻武昌，寇穴城出战，营几陷，罗故突战，被炮伤遂死。足补《军志》所未详也"。

对有的情节，《湘军志》的记录比较隐晦，只有弄清他见闻所得的史料来源，才能明白真相。如《湖南防守篇》记同治十年春，湖南龙阳、益阳民变，"荆州闻之，以为寇大起，总督郭柏荫以闻。朝廷未得湖南奏，诘闻巡抚"，湖南巡抚刘昆至于罢官。其中"荆州闻之"一语含意不明。其实是指荆州将军弄权。《湘绮楼日记》：同治十年十二月十七日，"又闻刘抚事由巴玉农将军。近日将军颇生事，以枢廷私书而去一抚，亦为贵豪持权之渐"。又如，《曾军后篇》有"且言江宁镪货尽入军中"语，内容不详。按，《湘绮楼诗·独行谣》自注："江宁克，曾奏言初疑寇有积金，可富国，严密搜求，实无之。而恭王闻人言，曾弟买腊笺一捆，费三千金。"

三、褒 贬

王闿运生当清季，中国沦为半殖民地的动荡时代。他轻视儒生，诋讥汉、宋，以"纵横家"自命。《湘绮楼笺启·致李汉春》："自来曾胡左丁肃潘阎李诸公，相知者多，其或有许其经济，从无赏其纵横。尝有自挽联云：'春秋表仅传，正有佳儿学诗礼；纵横志不就，空留高咏满江山。'盖其自负别有在也。"因此，王氏之作《湘军志》是有其政治宗旨的，不单是钩稽史料而已。

王闿运是当时封建地主阶级中的复古派，他反对搞洋务，曾慨叹地说:"吾闻用夏变夷者,未闻变于夷者也。"[1]甲午中日战争时,王氏致书吴大澂,指责洋务派说:"伏冀坚其志虑,无随俗推移,亲履行间,必确知船坚炮利之不足畏,他日并机器船厂一切裁之,乃知经术之不诬矣!曾文正徒欲阿时以求避事,致此纷纭,中兴诸公不能不受咎也。"王氏相信人治,不信法治。《湘绮楼日记》:光绪八年六月朔,"暮过松生论中国当变法。予云:近少荃亦持此说,究之变法当自何处下手?松生欲复古官邑之制,分今县而小之,使土著为吏,政事皆听自治,朝廷但总商兵之政耳。予以为此亦章程之说也。孔子曰:'文武之政,人亡则息。'此正破章程之要,言有治人无治法。予以为不必变"。王闿运的"伟人"史观贯串在《湘军志》中。例如,《湖南防守篇》说:"湖南兵威之盛未有过于此者也。无他故,专灭洪寇之功耳。然而洪寇之盛,则亦由湖南始。始合围而纵之,后起偏师追而歼之,岂天数耶?一二人谋力之所致也。"

　　王氏师法《春秋》对人物的褒贬。同治十年九月三日,他与曾国藩的两个幕僚薛福成等谈话,表达了他作史的观点。《湘绮楼日记》:"予为薛、陈二君言湘营旧事。薛云:'李少荃云:自鸿章出而幕府废。人之无耻有如是耶!'少荃首坏幕府之风,以媚福济者媚曾公,而幕府坏、军务坏、天下坏、曾公亦坏,乃为此言!故予不得不记之,君子表微,恐误后世也。夫记此言于草纸簿中,何能示后世?然一记则少荃已服上刑,此《春秋》之义也。"王闿运曾与曾国藩谈修方志,主张"善恶兼载"。他评价当代人物是非标准,最主要的是对清王朝是否忠诚。根据这一准则,对于

---

[1]　同治十年七月十九日《湘绮楼日记》。

曾国藩，王闿运表扬他起兵时的一段，讥评他就任两江总督后的一段。《湘绮楼日记》：光绪四年二月二十日，"晨作《湘军篇》，颇能传曾侯苦心。其夜遂梦曾同坐一船云：初八当去，初十定行矣"。二月二十七日，"夜览涤公奏，其在江西时，实悲苦令人泣下。然其苦乃自寻得，于国事无济，且与渠亦无济反有损，要不能不敬叹，宜其前夜见梦也。世有精诚，定无间于幽明，感怆久之。彼有此一念，决不入地狱。且我尝怪其相法当刑死而竟侯相，亦以此心耿耿可对君父也。予竟不能有此愚诚！"三月十六日，"看胡奏稿、书札及《方略》，见庚申年事，忽忽不乐。又看曾奏稿，殊失忠诚之道。曾不如胡明甚，而名重于胡者，其始起至诚且贤，其后不能掩之也"。其时，胡林翼主张及早进兵苏浙，而曾国藩株守祁门，不能用其计，王闿运在祁门大营，亦以是劝曾，曾不听，故王氏谓曾不如胡。《湘绮楼日记》：同年四月十二日，"夜看曾书札，于危苦时不废学亦可取，而大要为谨守所误，使万民涂炭，犹自以为心无愧，则儒者之罪也。似张浚矣！"《湘军志》不可能这样赤裸裸地讥评曾国藩畏敌不前，但含蓄地指出了他困守祁门的失误。《曾军后篇》在叙述咸丰十一年清军丧失景德镇之后说："国藩之驻军祁门，本倚江西粮台，景德镇转运，水军炮船护饷，以为万全，至是前计尽虚。左军退乐平。国藩亲屯军合三万人，粮运三十日不至，众乃争言取徽州可自立，又言可取饷浙江。"这一节极其生动地写出了曾军在祁门挨打慌乱之状。

《湘军志》以敢战与避敌，评定将帅之优劣。对多隆阿、刘腾鸿等，王氏多方表彰他们敢战。《湖北篇》盛赞胡林翼毅然奏请以多隆阿为统帅，节制鲍超、李续宜诸军为得计。

《江西篇》讥评了后期湘军将领："朱品隆、唐义训、李榕诸军,皆以持重不战,全军为上,及李续宜诸部将成大吉、毛有铭等专求自全,湘军锋锐始顿矣。"在王闿运的笔下,曾国荃没有经过苦战。李续宜也不能打硬仗。诸如此类。

四、自评优劣

对《湘军志》的评价,王闿运自负很高。《湘绮楼日记》:光绪四年二月二十七日,"作《湘军篇》,因看所作者,甚为得意,居然似史公矣! 不自料能至此,亦未知有赏音否?"三月十七日,"撰《军志篇》成,读一过,似《史记》,不似予所作诸图志之文,乃悟《史记》诚一家言,修史者不能学也"。光绪七年闰七月十日,"作《营制篇》,叙笔颇变化。曾涤丈言画象必以鼻端一笔为主,于文亦然。予文殊不然,成而后见鼻口位置之美耳。其先固从顶上说到脚底,不暇问鼻端也。八家文凭空造出,故须从鼻起。予学古人,如镜取形,故无先后照应。惜其生时未论及之"。

当王闿运入川前,《湘军志》的完成部分已先在长沙付梓。入川之后,他《致敖金甫》的信里说:"闿运去年撰成《湘军志》十七篇,于长沙开雕,今尚未得清本。"其实,王氏在湘只写了十三篇。在蜀,对此书边刻边补写。《湘绮楼日记》:光绪七年闰七月四日,"《湘军志》刻成,急须补《川陕》一篇"。其后又补《营制》《筹饷》两篇。八月八日,"校《军志》五篇"。八月九日,"自校《军志》毕"。八月二十七日,"又校《湘军志》"。八月二十八日,"《湘军志》校讫"。是年十月,王闿运携版回湘。十月二十四日,"李总兵必欲送赆,送一假元画与之,因属其代买《湘军志》版以归。李送二百金,因令书办取版以来"。

十二月三日返抵长沙后，王氏即将《湘军志》送给郭嵩焘、曾纪鸿等人，不意引起轩然大波。他写信告川督丁宝桢说："刘、曾告归，城中顿有二督。岘首雍容，即当见录。沅弟鞅鞅，未知所由。昨乃怪怨闿运，以所作《湘军志》诋诃功烈。金刚之徒，附和一词，怒于市而色于室，已为可叹！"岘首指刘坤一，沅弟指曾国荃。《湘绮楼日记》：光绪八年正月七日，"以外间颇欲议论《湘军志》长短，与书佐卿，嘱告诸公烧毁之"。正月二十日，"遣送《湘军志》版及所刷书与筠仙"。五月九日，"生平境遇，以今为最恶。俗说年大将军守杭门，千总不下马，知己算尽。予见诋于沅浦，亦机之兆耶！"对《湘军志》最不满意的，除曾国荃外，还有李榕。《湘绮楼笺启·致黄子寿》："申夫之恨《湘军志》，较沅伯尤甚。闿运复书云：他日阎王殿下，亦惟有俯伏认罪，自投油锅。不知可平旦之气否？"

经过折磨，王闿运更加高度估价自己的著作。《湘绮楼日记》：光绪九年九月八日，"重校《湘军志》毕，信奇作也。实亦多所伤，有取祸之道，众人喧哗宜矣！""史臣专以言进退古人，无故而持大权，制人命，愈称职愈遭忌也。若非史官而言人长短，尤伤心矣！沅浦言未可厚非"。这就是说，王氏是因直笔而遭曾国荃等攻击的。

对于《湘军志》的缺点，王闿运也指出了几点：

其一，体例问题。《湘绮楼日记》：光绪七年闰七月四日，"此志自以纪事本末为易了，但非古法耳！"

其二，内容问题。"苦不典实，懒考案卷故也。"[1]

---

[1] 光绪七年闰七月九日《湘绮楼日记》。

五、偏见与悲剧

作为史料，《湘军志》至今仍然有参考价值。正如郭廷以《太平天国史事日志》所说，"记述事迹，则有为他书所缺者"。即如李续宾排挤蒋益澧一节，王定安《湘军记》等不载。《湘军记》虽较为翔实，但其中有不少抄袭《湘军志》。如《粤湘战守篇》叙清将邓绍良部卒在长沙围城中"摊钱博戏"一节，《湖南防御篇》述李续宜援宝庆一节，《规复湖北篇》记湘军初战武昌一节，皆照抄《湘军志》。类此者甚多，其开创之功，远不能比《湘军志》。

然而从史料价值的角度看，《湘军志》还是有很大缺陷的。

第一，掌握史料的片面性

湘军战争的对手是太平天国等农民起义军。太平天国留下了大量文献。对此，王闿运概未参阅。翻遍《湘绮楼日记》，他只在一处偶然提到"太平天历"。光绪三十三年二月二十四日，"清明，当作菁萌，草初生萌也。洪秀全本作菁，是也"。正因为这样，所以王氏对太平天国的真实情况所知甚少。如《湖南防守篇》说天京内讧，"洪秀全又杀昌辉，而召大开。大开不敢还，遂为流寇"云云，显然与事实不合。在洪杀韦之后，石达开回京辅政，次年才分裂出走。显然，王闿运连对曾刻本《李秀成自述》[1]，也未翻检，以致如此舛误。

对于封建统治阶级编写的资料，王闿运虽主张公私兼采，但

---

[1]《湘绮楼诗·独行谣》自注"寇将李秀成粗涉书史，城破匿空舍中，被执乞降赎死"云云。可证，王闿运未阅曾刻本《李秀成自述》，所言被俘情节与该书不符。

他主要依赖《方略》等官书，以及曾、胡等少数湘军将帅的专集。对于大量野史，王氏未能广泛搜集。

第二，处理史料的主观性

王闿运的长处是亲见亲闻之事比较丰富，但在取舍上带有主观性。

对太平军英勇苦战的历史，王氏略去不录。《湘绮楼日记》：同治十年正月十三日，"灵川刘生谈军中旧事，言陈玉成以数十万之众援安庆，人结如饼，炮轰旋合，苦敌十夜而解。自此贼败矣"。王氏未将此写入《湘军志》。屈从官书，讳言真相。《湘绮楼诗·独行谣》自注："同治三年，洪秀全病死。"但因官方宣传洪秀全是服毒死的，所以《曾军后篇》含糊其词："洪秀全已前一月死。"未说死因。

受湘军内部宗派斗争影响，"褒贬"失实。例如，对李续宜，王闿运一笔否定其"战绩"。但是湘军内部对李续宜的毁誉不一。有人说他不行。《湘绮楼日记》：光绪四年七月四日，"次青来，甚言予知李续宜之不能军为有特识。因言曾文正至死不悟李劣"。但也有人说他行。同书：光绪二十二年八月二十四日，"水师来请，……唯与黄将论战事，颇称李希庵，与予所闻不同，亦以看地势为主湘军派也"。王氏偏信前说。

王闿运撰写《湘军志》的目的是清王朝的"长治久安"，但事与愿违。他愈到晚年，愈觉湘军暮气。《湘绮楼日记》：光绪十七年十一月十八日，"见湘勇回者，衣装累累，妇女华绮"。光绪十八年八月二十六日，"近日人情诡谲，迥非卅年前风气，乱不久矣！湖南为天下朴俗，败坏至此，武功太盛故也"。所有这些，绝非是一二"伟人"之力所能挽回。《湘绮楼笺启·致彭玉麟》："湘省官士喧哄,涤公余风已绝,首善之乡,今益庞杂,由菁华尽竭故也。"
湘军镇压了太平天国农民运动,但挽救不了清王朝最终覆灭的命
运,自己也走向了反面。历史的发展,正是与王闿运撰写《湘军
志》的目的背道而驰。这是湘军的悲剧,也是王闿运的悲剧。

　　(原载《军事历史研究》1988 年第 2 期,又辑入《中国史学名
著评介》第 3 卷)

从《湘军志》毁版到《湘军记》
撰成补证

　　王闿运《湘军志》、王定安《湘军记》，是专载湘军战史的两部名作。《湘军志》先出，因讥评曾国荃等湘军将领而遭毁版。其后几经酝酿重修，最终由王定安撰成《湘军记》。徐一士的《王闿运与〈湘军志〉》一文，曾评述此事，耸动学界。但徐一士所据者，仅是王闿运《湘绮楼日记》及郭振墉《湘军志平议后记》节引郭嵩焘给陈士杰的信。其时，《郭嵩焘日记》尚未公之于世，徐一士未能引用，因此他对《湘军志》毁版经过，所说尚嫌模糊。至于改撰《湘军记》的过程，更是语焉不详。《补证》之作，即补此二者。

一、《湘军志》毁版的真相

　　《逸经》所刊徐一士述《湘军志》在长沙被毁版的经过，是这样说的："《湘绮楼日记》光绪八年壬午正月关于毁版事所记，初七日云：'以外间颇欲议论《湘军志》长短，与书佐卿，嘱告诸公烧毁之。'十七日云：'锡九来，论《湘军志》版片宜送筠仙。予告之曰："吾以直笔非私家所宜，为众掩覆，毁版则可，外人既未出资嘱吾刻，而来索版，是无礼也。君不宜为众人所使，且置身事外，以免咎尤。此版吾既愿毁之，又何劳索？"锡九唯唯而去。'二十日云：'遣送《湘军志》版及印刷书与筠仙，并书与之言：本宜交镜初，今从权办也。'其当时在湘迫于众怒难犯不得不毁版之情形，于此可略睹焉。送版及书与郭嵩焘者，盖嵩焘在湘绅中负重望，为反对《湘军志》领袖人物之一也。"在这里，徐一士不了解王闿运遭曾国荃面辱的经过，也不明白送版及书与郭嵩焘实际即交给曾国荃。对此，《郭嵩焘日记》言之颇详。

光绪八年正月初七日，"余佐卿至……始知昨夕壬秋与张笠臣、余佐卿同诣曾沅浦宫保，语及《湘军志》一书，沅老盛气责之，壬秋不能对，乃以书自解。锡九、子寿相与筹商办法。吾谓沅老得此书，亦足稍平其心，然遽求化去其嫌怨，固不可得也。此仍须商之王壬秋，尽交出其案卷及《方略》诸书，并所刻板片及刷就之百部，全数清交，徐筹改刻之法。已而张笠臣、朱香荪并至，所见并同"。可见，《湘军志》的问题一发生，郭嵩焘即拟定了解决办法：先毁版，后改写。于是，他即奔走于曾国荃与王闿运之间，进行调处。

初八日，"左锡九约同诣朱香荪，为曾沅浦宫保解说王壬秋事。……语及壬秋困迫之状，相与怃然"。十八日，"便过曾沅浦宫保久谈，适洪劼卿及曾重伯至，语《湘军志》甚悉"。十九日，郭又走访王闿运。"壬秋语及《湘军志》本末，曹镜初、张笠臣实不能辞咎，徒以为壬秋之过，尚未能知其底蕴者也。"最终达成结果，由王闿运将《湘军志》版片及已印书籍交给郭嵩焘转给曾国荃销毁。

二十日，"王壬秋以所刻《湘军志》版片及刷定十八部并行见交。函询曾沅浦宫保，复函嘱交子寿、笠臣"。其时，黄子寿、张笠臣已先来郭嵩焘家，故郭云："二君之来，盖承沅老之命，商酌领取。"这场纷争便告一段落。

二、朱克敬改写《湘军志》

朱克敬,字香荪,号瞑庵,甘肃皋兰人。曾任湖南龙山县典史。后即留寓长沙,与郭嵩焘等交游颇密。著有《儒林琐记》一书。其中罗列王夫之等小传,最后第二人,即作者本人。《湘军志》毁版后,朱即着手改写。《郭嵩焘日记》:光绪八年二月二十三日,"朱香荪见示《湘军志·城守篇》,略就所知,商订凡十五条"。五月初二日,"朱香荪转托以所撰拟《湘军志》呈阅曾沅浦宫保,因以一书申言之"。是时,曾国荃正奉命署理两广总督,即将启行,此事便搁置下来了。

三、刘坤一谋交王先谦重修《湘军志》未果

王先谦,字益吾,长沙人。同治进士,历官翰林院编修、国子监祭酒等。著作甚富。在清史方面,有《十一朝东华录》等。按,郭振墉《湘军志平议后记》所引王先谦与郭振墉的信:"犹忆弟衔艰归里时,令伯祖谈及此事,欲以改作见委,卒不果行。""令伯祖",即郭嵩焘。此事实由刘坤一发起。所以不果行,王先谦讳言真相,诡词:"盖兵事曲折轻重,非当日身亲目击者,不能知其深。"其实乃因谈判费用等条件未达成协议。《郭嵩焘日记》:光绪九年二月初六日,"王逸梧仍枉过夜谈。以刘岘庄函商,筹款三千金,以纂辑《湘军志》任之逸梧。宜探知逸梧意旨,乃可与岘庄酌商办法。逸梧意在独任,然须得重金主修,乃能任之"。逸

梧,即益吾。

四、王定安撰《湘军记》

又按,郭振墉《湘军志平议后记》引余肇康语:"朱氏克敬改纂是书,稿佚不传。"其实不然。此稿一直保存在曾国荃处。到了中法战后,他正任两江总督,环境比较稳定,乃把朱稿交给老部下王定安阅看改写。王定安,字鼎臣,官至候补道。当曾国荃任山西巡抚时,对王极为信任。其后在河南署理布政使,被劾落职。再后,又往江南依附曾国荃。王定安有文名,以故曾国荃委以改写《湘军志》的重任。王撰《湘军记》,是在朱克敬拟稿的基础上进行的。《曾国荃书札》卷二十《复王鼎臣》:"香荪所拟《湘军记》,其长处诚如明谕,而亦不无体裁未协、眉目未晰之处,明眼人乃为一一拈出。古贤论文,不厌排击,凡以求其是而已,固亦不至怨及朋友。《史通》一书,为刘子元独有千古之作,纪河间谓其抉摘精当之处,足使龙门失步,兰台变色。刘氏盖不愧此言矣。尊论各则,何以异是。惟愚兄弟因缘际会,忝窃非分,固尝有志于介推之不言,羊祜之表让。若记载之事,迹近偏重,恐不谅之口,或以市掠相诟病。又此书一经执事笔削,风行海内,将来即属信史之根据。若以阿好重累盛德,盖无取焉。微尚所在,伏乞察纳。第作者之笔,如化工之肖物,四时之代嬗,各如其分,若有莫之为而为,莫之致而至者。韩子有言,假善鸣者而使之鸣,此中盖有天焉。则亦非执事及鄙人之所能为政者也。其应如何厘正,自应悉取尊裁。知我罪我,听之而已。"曾国荃委婉曲折地默许王定安对自己唱赞歌。

据王定安自序,他于光绪十四年九月,已撰成十五卷,"过长沙与郭筠仙侍郎商榷得失"。核之《郭嵩焘日记》,其时书名《湘军乘》。光绪十四年十月十五日,"王鼎丞寄示《湘军乘》十五本,为检校一过,参订数十条,并两书为曾沅浦宫保言之"。王定安随即至南京,又补写了五卷。光绪十五年,由曾国荃作序刊行,即今所传之二十卷本《湘军记》。《郭嵩焘日记》:光绪十五年十二月十六日,"谭文卿交到王鼎臣《湘军记》二十卷,计十二册"。《曾惠敏公手写日记》:光绪十六年正月二十七日,"写一函致叔平(翁同龢),甚长。又写四函分致燮臣、颂阁、子密、莘垞,以叔父所刻之《湘军记》,分致五君"。二十八日,"阅《湘军记》"。不久曾国荃死。王定安挽联有云:"客窗编野史,报公盛德在千秋。"即指撰《湘军记》事。王闿运闻曾国荃死,不禁暗喜。《湘绮楼日记》:光绪十六年十月十三日,"闻曾九帅死,今年收拾红顶不少"。两位作者对曾国荃的恩怨如此分明!这为从《湘军志》毁版到《湘军记》撰成,补叙了背景。

（原载《书品》1989 年第 1 辑）

湘军史料丛谈

湘军是清季时代的产物,它对内镇压了太平天国农民起义,对外反抗过国际资本主义列强的侵略。它与数十年中国的经济、政治、文化均有关系。研究晚清史者不可不注视湘军史。

一、王闿运、朱孔彰等对湘军史料的采辑

首先,要熟悉前人采辑湘军史料的经过。当湘军出世不久,其统帅中即有人设局采辑史料。湖北巡抚胡林翼于咸丰末即发起编《忠义录》。方宗诚《柏堂师友言行记》卷三在叙述湖北首开书局刻《读史兵略》等后云:"粤贼之兴,奏设忠义局,委官绅采访者,亦自胡文忠在湖北始。"《湖北忠义录》还不都是湘军史料。湖南继之,主其事者为绅士郭嵩焘。同治元年,郭与刘蓉书:"《忠义录》一书,不难于编纂,而难于采访。在局数月,规模略定,而颇苦于采访之难其人,顷已属之罗研生。"[1]罗研生,名汝怀,湘潭人。他最终撰成《湖南褒忠录》。《云卧山庄尺牍》卷六录郭嵩焘之弟崑焘与刘蓉书:"罗研老在褒忠局数年,编成《褒忠录》三十余卷,小作结束。"这是编辑湘军史料的嚆矢。其书有同

---

[1] 《郭嵩焘诗文集》,岳麓书社 1984 年版,第 181 页。

治十二年活字排印本。

同治十一年，湘军创建人曾国藩死后，由吴敏树、郭嵩焘、罗汝怀、曹耀湘等联名，为编《楚军纪事本末》而向各有关统兵大员征集案卷。这是又一次采辑湘军史料。吴敏树，字南屏，巴陵人，古文学家，他最早发起编湘军史。郭嵩焘致陈士杰书："湘军本末，宜有述录，发议自吴南屏。"[1]曹耀湘，字镜初，长沙人，曾国藩晚年幕客，其时正编辑《曾文正公全集》。据《曾惠敏公手写日记》，《曾文正公年谱》实出其手。江西巡抚刘坤一于同治十一年十月三十日对四人的倡议书的答复云："承示纂修《楚军本末》一书，洵为美举，正不独为辨谤而鸣功也。楚军与此次军务相为始终，兵饷兼筹，援防互用，其措施之精密、经营之艰苦，诚如来教所云，足为百世之规，可表中兴之业。倘烦椽笔，此书告成，所裨益良非浅鲜。江省办理军务奏疏、咨行各件，已饬赶紧查抄。"[2]这些案卷集中在长沙，其后交给王闿运。

光绪初元，郭嵩焘出使英国后，曾纪泽、张自牧以编写湘军战史一事委之王闿运。湘军宿将李榕《复王壬秋孝廉》有"近日劼刚、力臣二君以长沙军事编辑属阁下"[3]云云。旋由王闿运撰成名著《湘军志》。我曾据《湘绮楼日记》等考证了《湘军志》的史料来源。其中文字资料有官书《剿平粤匪方略》和《剿平捻匪方略》等，有湘军将帅曾国藩、胡林翼、骆秉章等的专集，有同时人的著作：罗汝怀《湖南褒忠录》，秦湘业、陈钟英《平浙纪略》，赵烈文《平捻记》，黎庶昌、曹耀湘《曾文正公年谱》，王定安《求阙斋

---

[1]《湘军志平议》。

[2]《刘忠诚公遗集·书牍》卷四。

[3]《十三峰书屋全集·书札》三。

弟子记》等。此外，王闿运采用了大量见闻和传说。如《湖南防守篇》记咸丰二年太平军攻长沙时，形容清军将帅惊慌失措之状云："鲍起豹居城南楼，迎城隍神大像与对坐。"此事又见《湘绮楼诗·独行谣》自注："寇攻南楼，提督鲍起豹迎善化城隍神大像与对坐，人呼为'鲍斋公'。"按，是时王闿运绐城入，在围城中，此系其亲历的记录，非官方公牍中所能见到的。其后王定安改撰《湘军记》，写此节也有"提督鲍起豹舁城隍大像置南城楼"云云，实即抄自《湘军志》。

继王闿运之后，努力采辑湘军史料的是朱孔彰。他是曾国藩晚年赏识的幕僚。他以曾国藩冠首撰《中兴将帅别传》三十卷。是书有光绪二十三年江宁刻本。又有光绪二十四年渐学庐石印本，改称《咸丰以来功臣别传》。同年上海书局石印本改订为八卷，称《中兴名臣事略》。其后中华书局将此书刊入《四部备要》。朱孔彰撰此书，为补国史之不足。《刘忠诚公遗集·书牍》卷十有光绪十九年四月二十八日《复朱仲我孝廉》："昨奉惠书并承大著，高文典册，班马浓香，披诵之余，莫名纫佩。中兴将帅事迹，虽已先后宣付史馆，惟国史体例，必须登之奏牍，见诸明文者方准叙入。此外，逸事自多，如能博采周谘，拾遗补阙，足以表彰忠节，阐发幽微，以补史传所不逮，实为必不可少之作。"为此，朱孔彰曾采录了二百余种资料。他的《半隐庐丛稿》卷三有"中兴书目"一篇云："予撰《中兴将帅别传》时，所见书二百余种，国史官书而外，有抄本，有刻本，或未采录，或所纪有异同，兹略载其目，俾后人兼考焉。"其中不限于湘军史料，但偏重这方面，单是与湘军有关系的文人私著即罗列以下多种：

李元度:《天岳山馆文钞》

冯桂芬:《显志堂文集》

黎庶昌:《拙尊园丛稿》

孙衣言:《逊学斋文钞》

方宗诚:《柏堂文集》

何日愈:《存诚斋文钞》

杨彝珍:《移芝室文钞》

杜　俞:《元穆文钞》

程鸿诏:《有恒心斋集》

顾　云:《盋山文稿》

吴　棠:《望山益斋丛书》

何应祺:《守默斋丛书》

邓　瑶:《双梧山馆文集》

薛福成:《庸庵文编》《庸庵文续编》

洪良品:《龙冈山人文钞》

莫友芝:《郘亭文钞》

《史念祖文稿》

《张廉卿文稿》

陈玉树:《后乐堂文钞》

上述前人做过的采辑工作,为我们研究湘军史料,提供了内容和线索。

二、前人对湘军将帅专集的评议

湘军将帅的专集是研究湘军的重要史料。要了解其编纂状况，有助于评估其价值。

前人对《胡文忠公遗集》的评议不少。按，胡林翼死后，由幕僚汪士铎等编辑其遗集十卷。曾国藩于咸丰十一年十二月十一日复阎敬铭信："润帅遗集稿本已就绪否？此事端赖梅村兄为主，敝处事繁，恐编校不审。"[1]阎敬铭，正任湖北藩司，主持编胡林翼遗集事。胡林翼字润芝。汪士铎字梅村。该书经过删易。胡林翼门下士王家璧于同治七年正月初四日《致胡莲舫方伯》："夅山之役，文忠师军几不振，得阁下于万难措手之时，集二三君子为之集饷，为之乞援，及罗、李诸公偕来，军资不乏而楚遂以复。文忠师入奏谓'筹饷之难，难于治军'。审当时情势，似非虚言也。刻文忠疏议者多所删易，殊不可解。"[2]陈澹然《江表忠略》谓汪士铎等还故意不录胡林翼与王鑫的一批信。该书卷九《王鑫列传》："始林翼伟鑫才，书牍推鑫者数十篇，藏鑫子诗正所，编林翼书者摈焉。"

前人对曹耀湘等编的传忠书局本《曾文正公全集》的议论，也是不少。兹举数例：一是奏稿、书札的选材不当。光绪十八年十一月十一日，曾氏门人吴汝纶为拟议重编《曾全集》复河东河道总督许振祎信："盛意欲删定《曾文正集》，此诚盛事，但鄙浅

[1]《曾国藩未刊往来函稿》，岳麓书社 1986 年 7 月版。
[2]《太平天国资料》，湖北人民出版社 1986 年 2 月版。

无学,不能究知文正深处,难胜重任。又此事未易急切整理。往年方存之所定本,吴清帅刻之天津者,但取在京时诸疏。后来在军,则专主论事,不存文字之见。鄙意方本甚善,但在外诸疏有不可不录者,此又非通读全疏不能率尔定也。若今集中畿辅天津诸疏,则诚下走拟稿,不可以鱼目混珠也。书札中可存者较少,然亦有实为至文不在集中不可不编入。一人之见,恐不能尽厌人心,是以不敢草草应命。他日稍暇,或检点全集抄一目录呈是正可耳。"[1]光绪二十年八月十三日,吴汝纶又复许振祎书:"文正公文集可汰者兹先附去一目,请酌定。"[2]二是漏收《四象古文》一书。此是曾国藩晚年撰文论专著,剖析古代名作,分属四象,故名《四象古文》,又称《古文四象》,盖口授吴汝纶者,《曾全集》未收录。其后吴汝纶撰《记〈古文四象〉后》,将是书编为五卷,单独刊行[3]。三是《求阙斋日记类钞》的选录无准。赵烈文《能静居日记》:光绪三年十二月十三日,"阅曾文正日记分类,王启原编公日记甚多,固无全刻之理,然去取殊不易。此二卷精粹虽有,芜累亦重"。又云:"日记予曾见十余册,如'品藻'一门当十倍之,

[1] 刘声木:《苌楚斋随笔》卷八曾议曾国藩奏稿云:"其中实多系幕僚代拟之稿,曾文正公所亲为裁定者甚少。""其幕僚如薛叔耘副宪福成言,奏议之稿,多非曾文正亲笔云云。吴挚甫京卿汝纶亦言,在燕之稿,多其所拟,未可鱼目混珠云云。""外间多有自为选本以为揣摩之用者。遵义黎莼斋观察庶昌,亦欲专选一本,商体例于吴挚甫京卿,京卿谓曾文正公奏议,薛副都福成选本最善,尽去他人之作及无关者,专存曾文正公奏议之真,即再选亦无加于此云云。见于吴先生尺牍中。"核之《桐城吴先生尺牍》,颇有出入。受信人为许振祎,非黎庶昌。吴汝纶肯定的曾国藩奏疏刻本是方选本,不是薛选本。刘氏所言,殆凭记忆,未检原书。
[2] 以上均见《桐城吴先生尺牍》卷一。
[3] 《桐城吴先生文集》卷四。

此之去取,不知以何为准?"四是《求阙斋日记类钞》多错字。有刻本之讹。《曾惠敏公手写日记》:光绪六年八月初七日,"看先太傅《日记类钞》,错字甚多。信乎!校书如扫落叶,净尽实难也"。也有曾国藩手写本偶误,而《类钞》以讹传讹。薛福成《庸庵文外编》有《上曾侯相书》附记:"同治乙丑之夏,科尔沁忠亲王战殁曹南,曾文正公奉命督师北剿捻寇,并张榜郡县,招致贤才,予上此书于宝应舟次。文正一见,大加奖誉,邀予径入幕府办事……按,求阙斋乙丑五月日记云:'故友薛晓帆之子福成,递条陈约万余言,阅毕,嘉赏无已。'予在幕府,尝见文正手稿。近阅湖南刊本,归入'品藻'一类,而讹为伯兄抚屏之名,想由校者之误,恐后世考据家或生疑义,故并及之。"抚屏,薛福辰字。其实,曾国藩的手迹即误以薛福成为薛福辰。原文云:同治四年闰五月初六日,"阅薛晓帆之子薛福辰君所递条陈约万余言,阅毕,嘉赏无已"。其下文不误。六月初二日,"薛福成来一坐"。

骆秉章的奏稿次序凌乱,为王闿运所讥。《湘绮楼日记》:光绪七年闰七月四日,"和合处送《骆文忠奏稿》一部,内有误编者,盖其家唯案时月,不看年份之故"。以我所见,光绪二十九年刊的《曾忠襄公书札》,也是前后凌乱,读者必须重为排比。

刘坤一生前即命人在新宁家中为之编集。《刘忠诚公遗集·书牍》卷十,光绪十九年正月初四日《复欧阳辅之》:"承示抄选敝稿,唯军务全录,此外则择其紧要者存之。至于例折,不过酌留一二。统费清神,与满舍弟商酌。底本错漏甚多,重烦校阅,尽可从容岁月,不必以一年为期。"同年七月十一日《复欧阳辅之》:"拙稿仰费清神,计已粗有头绪。陶弟来函,但言大略,其应如何编订,悉听卓裁。鄙意以为选就缓刊,以待盖棺以后。尝读曾、左各集，兼录笺牍咨批。舍下旧笥中未审有此断简残篇，可采录一二否？"他的书牍等项，次序秩然，对年月日都一一交代分明，读者称便。

三、湘军将帅的专集多经删改

王家璧讥汪士铎等删改胡林翼遗稿，其实，这几乎是湘军将帅专集的通病。读者如以当时人引文或作者手迹与刻本对勘，便可发现删改前的原貌。兹各举一例：

罗泽南《罗山遗集》卷二有"接左季高书"一诗云："事业极伊吕，浮云过太虚。矧兹一战绩，已出二年余。世事知胡底，臣心敢负初。亢龙终有悔，珍重故人书。"按，《郭嵩焘日记》：咸丰十一年七月十五日，"校订罗忠节公诗文。忠节所著书，已刻者曰《西铭讲义》，曰《人极衍义》，曰《姚江学辨》，曰《读〈孟子〉札记》，曰《〈周易〉附说》，曰《小学韵语》。其子两明谋刻其遗文，属予校定也。其《军中草》有《得左季高书》一律曰：'事业极尧舜，浮云过太虚。矧兹一战绩，犹未奠皇舆。世事知何极，臣心敢负初。亢龙终有悔，时展故人书。'忠节克武昌，与朱尧阶书曰：'吾辈治兵，而君与筱仙、树堂筹饷，天下事乃取办吾辈数人之手。'盖偶以是为笑乐也。后九江水师挫败，季高乃援此信归咎忠节之骄功，故忠节诗云尔"。在这里，同是罗泽南为接左宗棠信而写的一首诗，刊本与《郭嵩焘日记》的引文歧异。盖郭嵩焘所见者尚是罗泽南原稿，而刊本已经他人加工。其中"犹未奠皇舆"一语，被改成"已出二年余"，抹去了本意。如果没有郭氏引文和注释，读者便很难明白罗泽南此诗的史料内容了。

　　岳麓书社 1986 年据原件排印的《曾国藩未刊往来函稿》中，有咸丰十年八月初六日《复李希庵》，其后附件颇有史料价值。"再，水师近日食洋烟者颇多，国藩昨有一咨诚饬之；又复厚庵一信申戒，兹抄呈一览，不审有所补救否？又行。"传忠书局刻本《曾文正公全集·书札》卷十二也录曾国藩给李续宜此信，但把暴露杨载福部水师腐败之状的附件删去了。这是中国社会科学院近代史研究所资料室的同人所校出来的。

　　湘军将帅的手迹与刻本互校，史学界的前辈已做了不少工作。陈恭禄教授所著《中国近代史资料概述》云："李续宜后裔李思澄把曾国藩、胡林翼致李续宜亲笔手札钩刊，其中曾氏全集未收录的约十分之五，胡氏全集未收入的约十分之六七。我们将集中所收书札和真迹本相对照，发现集中书札文句有不少的删改，李鸿章书札载于《全集·朋僚函稿》，也有删改。郭庆藩所编《名贤手札》，有将文句删去成为空白者，盖有所顾虑而然。"按，郭庆藩编《名贤手札》，全名《咸同中兴名贤手札》，光绪年间石印手迹，凡四卷。其中辑曾国藩、胡林翼、骆秉章、左宗棠、曾国荃、彭玉麟、沈葆桢、李鸿章八人给其父郭崑焘的信，故又称《八贤手札》。1965 年，台湾学生书局影印出版了《湘乡曾氏文献》，其中包括曾国藩、曾国荃、曾纪泽等大量书信手稿。1967 年，台湾《书目季刊》第 1 卷第 4 期发表了沈云龙教授的《湘乡曾氏文献读后记》。沈氏指出，曾国藩尚有不少家信未收入传忠书局于《曾文正公全集》外刊行的《曾文正公家书》和《家训》，但却富有史料价值。他又指出即使收入刻本的某些信件也已被删节失真。随着湘军将帅手迹的陆续出现，核校工作有待于继续。

四、《宝韦斋类稿》等的史料价值

对湘军将帅曾、胡、左等的著作要下功夫,对其中二三流人物的专集也不能忽视。以李桓的《宝韦斋类稿》为例,它是反映湘军在江西战事的第一手史料。李桓,字黻堂,湖南湘阴人,李星沅之子。太平军起义于广西后,清廷任原两江总督李星沅为钦差大臣,赴广西督师。星沅病故军中,李桓以父荫到京引见,咸丰五年以道员拣发江西,预闻军事饷事,官至布政使,署理巡抚。直至同治二年在曾国藩与沈葆桢相互倾轧中,李桓乞病回籍。此书由李桓手定,刊于光绪六年。凡《奏疏》四卷、《官书》二十四卷、《尺牍》四十八卷、《甲癸梦痕记》六卷《补遗》二卷、《明论》四卷。《太平天国资料目录》:"内《甲癸梦痕记》卷八十四,记林凤翔就义详情。"按,此系李桓的杂记,始甲寅(咸丰四年),迄癸亥(同治二年)犹如一线梦痕,故名《甲癸梦痕记》。其中虽有李桓入京引见时目击林凤翔就义时一鳞片爪的记录等,但其史料价值不如尺牍。李桓自咸丰七年起附存信稿,积六年得一千一百余首,按年月日先后编成四十八卷,他自序强调:"而此六年中江右全局情形略可见矣。"而《太平天国资料目录》的提示未引人注意及此。

对湘军将帅在野时的作品也要从中发掘史料。例如刘蓉的《养晦堂诗文集》,其中不仅有他记录迎解太平天国翼王石达开等的重要书信,而且还有他哀叹湘军没落和湖南危机四伏的诗文。如《养晦堂文集》卷十有《与瑟庵从弟》一信云:"世局益坏而人情日竞于奢,不惟非惜福之道,抑虑其召灾速祸,而致琐尾流离之变也。十余年东南遭祸，举凡衣冠文物竞逐纷华之国，无不残破，故家世族之所留遗，巨贾豪商之所积累，莫不荡为灰烬，化为飞烟，子女仳离，乞食道路。独湖南晏然无恙，吾乡又因此跻致名位，广积金钱，旧时凿井耕田之子，椎牛屠狗之夫，皆高牙大纛，美衣华屋，以自豪于乡里，果有功德在人，宜食此报以长保富贵而无后灾哉！"又《谕培基培垕》云："闻比岁邑中宦家子弟，多好出入公庭，干涉词讼，意气相竞，骄奢相尚，闻之以为大戚。更有一种轻薄少年，佻达游荡，一挥千金，肥马轻裘，招摇闾里，此其破败在眼前，尤堪令人怆叹！"所云"邑中"，即曾国藩的故乡湘乡县。同书卷八《复蒋之纯廉访书》："吾乡风会，盖远不如往时，厄运相乘，殆关气数，将来事变，恐不出一两年间，所冀年谷丰成，或可支延时日耳！"《养晦堂诗集》卷二《喜温甸侯邑宰见过》："湘山到处鼓鼙声，篝火狐鸣夜自惊。……蒲亭岂乏鹰鹯志，梓里长闻鸲鹆鸣。"原注："时值逆匪焚扰乡村，每夕击柝达旦，未尝安枕也。""逆匪"，指戈老会。按，湖南之所以产生新危机，其根源在于湘军将帅升官发财以后，回乡大量兼并土地，剥削农民，连刘蓉本人也是这样。《养晦堂文集》卷八《复曾相国书》："弟自还山后，旧所患苦，次第皆平，又以禄赐所余，薄市田亩，岁增粟千余石，举家不忧衣食。"这就是曾国藩所深虑的所谓"湘军暮气"的实质所在。

对近世外交家郭嵩焘的日记，评述者偏重洋务思想和洋务活动[1]，然而其中包罗了大量湘军史料，有待读者仔细钩稽。特别是关于湘军内部的一些矛盾。如关于战略上的分歧，《郭嵩焘日

---

[1]《中国历史文献研究集刊》第 2 辑。

记》：咸丰十一年四月初七日，"季高论皖围之非，以为一城而缀万七八千水陆之师，致皖南、江、鄂各处兵力皆单，极为有见"。可见左宗棠反对曾国藩、胡林翼围攻安庆。又如关于招勇上的分歧，咸丰十一年四月十六日，"复意城信，因论李金旸瑞州太阳墟之败，言招勇是今日第一弊政，如何钰等并在县招勇，恣意妄为，此岂可恃以平贼耶！李金旸之视何钰，相去几何？养生人和平之气以挽回气数，必先留意于此。光武以匹夫定天下，所任为将帅者，如来歙、寇恂、贾复，多诚笃君子。邓禹、冯异于光武初起之日，仗剑相从，所至招徕安集。吴汉之贤，犹时以所部兵掳掠，反复申戒。罗忠节、李忠武之起，犹守此义，故声名最著。今之论者，徒曰勇则授之，授之而又弃之，曾不为意，犹且曰，其勇可用也，勇者固如是也。苟如是而已，运劫之引而日长，正不知其所终极也！"按，咸丰初元，罗泽南、王鑫师徒同招湘勇，其后各成一军。罗泽南及其后继者李续宾任儒生为营官，而王鑫则兼用农民军的叛徒，李金旸其一也。王鑫死后，李金旸续受湖南官方重用，保升至副将。咸丰十一年四月初，在江西瑞州，被李秀成捉放，湘军内部大震，故郭氏兄弟间有此通信。意诚，郭崑焘。是年五月，曾国藩以失律罪斩李金旸。

五、关于《湘乡曾氏文献》

对台湾出版的《湘乡曾氏文献》《曾文正公手写日记》《曾惠敏公手写日记》等，我们要下功夫进行研究。这里扼要评述《湘乡曾氏文献》。

1965 年，曾国藩的后人将辗转运往台湾的一批珍贵史料交给学生书局影印，取名《湘乡曾氏文献》，共十册。1975 年，又由学生书局出版《湘乡曾氏文献补》。《湘乡曾氏文献》的内容相当丰富，有大量曾国藩、曾国荃、曾纪泽等的书信，有曾国藩约一年时间的《绵绵穆穆之室日记》，有他对部下"密考"底本和察访记录，有太平天国忠王李秀成招降围攻天京湘军的谆谕，等等。其中大量曾国藩的家信以往都未公布过，例如他在办理天津教案时与曾纪泽的一批信，以往都未刊入传忠书局本《曾文正公家训》。曾国荃、曾纪泽的家信和与人书，其中大多数也属初次发表，富有史料价值。例如，《湘乡曾氏文献》第十册所辑曾纪泽于同治十二年五月初十日给李鸿裔的信说："弟家财存集成当铺者半，存它处者半。集成即九叔之业也。湖南典息甚轻，周年仅一分耳。买田获利，不过六厘，又远不如存典矣。故论利多，则存苏典为最，湘典次之，买田最下。论稳妥则买田为最，存湘典次之，存苏典又次之。兄舍重利而远求轻息，本不合算，所取者田土坚实，保无它虞耳。然亦不可太骤。弟回湘许久，而买田不过二百余亩，可知其不易矣。"[1]李鸿裔，字眉生，曾国藩得力幕僚，官至按察使。其时已致仕寓居苏州，见黎庶昌《拙尊园丛稿》卷四《江苏按察使中江李君墓志铭》。按，曾国藩历来反对"起屋买田"，认为这是"仕宦之恶习"，他"誓不为之"[2]。但在他死后不久，曾纪泽也在家乡兼并土地，并放高利贷。《湘乡曾氏文献》提供了确证。至于以后曾纪泽在外国银行存银五十万，死后因无遗嘱而生纠纷，"不能无累

---

[1]《湘乡曾氏文献》影印曾纪泽此信草稿，无受书人姓名及年月日，兹据台湾文海出版社影印传忠书局本《曾文正公全集》所附曾昭六《曾文正公全集编刊考略》确定。曾氏后人当别有此信副本。

[2] 同治六年二月初九日《曾文正公手写日记》。

于其身名",见光绪十六年七月初二日《郭嵩焘日记》,则更非曾国藩意料所及矣。总之,湘军支撑了清王朝的垂危统治,却又制造更深刻的新危机,它走向了自己的反面,这是历史的辩证法,绝非曾国藩一人所能挽回。

《湘乡曾氏文献》出版后,太平天国史老专家简又文前辈的最后一部名著《清史·洪秀全载记(增订本)》于1967年在香港问世,但还未及征引此书。至于《湘乡曾氏文献》在大陆的反应则更为迟缓。1979年,中华书局出版的《太平天国文书汇编》未据该书辑录忠王李秀成壬戌十二年八月对围攻天京清军的谕谕。1982年,中华书局出版的罗尔纲氏《李秀成自述原稿注》,也未据《湘乡曾氏文献》征引曾国藩父子限三天赶刻《李秀成亲供》的书信等有关资料。1983年,岳麓书社出版《曾纪泽遗集》,仍是翻印光绪十九年江南制造局刊本,未据《湘乡曾氏文献》增补。近年,大陆学界虽有应用此书者,但还很有限。有待于我们对之做深入的研究。

（原载《清史研究》1992年第3期）

胡林翼史料杂考

一、有关胡林翼的两种稀见史料

胡林翼是一个值得研究的历史人物。不管对他怎样评价，胡氏理论联系实际的思想方法和网罗人才之盛，都可供后人借鉴。有两种稀见书，值得重印和研究。

姚绍崇《论语衍义》

姚字桂轩，益阳儒生。胡林翼延至湖北戎幕，为讲《论语》，联系历史及时事，相与讨论。胡殁后，姚撰成《衍义》。其书虽以经学名，实为研究胡林翼思想的重要史料，但流传不广。刘声木《苌楚斋续笔》言："此书镂板已久，惜传本甚稀，湖南坊间尚难购得，他处更未之见。"郭嵩焘、李元度均为作序，分别载于《养知书屋文集》和《天岳山馆文钞》。

郭序云："老友姚桂轩手所录《论语衍义》示予，章为之说，句为之疏，博采史传，引申其义，以求合《论语》旨趣，而辑存胡文忠公遗说实居其半焉。方文忠公治军皖鄂之交，练兵筹饷，日不暇给，而读书自课甚严，夜与桂轩会讲《论语》，亦有专程，未尝稍辍……桂轩汇辑所衍说，都为八卷，以嘱嵩焘序而传之。"按，《郭嵩焘日记》：光绪八年正月十八日，"桂轩见赠《论语衍义》一部，示其在湖北军营与胡文忠公讲释《论语》义旨，援史实相印证，予曾为之序。甲戌赴都，其书尚未刊成也。至是始蒙枉赠"（甲戌，同治十三年）。

李序云："公在军，治经史有常课，仿顾亭林读书法，使人雒颂而己听之。而于《论语》尤十反不厌，敦请耆儒姚桂轩先生讲此书，与之上下其议论，旁征列史，兼及时务，虽病至废食，犹于风雪中张幄听讲不少休，每问：'吾今日接某人治某事，颇不悖于斯义否'……桂轩裒辑在戎幕时与公所讲说者为《论语衍义》十卷。钟云卿都转为镂板行世。"公即胡林翼。两序所记卷数不符，《苌楚斋续笔》与陈康祺《郎潜纪闻三笔》亦云十卷。岂因郭序先作，其书尚止八卷乎？

《楚南仕鄂录》

黄彭年《陶楼文钞》卷八有《楚南仕鄂录序》，其略云："昔咸丰中，粤寇之乱，勘定之力，大半出于楚材，而胡文忠公抚鄂，率湘人士规划东南，嗣是宦鄂者或以勋业显，或以廉惠称，今在此录至二百余人，可谓盛矣！"后世研究胡氏得人，不可不一览此书。

二、《胡文忠抚鄂记》文献辑录

汪士铎编《胡文忠公抚鄂记》，近年已由罗尔纲先生提议，岳麓书社据北京图书馆藏三卷抄本排印。兹补辑有关文献，以供研究。

汪士铎《汪梅村先生文集》卷七有《胡文忠抚鄂记序》，自言编辑此书之宗旨：

明张文忠公《太岳集》，乃萃其往复诰诫之语以示人，而后人因能悉其筹边察吏之政，此道政事之沦潜也。予衷胡文忠之遗集，凡公之它文率弗录，亦此意也。使后之览者，知公当日经画危疆，转贫弱而富强之政，斯足矣。

方宗诚《柏堂师友言行记》卷二有关于汪士铎一节，其中高度评估了《胡文忠抚鄂记》的价值。

> 梅村为胡文忠庚子江南所得士……文忠招至湖北，为修《兵略》及《地舆图》……文忠薨，辄与严渭春中丞、阎丹初廉访编《文忠遗集》，刊行于世。又取其在湖北所办兵事吏事饷事编年月日记之为《抚鄂记》。此非徒叙述文忠勋绩，即东南兵事皆了如指掌矣。

萧穆《敬孚类稿》卷十二《汪梅村先生别传》言，直至光绪十五年汪氏逝世，此书未刊行，原因是汪氏惧触时忌。

> 咸丰辛酉秋，胡文忠公薨于武昌节署，先生为文忠删定《遗集》□卷刊行。又搜辑文忠在武昌数年政绩，公牍稿本等编，删繁举要，撰为《胡文忠公抚鄂记》二十卷。因文忠历年于不职之员多所参劾，今其子孙仍多贵显，书出虑有所忌，抄本仅存，不轻以示人。同治二年春，予由安庆致书武昌，请抄副本，先生秘不肯与。去年春，予以先生年已八十有八，复致书先生，欲为传之。先生时目眵不能复书，仅于为予经手致书之人李光明传言，此书现已在山西书局云。至秋七月间，予至江宁，欲见先生亲索之，时先生已于十日

前卒矣。

《汪康年师友书札》(二)辑《梁启超与汪康年书》(十三)云:

> 《胡文忠公抚楚记》、《美国合盟本末》、蔡毅若《快字》
> 三种,皆责成在兄身上,此次带来。

《抚楚记》当即《抚鄂记》。梁氏此书作于光绪二十二年五月间,正是维新运动来潮的时候。梁氏正在湖南,汪氏则因《时务报》事有湖北之行。由此可见《抚鄂记》虽未刊,但有抄本流传并为维新派所重视。

邓之诚《骨董琐记》卷四有"汪悔翁自书纪事"一则云:"同治元年壬戌,作《抚鄂记》六卷,在阎丹翁处,未刊。""胡文忠公抚鄂记"一则云:"汪悔翁《胡文忠公抚鄂记》四卷,订两册,在清华图书馆,红格纸所抄,行书,有加注,无涂乙,当是定本。文忠'忠'字尚空一格,书成时未定谥也。自署'弟子某人编'。"

按,汪士铎编此书,取材胡林翼所遗批牍。胡氏生前曾嘱幕僚将批牍择要选录。咸丰十年六月二十一日,胡林翼致曾国藩书云:"林翼批牍或比俗吏为优……去年多病,冬月嘱黄子山饬各房书吏,杂抄十本,亦不过十存四五耳。十本之中,抄存二本,作梅阅定,偶有圈点。辱承台命,谨以就正有道。"见八十六卷本《胡文忠公遗集》卷七十六。作梅,胡氏幕僚陈鼐。如此编尚在,可以与《抚鄂记》一核。

三、《胡文忠公遗集》传播记略

咸丰十一年，胡林翼病故后，其属员湖北臬司阎敬铭等为编辑《胡文忠公遗集》，凡十卷，同治元年，刊于武昌。家属朋僚病其疏略，得后任湖北巡抚郑敦谨、曾国荃等支持，扩编《胡文忠公遗集》，凡八十六卷，同治五年武昌刻本。同年，江苏藩司丁日昌出资重印《胡文忠公遗集》十卷本于苏州。稍后，曾居胡氏抚幕的湖南粮储道但湘良以为十卷本失于简而不能见全貌，八十六卷本失于繁而淡化"经世"主题，遂重为选编，取名《胡文忠公政书》，凡十四卷，光绪二十五年，刊于长沙。兹辑录三书在清末士大夫中传播大略，以见其影响。

赵烈文《能静居日记》：同治四年闰五月十八日，"读《胡文忠集》十卷、《江忠烈集》二卷。二公皆实事求是之才，不敢云优劣，然胡较绝赡顾，魄力似大，或胡早贵，江则坎坷，境能易心耶？文笔则胡强"。

《翁同龢日记》：同治四年六月二十日，"从檀圃处假得《胡文忠遗集》，太阿出匣，不敢逼视，惜不获与此人游也"。

王之春《椒生随笔》卷七"胡文忠书牍"一则云："《胡文忠集》十卷而书牍居其六，皆军事政教之言，其于亲戚情话仅附一二笔，在自然机趣，所谓老树着花无丑枝也。"

《能静居日记》：同治六月十二日，赵烈文揭江苏藩司丁日昌虚伪，曾国藩"始甚愕，继而掀髯大乐曰：'渠昨刊《圣谕广训》与胡咏芝书，颁给属员，既属不伦，又特抄通札寄余，以余素服膺胡公，卜度以为必中。'其无识可笑类此"。胡咏芝书，指苏州重印的《胡文忠公遗集》十卷。时丁觐觊升任江苏巡抚，因图以此骗取两江总督曾国藩的信任。

李慈铭《越缦堂日记》：同治六年十月十一日，"借得《胡文忠集》阅之，集凡十卷，皆奏疏、禀牍、批札之文，嘉兴钱卿和（铢）等刻之吴中者，冠以国史本传及年谱。文忠老谋深识，烛照不遗，固中兴第一流人。其行文亦词意严正，绝无枝叶，往往援证故事，深挚剀切，国朝言经济者莫之或先，其集在天壤间自不可磨灭。惜校刊不善，体例芜杂。闻楚中近日又有刻本，较此更多数倍。前日曾索之杨方伯，尚未得也"。杨方伯指浙江藩司杨昌濬。按，苏州重印的《胡文忠公遗集》十卷，由徐先路、钱卿铢校刊，故李氏云云。至于其重印之背景则李氏所不知。

《王文韶日记》：同治六年五月二十五日，"作彦侍函，附严刻舆图、《胡文忠集》各四部，交仇从九带京，经师及吉人、鹄山诸君均信来索此也"。十一月十八日，"作雨辰信，寄竹筷四把，新《胡集》一部"。同治七年七月二十四日，"拟上沈经笙师书，附《胡文忠全集》《兵略》《惜抱轩集》"。按，王文韶时任湖北臬司。《胡文忠公遗集》八十六卷本刻成后，北京官员纷纷索阅此书。

方濬师《蕉轩随录》卷四《读〈胡文忠遗集〉》云："胡文忠公林翼勋业彪炳，今读其《遗集》，乃知经济皆从学问中来，非寻章摘句辈纸上空谈。此择其议论之卓然可传者录之。昔谢秘书爱《沈约集》，行立坐卧，靡不讽咏，予于公之文章殆庶几矣"。按，方氏长期任职内阁及总理各国事务衙门。《蕉轩随录》于同治十二年十二月刊板。

王闿运《湘绮楼日记》：光绪四年二月二十九日，"看咏芝奏牍，精神殊胜涤公，有才如此，未竟其用，可叹也"。三月十六日，

"看胡《奏稿》《书札》及《方略》,见庚申年事,忽忽不乐。又看曾奏稿,殊失忠诚之道。曾不如胡,明甚,而名重于胡者,其始起至诚且贤,其后不能掩之也。予初未合观两公集,每右曾而左胡,今乃知胡之不可及,惜交臂失此人也。"按,其时王闿运正撰《湘军志》。

张謇《柳西草堂日记》:光绪十三年九月一日,"看《胡文忠遗集》"。

陈宗彝补撰《陆文慎公年谱》下册引《陆宝忠日记》:光绪二十五年十月二十六日,"饭后,阅《胡文忠公政书》'富莫如节用,强莫如裁兵',旨哉斯言!"二十七日,"灯下阅《政书》,不禁感慨系之……今时局日非,设胡文忠生此时,恐未必能行其志,况颠倒错乱乎!当日人心吏治已日非,亦未若今之甚,今糜溃至不可收拾矣!"

（原载《曾国藩学刊》1996 年 1 月总第 4 期）

冲天炮李金旸考

我读罗尔纲先生《李秀成自述原稿注》，得补证若干条，其一为《李金旸考》。

一

五年前，在《罗先生赞》一文里，我肯定中华书局于 1982 年出版的《李秀成自述原稿注》是不朽之作时说："只有经过长期积累资料，才能得来这样的结果。例如，对'冲天炮'的一条注释，就是不断增订的产物。按，李秀成说：'十一年正初，由常山动身，上玉山、广信、河口而行，到建昌屯扎，攻打二十余日未下，外有清军来救，是冲天炮李金旸带兵。'其后又说：'先有冲天炮李金旸带有清兵十余营屯扎阴阳冈岭，与我部将谭绍光、蔡元隆、郜永宽等迎战。两军对阵，李金旸兵败，其将概已被擒，全军失败，拿其到步。……过了数日，发盘川银六十两，其不受而去江西，后闻被杀。'对'冲天炮'李金旸，罗先生在《李秀成自传原稿笺证》的一、二、三版，都未注释。四版（"增订本"）始据欧阳兆熊《水窗春呓》，注：'冲天炮是李金旸的绰号。'以后，罗先生陆续掌握了有关资料，在 1982 年出版的《李秀成自述原稿注》里，便完整地交代了其人其事。他据《王鑫遗集》里的一篇禀牍，弄清冲天炮的来历，'本是天地会员,在湖南起义,称统领元帅,后来叛变投降清朝'。又据《曾国藩奏稿·李金旸张光照正法片》及南京图书馆所藏左宗棠给曾国藩的一封信,补充说明冲天炮与太平军战败被俘,李秀成释放了他,走归南昌自首,左宗棠认为其人凶悍难制,力劝曾国藩'不用则杀'。后来江西巡抚毓科把李金旸解送曾国藩,曾借失律罪将李处斩。"[1]几年之后,沿着罗先生所指引的线索,我利用在美国探亲的暇日和匹兹堡大学Pittsburgh University图书馆东亚部的庋藏,阅读了一批湘军将帅的专集等文献资料,发现罗先生这条注尚不够完整,还需补证,集中回答一个问题,即李秀成为什么要突出提到李金旸的捉放?因为李金旸在湘军中已经是著名的悍将。其人其事,在湘军史上不是一个无关紧要的小问题。由此可见,对太平天国史的研究,前人并未封顶,我们还需深入。

据光绪《宁远县志》,李金旸是湖南宁远人[2]。他自受王鑫招降之后,即成为湖南官方攻剿农民军的得力鹰犬,得到王鑫的器重和提拔。王鑫于咸丰五年二月初二日给父母信说:"去岁收用伪大元帅李金旸,血性勇敢,而将略颇有天授。前在富川,屡战冲锋,杀悍贼甚多,日夜鏖战,而精神倍加,贼深恨之,欲得而甘心焉。每出战,贼用炮石丛击之,竟不克中,而彼不自惜也。尝自言曰:'使非王、周二恩帅救我,我早死,且负贼之名而死。今日无论不死,即死已迟了多日,且人人知我为国家出力而死,尚何爱焉!'营中勇亦有慷慨激昂而益加奋勉者,亦可喜也。"[3]所云

---

[1]《罗尔纲与太平天国史》,四川省社会科学院出版社1987年版。

[2]《湖南地方志中的太平天国史料》,岳麓书社1983年版,第741页。

[3] 台湾文海出版社影印《王壮武公遗集》。本文所引王鑫禀牍、书信、日记,均见此集,以下不再注明。

"王、周二恩帅",王即王鑫,周为湖南绿营军官周云耀。当咸丰五年二、三月间,李春旸还仅是王鑫的一名"侍勇",见王鑫于是年三月初六日的《永明剿贼大捷夺获富川县印信各件请赏送广西省核收禀》:"该勇昨在富川攻剿,出力颇多。是日争取冲杀,手刃悍贼二十余名。"到四、五月间,李春旸已是"六品军功",见王鑫于五月初二日所上《四月二十七日至五月初一日攻剿东安暂退井头墟各情形禀》:"六品军功鲍隆湘、李金旸等十六员并勇贺连台等一百五十七名各受枪炮刀石等伤不一。"是年十二月初一日,王鑫于《遵札保举永明东安出力员弁禀》中,保举李金旸,"请以千总拔补,并赏戴蓝翎"。同月十二日,王鑫于《烁凤两营进剿永明获胜禀》中说明,他已委派李金旸领军:"窃职道于十一月十三日委烁、凤两营进剿永明,并派职营百长李金旸带领湘勇,帮同凤营打仗。"由于李金旸字和卿,以故所部旋称"和字营"。咸丰七年五月十六日,王鑫日记:"文辅卿、黄南坡、赵玉班专勇来信⋯⋯和、凤两军剿龙泉,沿途获胜,已逼县城。"闰五月初三日,"辰刻报贼出城,遂往和字营,登高望之"。可证其时李金旸正随王鑫、文翼、黄冕、赵焕联等在江西作战。

在拔用的同时,王鑫对李金旸也严加管教。他的日记说:咸丰六年正月二十三日,"严斥李金旸回家"。二月十八日,"夜,呼李金旸,痛责之"。这里暴露了问题,为以后李金旸之死作了伏笔。

王鑫死于江西后,所部老湘营由张运兰、王开化分统,并由其兄王勋联络监护。李金旸所部"和字营"则游离出来,一度归湘乡人赵焕联统率。咸丰八年,湘军攻克江西的吉安府,因战事告一段落而遣撤一部分队伍时,曾国荃在一封家书中说:"赵玉翁大约不久亦可还湘料理葬亲事。现在广东之连州,广西之贺县又有

围城事,和字营大约亦不能全撤。"[1]从此,李金旸又率部在湖南
与广西的边境作战。以下文献记录了他的活动。

光绪元年崇正书院刻本《宁远县志》"贼酋张士谋、赖剥皮回
窜,攻七昼夜遁去"一条下云:"(咸丰九年)二月下旬,发逆回窜,
四野充斥。邑人李金旸由龙板桥进兵,在高水洞接战。"[2]

刘长佑于咸丰九年给王勋的信说:"逆首陈宰制因伪经略萧
荨昨伏显戮,誓决一死为萧报仇,如永城再不能破,即率众由祁
趋衡等语。弟昨函嘱佘、杨两军仍扎西岸,与李金旸共堵西窜之
路。"[3]对这一战,李元度在《前永州太守杨公生祠碑》也说:"咸
丰九年春二月,粤贼伪翼王石达开率党数十万,自南安入楚,陷
郴、桂二州,将乘虚取永州以犯长沙……时候选道刘公长佑、知府
江忠义奉巡抚檄,帅所部数千人援郴桂,游击佘星元、杨恒昇、都
司李金旸各帅所部援江华。"[4]

骆秉章自注年谱:咸丰十年"二月,粤西贺县逆首陈金冈分
股陷富川,逼进楚界。派刘岳昭、陈品南等出境,先剿牛岩之贼,
而以李金旸、王承章两军分道夹击"[5]。是年七月七日,骆秉章与
郭崑焘书涉及又一次在湘桂边境的军事部署说:"现派杨墨林一
军驰赴武冈,刘靖兄果后五营由东安、新宁前进以防城步,章、武
二营驻道州,李金旸一营驻四厂桥。皆与左、赵二公商定者也。"[6]

[1]《湘乡曾氏文献》第8册,第4754页,台湾学生书局1965年版影印。

[2]《湖南地方志中的太平天国史料》,第741页。

[3]《刘武慎公全集》卷二十六,台湾文海出版社影印。

[4]《天岳山馆文钞》,台湾文海出版社影印。本文所引李元度之文,均见
此集。

[5]《骆公年谱》,台湾文海出版社影印。

[6]《咸同中兴名贤手札》,台湾文海出版社影印。

刘靖兄,即刘岳昭,字靖臣。左、赵,指左宗棠与赵焕联。

二

　　咸丰十一年春,李金旸奉调率部前往江西,见左宗棠对《李副将金旸禀驰抵江省并拔营赴剿日期由》的批复。其时左宗棠已率军援浙,他对李金旸寄予厚望:"该将年壮胆优,素有血性,本京堂望为名将,不仅一战将也。"[1]他舍不得此军归江西巡抚调遣。是年三月五日与郭嵩焘书:"李金旸则毓中丞已有咨来调,不能复为我有矣!"[2]

　　江西方面信赖李金旸能战。其时预闻军务的江西督粮道李桓于咸丰十一年二月初三日与刘于浔书:"李和卿兄昨全队起行。此军甚能战,而驯谨者不多……看来建郡可保。"[3]二月初五日,李桓致李瀚章书:"建郡之围未解……若李金旸千五百人到即解围,则诚大幸。"二月初九日与书左宗棠:"刻下建昌之贼,尚未解围,李副将金旸一军已抵该处,能即剿退,乃为幸事。"

　　决定性的战争发生在是年四月初,江西补用道平江营统领郭式源战死。李金旸是降是败,有关文献的记载分歧。李元度《赠按察使衔江西补用道郭君别传》:"(咸丰十一年)三月十六日,追贼至峡江,贼分党窜临江,君驰击败之,遂次瑞州太阳墟,与贼夹水而营,扼其渡。李金旸者,降将也,历保至副将,奉南抚檄,率二千人来助剿,号和字营,与君连屯,所部有异志,君不知也。四

---

[1]《左宗棠全集·札件》,岳麓书社 1986 年 2 月版。

[2]《咸同中兴名贤手札》,台湾文海出版社影印。

[3]《宝韦斋类稿》,台湾文海出版社影印。本文所引李桓诸信,均见此书。

月朔,贼济河来犯,和字营坐观不击,君大骇,既济则相率降贼,叫欢声如雷,金旸亦降。君愤甚,独率所部迎敌,贼围之数重,势不支,遂遇害。"陈澹然《帅远烨郭式源列传》:"(咸丰)十一年春,李秀成围抚州,号二十万,式源自玉山驰解之,再破之樟镇。三月,蹑寇瑞州太阳墟。降将李金旸告曰:'贼半渡,可克也。'式源信之。贼渡河,金旸不能御,式源鏖战,炮丸竭,碎釜铁代之,再竭,死。"[1]李元度是平江营老统领。他对平江营之败,极为痛心,故而归咎李金旸叛降甚力。陈澹然事后追记,较为客观,但所记时间不确切。

李金旸在太平军里的时间很短,但江西人对他的传说纷纭。陈澹然《瑞袁吉临赣建抚列传》:"高安之西曰新昌。十一年春,降将李金旸结寇掠新昌,十一战。"[2]曾国藩的家书也说:"李金旸在瑞州败后,江省纷纷传其投降于贼。"[3]江西官方初以为李金旸已投降太平军,但后又力辨其诬。李桓于是年四月十五日与曾国荃书:"此间踞瑞之贼,自初二攻破平江、和字两军后,声势稍大……当和营之失利也,谣传金旸有不轨之心。而平江营来禀,亦以郭守战殁,由于和营不开枪炮,是以甚败。旋又据该营官张游击光照签称无异,于是始将所带弁勇数百名遣散回籍。讵十二日金旸只身来省,始知前以伪降,俟其派攻安义,即乘败得脱,与寅好相见,愧恨无地,自属实情。"于是曾国荃也向关心其事的黄冕辟谣:"李金旸并未降贼,于前月从安义逃出,至江西省城。闻

---

[1]《江表忠略》,台湾文海出版社影印。

[2]《江表忠略》。

[3]《湘乡曾氏文献》第1册,第696页。

已交家兄处究办矣。"[1]

三

　　江西巡抚毓科将此棘手案件移交钦差大臣两江总督曾国藩处理。李桓于咸丰十一年四月十五日致刘于浔书:"李金旸只身遁回,虽降贼一节,可以自明,而其纵勇扰害,失地丧师,决不可再用,且听制宪如何办法可耳。"李桓于次日又致书李元度:"李金旸已于十二日自安义遁回,现与告变之张光照解赴督帅行营讯办。李既逃归,似张诬陷也。"

　　对此案,曾国藩按照江西省方的调子作结,并立即处决,先斩后奏。他的日记说:咸丰十一年五月初三日,"江西委员解张光照至。光照系李金旸之营官。四月初二日,瑞州太阳墟之败,光照未战先逃,逃至临江、省城等处,告李金旸降贼。李金旸亦经夏委员解到。予筹思久之。未刻,派程尚斋、彭久峰审讯,自写手谕定谳:'张光照未战先逃,不顾主将,又诬陷于大辟,情罪尤重,应即正法。李金旸前在建昌,见贼即败;在吉安不能坚守一日,以致府城失陷;在瑞州全军溃败,不能殉节,屡次失律,偷生贼中,厥咎甚重,应即正法。'均于酉刻处决"[2]。

　　处决李金旸、张光照一事,黎庶昌等写进了《曾文正公年谱》:"(咸丰十一年五月)初三日,讯失律营官李金旸、张光照,于军前斩之。"十八日,"附奏李金旸、张光照正法一片"。

---

[1]《曾忠襄公书札》卷二,台湾文海出版社影印。
[2]《曾文正公手写日记》第2册,台湾学生书局1965年版。

　　湘军内部记取李金旸事件的教训。《郭嵩焘日记》：咸丰十一年四月十六日，"复意城信，因论李金旸瑞州太阳墟之败，言招勇是今日第一弊政，如何钰等并在县招勇，恣意妄为，此岂可恃以平贼耶！李金旸之视何钰，相去几何？养生人和平之气以挽回气数，必先留意于此。光武以匹夫定天下，所任为将帅者，如来歙、寇恂、贾复，多诚笃君子。邓禹、冯异于光武初起之日，仗剑相从，所至招徕安集。吴汉之贤，犹时以所部兵掳掠，反复申诫。罗忠节、李忠武之起，犹守此义，故声名最著。今之论者，徒曰勇则授之，授之而又弃之，曾不为意，犹且曰：'其勇可用也，勇者固如是也。'苟如是而已，运劫之引而日长，正不知其所终极也！"[1]意城，郭崑焘，湖南巡抚幕僚，湘军的实际组织者之一。

　　以上材料充分说明，李金旸事件，在湘军史上，不是无关紧要的小事，以故欧阳兆熊在《水窗春呓》中，列为专条。这一切都反衬出《李秀成自述》之所以要突出提到对李金旸的捉放。这正是罗注所缺少说明的。

　　《水窗春呓》略嫌夸张，有失实处。其中云："是日，李来谒，盛称中堂明见万里，感激至于泣下。"按，咸丰十一年五月，曾国藩尚未协办大学士，李金旸安得称之为"中堂"？中华书局重印此书时，曾在"说明"中介绍"李金旸"条，但未指出其中的问题。附志于此，希读者在征引时注意。

（原载《书品》1992 年第 2 辑）

---

[1]《郭嵩焘日记》第 1 册，湖南人民出版社 1981 年 5 月版。

《郎潜纪闻四笔》发微

1984 年,中华书局出版了陈康祺《郎潜纪闻》的初笔、二笔、三笔;1990 年,又出版了它的四笔。前三种的版本较多,流传较广,学术界已多引用。四笔虽富有史料价值,但尚属初次公布,有待读者为之探赜发微。

《郎潜纪闻四笔》成书于光绪十二年(1886)。他写作的时代,正是中法战争前后。陈康祺同其他有识之士一样,他所殷忧的是:外侮日亟和清政不纲。以故他写此书,除尽心于激发忠义,巩固边防外,同时为挽回颓风,对官场腐败,揭露不遗余力。兹举两例,略作笺释,以见作者深意。

该书卷二载"钱澧骨鲠直陈"一则,借乾隆时御史钱澧劾陕甘总督毕沅故事,揭发当代山西巡抚曾国荃包庇属员王定安贪污之罪。原文云:

> 乾隆间,甘肃冒赈狱成,钱南园侍御奏:"冒赈折捐,固由王亶望骪法营私,但毕沅近在同城,岂竟毫无闻见?虽未必利令智昏,甘受所饵,惟瞻徇不举发,甚非大臣居心。"奏入,上是之,夺沅爵三级,已见二笔矣。比年山西大旱,赈事方殷,署藩司王定安,贪冒库帑至数十万之多。事发遣戍,论者谓不足蔽辜。其抚臣亦近在同城,且定安即其所力保,

以捐职道员即真，超权藩篆，其滥保匪人之咎，已无可辞。况抚藩陋规，名为裁减，实则增加，抚臣亲为饰词陈奏，狼狈为奸，确有实据。其为利令智昏，甘受其饵，更何待言？乃一时言官竟无如南园之骨鲠，侃侃直陈者，吁可叹也！

陈康祺自注："按，《二笔》据朱克敬笔记，以山西赈荒归功大吏。顷读南皮中丞奏折，知其时抚藩方借此奇灾，剥民剥国，并剥通省属吏以自肥。其积薪祷雨，盖仍军营粉饰故智也。猫鼠同眠，獬豸失职，故重述南园旧事，为今之居言路者，加责备焉。"查《郎潜纪闻二笔》卷十三有"曾威毅抚晋之政绩"一则云："威毅伯曾公之抚晋也，值山右大祲，赤地千里，前抚噤不以闻，公下车即飞章请命，于是公私赈贷，集金粟至亡算，晋民始苏。龙山典史朱克敬笔记，称公初次祷雨，未即应，下令诚所部官吏毕至坛，绅士自廪生以上皆集，积薪塞庙门，誓次日不雨，即自燔，雨果应时至。晋父老感讴歌，乃家尸而户祝之。论者谓公此举，视昔年攻拔金陵，平积年僭号之贼功相等。盖一则夺数百万生灵于豺貘封豕之吻，一则活数百万生灵于沟渎饿殍之余，前古勋臣，未有斡回元化，大任叠肩，建立如斯其伟者也。"将以上前后所书两则对看，可见在山西人民抗旱岁月中，当时的山西巡抚曾国荃欺众盗誉，但后终被揭露贪污等罪。其事传闻各省，有王闿运所记可相参证。《湘绮楼日记》：光绪五年四月二十七日，"曾沅公祈雨不降，藏火药炷香其上，密誓自焚，与司道期天明始集，沅公四更往，香及半寸，澍雨暴至，应时沾足。斯与桂阳张熹后先比美矣。假令传闻失实而晋民以此归美，尤见其信孚于民也。"光绪十四年五月十日，王闿运又记："午，出城答访王鼎丞，见其二妾，谈山西分银事，然后知曾沅浦辈真劫盗也。"王鼎丞即王定安，曾沅浦即曾国荃。"朱克敬笔记"，指朱克敬所撰《瞑庵杂识》[1]。朱字香荪，甘肃皋兰人，曾任湖南龙山县典史，后寓居长沙，攀附曾国荃、郭嵩焘等湘军将帅，其事迹略见于所著《儒林琐记》。"南皮中丞"，指后任山西巡抚的张之洞，南皮人。张之洞有《奏参各员革职议处片》[2]，参劾王定安提议改陋规为公费等罪。光绪八年，御史李肇康劾奏曾国荃滥保道员王定安，即追究山西任内之事。曾时署两广总督，受到革职留任处分[3]。

《郎潜纪闻四笔》卷八载"叶观国视学廉勤尽职"一则，也是借乾隆时廉政勤政故事，揭发当时江苏学政黄体芳贪污实迹。原文：

> 闽中叶毅庵官詹，乾隆间屡司文柄，廉勤尽职，至老不衰。初督滇学，诸城刘文正公适奉使至，见公喜曰："吾见馆阁诸君，一出学差，无不面丰体胖，今君如此清癯，殆半为校士清勤，半为官署冷淡，不愧为吾门下士矣！"视学粤西，值乙酉选拔之期，有某生为巨公婿，挟权要人手书，谆谆相托。官詹得书，立焚之，不置一词。榜发，其人不与，合属翕然。按试各郡，约束丁役，无额外靡费。比任满，代者以地方供应事，酿成大案。抚臣劾奏学臣某按临之处，较前任叶观国多派人夫至七百余名，代者竟罹重辟。（纪此则后数年，予宰江阴，为学臣驻节地。时，学使瑞安黄某，家丁胥役，狐假

[1] 黄濬：《花随人圣庵摭忆》。
[2] 《南皮张官保政书》卷二。
[3] 见其《年谱》。

虎威，每出棚，行李不过需夫一二百名，及回棚，多至十倍，虽庖丁、剃发匠，莫不满载而归，其关防可想。观宫詹旧事，不禁感慨系之，补注于此，以垂炯戒。）

按，黄体芳，字醇允，号漱兰，浙江瑞安人。同治癸亥进士。光绪九年、十年间，以兵部侍郎为江苏学政。见项方葰所撰家传。对黄体芳在江苏学政任内的劣迹，《郎潜纪闻四笔》卷八"英和孙玉庭之进退"一则中的插注作了补充揭发：

> 近人黄体芳为翰林时，曾劾京外官收受门包陋规，力请禁革。及视学江苏，改门包为帖敬，且倍增其数。棚规勒索极苛，凡两邑同棚及岁科并考之属，俱令分棚增规。又江苏学院驻节江阴学署，上下开销，向由县署支给，即陋规也。前数年改为月馈二百金，由学辕自备，虽不省费，稍省事矣。自体芳莅任，以二百金为例入之项，凡学署舆马、夫役、什物、工食，甚至宾客、妻孥之所需，无不朝夕娄索，视若固然。为之令者，多至百孔千创，涕泣求去。此即陋规外之陋规也。

中华书局对《郎潜纪闻》（初笔、二笔、三笔）的"出版说明"仅言陈康祺曾任昭文知县，漏载他曾作宰江阴。今按，《郎潜纪闻四笔》卷四载"徐阶平夫妇及徐婆绸"一则小注云："光绪庚辰，予量移江阴。"可证他于光绪六年调任江阴知县。嗣后曾与学政黄体芳同城共事，有张虎文所撰《郎潜纪闻三笔序》可证。"光绪九年秋，予应学使瑞安黄侍郎之聘，摄席南菁书院，君适宰江阴，因得读其书而麟之。"由此可见，陈康祺对黄体芳收取陋规等劣迹的揭露,不是传播道路见闻或删取他人记载,而是写下了他亲历的事实。这是官书和碑传所讳言的。

褚家伟、张文玲两位编者给《郎潜纪闻四笔》写了一篇简明的前言,对读者有帮助。但介绍内容所包括的时间,尚不够完整确切。前言根据陈康祺自序,谓本书"原是作者乙亥、丙子(光绪元、二年)两年的日记"。其实不尽然。即如以上两例,实发生在这两年之后。作者之子陈麟蔚的校后题识明明有"故全书皆乙亥、丙子所纂辑,而牵及近年时事者,亦间有数条"云云。

对本书的校勘工作,尚有疏误。如第六十七页说盐法变迁有"奏销失期,库引悬,商网散,运数减,国课亏,当事者亟议变法矣"。"商网",当是"商纲"之讹。查下文有"淮纲之兴废系焉,亦他日考盐法者所必及也"等语可证。

(原载《书品》1991 年第 2 辑)

读《张文虎日记》随笔

《张文虎日记》(以下简称《日记》),2001 年 12 月,上海书店出版社据上海图书馆藏稿本点校印行。

张文虎(1808—1885),为曾国藩所延揽的文人之一。以校勘《史记》和评点《儒林外史》,名噪一时。

《日记》始于清同治三年(1864)九月,迄同治十一年(1872)十二月。其中缺失从同治四年八月二十七日迄同治五年九月底一年多的篇帙。此虽残本,但却记录了作者在金陵书局校书时目睹的东南政局,揭示了一些盛衰兴亡之迹。"履霜而知坚冰之渐",可供后人借鉴。

按,《日记》所反映的时代,正是清政府倚仗湘淮军的武力,平定"发捻",被封建史臣所粉饰的"同治中兴"时期。然而张文虎所暴露的真相却是清王朝正在走向所谓"中兴"的负面,湘淮军已日益腐败,《日记》罗列了若干发人深省的事实。

1.将帅骄横

同治三年十一月初三日,"是日,李宫保接署督印,司道以下皆庭参,藩司立而禀事,科吏白事不如指,自起拳之。"

此揭李鸿章"官气"十分严重,其骄横咆哮之状,跃然纸上。

2．子弟奢侈

张文虎亲闻目击曾纪泽背着曾国藩，讲排场、讲阔气之状。此亦言他书所未言。

> 同治四年六月初九日记："曾劼刚公子向来俭朴。其在安庆，出只步行，随一仆。及来金陵，出必肩舆，以城大地远故尔。近乃闻其舆前顶马，四健丁持刀前导，后从仆亦骑。此节相未北征所未有。然则平日俭朴，特强制耳！识力犹未定也。"

> 同治八年正月九日，"是日曾劼刚、孙琴西为缦老饯行于下江考棚，招与子密、端甫相陪。饮馔颇盛，节相宴客从未有此！"

达官子弟日趋奢侈，不能不使人隐忧。

3．士卒怨怒

当攻陷太平天国天京前后，曾国藩已为湘军暮气而忧心如焚。所谓"暮气"，就是高级军官严重腐败，官兵之间矛盾激化，士卒怨怒，人心思乱。已而为抗拒北调"剿捻"，鲍超所部"霆军"首先哗变，东南震撼。但据官牍所载，碑传所记，刘松山部"老湘军"却是例外，似乎没有染上这种"时疫"。其实不然，《张文虎日记》片言吐露了真相。

> 同治四年闰五月十三日，"闻宁国调来刘松山之兵将赴剿捻匪者，鼓噪于龙潭"。

此可从赵烈文于仪征渡江时所记得悉详情。《能静居日记》：

同治四年闰五月初八日，"闻趁船洪姓副将道刘镇松山之谬：初发皖南，绐士卒至芜湖领饷，至芜湖复云须至金陵，至金陵领得五万，乃寄己家至八千金，自哨官以上皆有分，独兵勇无有，复云须过江发饷，且云江口不过三十里，士卒行至螺丝沟不啻百余里，已拥大舟粮运中流而进，士卒终日不得食，故怒甚而哗，连日来往南北岸调停解说，则已晚矣！"

赵氏哀叹："自古吏治患在中饱，今军中亦然，危哉危哉！"

《张文虎日记》又暴露当时文化上的一些突出问题：

1.功令陈腐

同治四年六月二十日，"校《周易本义》竟，朱子于《易》所得实不深，至不可解处，辄云占者当如此则吉，或云戒占者当如此，数见不鲜，殊无意义，不如《程传》多矣。所作《五赞》尤肤浅。以功令所重，不能不刻"。

同治六年十月五日，"是日，武乡试初场。武科之设，以备将材，三场以步箭为第一。然此时用兵全恃火炮，百步穿杨，何功战阵？所学非所用，亦时艺之类而已"。

2.思想混乱

同治七年三月三日，"自宋儒昌言性理，参以禅宗，至明姚江之徒改头换面，各立异说，猖狂浮游，不可弹悉。国初诸儒矫以征实之学，至乾嘉而极盛，如白日当空，魑魅屏息，而末流之弊转为琐碎，遂使反唇者复扬死灰，却借其皮毛以为贯汉、宋，又其甚则谓三教同源，灵谈鬼笑，妖怪百出，有心者不无世道之忧。"

3. 方法流弊

同治六年十一月二十日，"灯下，阅俞荫甫《群经平议》，有发前人所未发者，然意在翻新，果于改字，盖效高邮王氏而得其弊者"。

按，高邮王念孙、引之父子精究训诂，善于"因音求义"，破古人假借之字，发明经籍真谛。但有时以意忖度，得不到证实，有妄改古书之嫌。这是乾嘉考证方法的通病，非徒高邮王氏而已。

由上述可见，"清学"已到了必须革新的地步。

张文虎在金陵先后校了两部巨书：一是《船山全书》；一是《史记》。近年学术界整理这两部名著时，都以张氏校本为底本。《日记》留下了一些经验教训，颇有价值。

1. 曾国荃所刻《船山全书》，原本被妄改，失真

同治六年三月十二日，"节相言，前刊《王船山书》，中间从《说文》之字，皆邹叔绩所改，其文亦多改窜，非原本，曾致书诤之，不听。乃恍然前为沅帅重校付印时，于此等处疑是船山原本如此，故不敢轻改。今已刊成，无及矣！"

2. 金陵书局校刊《史记》，出于急就

同治六年九月二十八日，"校《十二诸侯年表》竟。《史记》向无善本，而此表舛误脱落衍字尤多。上下前后两格相连，往往互羼。各本或异或同，皆归窜乱。中有与纪、传、世家同误者，固史公记载之疏。其纪（排印时讹作"他"，失校）、传、世家不误而表误者，则明是传写失真。钱氏《考异》、王氏《杂志》于此表辨证，寥寥无几条，惟梁氏《志疑》最为详析，而亦间有疏失。古本难校，而莫难于《史记》。搜罗旧本，博取群书，采诸家辨论，而平心折衷之，勿持己见，忽惑妄言，集数贤之精力，积十年之功，博访通人，就正有道，然后勒为一编，或于史公可告无罪。然而欲彻底通晓，毫无疑滞，亦不能也。今也，旋校旋写，旋写旋刊，区区以两人之心力，而出之以急就。予老而衰，端甫又多病，如此虽二三前辈恐亦不能任也"。

唐端甫，与张文虎同在金陵书局校《史记》。

据出版前言交代："日记中有些明显的笔误，现于该字后加括号，注明正字。"以我所见，尚有一些漏改之字，须加补正。如：

同治四年二月二十二日，"长江水师提督王昌期来拜，盖去岁节相生日曾同聚者。"二十三日，"与壬叔至朱状元街回拜王军门。军门勇而有礼，不受馈献，御兵有纪律，克复常熟、吴江、湖州诸处，功颇高。鲍春霆军门微时，为佣于湘，军门识拔之，遂成名将。为人谦退，有儒将风。"四月十

二日，"饭后，至仓巷访缦云、鲁生，知捻匪东窜，王昌期已赴清江浦会剿"。五月十四日，"闻王昌期军门自清江探捻逆情形回，言运河岸高，于水师不便，难以为功"。

按，这里的王昌期或王军门之"王"，都是"黄"字之讹。黄翼升，字昌岐，一书昌期。时任长江水师提督。

> 同治九年八月二十九日，"闻朝命漕督张之范来审凶手案"。九月十四日，"马制军被刺之案久未奏报，朝命漕督张公之范来提讯"。

盖两江总督马新贻被刺身亡，江宁将军魁玉等迟未奏结，清廷命漕运总督张之万赴金陵会审凶手张文祥。"之范"，当改"之万"。

还有一些误排失校之字。如：

> 同治六年十二月十八日，"从端甫借阅明朱睦㮮刊本《周易集解》，颇精好。汉儒言经多可依据，故学者欲窥圣贤精意，必由于此。惜《易》则京、郑、荀、虞，皆无足取。王辅嗣一变而为谈立，程伊川再变而言性道……"

王弼注《易》谈玄，"玄"讹为"立"，形近之故。

至于有些古人通用或异体之字，则无需注改。如：萧穆字敬甫，"甫"无需改"夫"。刘恭冕字叔俛，"俛"无需改"俯"。原本固未尝误焉。一并及之，供修订时斟酌，使更臻完善，以便读者。

（原载《书品》2003 年第 1 辑）

读《忘山庐日记》随笔

一、孙宝瑄与《忘山庐日记》

孙宝瑄字仲玙,一名渐,清季浙江钱塘人。父诒经,字子授,官至侍郎。孙宝瑄娶李瀚章之女,为李鸿章之侄婿。中日甲午战起,孙宝瑄正以父荫为户部主事。其时大批中小京官都慷慨主战,孙宝瑄独违众主和。由是清议诃为李鸿章之党,孙宝瑄被迫弃官出京,旅居上海八年。他在光绪二十四年正月十六日的日记中录《生日自述》诗有云:"甲午忽闻变,烽烟动畿甸。螳臂力当车,朝士惟言战。我家忠孝门,不作违心语。上书效北江,慷慨陈边绪。书上计未行,俄顷群谤集。拂衣出都门,来居沪城邑。"戊戌变法及其失败时,孙宝瑄正在上海。光、宣之交,回京在邮传部等任闲曹。

"见道忘山",语出佛家。孙氏于光绪二十三年正月十三日记云:"夜,览《永嘉禅师语录·答朗禅师书》,有云:'先须识道,后乃居山。若未识道而先居山,见山必忘其道;若未居山而先识道者,但见其道,必忘其山。忘山则道性怡神,忘道则山形眩目。是以见道忘山者,人间亦寂也;见山忘道者,山中乃喧也。'至言名言。余因自号忘山居士,名其庐曰忘山庐。"于是所作《梧竹山房日记》也改名《忘山庐日记》。

孙氏极重视自己的日记。从现存的残本中,可以找到不少有关的记录。

（1）光绪二十七年十二月二十九日，"检日记，已积七年，盖自乙未起，至今未尝间断也"。

（2）光绪二十九年四月六日，"余日记又间断十余日矣，乃取笔补记，至夜深始眠"。

（3）同年六月二十日，"余日记不能每日笔录，必隔三五日或七八日、十余日然后补记一次。所记皆实，无虚词也。余立日记规则三条：一、每日所作事，无论邪正善恶，皆直书，不得稍有讳饰。一、日记中不许訾议人，亦不许无端赞美人，惟已没世者不在此例。一、凡用他人之论说，精粹者亦可笔诸日记，但不得攘为己有，须冠以'某某人曰'字样。以上三者，为作日记之金科玉律，不可不严守"。

（4）同年十二月二十三日，"八年来无他异人，惟日记不间断，既自课亦自遣也"。

（5）光绪三十二年闰九月二十八日，"余迩来览书，几若无可寓目者，然不阅书则日记枯索，几不能下笔，亦一苦事"。

（6）光绪三十三年正月五日，"余思将十二年日记，分类编辑成书，为忘山著作之初集，然亦非三二年不为功"。

（7）同年六月十一日，"又补数日日记。余之于日记，视等身家性命，十二年之精力萃于是，乌肯轻易弃之，故虽极忙迫，亦必补记"。

（8）同年九月十五日，"坐窗下，观旧时日记，饶有味。余日记自癸巳年十一月起，至次年甲午二、三月间已懈，犹未辍也。至五月而遂辍。自是六月、七月以至十月，皆无所记。其后忽于十一月二十五日再整旗鼓，嗣是以来，不复间断，越十余年如一日，亦诚不解何以能如是也"。

（9）光绪三十四年六月二十五日，"余编缀日记，欲命名曰《清谈》。其目曰：谈道、谈理、谈政、谈事、谈人、谈物、谈文、谈名、谈俗、谈时、谈趣"。七月一日，"夜，仍观日记。余日记已积十余年，所得名理不下数千条"。

孙宝瑄死后，《忘山庐日记》在浙江籍名流处流转，马叙伦曾见过。其随笔《石屋余渖》有"孙仲玙之学行"一则云："余昔从陈介石师知吾杭孙仲玙丈宝瑄而未之见也。今于陈伏丈案头见其日记数册，略读数页，更见其思想所趋……记中有斥章太炎著作流传为造孽不浅者，盖以太炎专事峻深种族观念也。然丈记中又有一处则虽斥太炎而谓此时若以此致流血赤族，吾亦不悔[1]。可见丈虽主张泯灭种族观念，而于清之杀戮革命者亦不之恕。于记中又见丈于新学说之书，殆无不窥，前辈好学，如丈与夏穗卿丈皆不可及……丈此日记涉时事学术者为多，可与越缦颉颃，叔通师丈颇有为之理董之志，余谓最好照原稿付印，不知有此好事者否？"可见陈叔通曾拟刊行《忘山庐日记》，但未果。

其稿本已有散失。民国三十年，叶景葵序云："君于癸巳年始为日记，每年一册，未曾间断。今仅存癸巳、甲午合一册，丁酉一册，戊戌一册，辛丑、壬寅、癸卯各一册，丙午、丁未、戊申各一册，共

---

[1]《忘山庐日记》云：光绪二十八年正月初九日，"晡，诣彦复。闻蓟汉有难，盖因前结怨于某公，故必欲致死。事为督臣电奏，有密旨严捕立决。以天下之大，仇一匹夫。虽然，蓟汉固自有取死之道也。余谓彦复曰：'我辈平日不以种界之说为然，设此时以蓟汉之故，波其于我，亦不悔也。'蓟汉所著书出，颇鼓动一世，造孽无穷。"蓟汉，即章太炎。彦复，吴保初字。马叙伦所言，当即指此，但凭记忆，故稍与原书有出入。

九册。"1982 年,上海人民出版社据上海图书馆过录本,节选其片断,排印入《清代日记汇抄》。1983 年,上海古籍出版社将全书排印,作为《中华文史论丛》的增刊。虽是残本,但仍富有史料价值。

二、戊戌政变侧记

"戊戌政变",是以西太后为首的顽固派绞杀维新,扑灭民主运动的反革命事变。面对腥风血雨,孙宝瑄虽非当事人,但怀着对维新的同情,与挚友余杭章炳麟、平阳宋恕等密切关注北京的情状,在《忘山庐日记》里,留下了对政变的侧记。

光绪二十四年八月初七日,"是晚,见中外报馆传单,知太后复垂帘"。

初八日,"枚叔告余以骇人之语,谓得京电云云。不敢信"。枚叔,章炳麟字。

初九日,"览报,有严捕康长素之说"。

初十日,"是日又闻奉旨缉捕十六人,有谭嗣同、张元济、杨深秀、杨锐、林旭、刘光第等等,目为逆党下狱。康长素至吴淞口,为英兵轮所救,否亦被获,盖亦密旨令上海道严缉也。朝局大变。(康在都为上信任,言听计从,累改革大政,如变时文,许士民上书,裁冗官,增设农工商局,为守旧党所不悦,以是贾祸)"。

十二日,"燕生过谭。有人传述此次朝政之变,为俄人播弄。盖日臣伊藤至京,朝臣有请留伊以备顾问者。俄人闻而大惧,恐中国政权渐操于日本,因以危语恫喝王大臣云:维新党人潜通日本,谋弑逆。王大臣惊恐入告,致有此变。未知事属实否?"燕生,即宋恕。

十四日，"闻奉旨，康广仁、谭嗣同等六人皆于是日正法"。

十七日，"览报纸，上谕宣布康有为罪状，始知有结党谋徙置太后事。盖先欲剪除太后党羽，故撰密旨，令袁世凯擒荣禄，即以新军入都移宫。袁不从，以告荣禄，荣禄奏太后，太后震怒，故降旨严拿，康已遁，仅获其弟广仁及徐致靖、杨深秀、谭嗣同等七人。后徐致靖免死监禁，余六人皆斩西市。张荫桓亦下狱，有诏戍边"。

十九日，"日中，枚叔过谭，偕诣燕生，病不能见。俄至《昌言报》馆，闻上复有不讳之信"。

二十三日，"晚，成七绝二首挽谭复生，录之：'慷慨悲歌气若虹，志扶赤县有陈同。可怜变法须流血，莫让先生血独红。（作者自注：复生被逮时，有外国使馆人来，言可保护。复生慨然曰："丈夫不作事则已，作事则磊磊落落，一死何足惜。且外国变法无不流血者，中国变法流血，请自谭嗣同始。"）''樽酒谈禅把臂豪，（作者自注：前年与燕生、雁舟、仲巽及复生共饮于外国酒楼，共谭佛理。燕生曰："今日可称小灵山会。"）久于生死等鸿毛。何期当日竹林友，坐看先游法界高。（作者自注：丙申秋，与复生、雁舟、燕生、穰卿、卓如、仲巽合映一像。余题一偈云："幻影本非真，顾镜莫狂走。他年法界人，当日竹林友。"）'"

二十七日，"览报纸，知太后谕，自今取士，复用'四书'文，并诏各处封禁报馆，捕拿主笔者。可叹！"

维新运动为何失败？孙宝瑄也与宋恕作了探讨。同书记：十月十九日，"晡，访燕生谈。燕生云：日本当明治初，能振变诸政，较易于支那者，其故有四：一、封建未改，获藩兵助也；一、国中一家，无满汉别也；一、处士皆世家，有权力也；一、文武合一，操论议者能将兵也。有此四美，故能三十年而争衡泰西。中国反是，故虽上有维新之主,下有奋起之士,而所如辄阻,职是故也。或以地之大小论之,抑未察其深矣"。

最后,孙氏写长诗为这次事变作结论。同书续记:十一月十六日,"寂坐赋《秋风歌》七古一首,录下:秋风怒吹碧海立,长鲸饮浪百鳞泣。可怜东南锦绣一原隰,蛮草年年哭群蛰。吁嗟此蛰幽埋三千年,几阅周舒与秦急。嬴秦一尽元又来,鞭笞刀锯如束湿。虎狼千辈戴冕居,驱策民贼膏血吸。膏血吸,民不给。愁云覆九区,群龙相绕袭。群龙兮群龙,何情之太忍兮,坐视吾民困幽縶。会逢海南一圣人,起排帝阍悲鸣悒。悲声震庭不敢止,天子感动下阶揖。下阶揖,忠言入。颁新谟,荡旧习。春雷一声动九天,万物芸芸皆欢辑。忽遇凛风朔雪卷地来,顷刻乾坤变冻涩。雪盛风劲冻不开,鬼蜮竞岩廊,凤麟避山隈。百卉已随苦寒死,松柏不受冰霜摧。松柏兮松柏,今非其时兮,空逍遥乎清泉与白石"。此诗从救国救民出发,歌颂维新运动,痛斥顽固势力。在当时,是一首难得的好诗。

三、清学蜕变与历史进化论的启示

孙宝瑄之所以能够比较正确地评价戊戌变法及其失败,是和他的崭新的学术思想与历史观分不开的。

孙宝瑄居上海八年,有机会博览中西哲学经济政法之书,探究治世救国之术。他于光绪二十九年八月二十五日记云:"人之性质各有所近,余平素亦无书不读,无学不研究,然必以义理为归,是余性质之所近也。盖余之学问,以明理、修身、救世为宗旨,故于名理之书,每酷嗜之,不厌不倦也。"对于义理与考据孰为重要之争，是清代学术界的一大公案，孙氏能给以科学的解答。他于光绪二十八年八月六日记："章太炎，余莫逆友也，学贯古今，尤粹经学，为当代鸿儒……苍雅之学，我国文字之根源也。本朝精治此学者，休宁之戴，高邮之王，诸家皆大有功，而近人多以破碎讥之。太炎为之讼冤曰：'西方论理，要在解剖，使之破碎而后能完具。金之出矿必杂沙，玉之在璞必衔石，炼钘攻斫，必更数周而后为黄流之勺，终葵之圭。夫如是，则不先以破碎，必不能完具也。破碎而后完具，斯真完具尔。'忘山居士曰：'太炎以新理言旧学，精矣。余则谓破碎与完具，相为用也。昔人多专治破碎之学，今日多专治完具之学。完具不由破碎而来非真完具，破碎不进以完具，适成其为破碎之学而已。'"孙宝瑄也重视考据，他于光绪三十二年十二月三日写道："欲判决是非，非易事，其必不可不注意者曰：考证也，研究也，调查也。苟无是三者而漫然曰'我能决之'，是武断矣，未有不误且谬者，人顾可轻言耶！"但他力纠为考据而考据之弊。光绪三十三年正月十六日，孙氏云："本朝康、雍考据家，余最所心折。惟学者从风而靡，渐演为目录校勘家，此又汉学家之一变相也。校勘目录学诚不可废，惟专疲心力于此，而忘其大者远者，宜夫被琐碎之讥无以自解也。"二月二十五日又云："偶览亭林先生经说。亭林为本朝汉学开先，然彼说经，犹不沾沾考证琐屑，颇抒大义。踵其后者，自著名数家外，皆流于入海算沙，困而不知返矣……语其流弊所及，有二言足以括之，曰：以校勘蔽群书，以小学蔽全经。校勘、小学二者疲弊人之精神数十年，以为经学在是，更无暇问义理，不审古圣贤留是经典欲何为者也。"孙氏的读经评史都是为鼓吹民主政治找根据。光绪二十四年八月二十七日，他说："三代之法不行久矣。后世请复封建者有萧瑀，请复乡举里选者有杨绾，请复学校者有王安石、蔡京，请复井田者有林勋，卒无请复《周官·司寇篇》议院之制者，不知本也。"光绪二十八年七月十三日，孙氏从《新民丛报》读了梁启超著《新史学》后赞叹："梁任公曰：'我国自古号称英雄，震耀千古者，皆一姓之家奴走狗也。'然哉然哉！"在西学冲击下，清代学术发生蜕变，《忘山庐日记》就是反映清学蜕变的产物。

孙宝瑄是历史进化论者。就在戊戌维新刚被绞杀之际，他仍强调民主取代专制乃是世界进化必然的结果。是年十二月二十六日，他写道："黄梨洲作《明夷待访录》，明夷，离在坤下，如日在地下。恽子居《明夷说》云：晦者，明之渐入地者登于天之渐。梨洲取其义，以喻乱久必治也……当明末国初时，发此远识，其言似不验。然当乾隆时，佐治华盛顿已创民主局于美洲，于是欧罗巴君权亦逐年渐减。至同治间，亚东日本复兴起，一变而为君民共治。虽我支那人至今略无改革，然合大地而论之，亦可谓日进于文明矣。明夷之说，其非虚言乎！"八国联军侵略中国之后，孙宝瑄对清廷伪立宪有幻想，但不久即破灭了。光绪三十二年十一月六日，孙氏不胜愤慨地发问道："东人窥见我国内容之腐，如燃犀照怪，无可遁逃者，不问其为改革与否也。法弊可改也，人弊何由改之？才艺之阙，可以学进之也，道德廉耻之丧，何由易之？当此强邻逼处，水深火热之时，而诸朝贵尚挟私以相竞，怀小忿以相中伤，漠然不为大局计。嗟嗟！皮之不存，毛将安附？破巢之下，有完卵耶？独何不一思之？"尽管时局如此艰危，然而孙宝瑄仍坚信历史进化论的启示，肯定中国的前途有望。光绪三十三年六月三十日，他乐观地写道："今者国家之危如累卵，天下人莫不战兢耸惧,而我辈视之,正绝好一生机萌动社会,当视为可喜,不必忧也。"

《忘山庐日记》残本终于光绪三十四年除夕。我们对孙宝瑄从戊戌政变起的思想述评也只能就此终止。

(原载《扬州大学学报(人文社会科学版)》1998 年第 4 期)

李希圣与《庚子国变记》

《庚子国变记》，排日记义和团运动始末。翦伯赞等同志曾当作一篇纲要性的资料，编入《中国近代史资料丛刊》之一《义和团》中。但《义和团书目解题》对作者李希圣的介绍不详。

> 是书全文约万八千言，从义和团进入畿辅说起，叙至那拉氏母子由西安启程回京为止，惜自开封以后原文缺失。作者在叙事中夹以评论，对义和团肆意污蔑，对那拉氏亦多有讥讽。书中虽充满偏见，但仍不失为研究义和团之较好资料。

这里，对李希圣的生平无一字叙述。

《义和团书目解题》在《庚子国变记》的节本《庚子传信录》的两种版本下提到关于李希圣的点滴。

> 《庚子传信录》，李希圣撰，《人文月刊》三卷五期，民国二十一年（1932）六月十五日出版。……此录首见《人文月刊》三卷五期上发表之《惜阴堂笔记》中。惜阴君序言云："夙闻湘乡李亦元（希圣）刑部，庚子之乱，著有《传信录》，从肇祸至于西狩，不及万言，能尽情变，自负可追王闿运《湘

军志》。当时忌讳,曾假外人名作序文刊印一次,世未多见。
予二十年前,即托湘省明德学堂胡子靖校长在湘搜访,今始
承觅得抄本见示,谓来交二十年前之卷,急照原文录入笔
记,此清代存亡关键最要史料也。"按此文约六千余言,其
中文字与李希圣撰《庚子国变记》大体相同,所异者少数字
句而已,惟内容仅及《庚子国变记》三分之一。

　　《庚子传信录》,日本小山秉信撰,明治三十五年(1902)
东京嵩云书社铅印本。……本书内容与李希圣著之《庚子
传信录》内容完全相同,惟增松平直三郎序及作者自序。据
罗惇曧云:"亡友湘乡李希圣亦元,庚子在围城中,所为日记
极详雅,以触犯多,不肯示人,有窃录之者,托名日人小山秉
信著,称《庚子传信录》付印。较原著不及十之四五。"果如
罗氏之言,则此书即李希圣《庚子国变记》之节本。

从这里,人们仅仅知道,李希圣,字亦元,湖南湘乡人,曾在刑部任
职,1900年八国联军时,正在北京。《庚子国变记》以及它的节本
《庚子传信录》,是根据作者"日记"改编而成。但是,李希圣究竟
站在什么立场上,为什么他的作品对那拉氏等后党的"触犯多",
以至"忌讳",不得不托名日人以行世? 对于这些,读者仍无从知
悉。兹据近见史料,作几点补充。

一、光绪壬辰(1892)进士

李希圣是光绪十八年的进士。张元济于1939年题《艺风堂
友朋书札》说:

　　比闻吾友潘博山，得缪小山先生所辑朋辈书札数十册
于北平。昨介其戚顾君起潜，携一册见视，中有予书十六通，
大都作于光、宣之际，暨民国初年者，皆讨论收书及通假藏
籍之事。……册中凡九人，存者满洲宝瑞臣、山阴蔡鹤庼、
武进董授经，南北暌违，邈不得见。余如萍乡文芸阁学士、
山阴俞恪士观察，又予壬辰同年湘乡李亦元、吴王捍郑、萧
山汤蛰仙，皆已化为异物。故交零落，世事沧桑，为之黯然。

按，缪荃孙，字小山，即艺风堂主人。宝熙，字瑞臣。蔡元培，字鹤
卿，又书鹤庼。董康，字授经。文廷式，号芸阁。俞明霞，字恪士。
王继香，字捍郑。汤寿潜，字蛰仙。李希圣与张元济于光绪壬辰
同科成进士，故称"同年"。是时已在中日战争前夜，士大夫分化
为两派，一派倾向维新，一派反对维新。前者拥护光绪皇帝，后者
拥护慈禧太后。李希圣是属于前一派。从下文可知。

二、倾向维新

《艺风堂友朋书札》辑《李希圣致缪荃孙书》：

　　新学虽当盛行，而中国文字当遍行五洲，是旧学正借新
　学而昌，自万万无绝响之理。先生字弊之论，可谓相当不苛。

同书又辑《王先谦致缪荃孙书》：

　　亦元学问可惜，而不足于乡评，殆亦好新之累！

毛泽东同志曾说："这些是西方资产阶级民主主义的文化，即所谓新学，包括那时的社会学说和自然科学，和中国封建主义的文化即所谓旧学是对立的。"[1]李希圣所信仰的，正是这种"新学"。在当时，是进步的。但他所说的中国文字，乃是工具，它可以为封建主义的旧学服务，也能为资产阶级的新学服务，不是旧学。王先谦与李希圣同是湖南人，他是反对维新的顽固派，故借口"乡评"，讽李希圣"好新"。

三、1900 年八国联军时在北京的活动

《庚子记事》辑录的《高枏日记》，反映庚子八国联军侵入北京后，李希圣的活动颇详。

1.居住湘乡会馆

八月十六日……午，茂来，言及点灯，虑油难买，贫户尤苦，拟条陈一道，同石孙及予往湘馆会曾君和、汪颂年、黄泽安、杜翘生同在，李亦元即寓其内。

2.通过美国传教士，谋营救光绪皇帝

七月二十九日，郑叔晋、李意园同来，约石孙往(会)李佳白，探上确行否？此事至急，臣子不能坐视，又不能出头，且闻乾清门紧闭钉锁，内有哭声，可不急急设法探问

---

[1]《毛泽东选集》第 4 卷，第 1475 页。

乎！……石孙同李亦元往会李佳白，并会美使康格，美提督
亦在。亦元告以欲探两宫。石孙言欲往请安，设法。丁韪
良等言，如确，即好办。然得诸传闻，尚无确据。……石、
茂、晦诸君欲拟条陈交公使。

三十日……昨日，因有上在宫之言，美使允同叩问起
居。黄、李小臣，惧不敢，欲求昆、敬转寻内大臣，同美使入
内。……茂拟一稿，晦若删酌，用南城京官联名致公使，问
上起居，电达合肥，请洋兵移宫外。

八月初一日……清早黄石孙以所酌三条至上房呼我见
示。七兄为誊好，石同晦若、李亦元急急往李、丁二处。……
十二下，石孙回，三条已交，丁韪良言，合肥全权，外国不认，
不能来。……渠饭后即持见美使。

按，李意园，即李亦元。李佳白、丁韪良，都是美籍传教士。合肥，
李鸿章，时受任全权大臣，议和。京官都盼其自广州北上。晦若，
于式枚，李幕僚。其时八国联军侵入北京，那拉氏挟光绪帝西逃。
但大臣如大学士昆冈、尚书敬信等都不知确息。北京传说，光绪
帝尚在宫中，故李希圣等奔走谋营救。"上"，即指光绪帝。

3. 注意后党动态，抄录行在消息

八月二十五日……黄泽安、王丙卿、曾履初、李亦元、汪
颂年同来，言七月二十六日谕旨，并无"大小臣工，昧尽天
良"语。亦元持一单，逐日开列行在事。

九月初四日……晨，李亦元、汪颂年抄来上谕。查刚
毅、董福祥，各国君臣均请严办。荣禄此次洋人虽不接待，

亦颇谅其当日调停之苦心。惟祸首之人,应请即行严办,以便早日开议,免致洋兵西犯。初一日电奏,二十日合肥、庆邸电劾载漪、载勋等。奉旨,令李鸿章等拟定罪名具奏,朝廷并无袒护之意。初二日到。

总上述,《庚子国变记》确是李希圣在围城中的"日记"。作者和其他士大夫一样,反对义和团。但他站在维新派的立场上,故讥刺后党,不遗余力。这是我们阅读《庚子国变记》时必须弄清楚的。

(原载《扬州师院学报(人文社会科学版)》1982 年第 1 期)

梁启超与《清代学术概论》[1]

1920 年,梁启超撰成《清代学术概论》,距今已六十余年了。我们还没有产生一部取而代之的著作来。我近为研究生讲授清代学术史,即以此书为纲要。深感其开拓精神,远非同主题的其他作品所及。但嫌其简略,且间有疏误,因为之疏通证明。一、探索此书产生的过程;二、解释内容;三、证补资料。本文发凡起例,以示大概云尔。

一

(1)梁氏创作《清代学术概论》之动机,见自序:

> 我著此篇之动机有二:其一,胡适语吾:"晚清今文学运动,于思想界影响至大,吾子实躬与其役者,宜有以纪之。"其二,蒋方震著《欧洲文艺复兴时代史》新成,索予序,我觉泛泛为一序,无以益其善美,计不如取我史中类似之时代相印证焉,庶可以校彼我之短长而自淬厉也。乃与约,作

---

[1] 本文集编者按,此文初次发表时,题为《梁启超与清代学术史——〈清代学术概论〉疏证发凡》,后略作修订,收入《考证学集林》。

此文以代序。既而下笔不能自休,遂成数万言,篇幅几与原书埒。天下古今,固无此等序文,脱稿后,只得对于蒋书,宣告独立矣。

按,梁氏于 1920 年 10 月,撰述清代学术史。10 月 4 日,梁氏与书张东荪:"顷方为一文,题为《前清一代中国思想界之蜕变》(为《改造》作,然已衰然成一书矣,约五六万言),颇得意,今方得半。"[1]对此书的属稿,确也受胡适的影响。10 月 18 日,梁氏与书胡适:"公前责以宜为今文学运动之记述,归即属稿,通论清代学术,正拟抄一副本,专乞公评骘。得百里书,知公已见矣。关于此问题资料,公所知当比我尤多,见解亦必多独到处,极欲得公一长函为之批评(亦以此要求百里)……望弗吝教。"百里,蒋方震字。蒋于是年撰《文艺复兴史》,迭见于蒋致梁启超书。6 月 28 日函:"《文艺复兴史》已成一半。"7 月 2 日函又云:"《文艺复兴史》已成一半。搜集材料甚苦。"这书脱稿后,梁氏即为作序,成《清代学术概论》,决意分别刊行,而由蒋方震为之序。其文说:"方震编《欧洲文艺复兴史》既竣,乃征序于新会,而新会之序与原书埒,则别为《清学概论》,而复征序于震。"可相印证。

(2)梁氏撰写《清代学术概论》,是在旧作的基础上增改而成的。自序:

予于十八年前,尝著《中国学术思想变迁之大势》,刊

---

[1] 本文所引梁启超与友朋往来书信,都据《梁任公年谱长编》。以下不一一注明。《改造》,杂志名。

于《新民丛报》，其第八章论清代学术，章末结论云："此二百余年间总可命为中国之文艺复兴时代，特其兴也，渐而非顿耳！"……予今日之根本观念，与十八年前无大异同，惟局部的观察，今视昔似较为精密，且当时多有为而发之言，其结论往往流于偏至，故今全行改作，采旧文十一二而已。

按，梁氏于1902年，始草拟《中国学术思想变迁之大势》一文。其中说："我欲划分我数千年学术思想界为七时代：一、胚胎时代，春秋以前是也；二、全盛时代，春秋末及战国是也；三、儒学统一时代，两汉是也；四、老学时代，魏晋是也；五、佛学时代，南北朝隋唐是也；六、儒佛混合时代，宋元明是也；七、衰落时代，近二百五十年是也；八、复兴时代，今日是也。"这是梁氏最早的设想，认为清学处于衰落时代。1904年，章炳麟所著《訄书》重版于东京，其中新增《清儒》等篇。梁氏参考其内容，为《中国学术思想变迁之大势》补写了第八章，取名《近世之学术》。其时间范围"起明亡以迄今日"。梁氏言："原稿本拟区此章为二：一曰衰落时代，一曰复兴时代，以其界说不甚分明，故改今题。"[1]其实，按顺序，本章应为全文之第七章。共三节：第一节，永历康熙间；第二节，乾嘉间；第三节，最近世。是时，梁氏已改变观点，认为清学处于复兴时代。但仍否定清学中坚戴震的哲学思想。戴震强调"遂民之欲"。梁氏斥之，谓"人生而有欲，其天性矣。节之犹惧不蔇，而岂复劳戴氏之教猱升木为也。二百年来学者记诵日博而廉耻日丧，戴氏其与有罪矣！"至1920年撰写新作时，梁氏的观点已

[1] 1916年中华书局出版的《饮冰室全集》。

蜕变，大赞戴震哲学。对清学的分期已不再单纯按年代划分，而分为启蒙、全盛、蜕分与衰落等时期，以显示"清代思潮"变化之迹。至于述吴、皖两派师承关系等，则仍袭用旧作。

（3）此书于交商务印书馆出版前，最后定名：《清代学术概论》。1920 年 11 月 19 日"第二自序"：

> 本书属稿之始，本为他书作序，非独立著一书也。故其体例不自惬者甚多，既已成编，即复怠于改作，故不名曰《清代学术史》而名曰《清代学术概论》，因著史不能若是之简陋也。

按，《张元济日记》：1920 年 10 月 21 日，在北京，"访卓如，言著有《有清文学变迁史》，原为蒋百里所著《欧洲文艺复兴史》作序，不料愈作愈长，与蒋书相等，只可分行。现已誊清，即日交本馆付印。"张元济于 1920 年 12 月 9 日与梁氏书："前奉书并《清代学术概论》大稿……稿已付印矣。"此书于 1921 年 2 月由商务印书馆初版，后发行至八版。张元济时为该馆主持人。

此书出版后，胡适曾有所评论。《胡适的日记》：1921 年 5 月 2 日，"车中读梁任公先生的《清代学术概论》，此书的原稿，我先见过，当时曾把我的意见写给任公，后来任公略有所补正。"又云："任公此书甚好，今日亦只有他作这样聪明的著述。此书亦有短处，他日当为作一评，评其得失。"

其后，梁氏继续从事清代学术史的撰述。1923 年，拟辑《清儒学案》，未成。1924 年，为纪念戴震二百周年生日，梁氏撰写《戴东原先生传》《戴东原哲学》《戴东原著述纂校书目考》，又撰

《戴东原图书馆缘起》等。其时,梁氏对戴学的评价比前更高,也更符合实际。原来,《清代学术概论》说:"戴门后学,名家甚众,而最能光大其业者,莫如金坛段玉裁、高邮王念孙及念孙子引之,故世称'戴段二王'焉。"《戴东原先生传》作了修改。"其弟子最著者段茂堂、孔巽轩、王怀祖及其子伯申,语其一曲,知或过师,虽然,未可云能传东原学也。"《戴东原图书馆缘起》说,戴氏"为前清学者第一人,其考证学集一代大成,其哲学发二千年所未发,虽仅享中寿,未见其止,抑所就者,固已震铄往祀,开拓来许矣!"[1]是年,梁氏在清华大学讲授清学,所编讲义取名《中国近三百年学术史》,后辑入 1927 年由中华书局出版的《饮冰室合集》。此书虽在资料上较为翔实,但其开拓之功,已不能超越《清代学术概论》。

1929 年梁氏逝世后,《美国历史评论》发表简讯,谓梁氏引以自豪的学术专著有三,即《中国历史研究法》《清代学术概论》和《先秦政治思想史》[2]。

总上述,梁氏研究中国二千余年学术思潮变化的长河,特别致力于与戊戌维新有联系的清学。他以清学对宋明理学的批判与欧洲"文艺复兴"相比。继"文艺复兴"而来的是西方政治经济的飞跃。梁氏希冀中国也出现这种新局面。这就是他撰写《清代学术概论》的宗旨与目的。

---

[1] 以上两文均辑入中华书局 1927 年出版的《饮冰室合集》。
[2]《梁任公年谱长编》。

二

梁氏研究清学，能从大处着眼，抓住重点。例如，在启蒙时期，《清代学术概论》突出评述顾炎武、黄宗羲、王夫之等的经世致用思想，突出赞扬对戊戌维新运动有影响的《明夷待访录》。在全盛时期，突出分析惠、戴二家之学。但都需要加以注释，才能充分阐明梁氏的观点。兹举例以明之。

（1）梁氏征引繁博，但有时不明出处，需要加注。例如，他在评述黄宗羲《明夷待访录》时说："故顾炎武见之而叹，谓'三代之治可复'。"未明所据。

按，顾炎武见《明夷待访录》后，曾致书黄宗羲："顷过蓟门，见贵门人，具稔起居无恙，因出大著《待访录》，读之再三，于是知天下之未尝无人，百王之敝可以复起，而三代之盛可以徐还也。"其后，碑传所记异说。全祖望《梨洲先生神道碑》："《明夷待访录》二卷、《留书》一卷，则佐王之略，昆山顾先生炎武见而叹曰：'三代之治可复也。'"[1]江藩《国朝汉学师承记》："《明夷留书》一卷，言王佐之略，昆山顾绛见而叹曰：'三代之治可复也。'"《清史稿》："《明夷待访录》一卷，皆经世大政。顾炎武见而叹曰：'三代之治可复也。'"由上述可见，梁氏不是据顾炎武原信，而是袭用碑传之文。读者当探寻史源，了解真相。

（2）梁氏的某些论断，需要加注才能理解透彻。如论惠栋所提倡的"汉学"自相矛盾一节云：

---

[1]《明夷待访录》卷首。

栋固以尊汉为标帜者也，其释"箕子明夷"之义，因欲扬孟喜说而抑施雠、梁邱贺说，乃云"谬种流传，肇于西汉"（《周易述》卷五[1]），致方东树摭之以反唇相讥（《汉学商兑》卷下[2]），然则"凡汉皆好"之旗帜，亦终见其不贯彻而已。

什么是"箕子明夷"？孟喜与施雠、梁邱贺的解释有何分歧？惠栋为什么赞同孟喜说？方东树怎样对惠氏反唇相讥？这是必须一一为作注释的。

按，《周易》以八卦重叠，演为六十四卦，各有卦名。坤上离下，卦名"明夷"。旧说明夷为日在地下，夷者伤也[3]。每卦有爻辞，汉郑玄等认为周文王所作。明夷的爻辞中有"箕子之明夷"一语。西汉说《易》，有施、孟、梁邱、京四家，立于学官。施雠、梁邱贺释箕子为人名。东汉马融祖述之。唐李鼎祚《周易集解》引马说："箕子，纣之诸父。"而孟喜所传的赵宾，却释箕子为荄兹。其说见《汉书·儒林传》："以为箕子明夷，阴阳气亡箕子，箕子者，万物方荄兹也。"荄兹，言其根荄方滋茂，有终而复始之意。由于对箕子的两种解释不同，涉及爻辞是否周文王所作的问题。如果箕子是人名，是殷纣王的从父；那么，爻辞便难以断定出于周文王之手。因此，马融一派便推断爻辞是周公所作。惠栋坚持孟喜、

---

[1] 按，惠栋：《周易述》卷五，原文为"谬说流传，兆于西汉"。江藩：《国朝汉学师承记》及方东树：《汉学商兑》均讹作"谬种流传，兆于西汉"。梁氏则写作"谬种流传，肇于西汉"。当依惠氏原文校正。

[2] 《汉学商兑》卷下，当作卷上。

[3] 孔颖达：《周易正义》。

赵宾说,所著《周易述》引刘向语:"今《易》,箕子作荄兹。"惠栋斥责"马融俗儒,不识七十子传《易》之大义",他追咎施雠、梁邱贺的《易》说,以故强调指出:"谬说流传,兆于西汉。"惠氏认为,幸而"刘向《别录》犹循孟学,故马融俗说,荀爽独知其非,复宾古义,读箕子为荄兹。"方东树宗宋排汉,所著《汉学商兑》攻击惠栋诸多"尊汉"观点之后说:"又其甚者,乃操同室之戈。均一汉学也,乃曰:'谬种流传,兆于西汉。'此惠氏栋说箕子明夷,主孟喜、赵宾,而害施雠、梁邱贺,因诋马融为俗儒,不当以爻辞为周公作也。"关于"箕子之明夷"一语,究竟怎样解释?迄今尚无定论。近人高亨仍主马融说,释箕子为人名,并谓"明夷"是雊鸟。关于这些,我们还需继续探讨。

(3)梁氏所举清人著述,也嫌过于简略,必需加注,才能显示其价值。如述戴震著述目录云:

> 其最专精者,曰小学,曰历算,曰水地。小学之书,有《声韵考》四卷、《声类表》十卷、《方言疏证》十三卷、《尔雅文字考》十卷。历算之书,有《原象》一卷、《历问》二卷、《古历考》二卷、《勾股割圜记》三卷、《续天文略》三卷、《策算》一卷。水地之书,有《水地记》一卷、《校水经注》四十卷、《直隶河渠书》六十四卷。

戴震的这些著作,精在哪里?在各自的学科史上,有何创造发明?我们必须就其内容、方法等来作注释。

按,戴震在小学方面所留下的成果,有两个分支:一是声韵学;一是训诂学。

《声韵考》,是声韵学史的滥觞。段玉裁《戴东原先生年谱》(以下简称《年谱》)说:"凡韵书之源流得失,古音之由渐明备,皆隐括于此。"戴氏叙述声韵学的发展,直至当代为止。其论古音,已吸取段玉裁《六书音均表》关于支、之、脂分为三部之说。

《声类表》,是戴震研究音韵学的结晶,也是他临终前的绝笔。戴氏初分古音为七类二十部,后加密改为九类二十五部。一方面,他对郑庠、顾炎武、江永、段玉裁的古音分部,取长弃短,做了总结;另一方面,他又参考宋人呼等之说,所以段玉裁《年谱》谓其"于今音古音无不兼综"。今音指唐宋音,古音谓先秦音。戴氏以《广韵》之二百六韵,根据先秦韵文,归并为若干部,与郑、顾、江、段诸家之法同。但吸取宋人等韵学的原理,据收音喉、鼻、唇、齿的不同,分析为九类,四声一贯,是其心得。《声类表》每类一卷,九类凡九卷。每类包括若干韵,如歌、戈、麻皆收喉音,鱼、虞、模亦收喉音,入声铎,合为一类。九类之平上去,共十六部,另入声九部,合计二十五部。曲阜孔氏为之刻本时,冠以《与段若膺论韵》六千字,以故《清代学术概论》云:十卷。

《方言疏证》,是戴震在训诂学方面留下的主要成果。《方言》,汉扬雄撰,晋郭璞注。许慎《说文解字》、张揖《广雅》以及孙炎《尔雅注》,多本《方言》。其书在训诂学史上的地位很高,但传本多讹。戴氏校书《四库全书》馆时,取《永乐大典》所辑本为底本,广搜群籍所引《方言》及郭注,交互参订,改讹字,补脱字,删衍文,逐条疏通证明。段玉裁谓"盖如邢昺之疏《尔雅》,而精确过之。汉人训诂之学,于是大备"[1]。

---

[1]《戴东原先生年谱》。

《尔雅文字考》,是戴震读《尔雅》的笔记。他据《尔雅》以释先秦古籍,又据先秦古籍以证《尔雅》。未刊。自序刊入戴氏《文集》,从中可以见到他读书的方法。

《原象》《历问》《古历考》《续天文略》,都是戴震关于天文学方面的著作。戴氏尝谓读经必须懂得天文学。"诵《尧典》数行,至'乃命羲和',不知恒星七政所以运行,则掩卷不能卒业。"[1] 他研究古天文学,留下了几种著作。《原象》四章,释天体运行。《历问》《古历考》皆无刊本。《续天文略》是对郑樵《通志·天文略》的改写,计划三卷,仅成上、中两卷。以故《清代学术概论》云:三卷,而曲阜孔氏所刊仅二卷。

《勾股割圜记》《策算》,是戴震研究数学的成果。戴氏尝谓读经必须懂得数学。"不知少广旁要,则考工之器不能因文而推其制。"[2] 我国称勾股,西人称三角。勾股者,直角三角形之两边。其说见古传《周髀算经》。髀者,股也。于周地立八尺之表以为股,其影为勾,故曰"周髀"。其首章记周公与商高关于勾股的问答语。戴氏之书即推演其法。秦蕙田纂《五礼通考》,曾辑录全文。戴氏因"中土测天用勾股",所以又将《勾股割圜记》与《原象》四章合编一书,仍名《原象》。见曲阜孔氏所刊《戴东原先生遗书》。

《策算》,主要内容为乘除法。戴氏自序:"以九九书于策,则尽乘除之用,是为策算。"

《水地记》《校水经注》《直隶河渠书》,都是戴震关于地理学

---

[1] 戴震:《与是仲明论学书》。是仲明名镜,江阴人。此书辑入《戴震文集》,中华书局 1980 年版。

[2]《与是仲明论学书》。

的著作。戴氏尝谓读经必明地理。"不知古今地名沿革,则《禹贡》《职方》失其处所"[1]。

后魏郦道元《水经注》,为古代地理学的名作,但传本残缺,经与注相混不可读。戴氏研究此书多年,分清经与注区别之例,钩稽校勘,凡补其缺漏者二千一百二十八字,删其妄增者一千四百四十八字,正其臆改者三千七百一十五字。由四库馆聚珍板刊行。这是戴震整理地理古籍的成果。

乾隆三十三年,戴震应直隶总督之聘,修《直隶河渠书》。是书不仅采综历代文献资料,而且实地绘图踏勘,故段玉裁谓其"考之古而无不贯通,核之近今而无不确实","为国家水利农田利泽无疆之助"[2]。贯通致用,这是戴震研究地理学的特点。《直隶河渠书》一百十一卷,其目录及卷次均见《年谱》。最后一卷为滦河合热河,仅有纲领,而条目未详,盖未竟之作。原稿装成六十四册,以故孔广森所撰《戴东原先生遗书总序》作六十四卷,《清代学术概论》从之。

戴震拟编的一部全国范围的地理书,也未成。洪榜《戴先生行状》:"《水地记》三十卷,先生卒之前数月,手自整理所著书,命工写录,亦未及竟。"曲阜孔氏所刊《戴东原先生遗书》中,《水地记》仅一卷,自昆仑之虚至太行山而止。在昔顾祖禹、顾炎武等研究地理,都"以郡国为主而求山川",戴氏别创新法,"以山川为主而求其郡县",故名其书为《水地记》。

[1] 戴震:《与是仲明论学书》。
[2] 《戴东原先生年谱》。

三

（1）《清代学术概论》对每一大学者，都能画龙点睛，刻画出其特点；但所引证的资料，却往往主观删节，以附会自己的观点，有削足适履之嫌。如论戴震"一生最得力处"为不受人蔽与不受己蔽的科学态度。这是十分正确的。但所节引的戴氏《答郑丈用牧书》却不恰当。按，戴震《答郑丈用牧书》有论"四者之弊"一节云：

> 其得于学：不以人蔽己，不以己自蔽；不为一时之名，亦不期后世之名。有名之见，其弊二：非掊击前人以自表襮，即依傍昔儒以附骥尾。二者不同，而鄙陋之心同，是以君子务在闻道也。今之博雅能文章、善考核者，皆未志乎闻道。徒株守先儒而信之笃，如南北朝人所讥："宁言周、孔误，莫道郑、服非"，亦未志乎闻道者也。私智穿凿者，或非尽掊击以自表襮，积非成是而无从知，先入为主而惑以终身，或非尽依傍以附骥尾，无鄙陋之心而失与之等。故学，难言也。好友数人，思归而共讲明正道，不入四者之弊，修词立诚，以俟后学。[1]

梁氏着眼于"不以人蔽己，不以己自蔽"二语，把上文删节如下：

---

[1]《戴震文集》。

> 学者当不以人蔽己,不以己自蔽;不为一时之名,亦不
> 期后世之名;有名之见,其弊二:非掊击前人以自表襮,即
> 依傍昔贤以附骥尾。……私智穿凿者,或非尽掊击以自表
> 襮,积非成是而无从知,先入为主而惑以终身;或非尽依傍
> 以附骥尾,无鄙陋之心而失与之等。

读者只需仔细核对,便能发现以上节引之文已改变了戴震的原文
和原意。戴氏原文的主题是“志乎闻道”,梁氏改成破“人蔽”与
“己蔽”。戴氏指责当代“未志乎闻道”者有:博雅能文章者、善
考核者、株守先儒者、私智穿凿者。以故戴氏自勉“不入四者之
弊”。经过梁氏的斧削,戴文便成为无法读懂的了。其实,从戴
氏著作中,要找到论证不受“人蔽”与“己蔽”的资料,还是有的。
戴氏在《答段若膺论韵》一书中,历述郑庠《古音辨》、顾炎武《古
音表》、江永《古韵标准》、段玉裁《六书音均表》之源流得失,又
自评以往分古音为七类二十部之不密,他强调指出:“仆以为考古
宜心平,凡论一事,勿以人之见蔽我,勿以我之见自蔽。”梁氏如改
引此信,便能使观点与资料相统一了。

(2)梁氏谓戴震是清学的中坚,其斥程朱“以理杀人”的战斗
哲学思想乃是戴学的最高点。这些精辟论断,都是十分可贵的。
但是,《清代学术概论》只列举了戴震的一些重要观点和著作,并
没有评述戴氏的治学方法和完整的学术体系。戴震不仅在观点上
反对程朱理学,而且在方法上批判宋儒凿空臆断。戴氏《与某书》:

> 治经先考字义,次通文理,志存闻道,必空所依傍。汉
> 儒故训有师承,亦有时傅会;晋人傅会凿空益多;宋人则恃

胸臆为断，故其袭取者多谬，而不谬者在其所弃。我辈读书，
原非与后儒竞立说，宜平心体会经文，有一字非其解，则于
所言之意必差，而道从此失。学以牖吾心知，犹饮食以养吾
血气，虽愚必明，虽柔必强。可知学不足以益吾之智勇，非
自得学之学也，犹饮食不足以增长吾血气，食而不化者也。
君子或出或处，可以不见用，用必措天下于治安。宋以来儒
者，以己之见硬坐为古贤圣立言之意，而语言文字实未之
知；其于天下之事也，以己所谓理强断行之，而事情原委隐
曲实未能得，是以大道失而行事乖。孟子曰："生于其心，害
于其政；发于其政，害于其事。"以自为于心无愧而天下受
其咎，其谁之咎？不知者且以躬行实践之儒归焉不疑。[1]

其中，"治经先考字义，次通文理，志存闻道，必空所依傍"。这是
戴震一贯提倡的治学方法。《清代学术概论》节引了这一节，用以
论证破"人蔽"：

志存闻道，必空所依傍，汉儒训诂有师承，有时亦傅会；
晋人傅会凿空益多；宋人则恃胸臆以为断，故其袭取者多
谬，而不谬者反在其所弃。……宋以来儒者，以己之见硬坐
为古圣贤立言之意，而语言文字实未之知；其于天下之事
也，以己所谓理强断行之，而事情源委隐曲实未能得，是以
大道失而行事乖，自以为于心无愧，而天下受其咎，其谁之
咎！不知者且以实践躬行之儒归焉。

---

[1]《孟子字义疏证》，中华书局1982年版。

核校两段引文,便可发现梁氏不仅改动了字句,而且割裂了戴震所倡导的治学方法。

戴震晚年,拟编全集称《七经小记》。"七经":《诗》《书》《易》《礼》《春秋》《论语》《孟子》。戴氏认为:"治经必分数大端以从事,各究洞原委。始于六书九数,故有《诂训篇》,有《原象篇》,继以《学礼篇》,继以《水地篇》,约之于《原善篇》,圣人之学,如是而已矣。"[1]《清代学术概论》列举戴震几方面的著作,但漏叙了反映戴学完整体系的《七经小记》。

总之,《清代学术概论》能提纲挈领,评述清代学术思潮的发展,并以之比拟欧洲文艺复兴,由此展望中国的新局面,发人深省。这是它的优点。同时,此书也存在着主观性和表面性的缺点。我们绝不能够局限在梁启超的脚下盘旋,而要共同努力,写出一部新的清代学术史来。

(原载《扬州师院学报(人文社会科学版)》1988 年第 2 期)

---

[1] 《戴东原先生年谱》。戴氏拟将所著书分类合编为若干篇,以体现"由字以通其辞,由辞以通其道"的读经方法与戴氏的学术体系。其中的《原善》阐明"理存于欲"的哲学观点,与后作《孟子字义疏证》相辅里。

王国维与清室关系拾遗

王国维与清室之关系,论者抑扬异词。兹辑时人记载数则以明真相。

一、罗振玉《集蓼编》:

> 壬戌冬,皇上大婚礼成。升相国奏陈,皇上春秋方富,请选海内士夫学行并茂者入侍左右。皇上俞其请,乃于癸亥夏,诏温肃、杨钟羲、王国维、景方昶入值南书房,首命检景阳宫书籍。

壬戌,1922 年。癸亥,1923 年。按,《集蓼编》系罗振玉的自传。此记王国维之所以被清逊帝溥仪录用,乃由升允举荐,别无渊源。罗旋亦入值"南书房"。

二、耆龄《赐砚斋日记》:

> 癸亥四月十七日,"晨,王静安国维来,见之。升吉甫所保荐,新派南书房行走者也。浙产,罗叔言之戚,年四十七八,村学究耳!"

耆龄,满族亲贵,清室"内务府大臣"。

三、马叙伦《石屋余渖·王静安》：

> 国民军幽曹锟，逐溥仪。溥仪遁居东交民巷。时议颇虑其为人挟持。予欲晓以祸福，往请见。抵其所寓，则有所谓南书房侍从者四人，延予入客室。予申来意。有满人某，以手枕首示予，谓皇上正在午睡，如有所言，请相告，可代达也。予不愿与若辈言，遂辞而出。此四人者，静安与焉。

此马叙伦于1924年目击王国维随溥仪遁居日本使馆之情状。马氏时为北京的进步教授。

四、《郑孝胥日记》：

> 丁卯（1927）五月"端午节，诣行在。罢行礼，王国维自沉于昆明湖"。
>
> 初六日，"诣行在。罗振玉来，为王国维递遗折。奉旨：予谥忠悫。赏银二千元。派溥忻致祭。见王静安遗嘱。清华学校诸生罢课一日。北京各报并记其自沉之状，众论颇为感动。梁启超亦为清华教授，哭王静安甚痛"。
>
> 初九日，"晤罗叔蕴，定以二十日，公祭王静安于日本公园"。
>
> 二十日"午后二时，借日本公园公祭王静安"。

此记王国维自沉于昆明湖后，流亡天津租界的清室小朝廷，出于政治上的需要，隆重悼念之实况。这与清华学校师生和北京民众对这位大学者之死的沉痛哀悼，其宗旨有别，是不能混为一谈的。

郑孝胥时为溥仪师傅,勾结日本军国主义的反动政客。罗振玉字叔蕴,又字叔言,时亦为溥仪妄图复辟之谋士。

（原载《近代史资料》2001 年 10 月总 101 期）

胡适评《越缦堂日记》

李慈铭、翁同龢、王闿运、叶昌炽所写日记，都关系着几十年朝章国故、学术人心，因而有晚清"四大日记"之称。其中以李氏《越缦堂日记》的出版经过最为曲折，读者对其书的毁誉也最多。以我所见，胡适所作的评价最得大体，比较公允。他肯定李氏长期坚持写日记，读书札记大多是好的，所载重大时事可补史传。胡氏语简，为之笺证。

一

李慈铭（1830—1894）从清咸丰四年（1854）开始留日记，四十多年如一日。如因故中断，则预记大略，得暇详补。同治十一年十二月初七日，"自前月校书甚忙，至无暇写日记，皆草草札记之邸抄面纸，今日始自前月初四日后补录之"。初八日，"补录日记"。初九日，"补录前月日记讫"。十二日，"补写是月日记讫"。有时也凭追忆补日记，不免恍惚。光绪十四年六月二十四日，"是日，补写一月来日记，毕多仿佛，不能尽记矣"。李氏不时检点旧日记，加以修饰。同治六年十一月二十八日，"终日阅旧日记，稍稍涂改之"。同治七年闰四月二十四日，"偶阅旧时日记，觉其中多有疵谬"。光绪二年二月初六日，"偶取庚申日记检一事，因将

其中怒骂戏谑之语,尽涂去之。尔时狎比匪人,喜骋笔墨,近来暂
一翻阅,通身汗下,深愧知非之晚"。李氏也颇注意对日记的保存。
同治十三年十二月十五日,"装订乙丑至今日记,共十五册,分为
两函,今日标写签树,颇极精整"。他的全部日记,凡七十二册,分
为八函,另有半册。详见《北平图书馆季刊》第六卷第五号载王
重民《李越缦先生著述考》。

《越缦堂日记》的发表,几经周折。先是稿本传观,继而在期
刊节登。直到民国九年,始由蔡元培等经理刻石影印其中的第二
函至第七函,凡五十一册。旋仍由蔡等经手,补印了第一函,凡十
三册。以往学术界咸知《越缦堂日记》共六十四册,即此两次石
印本的合计。至于其第八函八册,则是至近年始发现并影印。

李氏常将日记给友好阅读。如同治九年十月十五日,"作片
致孙子宜,索还日记"。同治十年四月朔,"作书致周允臣,借以
近年日记两册"。六月初八日,"张牧庄来拜,以日记见还"。十
月二十五日,"得朱鼎甫书,借日记"。"作书复鼎甫,借以日记四
册。"光绪四年十月初十日,"得伯寅侍郎书,惠银十两,言昨见日
记,知其乏绝,故复分廉,甚可感也"。伯寅,潘祖荫。由此可见,
在李氏生前,已有多人看过李氏的日记。

李慈铭殁后,文廷式曾见其《日记》。《闻尘偶记》云:"李莼
客以就天津书院故,官御史时,于合肥不敢置一词。观其日记,是
非亦多颠倒,甚矣文人托身不可不慎也! 然莼客秉性狷狭,故终
身要无大失,视舞文无行之王闿运,要远过之。"善谈掌故的徐一
士,由此引出《李慈铭与王闿运》一文。据《一士类稿》言"廷式
尝摘抄慈铭日记,间加批识"云云。

李氏《日记》曾经某些期刊节录发表。王重民《李越缦先生

著述考》著录的《越缦堂日抄》二卷,《古学汇刊》本,即其中之一。王氏云:"《绍兴公报》《文艺杂志》《中国学报》相继节刊,但仅数页或数十页,均不及《古学汇刊》为量之多。其开端十数条,为印本《日记》所无,疑录自沈悦民所藏半册内。"《中国学报》刊登李氏《日记》,颇受士林重视。《鲁迅日记》:民国元年十二月二十八日,"赴留黎厂购《中国学报》第二期一册,四角。报中殊无善文,但以其有《越缦日记》,故买存之"。《艺风堂友朋书札》辑吴昌绶致缪荃孙书(六十)云:"近出《中国学报》,吾师见否? 如要,可购以奉呈。"小注:"《越缦日记》不同,而亦有复见。"

缪荃孙曾托蔡元培等向李氏后人求《日记》全稿。并拟节抄刊行。上书辑元培致缪氏书云:"越缦先生日记,沈子培、樊云门二君均曾力任付梓,然二公有力时均未暇及此,今则想不复作此想矣。先生拟仿《竹汀日记钞》例,节录刊行,良可感佩。李世兄尚在故乡,容即函嘱负箧赴沪,贡之左右,果能流布人间,则先生表彰死友,嘉惠后学之盛情,感佩者岂独元培与李世兄而已哉!"据《蔡元培自述》,在李慈铭殁前一年,他在李氏京寓充西席教师。以故慈铭嗣子承侯,系蔡氏学生,即信中的"李世兄"。惟此事没有达成。《艺风堂友朋书札》又辑吴重熹致缪荃孙书(十)云:"莼客《日记》四册送去。此为孙氏存本,孙氏无人,惟余内眷在闽,坚不出手,故假抄之。得方家理董成书,甚盛事也。樊山处者,亦当于家信中姑一问讯之。"樊增祥,字云门,号樊山。藏李日记末一函。由是在缪氏周围又有人得见《日记》的部分抄本。同书辑录王秉恩致缪荃孙书(五)云:"莼老《日记》向闻近于刘四。今读之,学术纯正,议论平实,异乎所闻。公为刊传,甚盛事也。"但终未刊行。"刘四",似指刘体智,刘秉章第四子。

直到民国八、九年，始由蔡元培、张元济等经手，刻石影印，遵李氏遗愿，先印同治二年至光绪十五年，凡五十一册，六函。其详见于《张元济日记》。民国八年六月三十日，"晤李璧臣，交《越缦堂日记》八册"。璧臣，慈铭侄。八月三十日，"晨访鹤庼于密采号，交出《越缦堂日记》六函，又李越缦照相一张，交剑丞保存"。鹤庼，蔡元培。夏敬观，字剑丞，时佐张氏主持上海商务印书馆。民国九年一月三十日，"鹤庼回信，《越缦堂日记缘起》可照改"。三月六日，"鹤庼来信，言江西许季黻购《越缦堂日记》二十部"。许寿裳，字季黻。七月二十日，"约谢燕堂、翟孟举、季臣，告知《越缦堂日记》无庸修润，惟与原书不符者，稍加修饰"。以上略见该书交稿、预售、印刷诸事的经过。此书出版后，即在文化人中流通。《郑孝胥日记》：辛酉（民国十年）六月初五日，"阅李莼客《日记》"。初八日，"杨寿彤复送《越缦堂日记》来，凡六套，乃陈小石物，杨借观之，复以转借"。这六套就是第一次公之于世的第二函至第七函。

对《日记》的第一函，蔡氏遵李氏之意拟整理后印行，后听钱玄同之劝，也将原稿刻石影印，以免搁置。黄濬《花随人圣庵摭忆补篇》云："《越缦堂日记》，近有补印十三册，莼客《日记》至是舍樊山所藏外，悉公于世间。"此已是民国二十五年事。

二

胡适也是最早阅《越缦堂日记》的一个。《胡适的日记》：民国十年四月二十七日，"看李慈铭的《越缦堂日记》第三册。这部书也是使我重提起做日记的重要原因"。五月四日，"下午，专补作日记。日记实在费时不少。古往今来日记如李慈铭的《越缦堂日记》，真不容易。怪不得作日记能持久的人真少"。民国十一年七月二十六日，"连日病中看李慈铭《日记》，更觉得此书价值之高。他的读书札记大部分是好的。他记时事也有许多地方可补历史，如记光绪九年十一月六日阜康银号的倒闭，因叙主者胡光墉的历史，并记恭亲王奕诉及文煜等大臣的存款被亏倒，皆可补史传"。胡适这段对《越缦堂日记》的批识，发人深思。

按，其时已是中法战争爆发的前夜。阜康号挤兑事件，正是列强入侵、内政腐败交织相摩所引起的火花。有识之士，从此可觇中国民族危机的深重。胡适未引《越缦堂日记》有关全文，兹为补录：

光绪九年十一月初七：昨日杭人胡光墉所设阜康钱铺忽闭。光墉者，东南大侠，与西洋诸夷交。国家所借夷银曰"洋款"，其息甚重，皆光墉主之。左湘阴西征军饷皆倚光墉以办。凡江浙诸行省有大役，有大赈事，非属光墉，若弗克举者。故以小贩贱竖，官至江西候补道衔至布政使，阶至头品顶戴，服至黄马褂，累赏御书。营大宅于杭州城中，连亘数坊，皆规禁籞，参西法而为之，屡毁屡造。所畜良贱妇女以百数，多出劫敚。亦颇为小惠，置药肆，设善局，施棺衣，为馈粥。时出微利以饵杭士大夫，杭士大夫尊之如父，有翰林而称门生者。其邸店遍于南北。阜康之号，杭州、上海、宁波皆有之，其出入皆千万计。都中富者，自王公以下争寄重赀为奇赢。前日之晡，忽天津电报言南中有亏折，都人闻之，竞往取所寄者，一时无以应，夜半遂溃，劫攘一空。闻恭邸、文协揆等皆折阅百余万。亦有寒士得数百金托权子母为生命者同归于尽。今日闻内城钱铺曰"四大恒"者,京师货殖之总会也,以阜康故,亦被挤危甚。此亦都市之变故矣!

查《翁同龢日记》云:光绪九年十一月初六日,"京都阜康银号,大贾也,昨夜闭门矣,其票存不可胜计,而圆通观粥捐公项六千两亦在内,奈何奈何!"两部《日记》相比,显然李优于翁,敢揭时弊。

对胡光墉破产案,清廷责令浙江巡抚刘秉章负责清理,将其财产分偿债务。以故秉章之子体智所著《异辞录》,颇追记此事内幕。兹节引与《越缦堂日记》相印证。"光墉字雪岩,杭之仁和人。江南大营围寇于金陵,江浙遍处不安,道路阻滞。光墉于其间操奇赢,使银价旦夕轻重,遂以致富。王壮愍自苏藩至浙抚,皆倚之办饷,接济大营毋匮。左文襄至浙,初闻谤言,欲加以罪。一见大加赏识,军需之事,一以任之。西征之役偶乏,则借外债,尤非光墉弗克举。迭经保案,赏头品衔翎,三代封典,俨然显宦,特旨赏布政司衔,赏黄马褂,尤为异数矣。光墉借官款周转,开设阜康钱肆,其子店遍于南北,富名震乎内外,金以为陶朱、猗顿之流。官商寄顿赀财,动辄巨万,尤足壮其声势。江浙丝茧,向为出口大宗,夷商把持,无能与竞。光墉以一人之力,垄断居奇,市值涨落,国外不能操纵。农民咸利赖之。国库支黜有时,常通有无,颇恃以为缓急之计。"但"未久,光墉以破产闻。先是,关外军需,咸经光墉之肆。频年外洋丝市不振,光墉虽多智,在同、光时代,世界交通未若今便,不能译者,每昧外情;且海陆运输利权久失,彼能来,我不能往,财货山积,一有朽腐,尽丧其赀,于是不得已而贱售,西语谓之'拍卖'。遂露窘状。上海道邵小村观察本有应缴西饷，靳不之予，光墉迫不可耐。风声四播，取存款者云集潮涌，支持不经日而肆闭。"于是存款巨万的协办大学士文煜等纷纷出手，向刘秉章请托，索胡光墉的财产，作为抵偿。结果文煜获得了胡庆馀药肆之半，这是一块肥肉。但据《异辞录》说，有一行脚僧人以五百银元存于杭州胡氏开设的典肆，苦苦索求，只得到了一些妇女衣服，折价作抵。那僧人痛哭而去。由此可见，阜康号的倒闭事件，进一步暴露了当时的腐败。一事牵引全局。《越缦堂日记》所记时政甚多，如杨乃武冤狱翻案等，而胡适独举斯例，谓可补史传，足征卓识。

李慈铭毕生勤学，涉猎四部，多留批识。金梁《瓜圃丛刊叙录》内有《越缦堂书目跋》，谓尝见李氏遗书八百余种于其后人处，注明手校本九十余种，手批本一百余种，手跋本五十余种，手序记本五种，手抄补本五种，校勘记、勘误记各一种。对本人读书心得，《越缦堂日记》有所记录，其中不免瑜瑕并见，前贤多纠李氏疏误。如唐释道世，字玄恽，避太宗（李世民）讳，以字行。"《宋高僧传》始回复为道世，而著明其称字之由焉。《越缦堂日记》十六册谓'道世'之名，不避太宗之讳，殊不可解，盖未见《宋高僧传》也。"见《陈援庵先生全集》第九册，《中国佛教史籍概论》卷三《法苑珠林》条。又如书商以文秉撰《甲乙事案》冒顾炎武《圣安本记》印行，虽二者大有分别，但李慈铭不能辨，误以为前者是顾炎武少年所为，犹不脱明人学究气，以之写入《越缦堂日记》。见《朱希祖先生文集》（六）所辑《抄本甲乙事案跋》。以故胡适谓《日记》所录读书札记大多是好的，留有余地，这是近乎事实的。

（原载《扬州大学学报（人文社会科学版）》2003 年第 3 期）

评《曾国藩家藏史料考论》

《曾国藩家藏史料考论》(以下简称《考论》),湘潭大学王澧华教授著,广西师范大学出版社1996年4月初版。这是一册有思想性的好书。

曾国藩是晚清的政治、文化巨人。尽管后世对其评价有重大争议,但无可否认,他对近代中国留下了多面影响。无论是研究近代政治史,还是文化史;无论是信奉什么史观的中国人,都珍惜地把曾氏家藏史料当作祖国的文化遗产。然而在20世纪50年代至70年代,由于当时的特殊原因,曾氏家藏史料被隔离在海峡两岸。除从中搜辑某些太平天国史料如《伪印清册》《伪官执照清册》等外,大陆知识界很少有人得窥"曾八本堂"的禁区。在台湾,出版界影印清季长沙传忠书局刻的《曾文正公全集》时,虽将大陆发现的《未刊信稿》作为附录印行,但讳言出处,更谈不到合作研究。直到80年代,海峡两岸学界期盼已久的对曾国藩家藏史料的全面整理与公布,才有了可能。王澧华教授的著作,正是这一历史转变的产物。

曾国藩家藏史料包括太平天国史料和曾氏父子兄弟的著作及杂件。40年代末,曾氏后人将一批手迹或原件从湘乡转移到了台湾,并于60年代陆续影印出版了《李秀成亲供手迹》《曾文正公手写日记》《曾惠敏公手写日记》和《湘乡曾氏文献》。其留在湘乡、现藏于湖南图书馆的,主要可分两大类:其一是曾国藩从政从军留下的档案。如:(1)奏章底稿。起咸丰四年七月十一日,迄同治十一年正月二十八日。出自不同时期幕僚之手,经曾国藩亲笔核改。共三十七本。(2)奏章抄本四册,补底稿的缺佚。(3)奏章谕旨汇抄本,共一〇三册。(4)亲笔信稿的书吏录副本,现存二十九册,始咸丰八年十月,迄同治九年二月二十一日。(5)幕友承办信稿曾氏核改本,取名《灶知草》,现存六十五册,起咸丰十一年十月二十九日,迄同治十年十一月十一日。其二是传忠书局为刻《曾文正公全集》而抄录的曾国藩的各种著作,也就是发刻时的底本。

此外,王澧华教授还掌握了传忠书局版之前和之后的曾国藩著作各种版本。如奏稿有:薛福成编张瑛刊《曾文正公奏议》、张树声编刊《曾文正公奏疏文钞合刊》、包三镗重校《曾文正公奏议补编》;诗文集有:黎庶昌编张瑛刊《曾文正公文钞》、方宗诚编吴大澂刊《求阙斋文钞》、陶馥勤斋刊《曾文正公诗稿》。至于传忠书局刻的曾国藩著作,王君也在湖南图书馆看到其不同版本,如诗文集各有编年本和分类本。在此基础上,澧华教授撰成了《考论》一书。其主要劳绩表现在三方面:

(一)提要

以《湘乡曾氏文献》叙录为例。1965 年,曾国藩的后人将一批家藏史料交给台湾学生书局影印,取名《湘乡曾氏文献》,共十册。(1975 年,又由学生书局出版《湘乡曾氏文献补》一册。)其时,我国大陆正在进行"文化大革命",知识界得不到海峡对岸出版信息。有人误传谓台湾公布了《曾国荃日记》,其实不然。

《湘乡曾氏文献》的史料价值很高,其中有大量曾国藩、曾国荃、曾纪泽的未刊信稿,有曾国藩一年不足的《绵绵穆穆之室日记》和一年有奇的《无慢室日记》,有他对部下"密考"底本和察访记录,有太平天国忠王李秀成招降围攻天京清军的谆谕,等等。可惜流传不速。1967 年,简又文前辈最后一部名著《清史洪秀全载记》(增订本)在香港问世,但尚未征引此书。至于《湘乡曾氏文献》在大陆的反应更为迟缓。1979 年,中华书局出版的《太平天国文书汇编》未据该书辑录忠王李秀成壬戌十二年八月对围攻清军的谆谕。1982 年,中华书局出版的罗尔纲氏《李秀成自述原稿注》也未征引曾国藩、曾纪泽父子限三天赶刻《李秀成亲供》的往还书信。1983 年,岳麓书社出版《曾纪泽遗集》仍是翻印光绪十九年江南制造局刊本,未据《湘乡曾氏文献》增补。特别是其中有几封在天津教案前后的信,为作者以后学外文、从事外交工作作了伏笔,对肯定曾纪泽的爱国思想提供了可靠资料。由此可见,《考论》为《湘乡曾氏文献》写了叙录,向海内外学者介绍此书的内容是很有必要的。《考论》用多种形式表述《湘乡曾氏文献》的史料价值。

有的内容已经岳麓书社新版《曾国藩全集》辑录,《考论》便只用数量说明。例如书中有以下一节:

> 曾国藩一生所作家书,除了业经寄发的正件之外,居京时期留有手书底稿簿,领兵以后则有书吏录副本。当年传忠书局编刊《家书》《家训》,便主要据录副本再为抄过,作为发刻底本。但有些内容机密的家书,曾国藩并没有交付录存,加之编校人员对录副本间有取舍,因此传忠版之收录并不完整。于是,在录副本之外,《文献》披露的四三三件

家书手稿,便有了无法代替的史料价值。邓云生先生编校、岳麓书社 1986 年出版的《曾国藩全集·家书》,便依据《文献》增补了二三七件。今岳麓版已广为流传,且目录之后附有整理者所编《出处说明》,读者自可按图索骥,穷研其史料价值。兹不具论。

对尚未翻印的《无慢室日记》,《考论》突出作了介绍并摘录其重要内容。

查《曾文正公手写日记》,同治八年正月初二日载:"夜写《无慢室日记》三百余字。"《年谱》亦曰:"(正月)初二日,始为《无慢室日记》,条记密事。""无慢"一辞,源出《论语·尧曰》:"君子无众寡,无小大,无敢慢,斯为泰而不骄乎!"此时曾国藩移督畿辅,事权重大,故取"无慢"之戒以自警。

《考论》摘录其中所暴露的直隶吏治腐败的严重情形,令人发指。

如(同治)正月初七日记:"严祖全,捐通判,初为孙琴泉幕府,后随鲍桂生小山办僧邸营务,反噬孙道,鬼蜮多端。后入崇署督幕中写折,奏保知州、花翎。刘印渠来,蝉联入幕,旋经攃出。官相到任,求高文澜,得入其党,题补滦州,保知府,加三品衔。办保案时,上下其手,贿赂公行。任怀来时,捏报腰拨银一千余两。藩司书吏索费不遂,批驳之,该员竟用院札行司,将经承除名,即小事以示大威。现求赴新任,闻已允准。

与胡、高皆挂名领五局薪水。"

这些暴露清王朝政治危机的密记,仅赖《湘乡曾氏文献》大量保存下来,《考论》举一反三,以飨读者,这是有意义的。

(二)校勘

以传忠版《求阙斋日记类钞》、上海石印本《曾文正公日记》和台湾影印本《曾文正公手写日记》的考异为例。《求阙斋日记类钞》二卷,由王启原分类节钞,于光绪二年刊入传忠书局版《曾文正公全集》。《曾文正公日记》四十册,宣统元年上海中国图书公司据手迹石印。《曾文正公手写日记》六册,1965年台湾学生书局据手迹影印入《中国史学丛书》。对以上曾国藩日记的三种版本,《考论》举例出示了以往学术界的校勘成果。在影印本问世之前,学术界即有人把类钞本校石印本,以补石印本所挖去的字句。《考论》引《一士类稿·李慈铭与周祖培》言:

《曾文正公日记》影印行世之前,有湘潭王启原所编《求阙斋日记类钞》印行……摘撷编次,具有条理,亦颇便阅者,且有影印本作空白见于《类钞》之处。戊辰(同治七年)正月十七日《日记》有云:"……夜接周中堂之子文翁谢予致赙仪之信,则别字甚多,字迹恶劣不堪,大抵门客为之,主人全未寓目。闻周少君平日眼孔甚高,口好雌黄,而丧事潦草如此,殊为可叹!盖达官之子弟,听惯高议论,见惯大排场,往往轻慢师长,讥弹人短,所谓骄也。……吾家子侄辈亦多轻慢师长、讥谈人短之习气。欲求稍有成立,必

先力除此习,力戒其骄;欲禁子侄之骄,先戒吾心之自骄自
满。愿终身自勉之。因周少君之荒谬不堪,既以面谕纪泽,
又详记之于此。"此节中之"周中堂之子文翕""周少君",
影印本均作空白。不观《类钞》,不知所言为谁何矣。

徐一士这里所说的"影印本",即宣统元年上海石印本。按,达官
子弟骄奢淫佚,历来是关系国运的祸事。曾国藩写这段日记,用
意甚深。《考论》录徐一士的这则随笔,其意义绝不限于校补某些
字句而已也。

(三)索隐

以《考论》所据《湘乡曾氏文献》辑录的曾国藩对马新贻"密
考"的修改稿为例。

在君主专制统治时代,只有上级监督下级之权,"密考"就是
封疆大吏对下属行使片面监督权的一种手段。《考论》云:"清制,
总督有年终密考文职藩臬道府、武职提镇总兵的职责,且必须手
自出具考语,不得假手幕僚。今《文献》(四)(五)所存,有同治
元、二、三、四年以及六、九、十年曾氏江督任内对治下江苏、安徽、
江西三省文武各员、同治八年直督任内对直省文武各职的密考清
单,共有亲笔草稿、幕友誊录、曾氏核改者近二十件。正文固已及
时上报朝廷,今岳麓版《奏稿》也只根据改定稿整理,但《文献》
保存的手迹,则间有昭示紧要人事处。"《考论》选举的事例之一
为曾国藩于同治二年对安徽布政使马新贻的密考。初稿作:"惟
过于圆适,难期正色率下。"如以此上报朝廷,马新贻就很难继续
官运亨通了。但在核稿时,曾国藩改作:"惟过于圆适,率属乏严
正之气。"由是大事化小,让马新贻的仕途未遇挫折。不久,马新

贻就一跃而为浙江巡抚,再一跃为闽浙总督,竟继曾国藩调任两
江总督。但未能多久,这个巧宦就被刺身亡。同治九年七月十七
日,发生在江宁省城的"张文祥刺马",震撼了清王朝在东南的腐
朽统治。尽管对张文祥的来历及其杀马的原因,官方与民间异说
纷纭;然而马新贻的为人不正,则已经沸沸扬扬,难以掩饰。《考
论》辑录此前曾国藩对马新贻"密考"避重就轻的修改件,发人深
思,其意义也岂徒为保留原稿而已!

（原载《书品》1998 年第 4 辑）

读刘渭平著《澳洲华侨史》

我近居悉尼，与悉尼大学东方学系老教授刘渭平论交，得读其所著《澳洲华侨史》(星岛出版社 1989 年在台北、香港同时出版)，深受启发。因写示同好，以供参考。

一、必须在所在国搜集史料

梁启超尝言："史料不具或不确，则无复史可言。"[1] 编撰任何一国的华侨史，都不能例外，必先占有史料。但世间没有现成的华侨史资料，而且仅凭政府档案是不够的，必须在所在国深入民间，征文访献，才能占有一批比较确凿的有关史料。在这方面，刘渭平教授为我们作出了榜样。赵令扬在《澳洲华侨史序》有云："六十年代之前，许多撰写华侨史的学者，资料来源多倚靠国民政府的侨务报告，并没有在有关国家进行访查工作。刘教授从抵达澳洲时起，就非常注意澳洲的华侨问题，而且努力搜集和访查这方面的资料，所以他对华人自十九世纪在澳洲的活动情况，可以说得上是了如指掌的。"刘氏主要作了如下努力：

---

[1]《中国历史研究法》。

其一, 从中外文报纸钩稽史料。

刘氏言: "悉尼(Sydney)之密昔尔图书馆(Mitchell Library), 藏书极富……其中所藏有关澳洲及南太平洋历史, 英、法、荷、西等国文字与书籍, 可说搜罗齐全……该馆所藏有关'旅澳华侨'之史料亦极丰富。关于此一类题目, 极少专书, 但报章杂志上所刊之零星资料不少, 著者由该馆所抄得之卡片已达一百五十种以上, 其中不乏珍贵有用之史料。此项史料大多报道早期华侨对于开发澳洲之贡献及许多可歌可泣之经过。如十九世纪中期, 华侨初抵澳洲, 从事掘金工作之艰苦情形, 及其后历次排华风潮中所遭受到不幸与损失, 以及澳洲政府对于华侨待遇有关法令之变迁经过等等。"(第 14 页)刘氏所见较早的澳洲华侨所办的中文报纸, 有 1894 年创刊于悉尼的《广益华报》(*The Chinese Australian Herald*), 1898 年创刊于悉尼的《东华新报》(*Tung Wah News*), 1902 年创刊于墨尔本的《爱国报》(*The Chinese Times*)等。他还查阅了其他多种中文和英文报纸。从中发现了大批珍贵的华侨史料。这里略举数事:

1861 年 6 月, 新南威尔斯省的蓝坪洲(Lambing Flat, 今已易名杨格 Young)金矿, 发生一次欧洲籍矿工的排华暴动, 情节极为残酷, 而澳洲史家所记, "类多略而不详, 于华人所遭受之生命伤害与财物损失尤少叙述, 以致早期旅澳华侨之血泪事迹湮没不传"。刘氏发现当时《悉尼晨报》特派记者发自蓝坪洲的通讯多件, "叙述排华暴动经过颇详, 足以证实当时华侨所受之苦难"(第 108 页)。

1898 年戊戌"百日维新"被以西太后为首的顽固派绞杀后, 维新领袖康有为、梁启超亡命海外, 开展"保皇"活动。1900 年

10月至1901年4月,梁启超有澳洲之行,鼓动华侨集资支援。此行在梁氏《三十自述》中,只有"居澳半年,由西而东,环洲一周而还"十数字,以故丁文江撰《梁任公先生年谱长编初稿》说:"先生这次游澳的详细情形,很少材料可以参考。"刘渭平氏从《东华新报》辑得梁氏随行书记罗昌所撰《梁孝廉卓如先生澳洲游记》,所记梁氏行踪止于墨尔本。续以庞冠山撰《梁启超先生坑上游记》(按,旧时澳洲华侨称新南威尔斯省中部某些山谷地带为"坑上")。该报还载有他人所作梁氏游澳记及其他有关报道。刘氏又发现该报所刊梁氏游澳诗篇,其中有以后未编入《饮冰室合集》的。所有这些,不仅为梁氏的年谱传记填补了空白,而且为澳洲华侨反对后党阴谋废立的正义斗争提供了实录。

其二,收藏华侨回忆录。

例如,《澳洲华侨史》的第四篇《一位早期华侨的自述》,是根据当事人的回忆录写成的。刘氏云:"二十余年前,予偶然获得一小册,为粤籍旅澳华侨谭仕沛氏所著。谭氏为广东省南海县人,生于1855年(清咸丰五年)。以家贫,闻澳洲产金,乃于1877年(光绪三年)偕父及弟同赴澳洲。初作矿工,后改业商,因以致富。1925年(民国十四年),谭氏年七十一,乃于退休后著此小册,名为《阅历遗训》。其目的在将其一生奋斗经过告诫其子孙。但其中叙述其初抵澳洲时之艰苦困难情形实为第一手史料。谭氏抵澳洲时,已在旅澳华侨地位盛极而衰之后,在澳洲各地已发生多次排华运动,各省当局对华人入境已有严格限制,谭氏此书所载乃当时华侨生活情形最正确之纪录。"(第44页)

其三,对老华侨中的重要人物进行采访。

《澳洲华侨史》附录(八)《一个典型的爱国华侨刘光福的

生平 》，即是根据采访记录写成的。刘光福（William Liu，1893—1983），曾任中澳轮船公司总经理。1921 年在广州得谒孙中山，参加国民党。1932 年日寇进攻上海，十九路军奋起抗战，刘光福受聘为该军司令部英文秘书，负责对国际宣传。嗣后积极支援祖国抗日战争。中华人民共和国成立后，刘光福两次访问北京。作者终其一生，称之为"一个典型的爱国华侨"。"他所爱的是中国，是中华民族，是中国的文化与传统。他虽曾加入国民党，但不愿受党派的拘束，一生言行，始终以国家民族为首要"（第 248 页）。作者与之论交长达四十年，并同住悉尼，时相晤聚。特别是在1957 年，作者应悉尼大学成人教育部之约主持一中文班，每周授课一次。学生有澳洲人也有土生华侨。刘光福已年逾花甲，也报名参加，从不缺课。往往在下课后，作者约之饮茶畅谈澳洲华侨史事，中英文并用，留下笔录。

二、一部华侨史，既是侨胞建设所在国的历史，也是他们热爱祖国的历史

学术界经常从侨胞辛勤建设所在国与热爱祖国两个角度，分别撰次华侨史。刘渭平教授洞察到这是不可割裂的两个侧面，不能偏废。他写《澳洲华侨史》，连在字里行间都正确地反映这一客观存在的完整事实。如说："辛亥革命以后，澳洲侨胞激于爱国热忱，亟思能于扩展中澳贸易方面，有所报效国家。其时中澳间交通端赖海运，无论客货运输均为外人独占，交通命脉，操之人手。于是旅居澳洲各地之爱国侨商亟思自组轮船公司航行中澳之间。此议一起，众和齐集，乃于 1917 年在悉尼成立中澳轮船公

司（China Australia Mail Steamship Line）。"（第 133 页）

又如："……旅澳华侨除在澳洲创业外，并由于爱国心情，在祖国创立事业……彼等最大之成就当为在本世纪（指 20 世纪——编者注）初在上海、香港等地创设新式之百货公司，而在中国经济史上将永远留名之'四大公司'。其营业范围其后更由经营百货而及于纺织业、面粉业、银行、保险、运输以及其他工商业务。'四大公司'为永安、先施、新新及大新四家百货公司之总名。此四大公司在本世纪初，全部由旅澳华侨投资，先后在上海、香港、广州等地成立，对于中国早期工商业的发展有极大贡献。"（第 139 页）

再如评述早期澳洲侨社中之名人梅光达（1850—1903）说："梅氏于 1894 年作第三次回国之行，并开始注意到澳洲之羊毛贸易，计划以澳洲羊毛出口至中国。可惜其时正值甲午中日战争，中国方处于内忧外患煎迫之中，清政府除再给予一四品军功之虚荣外，一无实际作为。梅氏失望之余，废然返澳。其时梅氏之商业发展甚速，并因参加各种社会团体，热心慈善事业，使彼在澳洲社会上之地位日高。彼又常在自设之饭店与茶室中举行宴会招待各界人士，宾客动辄数百人。凡此种种不独使澳洲人对于梅氏个人崇敬，并使全体华侨地位获得澳洲人另眼相看……梅氏虽久居异国，但绝未忘记其本身为中国人，临死时，遗命以穿着清政府所赐服装入殓。"（第 56—57 页）

三、一部华侨史,是广大侨胞与祖国休戚与共的历史

《澳洲华侨史》极其生动地反映出澳洲广大侨胞与祖国休戚与共的历史命运。在美洲等处华侨的命运实际也是这样。

人们往往要问,为什么近代中国的爱国主义思潮特别强劲?一百多年的历史作了答复:这是中国人民面对国际强权侵略作出的反应。同样情形,澳洲华侨之所以热爱祖国,这也是由于异族压迫的结果。兹节录本书所引 1861 年《悉尼晨报》特派记者的蓝坪洲通讯,以见当时澳洲侨胞所遭受的排华之痛。

6 月 28 日,"此间中国工人人数逐渐增加,据说有些已被欧洲籍矿工遗弃的地方,其后证明竟为产金颇富的矿穴。本月十八日,曾有一次反对那些不幸的中国工人的小规模示威运动……有二十八个欧洲籍工人追逐约四十名中国工人,其中有一个骑在马背上的欧洲人,似乎已大醉,四处狂奔,形同疯子,他用鞭子抽打那些不幸的中国人。这些中国人大都肩挑背负着不少行李什物,因此无路可逃,他们最后逃向有中国人搭篷居住的河边,但欧洲人又赶去,用火焚烧中国人的篷帐"(第 108 页)。

7 月 2 日,"大家都知道今日(六月三十日)将有一次反对华工的示威运动,其直接原因不可知,有人说是欧洲籍工人已下决心要把中国人悉数赶出矿区之外……这一次暴动对于中国人生命财物的损失远远超过以前各次"(第 109 页)。

7 月 4 日,"我曾目睹一名欧洲籍矿工由暴动归来,手持一旗,

旗下挂着八条中国人的辫子。这是他的胜利品。辫子上多附黏着手掌大的肉皮,血肉淋漓,分明是才从一些不幸的中国人头上硬撕下来的"(第 111 页)。

澳洲其他一些地方,也先后发生此类血泪斑斑的惨状。随后,澳洲当局逐步制订出各种限制以旅澳华人为主的有色人种的法规,推行所谓"白澳政策"。在这种灾难的日子里,广大侨胞渴望祖国政府保护其正当利益。

还在 19 世纪后期,澳洲尚未成立联邦政府,中澳尚无外交关系时,澳洲侨胞即向清政府提出保侨的请求。光绪十三年(1887),两广总督张之洞奏派的委员王荣和、余瓘到澳洲宣慰侨民,受到悉尼侨领梅光达等的隆重接待。"当时澳洲华侨对王、余二氏提出两项请求,请彼等代为转达清廷,一为在各地设置领事,专任保侨之职;二为经常派遣军舰前来访问,宣扬国威"(第 77 页)。20世纪的 30 年代,澳洲华侨曾要求国民政府对澳交涉,以期废除"白澳政策"的苛律。但一次一次地失望了。其根本原因是当时中国是一个饱受国际强权欺凌,贫穷落后的国家,无力保侨。于是澳洲华侨与国内人民一样,要求"振兴中华",渴望祖国进步、富强。

以往,我很不理解,南洋等地华侨为什么积极参加康、梁"保皇"活动?今读刘渭平教授从《东华新报》所辑 1900 年 11 月 25日,澳洲侨界代表在欢迎梁启超会上的慷慨陈词,就找到了答案。他们保光绪皇帝的目的是保变法成功,以期清政府"励精图治,挽弱为强","拯故国生民于涂炭之中,免海外同胞有鱼肉之苦"。(第 157 页)本此救中国的宗旨,澳洲华侨不受历史的束缚,不停顿地随着祖国的进步潮流而前进。继之而来的,便是他们支援孙中山民主革命,支援祖国抗日战争……详见《澳洲华侨史》中。

历史终于没有辜负广大侨胞的愿望。1949 年 10 月 1 日,北京天安门上发出了声震寰宇的巨响:"中国人民从此站起来了!"五十多年来,伴随着祖国的欣欣向荣,澳洲华侨的处境也已今非昔比。广大侨胞在澳洲的辛勤建设以及促进中澳友谊的巨大功绩,已被中澳人民所共同肯定。《澳洲华侨史》附录的刘氏名作《谊园记》,就是铁证。移录于此,以为本文作结。

澳大利亚于诸洲中发现最迟,建国最晚,但二百年来发展之速一日千里,立国规模灿然俱备,此皆由于其朝野上下之勤毅奋发有以致之。我华人于澳洲开创之初,即渡海南来,与他族先民同心协力,胼手胝足,共事建设,澳洲今日之繁荣进步,我华人与有荣焉。1988 年值澳洲二百周年庆典,新南威尔斯省政府与中华人民共和国广东省政府共谋所以纪念此两国人民合作之史实,乃议于悉尼市建一中国式园林,并委托广州市园林局负责设计规划。期年而园成。园在悉尼市中国城之北,居海港之一端。凿土为池,叠石为山,建亭阁,引流水,又由中国各省觅嘉木异卉移植其间。登临远眺,则长桥卧波,层峦耸翠,闾阎扑地,帆船迎风,洵足以纾羁旅之愁思,尽游观之雅兴,而中澳两国人民二百年来之友谊,亦得借兹园而永垂后世,是兹园之建为不虚矣。因锡以谊园之名而为之记。(第 249—250 页,谊园的英文名为 The Chinese Garden of Friendship)

(原载《书品》2001 年第 2 辑)

《阮元年谱》序

　　自汉迄清,长期统治中国思想领域的是儒家经学。经学的完全意义是经世之学。古人研究经学的目的是用以治国利民。随着历史的递变,经学也由汉学而宋学而清学。为矫明季士大夫"空谈心性"之弊,顾炎武等清初诸大儒鼓吹舍宋明语录而反求真道于群经,于是通经服古之风大兴,乾隆、嘉庆之际,达到高峰。乾嘉学者所研究的经学内容有不可截然分割者三:一、训诂,二、典章制度,三、义理。戴震《题惠定宇先生授经图》表述了新建经学的纲领。其中有云:"训故明则古经明,古经明则贤人圣人之理明,而我心之所同然者乃因之而明。贤人圣人之理义非它,存乎典章制度者是也。松崖先生之为经也,欲学者事于汉经师之训故,以博稽三古典章制度,由是推求理义,确有据依。"为实现此纲领,乾嘉经师耗尽了三代人的心血。先是,以元和惠栋为宗师的吴派,力求恢复被宋学废弃的汉儒训诂,谓必由汉诂以明古经。继之,以休宁戴震为宗师的皖派,坚持由字以通辞,由辞以明道,力求恢复孔孟之义理,以区别宋学"援禅入儒"之义。再继之,以江都焦循、仪征阮元和曾作扬州寓公的歙人凌廷堪为主要代表的扬州学派,力求恢复义理所存在的儒家典则,使经学切合人伦日用。三者相继,创建了汉、宋之后的"清学"。这是在接受西方新文化冲击前,中国学术的主流。只有理清乾嘉经学的脉络,才能明确"扬州学派"的客观存在以及阮元在清学史上的地位。

迄今学术界受影响最大的清学史论著，首推章炳麟《訄书》中的《清儒篇》。章氏从鼓吹反清的政治宗旨出发，对身居清廷高官的阮元，排斥不予论列。而在《太炎文录·说林下》中严辞呵斥阮元所编清史《儒林传》，体无完肤，谓"说经先顾栋高诸贱儒，讲学亦录诸显贵人，仁鄙简陋，溷淆无序"，不如江藩所著《国朝汉学师承记》与《国朝宋学渊源记》"远甚"。显而易见，太炎先生没有给阮元以应有的学术地位。海内外同行公认张舜徽教授所著《清代扬州学记》为当代研究"扬州学派"的开山之作。张氏以"专""精""通"作为吴、皖、扬学术分派的标志，此说风靡一时。然而这仅能表达吴、皖、扬三代人研经的风格。人们无从由此看到乾嘉经学发展阶段的内在脉络，以及阮元等努力使经学与人事相结合的历史地位。至于有些作者舍经学而单言小学，则扬学只能成为皖派语言学的支流，其主要代表当推高邮二王而非阮元、焦循和凌廷堪。

总之，若舍经学史而言"扬州学派"是得不到科学结论的。

还在20世纪的60年代，我不揣鄙陋，常思约集同事同志合作研究以经学为中心的"扬州学派"，旋遭"十年浩劫"，此志未遂。直至1986年，始由扬州师范学院邀集国内外学者，举行"扬州学派"学术讨论会，并印行《扬州学派研究》一书。旋在世纪之交，扬州大学人文学院与台湾"中研院"中国文哲研究所协作，在扬州与台北，先后举行"扬州学派"学术研讨会。第一部论文集已由台湾学生书局出版。第二部论文集也即将问世。毫无疑问，出于海峡两岸同仁的共同努力，对"扬州学派"的研究，已经启动。然而这仅是起步，我们尚有大量工作要做。以对阮元的研究而论，我们必须完成两大工程：一新编《阮元全集》；二撰写《阮元评传》。而在此之前，必先广搜有关资料，作好准备。今观王君章涛所撰《阮元年谱》，深庆作者已在这方面作出了可贵的成绩。

按，在阮元生前及死后，其诸子及门生分段为撰《雷塘庵主弟子记》。其书虽系年编次了阮元生平，可供考究，但通篇以记录"皇恩"为杠杆，取舍不当，抑扬失实。有鉴于此，王君费时二十年，重撰《阮元年谱》，扩大视野，注重搜讨阮元与周围文化人交往的事实，用以显示他在乾嘉后期领袖儒林的学术地位。与编著《阮元年谱》同时，王君撰写了《阮元传》，1994 年，先由黄山书社出版，书法大家启功前辈为之题签。其书资料翔实，采山之作，非一般通俗传记所能攀比，故已誉传海外。今《阮元年谱》又告杀青问世，这就为学术界进一步研究阮元并由此以窥乾嘉学术，提供了扎实的资料基础与可靠的线索。跋涉草莽，以启山林，其功绩是不容低估的。

王君知识宽广，对金石版本都有研究，颇有真知灼见。如在《阮元传》中评道光初刻《揅经室集》为上乘，我近从新出《张文虎日记》中所引曾国藩语得到了佐证：

> 同治七年二月七日，"谒节相。出示汲古阁刊本《乐府诗集》旧印本及阮文达《揅经室集》初印本，以为刻书板必须如此，盖其意不外'方肥清匀'四字"。

按，张文虎为曾国藩所延文士，时在金陵书局校刊《史记》等书："节相"，即曾国藩。

王君春秋方富，正续事对汪中、焦循等扬州学人的研究，我预祝其成功。

（原载《书品》2003 年第 3 辑）

读《学林往事》随想

《学林往事》(以下简称《往事》)凡三册,从写蔡元培起,记载了一百多位已故学界前辈的治学经验和高尚品德,保留了大量近世文化史料,是一部极有价值的好书。

我是这书的作者之一,对书中人物,除所写的先师金松岑外,其他还有多位也曾耳目所及或奉手有所受。例如,在抗日战争胜利后,我在苏州,曾两次见到顾颉刚先生。他签名赠赐的一册油印的《浪口村随笔》,历经劫难,幸而尚存箧间。又如,在中华人民共和国成立初期,柳诒徵先生在上海震旦大学教授"文字学",每次到校,都由我接待。亲见他老对《说文解字》背诵如流。我常悔恨,在这瞬息即逝的交往中,未曾及时把这些史学前辈的嘉言懿行记下来,传下去。读了《往事》,对编者张世林同志千方百计抢救学界珍闻轶事的苦心与劳绩,无比敬佩。

回顾过去,是为了现在和未来。《往事》所涉及的20世纪中国,正是新旧学术交汇、新旧学者并存的时代。从乾嘉汉学,到实证主义,到唯物论者,这是20世纪中国大部分学者经历的三步曲。但不是齐步走。有的学者只走了第一步,有的走到第二步,有的到了第三步。他们对发展祖国文化都作出了贡献。新老衔接,新陈交替,不能株守不前,不能割断历史。从《往事》,我们看到了20世纪学术发展在这方面的得失。对于创造新世纪的学术文化,此书提供了极重要的经验。

编辑《往事》，不可能"毕其功于一役"，需要陆续订补。但因学术界的掌故极为丰富，所以必须择要先补。兹举数例，供编者参考。

说到 20 世纪的中国，谁都不否认章炳麟（太炎）是乾嘉朴学的殿军，又是辛亥革命的元勋。但对章门大弟子吴承仕的崇高学行，在学术界的年轻一代中，已鲜有人知了。太炎先生晚年在评论及门高弟时，常说："经学有检斋；小学有季刚，季刚殁后有玄同；史学有逷先。"[1]检斋，即吴承仕。季刚，黄侃。玄同，钱玄同。逷先，朱希祖。吴承仕之所以值得后世颂赞，不只是因为他是一代经学名家；而且是由于吴氏能从清末的一个举人，军阀统治下的大学教授，为了救中国而追求真理，最终接受和信仰唯物史观，秘密加入中国共产党，"九一八"事变后，成为抗日救亡的大无畏战士，真正做到了富贵不能淫，威武不能屈，以至于死。从这位经师人师的身上，令人看到了中国传统文化的光辉，看到了唯物史观是科学。华北沦陷后，宁愿贫病而死，不肯当汉奸大学校长的吴承仕，便是这二者的结晶。

朱希祖，字逷先，一书遏先。清光绪之季，以官费留学日本，肄业早稻田大学，研究历史。归国后，历任北京大学、中山大学、中央大学等校教授。1940 年，重庆成立国史馆筹备委员会，张继为主任，朱氏受任秘书长，实际负筹备之责。1944 年 7 月，朱氏殁于重庆。1979 年，台北九思出版公司出版其遗著《朱希祖先生

---

[1] 此闻之章氏晚年弟子王仲荦前辈等所言。六十余年前闲话及此，所忆已寥寥。

文集》六巨册。第一册为"中国文学探源"；第二册包括"史学通论"和"史馆论议"；第三册至第五册均为"史实考证"，从先秦迄明清；第六册包括诗钞、题跋、日记，附以年谱和哀挽录。封面有俞大维题签。在我国大陆，此书流传不广。1995 年，我从美国匹兹堡大学东亚图书馆，借读一过，略有札记。兹言其荦荦大者。

朱希祖曾两次面见孙中山，见其《日记》[1]。

> 民国二十一年十月九日：谒孙中山先生墓。予初见中山先生在日本，时光绪三十二年，初次演说三民主义，听者甚众。第二次见中山先生在上海，时民国十二年，予偕李守常先生大钊入谒，握手略谈北方事。今瞻仰雕刻遗像及巍峨坟墓，不胜凄感。

就在日本留学时，朱氏得与黄侃、鲁迅等同列章氏门墙。朱偰等为其所编《年谱》言：

> 民国纪元前五年(清光绪三十三年丁未)，公年二十九岁。是岁，始与黄季刚、钱玄同、马幼渔、周豫才、许季黻诸先生受业于余杭章太炎先生之门。

---

[1] 辑入《朱希祖先生文集》第六册的《郦亭粤行日记》，系朱氏日记的片断，始民国二十一年十月五日，朱氏离北平南下应广州中山大学之聘，迄二十二年八月十六日。所记多广州事，也有南京、上海等地见闻。按，《年谱》云："(民国十八年二月十七日)至广惠寺吊梁任公先生。《日记》中云：'梁先生与予清史馆同事，又为清华大学同事，虽志趣不同，学术亦异，然以其创《新民丛报》，予个人及全国志士皆受其振发，颇多影响，此不可不推为有功之人。'"可证朱氏尚有其他年份日记未辑入《文集》。

为反对洪宪帝制，章太炎被袁世凯幽禁于北京时，朱希祖曾偕鲁迅等前往贺春节，见《鲁迅日记》：

> 1915年2月14日　旧历乙卯元旦。星期休息……午前往章师寓，君默、中季、逷先、幼舆、季市、彝初皆至，夜归。

幼舆，即幼渔。季市，即季巿。彝初，或书夷初，马叙伦字。

朱希祖的史学理论主要有二：其一，新的"三长"说。他把古人所说的作史须具三长：才、学、识，与作文须具三长：词章、考据、义理，相互贯通，谓词章属于才，考据属于学，义理属于识。朱氏强调，宜治社会科学及哲学、论理学，则义理不至于"偏颇寡陋"。其二，实证主义。朱氏曾作《汲冢书文字考》，自称以史学治经学，以论理学方法解决一切疑难，反对今古文家的门户之见。关于出土古物的真伪问题，朱氏断言："须为客观判断，不宜偏任主观，凭空臆说。"显然可见，朱氏既是乾嘉考据学的继承者，又是接受近世西方思想方法的实证派。

朱希祖毕生从事考据，其最辉煌之作，则为晚年所写的《中国最初经营台湾事略》。《年谱》言：

> 民国三十二年癸未，公年六十五岁。一月七日，"因美人有言战后拟划台湾为委任统治地，公颇不以为然，因撰《中国最初经营台湾事略》，交《大公报》发表，以纠正之"。

按，重庆《大公报》于1943年1月7日，以《中国必收复台湾》为题发表社论，朱氏读后谓"理由充沛，实足以代表全国人

心"。于是广征史料，为作注脚。其文刊载于 1943 年 1 月 9 日
《大公报》，永远闪烁着爱国主义的光辉。

对于吴承仕、朱希祖等老一代学林名流的事迹，耳闻目睹者
已愈来愈少。我与荣孟源前辈论交几三十年，但等到知道他曾亲
炙于检斋先生时，荣老也已作古人矣！扬州老儒蒋逸雪，曾供职
于重庆国史馆，所撰《张溥年谱》，由馆长张继作序，此文实由朱
希祖执笔。我与蒋老同事二十余年，但等到要询问其详时，蒋老
的墓木已拱。每念及这些，往往为之浩叹！

一些关涉近世文化史上的重大问题的学林掌故，即使是一鳞
片爪，也要及时加以辑录，否则将与云烟俱散。例如，章太炎因不
信甲骨文字而被傅斯年等所讥。幸而章氏入室弟子许寿裳（季黻）
在《章炳麟》一书中留下了"对于甲骨文的始疑终信"[1]一节：

> 甲骨文是商朝王室命龟之辞，太卜所典守的。我们现
> 今能够在实物上考见文字，要以此为最古而最多。此文出
> 土后，首先来研究考释之人要推孙诒让……他的著书有二
> 种：（一）《契文举例》……（二）《名原》……继之者有王
> 国维，著《殷卜辞所见先公先王考》及《续考》、《戬寿堂所
> 藏殷墟文字考释》、《殷周制度论》、《古史新证》等书，义据
> 的精深，方法的缜密，可谓极考证家的能事；换句话说，能以
> 旧史料释新史料，复以新史料释旧史料，多所发明，正经传
> 的误字，溯制度之渊源，从来说古书奥义，未有如此之贯串

---

[1] 此书于 1946 年 3 月由南京胜利出版公司出版，于 1978 年由香港大东
图书公司翻印入《章炳麟传记汇编》中。

者。章先生晚年看见了这些创获,亦改变前说,认为甲骨文是可靠的……惜乎此意未及写出,遽归道山,连腹稿亦埋藏地下,是多么不幸的事!

今章氏门人已零落殆尽,不知尚有人能对此做补证否?于此更可见"抢救"20世纪文化史料的紧迫性,也更可见编辑《学林往事》《学林春秋》这样的书是十分必要的。

(原载《书品》2001年第5辑)

修《清史》说略

（供编纂委员会参考）

一、对新修《清史》的性质与地位须有共识

新修成的《清史》，应当是一部踵"二十四史"之后的中国"正史"；一部包罗有清二百六十余年朝章国故、学术人心的断代史；一部为千秋万代垂鉴的信史。

原有的《清史稿》不足以当此。

二、新书体例，建议仍以"纪传体"为框架，
采用编年、纪传、本末三体结合的方式，
并吸取"章节体"之长以改进"纪传体"

按，写史最基本的方法只有两种：一是系时、二是叙本末。由此产生了三体：系时者，谓之"编年"；叙事者，谓之"纪事本末"；叙人者，谓之"纪传"。

《左传》以来的史书都不是用单一的方法写成的。《左传》是"编年体"，但其内容却不是单纯系年月日的记流水账，而是兼采相对集中叙述的本末体，如记"春秋五大战"等。《资治通鉴》也

是这样。但是,古今史书都必以一种写法为框架或主型,由此确定其体例。《资治通鉴》以系时为框架,故属编年体。袁枢改变了写法,以叙事的本末为框架,撰成了《通鉴纪事本末》。"二十四史"的作者,也是兼采诸体,但以系人的本末为主型,撰成"纪传体"。

史书三体,是中华民族的优秀文化遗产,不专属于某一政治集团或受时代的限制。"纪传体"可以被封建史家所利用,撰写"帝王家谱";但也可以被现代人改进,不写成"帝王家谱"。不必顾虑,采用"纪传体",即意味着"帝王家谱"的复活。"编年",只能写《清通鉴》。《清史纪事本末》不能取代《清史稿》。这些都已是学术界的共识。至于采用"编年"与"纪事本末"相结合的"章节体"所写的《清通史》,虽较能显示历史的进化,但也不能包罗"正史"的内容。因此建议,新修的《清史》,需要综合使用传统的"三体",加以改进,并吸取"章节体"之长,而其框架仍当为"纪传体",以与"二十四史"相衔接。

此书可由以下各部分构成:

(1)绪论

略仿简又文《太平天国全史绪论》,表明作者对清史的理论和观点,并交代修史条例。

(2)纪

纲目体,记军国大事,采编年兼纪事本末之法,系列帝年号,"顺治纪"……"宣统纪",年数长者可分上下篇或上中下篇。入关前为"前纪"。

(3)传

视事迹轻重,仍分别为单人传、多人传及附传。不加"儒林""文苑"等名目。因这样把古人分类,殊难妥帖。如汪中自负以文章见长,死后"国史"于"文苑"列传,其子喜孙哀恳阮元为设法改入"儒林传"。但近代日本学界谓汪中在学术上的主要贡献在史学,在于"以史治经"。而史书无"史林"或"史苑"之目,往往把史家入文苑,如刘恕传即列于《宋史·文苑传》,则汪中也未尝不可在"文苑"列传。有鉴于此,鄙意新修《清史》的列传,除依时代编次外仍当方以类聚,物以群分,连累书之,但不再加分类名目,以免争议。

后妃、诸王、公主等有重要事迹者,列传。对后半生入民国且入仕于共和政府者,如张謇、汤寿潜等,一律不为列传。有些清室遗老如沈曾植,虽已死于民国年间,但仍在《清史》列传。至于王国维,则应入《民国史》。

（4）志

历代史书作者对"志"的理解和处理,最为紊乱,但都要求记录一代典制。鄙意新修《清史》各志都应扣紧这一宗旨。

昔年曾拟议,重编太平天国诸志,有《历法志》,而无《天文志》,内容记录天朝对自然季节适用于人事所作出的种种规定,以利于农业生产和其他人事活动。这是记制度而不是记自然现象。对《地理志》的要求也是这样,只记天朝的地方建置,不记山川形势。这样设计,似乎也适用于《清史》。《地理志》不能废,可改名《疆域志》,以区别于记自然地理。配以地图,分省至标示县名为止。

班固列"艺文"于八志,阐明学术渊源,以利当权者治国。其后诸史的"经籍""艺文"各志渐变为目录专篇。鄙见新修《清史》的《艺文志》当记朝廷对艺文所颁布的政策法令和"钦定"《古今图书集成》《四库全书》等的编纂与印行,以及殿版局刻书籍等故事。至于大量公私著作的目录与版本,则需要另载专书,不入"正史·艺文志"。

（5）载记

南明、太平天国。

（6）表

增损择用《清史稿》各表，视需要做补充。不为皇族列表。

三、对修史文字的建议与要求

（1）采用文言，力求简洁流畅

当如钱大昕赞《资治通鉴》那样，取材超过以往"正史"，而文字少于"正史"。

（2）少引原文

极重要的谕旨、奏议等须引原文。如林则徐的请禁鸦片疏，当在本传中引全文，在纪中摘要语。引文必须准确，不能用省略号节引。

（3）用语必须遵守当时体制

如授官、封爵、加衔、赏戴花翎……进士及第、进士出身、同进士出身等，一切提法都必须合乎清制。

（4）准确运用"清语"和当时的学术用语

四、昭信于千秋万代

新修《清史》的取材必须力求完备和准确。为此，希望修史诸贤做到以下两点：

（1）取材于原始史料

旧《清史》规定，取材于制成品，《实录》《圣训》《方略》等都是经过剪裁的成品,这些已经修饰过的二三手材料,不如原始的档案近真。清代太史撰列传,规定取材于"宣付史馆"的"生平事迹"。民国初年,"清史馆"诸老撰人物传仍取材于现成的传状。当时馆员中已感不满。吴士鉴致缪荃孙书云:"陈子励《儒林传》较同馆为当行。细阅焦循一传,亦只抄李次青而已。"盖取材于《国朝先正事略》,吴嫌其陋。章一山《袁昶传后》说,他撰《许景澄传》,取材俞樾《许文肃公墓志》,采用当时北京盛传袁昶所撰,许、袁合奏,反对慈禧太后利用义和团三折稿。稍后为他人起草的《袁昶传》核稿时,才遍查军机、内阁、奏事处各档,发觉实无此三奏,于是删改二传,并声明删改之由。这些经验值得记取。现在新修《清史》,必须改革取材的方针,尽量以原始史料为主,以二三手成品为辅,力求近真。

(2)言必有据

修史不比论史,修史叙事实,不能推论。叙事必须有史料为依据,而史料不尽可靠,史家当如法官取证那样,须严密核实。对同一事件记载的不同的史料,须用时间、地点和人事作综合的判断,细心比较其准确与错误,以定取舍。司马光《资治通鉴考异》的优良传统,值得继承和发扬。力求立言有确凿的根据。

作为一代"正史",将成为世人研究和征引的根据。若取材不当、立言无据,将贻误后人,导致以误传误。昔《后汉书·儒林传》谓《熹平石经》为"三体石经",与《正始石经》相混,陆德明《经典释文》、司马光《资治通鉴》皆承其误,世人病之。相信修《清史》诸贤必能对史料取宏用精,以昭信于千秋万代。

(2003年4月,在上海举行的"清史体裁体例座谈会"上的书面发言)

重印《越缦堂日记》序

　　李慈铭(1829—1894)所著《越缦堂日记》,与《翁同龢日记》、王闿运《湘绮楼日记》、叶昌炽《缘督庐日记》齐名。所记起清咸丰四年(1854),迄光绪二十年(1894),反映四十余载朝章国故,学术人心,富有价值,久享盛誉。但在"四大日记"中,此书的出版经过最为曲折,历时六十多年,分三段三次印行。由于难见全书,一直使士林抱恨。现在,广陵书社重印《越缦堂日记》,列入《国家清史编纂委员会·文献丛刊》,正符合海内外学界的希望。

作者一生坎坷

　　《越缦堂日记》是历史的产物。作者李慈铭(莼客),生当太平天国农民大起义,英法联军入侵京畿,中法战争,加上清王朝的吏治败坏,世风日非,天灾人祸迭起的时代。"秉性狷狭"(文廷式语)的李慈铭不与世俗同流合污,他一生坎坷。在科名道路上,"屡试屡踬",直至光绪六年(1880),李慈铭年逾半百才中进士,官止御史,贫病终身。于是他把几十年愤世嫉俗,感时忧国之思,倾泄在"日记"里,为后人研究晚清史,留下了一批比较真实的资料。

揭露时弊,可补史传

李慈铭揭露清政不纲的众多事实,可补官书公牍所不载。兹择其言之最痛切者为例。

(一)权贵沉酣,不恤民命。

光绪三年十月初九日记:

近日都中百物踊贵,米麦尤甚。余所食米,去年春时,每百斤京钱二十八千,今渐至四十七千,昨日且五十千矣。杂货面(以黑小米菽米和麦皮为之,都中极贫户所食)一斤至四百余钱(旧止百余钱)……满汉游民,徒食日众,畿辅饥者又纷至沓来,祈祷虚文,雨久不得,其势殆将岌岌。而大小恬熙,惟知卖弄国权,奔竞捷径,有暇则逐酒食声妓。盗贼劫掠,白昼公行,严诏督捕,漠不为意。昨霞芬言,数日前,明善之子、已革内务府大臣文锡夜宴恭邸于家,招之侍饮,且演软舞(都人谓之软包所演皆小剧)。恭邸语霞芬之师蕙仙曰:"比观一阵风演出,嫌生旦脚色不多,以后演时,尔当分半班来。"此柄国之经济也。又言,前日大学士英桂之弟英朴,以江苏粮道督运至京,邀步军统领侍郎荣禄及左右翼总兵成林、文秀三人夜饮,招霞芬等五六人,达旦始罢。此金吾之功伐也。有畿辅县令言,一日公宴演剧,兼府尹尚书万青藜至夜半不肯罢,必欲招西伶十三旦演两出,属宛平令锁之来。言未毕而适至,万即离席膝坐为媚态以迎之曰:"汝来何迟,几得罪于从者,幸弗怪,速上妆(都人谓缠头曰

上妆），以慰饥渴。"此京兆之勤劳也。时事如此，朝廷何以
自存，我曹无死所矣！

按，霞芬，李氏所善艺伶。　执金吾，汉官名，掌京师警卫，此
喻步军统领荣禄。　京兆尹，也是汉官，此喻顺天府尹。

（二）奸邪擅权，钳制言路。

光绪十九年正月十一日记：

> 邸钞：上谕："前据御史李慈铭奏，顺天府府尹孙楫有
> 呵斥属吏，积压公事等情，当派徐桐、翁同龢确查。兹据查
> 明复奏，前任东路厅同知郝联薇，系属因病出缺，并非被辱
> 自缢。至该府尹署中应办公事，检查文簿，亦无积压。即着
> 毋庸置议。"

按，李慈铭原奏弹劾孙楫的劣迹甚多，而且株连慈禧太后宠
信佞臣孙毓汶，孙在枢廷用事，这一切都被抹掉了，赖有《越缦堂
日记》为"邸钞"作注脚，把真相保留下来了。

> 余去年附片奏参孙楫前在台垣及守广州劣迹甚众。近
> 官京兆时，与其胞叔军机大臣孙毓汶及兵部侍郎洪钧等微
> 服冶游，皆耳目众著，人人能言。乃奉旨查办时，枢府删去
> 大半，仅以郝联薇自戕一事交出。上下相蒙，朋比欺诈，深
> 堪发指。所上严劾保举一疏，内阁钞出，亦被政府删去十之
> 二三，凡言郑工保举之滥、朝阳军功之虚妄、太和门工程之
> 废弛，皆匿而不发。此十余年前秉权固位者未敢如此悍然

无忌也。

其时强邻虎视，而清廷政治腐败，又不准揭露，文过饰非，读者于此，可以觇中华民族危机的深重与清王朝之不永。胡适尝举光绪九年十一月阜康钱庄倒闭风潮为例，谓《越缦堂日记》所记时事可补史传，这是笃论。

"文须纪实"，驳正史书

学术界颇注意《越缦堂日记》保存的读书随笔。李慈铭生乾嘉之后，深受汉学考据影响，对训诂、校勘、目录、版本、金石诸学均有心得。以我所见，李氏对当代史书的驳正，也颇可取。例如：

（一）揭《平浙纪略》作伪。

同治十三年二月二十五日，

> 高仲瀛来，馈莲子一合，《平浙纪略》一部，浙中书局所新刻也。凡十六卷，皆纪左帅之功，非传非编年，略仿纪事本末之体。末二卷则述以前浙中军务及庚申、辛酉再陷事，自谓多本于知府许瑶光之《谈浙》。其痛贬张玉良之杀掠，微表段光清之战功，皆好恶任肬之辞，然终不能没张之死事，段之苟活。而瑶光于诸暨陷时，潜遁出城，今乃谓被刃晕绝，民舁之以免，则真不识羞耻矣！

按，《平浙纪略》，秦湘业、陈钟英撰，谀左宗棠统湘军从太平军之手夺浙江之"功"。同治十二年浙江官书局木刻本。出生在浙江的李慈铭，熟悉浙省太平军与清军战事，故能纠史书之伪。

（二）评《庚申北略》失实。

光绪七年六月初二日，

> 得爽秋书，以近所钞得《夷舶入寇记》上下篇及《庚申北略》借阅……《庚申北略》不知何人所作，记咸丰庚申英夷入京师事，文拙俗而简率，其事亦颇不核。如云：八月初八日闭城后，米蔬皆不得入；二十九日，夷酋巴雅里于安定门楼驾炮内向，居民尽为灰烬，皆绝无其事。余时在都，知之最真耳。

按，袁昶，字爽秋，李氏好友。《庚申北略》不著撰人。北京图书馆藏抄本，《中国近代史资料丛刊》之一《第二次鸦片战争》据以辑录。此书排日记英法联军侵入北京事。其中有"自初八闭城后，城外米蔬不得入城。"二十九日"午刻，夷酋巴雅里带百五十人入城……遂踞安定门，策马登城，筑炮于城内，皆内向，门内居民尽为灰烬"云云。据李氏驳正，这都是传闻失实之辞。

光绪十九年三月十三日《越缦堂日记》批评袁昶为其丈母撰"行状"，"铺张太甚"，至谓咸丰十年劝夫抗疏阻皇帝出奔热河云云。李氏指出，"余是年在京师，何尝有是事！""文须纪实"，这是李慈铭立言的准则。

掌故渊薮，印行曲折

李氏生前，他的忘年交吴庆坻即向其借"日记"，抄录晚清故事。吴字子修，杭州人，光绪十二年进士，后授翰林院编修，与慈铭文酒往来颇密，具载于《越缦堂日记》，其中有云：光绪十六年八月三十日，

> 吴子修编修来，言其大父仲云制府著有《养吉斋丛钞》二十四卷，皆载国朝掌故，已写有清本，昔年梅小岘中丞欲付浙江书局刻之，未果。余力从臾子修集资济其事。

可见，吴氏是掌故世家。庆坻遗著《蕉廊脞录》，也是谈故名作。卷一有"罢奕䜣议政王"一则，即抄自《越缦堂日记》，结尾云："李越缦先生'日记'载此事颇详，予尝借观节录之。"

小说家曾朴（孟朴）与李氏有世交，也载《越缦堂日记》：光绪十七年十一月初五日，

> 得曾君表十月二十一日书，言其子朴举江南乡试，平日私淑予文，请于行卷履历中称受业师。故人有子，深可喜也。

其后曾朴名著《孽海花》以晚清故事为背景，也多取资于《越缦堂日记》。黄濬《花随人圣庵摭忆》尝说宝廷买妾自劾罢官事，谓"曾孟朴《孽海花》所引'宗室八旗名士草，江山九姓美人麻'两句，实有此事，以我所闻，此诗即莼客所作，今全诗载《越缦堂日记》三十九册中。"《花随人圣庵摭忆》曾从《越缦堂日记》辑浙江杨乃武冤狱始末，从《越缦堂日记补》辑"端肃遗事"等。

但是，吴庆坻、曾朴、黄濬等都未能看到李氏"日记"的全部，所录都受限制。《蕉廊脞录》卷六"李慈铭四君咏"引言谓"日记"

缺最后一函，盖己丑以后之六年。此诗作于壬辰。"先生诗佚者多
矣，惜哉！"己丑，光绪十五年。壬辰，光绪十八年。黄濬也因未见
这最后一函所录《四君咏》，四君之一为邓承修，李氏自序"余与
邓君雅故"云云，而在《花随人圣庵摭忆》中误谓李、邓不睦。

　　按，李氏非常注意保存自己的"日记"。如同治十三年十二
月十五日记云："装钉乙丑至今年日记，共十五册，分为两函，今日
标写签栟，颇极精整。"
乙丑，同治四年。他积存"日记"凡七十余册，分为八函，逝世后
由其后人保管。其挚友沈曾植（子培）、樊增祥（云门，樊山）均谋
刊行，未果。但增祥取去了最后一函，凡九册，没有归还。稍后，
缪荃孙谋仿《竹汀日记钞》之例，节录印行，也未实现。直至民国
八、九年，始由蔡元培等经手集资交上海商务印书馆刻石影印其
第二函至第七函，凡五十一册，始同治二年至光绪十五年六月终，
即最早问世的《越缦堂日记》六函。对其第一函，蔡氏请钱玄同
阅看，拟遵李氏遗意，为之整理后刊行。旋从钱氏之劝，为免搁置，
即将原稿仍交商务印书馆刻石影印，是为《越缦堂日记补》。这
已是民国二十五年事，距离六函印行后已十六年了。至于被樊增
祥取去的一函，则因增祥物故而遂不可究诘。于是传说纷纭，如
好谈掌故的徐一士，曾在《李慈铭屡试屡踬》一文中，有"或谓增
祥以中有对己诋斥之语，已于生前毁之矣"云云。直到1988年，
北京燕山出版社影印本行世后，学术界才庆幸此佚书尚在人间。
但因与前七函的出版间隔太久，又流传不广，所以直至近期，有的
介绍文章，仍因作者未见原书而未能直接揭示其内容。现在广陵
书社重印全部《越缦堂日记》，其有功学术匪浅。

校勘之功，企待后贤

《越缦堂日记》和其他珍贵手稿一样，其中不免有疏误。兹举数例：

（一）传闻失实。

如《蕉廊脞录》卷三"张应昌"条云：

> 张仲甫舍人应昌，嘉庆庚午举人，以恭缮实录，议叙中书舍人……舍人清贫而性孤介。杭州东城讲舍，薛慰农太守创设，制义外兼课经解诗赋。太守去官，即主讲席。继之者为海盐张铭斋先生。先生殁，里人有言于郡守，欲延舍人主讲者。舍人辞不就，自言年衰耄，经义词章皆荒落，岂足胜讲授之任？顾家无儋石储，其嗣子云斋浼予劝阿翁勉就此席。予知不可，而云斋固以请。一日从容谒舍人语此事，舍人厉声曰："儿辈不晓事，即长官延聘，我必坚辞，必强我，当以死拒之。"予敛容叹服。时又有荐会稽李莼客来主讲者，李亦辞不就。后见《越缦堂日记》，言杭州张舍人谋此席甚力，不欲与争，此则传闻失实。舍人介节，予固亲见其事，亲闻其语者，不可不为辨之也。

（二）笔误。

如，光绪六年九月初六日，"邸钞：今日召见惇王、恭王、醇王、尚书潘祖荫、翁心存……"

按，翁心存官大学士，列名不当在潘祖荫后，且其时已故，核之《翁同龢日记》，此乃翁同龢，李氏笔误。

又如光绪十九年四月二十九日，"蕚庭设饮漱翁家，招同子培、子封兄弟，子修、绡堂乔梓，仲弢、叔容昆季午饭"。"绡堂"乃"绡斋"之讹。

按，吴庆坻（子修）之子士鉴，字绡斋，光绪十八年榜眼，授翰林院编修，与李慈铭颇有往还，具见于《越缦堂日记》：光绪十八年十一月二十五日，"吴绡斋士鉴来。" 光绪十九年七月十四日，"诣吴子修、绡斋乔梓。"
因李氏常见友人中有庞绡堂，故一时笔误。

（三）误记。

如，光绪十六年四月初二日，"江阴朱孝廉铭盘来"。朱铭盘是泰兴人，李氏误记为江阴人。

按，铭盘号曼君，光绪八年举人，其生平事迹具载于所著《桂之华轩诗文集》后所附《曼君先生纪年录》。是时正佐提督张光前司笔札，随军金州。铭盘与张謇、范当世同师事古文家张裕钊，裕钊有"一日而得通州三生"之语（见姚永概为当世所撰《墓志铭》）。泰兴，清末属南通州，故又可称朱铭盘为通州人。至于江阴，则是属常州府。

对此类问题，只有通过精密点校，才能一一解决。相信此次《越缦堂日记》出版后，必有好学深思之士，愿为此有意义的工作，以便读者。

二〇〇四年三月，祁龙威序

时年八十有二

记先师金松岑

金松岑（1874—1947），名天翮，一名天羽，松岑其字，号鹤望生，殁后门人私谥贞献先生。江苏吴江同里镇人。中年以后，移居苏州濂溪坊，至今苏州市政府为立石志其遗址。

金氏早年奔走革命；中年聚徒讲学，弘扬民族文化；暮年抗日反蒋，晚节芬芳。著述等身。其《天放楼文言》《诗集》《皖志列传稿》等，近年都在海外翻印流传。

1938 年在上海，我始得列金氏门墙。抗日战争胜利后，我一直在苏州侍从左右，至其逝世。1962 年，同门王欣夫前辈从复旦大学贻书相勖，嘱撰文纪念先师，稽延未能报命，今垂老命笔，而欣夫教授已不及见矣！

革命风云

金松岑生当清末。时朝政腐败，世风颓靡，而强邻环伺，国如累卵，于是有识之士，群起救国，倡言革命，金氏是得风气之先的一个。光绪之季，他率先办学，建同川两等小学堂于故里。柳亚子就是同川学堂的学生。时蔡元培等在上海成立中国教育会，金氏入会为会员，并在同里建立支会，发展会员。其事见冯自由《革命逸史》初集《中国教育会与爱国学社》一文：

教育会更派遣会员分赴江浙各省组织支部，兴办教育，已成立者有江苏常熟及吴江之同里等处……同里支部为金天翮（松岑），延柳弃疾（亚子）、林砺、陶赓熊等相助，由林砺教授兵操，成绩斐然。

柳无忌《柳亚子年谱》亦言：1903年，"由陈巢南及金松岑介绍，加入上海之中国教育会为会员，并参加金松岑在同里镇成立之中国教育会同里支部"。陈巢南即陈去病。

于是中国教育会在上海创办爱国学社，延章炳麟等为教员，鼓吹革命。金氏亦应蔡元培之招，往佐该会庶务。在日本留学的邹容因受清吏压制归国抵上海，即住爱国学社，与章氏同为宣传反清的急先锋。震惊中外的章炳麟《驳康有为论革命书》即在金氏的办公室里写成的（此是金氏晚年告我的）。《天放楼文言遗集·蔡冶民传》云："清政不纲，海内外志士咸思光复旧物。蔡子民、吴稚晖、章太炎等组织中国教育会于上海，子民招予襄会事，予挈君与陶佐虞、柳亚子往，三人者入爱国学社肄业……太炎与予同室卧，而《革命军》著作者巴县邹容威丹与予同室卧，君与陶、柳二子早辄就予，因与太炎、威丹交，太炎奇赏亚子及君。"其后金氏逝世，柳亚子挽联有云"弱冠记从游，革命风云黄歇浦"，盖追忆爱国学社时事。

关于金松岑与邹容之关系，有文献可征者数事：

其一，醵金为刊《革命军》。冯自由《革命逸史》第二集中《记上海志士与革命运动》一文云：

容箧中有留东时所撰《革命军》稿，就正于炳麟，炳麟击节称赏,即为作序,使黄宗仰、金天翮、蔡寅、陶赓熊等措资刊行之。

蔡寅即蔡冶民,陶赓熊即陶佐虞。

其二,清廷名捕诸志士,章、邹系于公共租界狱中后,金氏偕陶、蔡、柳为延律师与清廷对簿。《天放楼文言遗集·蔡冶民传》云:

于是清廷已下令江督魏光焘名捕诸志士……独太炎约威丹慷慨出就狱。予与三子归里,酿金延辩护士英人琼斯出任辩护于会审公廨。

又据1981年10月6日《人民日报》发表邹容于1903年10月25日在狱中致蔡寅书手迹云:

冶民志士足下:读致杖公书,及金松岑君来,奉闻近状。念夏初时,在爱国学社相与快论,不无生感。岁月逼人,羁此又将卒岁也……狱事问松岑即知,不具述。

可见金氏曾往西监探视。信中的"杖公",即章炳麟太炎。

其三,邹容死于上海租界狱中后,《醒狮》杂志第2期刊登了金一的《哀邹容》文,其词有云:

江流出峡一泻千里而至东瀛兮,乃以汉魏而吸欧粹耶!
建共和革命之两大旗兮,撞钟伐鼓满天地耶!

此数语写出了邹容的革命思想及其影响,为世传诵。金一即金松岑的笔名。

《女界种》和《孽海花》

其时,为鼓吹社会革新,金松岑的著译甚多。1904 年,金氏翻译的俄国虚无党史《自由血》由上海镜今书局出版,书后附有爱自由者撰译书广告,爱自由者也是金氏笔名,书目刊《女界钟》《三十三年落花梦》《孽海花》《文界之大魔王摆伦》《中国女校读本五种》。其中至今仍受海内外重视的厥为《女界钟》与《孽海花》。

《女界钟》,1903 年由上海大同书局出版。全书十一节,其中以第二节《女子之道德》、第五节《女子教育之方法》、第七节《女子参与政治》等为重点,对种种反对男女平等的腐朽观念驳斥不遗余力。柳人权撰后记。柳人权即柳亚子。最近,有一位韩国女青年写道:"继梁启超之后,又有爱国主义学者金松岑撰写了在妇女解放运动史上具有划时代意义的《女界钟》一书,起了振聋发聩的作用。各种妇女期刊,争相援引,抒发爱国之情,诸如'天下兴亡,匹夫有责,匹妇亦有责焉'(《女报》,1909 年),'不知国之兴亡,匹夫匹妇各有其责'(《神州女报》,1907 年)等等。文字虽稍有差异,但含义则是相同的。这句名言,在辛亥革命时期曾经激励成百上千的妇女肩负起救国重任。"[1]

---

[1] 尹美英:《中国近代妇女解放运动的特点》,《扬州大学学报(人文社会科学版)》1997 年第 3 期。

《孽海花》为晚清谴责小说之一,长期蜚声海内外。此书的撰成者为常熟曾朴,而创造者乃是金松岑。

1903 年,江苏留日学生创刊《江苏》杂志于日本东京。是年该刊第 8 期发表金氏所撰《孽海花》之第一、第二回,笔名"麒麟"。其创作动机也是为了救国。民国二十三年十一月三十日的苏州《明报》载范烟桥《〈孽海花〉造意者金一先生访问记》引金氏之言云:"此书乃予为江苏留日学生所编之《江苏》而作……予以中国方注意俄罗斯之外交,各地有对俄同志会之组织,故以使俄之洪文卿为主角,以赛金花为配角,盖有时代为背景,非随意拉凑也。予作六回而辍,常熟丁芝孙、徐念慈、曾孟朴创小说林社,商之予,以小说非予所喜,故任孟朴续之,第一、第二两回原文保存较多,其预定之六十回目,乃予与孟朴共同酌定之。"以故,1905 年,小说林社公布《孽海花》之出版广告写明:"吴江金一原著,病夫国之病夫续成。"曾朴,字孟朴,自号东亚病夫。

其时,金氏在进步报刊发表的作品尚多。冯自由《革命逸史》初集中《上海〈国民日日报〉与〈警钟报〉》一文云:"自 1903 年上海《苏报》案发生,章、邹被捕后,章士钊、张继等志士又办《国民日日报》,为《苏报》之续,为该报写稿的,尚有苏曼殊、陈由己、金天翮、柳弃疾诸人。"柳弃疾即柳亚子。

岁寒三友

中年居苏州后,金氏致力于学术。尝从史家章钰式之问学。张尔田《先师章式之先生传》云:"先生从容谓曰:'我弟子众多,然能文章者,惟子及金天翮。'"金氏年五十,犹执贽师事曹元弼叔彦问经学。当 20 世纪的 20 年代，海内耆宿若章炳麟太炎、陈衍石遗、张一麐仲仁、李根源印泉等群集苏州，于是金松岑与共发起，创建中国国学会，发行《国学论衡》。金氏与章氏分别聚徒讲学。金门高第有王大隆欣夫、王謇佩诤等，其后皆教授各大学。若王佩诤等，则又同时师事章氏。当中国国学会盛时，连外籍汉学家也有人会为会员的。

章氏《天放楼文言续集序》有"已与松岑论昆弟交"语，盖指章、金二氏及李印泉结为兄弟事。有一次三人合摄影于苏州中学校园，章氏手题"岁寒三友"四字。其时日寇正图灭亡中国，沧海横流，三老以学术气节相砥砺，故以松竹梅经冬不凋自喻，含意深长。其后金氏常置此照片于案头，我犹及见之。

孤岛讲学

抗战军兴，江南沦陷，金氏应故人张寿镛、蒋维乔之聘，任教上海光华大学，与诸生讲论内圣外王之学，恢宏民族大义。我时正肄业东吴大学附中，每周一次前往光华大学旁听，得列门墙。

吾师教我读史，要求留心历代治乱兴亡之故，但我却偏好考证史书记载的同异，于是吾师手书勖勉，谓"考史小处固当留心，尤当从大处着眼"，诚以勿"抱残守缺"。又因我服膺顾炎武、王夫之等之学，吾师为广其意曰："亭林、船山，其学识足为吾人师，周知百国，尤不可少。"所有这些微言大义，都为我一生治学指明了航向。

吾师介绍我与太炎先生弟子朱季海、贝仲琪游，又因得识章氏门人王仲荦。受三君影响，我始读顾氏《音学五书》、段氏《说文解字注》等书，从事朴学考订。我常与三君在法租界的辣斐德路辣斐坊贝仲琪寓一亭子间内谈经论史，以故王仲荦遗著《嵝华山馆丛稿续编》有"匡鼎谈诗处，当年辣斐坊。围城春寂寞，弹铗日彷徨"等句。诗题戏呼我为"禹书"，因古诗有"龙威丈人山隐居，北上包山入灵胥，乃入洞庭窃禹书"云云。

同时，在先师座上，我得识唐君长孺。其后唐、王二君分别成为研究魏晋南北朝隋唐史的巨子。

1938年，爱国金融家胡笔江因公从香港飞重庆，中途遭日机袭击，殉难南天，举国震悼。其遗孤托丹徒吴眉孙乞先师为撰《墓志铭》。脱稿后由我送交吴氏。盖非吾师大手笔不能为此。其文载《天放楼文言遗集》。

其时同学于师门的光华诸友，有袁希文、李汉怡、杨友仁等二十余人。与我相偕前往问学的东吴大学附中学生有俞硕遗。今已零落殆尽矣！

一片冰心

1941年12月8日，太平洋战争爆发，日寇侵占上海公共租界，光华散学，金氏与吕思勉诚之教授相约归里隐居，于是光华文学院学生十五人设宴为二先生饯行，合影留念，吕氏为题"一片冰心"四字，师生共以气节相砥砺。先师归苏后有《海上七君子》诗，其中之一怀吕先生云："世乱田园荒，我作海上游。与子分皋比，量腹升斗求……海岛起避风，我亦归林邱。诸生出饮饯，同上海角楼。酒阑商出处，誓言结绸缪。"即指此会。其时我正肄业东吴大学理学院，至是亦辍学归乡。

1942年春，我从常熟家中往苏州叩谒吾师起居，在阊门外铁路旁遭日军殴打。吾师慰之以诗云：

> 澄怀观物变，思心卓云表。云起有时灭，龙藏敛角爪。
> 祁生脱世虑，陈编反复好。知我天机充，春来劚瑶草。

此诗勉我要高瞻远瞩。"云起"指日寇，虽一时气焰嚣张，但总要被消灭。吾师自喻古人所谓"龙德而隐"，不见角爪，即不为敌伪所用。"天机充"，犹言能洞察世变。

时汪伪设文教学院于苏州，有人谋拉原东吴大学教授凌敬言下水，谎以"金某已允"。凌不信，往叩金氏。金氏拍案厉声说："敬言，休要听他。"此事，其后我亲闻之凌先生云。

有一次，我梦见吾师自拔其眉，醒后作书告金氏。吾师复信说："眉，面之饰也。今拔之，亦雄鸡断尾之意也。"暗示宁可自毁，决不落入敌伪网罗。其崇高气节，光耀千秋。

当德国法西斯战败的消息传来，吾师预见日本军国主义也覆没在即。他偶过苏州公园，借景咏怀，有"落日攀高柳，凉风战败荷"之句，犹言日寇徒事挣扎，但终归败亡。此诗一时在门人中传诵。

人们公认金松岑在诗坛高举赤帜，创建取代"同光体"的革新派。这是无疑义的。但需要补充说明，为什么金氏晚年的诗到了极高的境界，所著《天放楼诗季集》，成为抗日救亡的史诗？答案只有一个，就是因为他是爱国主义者。

晚节芬芳

抗战胜利后,东吴大学文理学院在苏州复课,我到苏复学,遂又得经常侍从吾师。时苏城耆献章太炎、陈石遗、张仲仁等皆已前卒,李印泉又远去滇北,唯吾师灵光岿然,系东南物望,所居曩日楼头,从大后方归来的名流云集。我得识顾颉刚、钱穆两史学大家,即在此时。

吾师对国民党接收人员的腐败情状,极表痛心。他曾两次驰书重庆,托吴稚晖面交蒋介石,要求抚慰原沦陷区人民。皆不报。

吾师知国民党政府已病入膏肓,无可挽救。于是他先却江苏省政府修通志之聘,继辞中央大学开特别讲座之邀,不愿再与当道周旋。

1946年,吾师因事去上海,《文汇报》社邀之座谈时局,在座有马叙伦、柳亚子、沙千里等,先后发言,反对蒋介石发动内战,要求和平民主。已而吾师逝世,柳亚子挽联:"重逢成永诀,凄凉车马阊阆城。""重逢",即指这次相会。

1947年春,同门诸君为先师执绋,暂殡于苏州丙舍。道中有叹息者,谓从此再无为苏民请命者矣!

远在滇北的李印泉氏闻耗悲痛,作《哭如兄金松岑先生》诗,有"天竟丧斯文,怆呼万里隔"等句。

于是门人王大隆辑《鹤望政论》,陈旭旦辑《天放楼诗季集》,祁龙威辑《天放楼文言遗集》,由金国宝等醵金为之刊行。

其遗书悉由潘光旦教授收购,归清华大学图书馆。其中颇多先师亲笔批注,尚待辑录。

先师自评平生著作以诗为最工。尝笑谓有清一代,雄于诗坛者可得顾炎武等十人,其殿军应是本人,姑让与樊增祥云。其实先师后半生已在清亡之后,特别是在抗日战争中,讴歌救国,蜕而益工,诚未能以"晚清诗人"限之也。

先师殁已逾半个世纪,同门惟顾廷龙等数人存(编者注:顾廷龙先生已于1998年8月22日病逝),但亦都届耄耋,命笔为难。我及师门独后,闻道已迟,老年追忆,对先师学术志行不尽十一。往事历历,音容已渺,临颖不禁泫然!

(原载《学林往事》上册,北京朝华出版社2000年3月版)

祁龙威文集·专著(附:史料搜集整理)

漏网喁鱼集

关于《漏网喁鱼集》的一些说明

《漏网喁鱼集》,常熟东乡横泾柯某(名佚,自署悟迟老人)作。这本书比较翔实地记载了太平天国革命时期常熟地区的情况,可以和顾如钰《海虞贼乱志》、谭嘘云《常熟记变始末》和《守虞日记》、徐日襄《庚申江阴东南常熟西北乡日记》[1]、佚名《庚申避难日记》、龚又村《镜穉轩自怡日记》[2],以及现在与此书合印的陆筠《海角续编》互相参证。这样我们对于太平天国时期常熟地区以至江南全部的实际情况可以有进一步的了解。

本书作者是一个中小地主兼小商业者。他对于清朝乾、嘉以后封建政权日益腐朽和地方豪强势力的横行,表示很大的不满。江苏苏、松、太三府和浙江杭、嘉、湖三府本来漕额最重,人民痛苦极深,到了道光年间,特别是鸦片战争以后,漕弊更甚,苏松等处有所谓"大、小户"名目,浙江漕弊最甚的地方如海盐竟有"绅户、衿户、讼户"等名目[3],不但小农、佃户遭受更严重的剥削,中、小地主也要负担大地主豪绅讼棍所规避的漕粮而渐至破产。在这些地区中,土地日益集中,阶级矛盾日益尖锐,作者所说"白颈(刁劣之人)愈多而小户愈少,漕规愈大而小户愈穷","小户脂膏已

---

[1] 以上四种均见中国史学会主编:《太平天国》五。

[2] 中华书局出版。

[3] 《镜湖自撰年谱》,见《清代史料笔记丛刊》,中华书局 1960 年版。

竭,苟有恒产悉售于大户",正是 40 年代江浙地区的一般情况。

作者的基本态度是反对农民革命的,但他从濒于破产的中、小地主立场来描写当时社会动荡,对于太平天国革命前夕江浙农民斗争的风暴,提供了一些材料。他记载了 1846 年初昭文县属和同年秋间镇洋县属农民先后暴动,攻入县署,捣毁漕书、豪绅、地主住宅,以农器抵抗反动军队,以及此后江浙各地农民抗租斗争的轰轰烈烈情况,如 1852 年鄞县农民将知县碎尸,青浦农民在周立春领导下冲入县城将知县"倒拖里许,竟欲粉身",元和、无锡两县农民都拆毁知县衙门,吴江、震泽两县农民联合迫使地主订"还租只有五分,否则全欠"。这些都说明了太平军还没有到达江南,江浙地区农民反抗斗争已经是如火如荼。到了 1853 年春太平军攻下南京以后,苏南各地农民暴动更是风起云涌,青浦、嘉定农民的武装斗争往前发展了。常熟地区"还租绝迹,稻区亦效尤",到了年底,土地卖不出钱("田产无可契售"),"收租每亩不过百文出入"。这些对于江南各地说来,是有代表性的情况。

从 1853—1860 年的六七年中,太平军和清军对垒,苏南各地的阶级矛盾不断加剧。清方地方官吏以军饷为名勒捐横索,商铺亏累,佃农濒于绝境,"小户业田,竟要赔累","大小户之甘苦,不啻霄壤"。本书这些写照,都是很确切很有用的。

但是,本书作者既然是地主阶级中人,当太平军进入常熟地区的时候,他的记载就必然有许多严重的歪曲和诬蔑。我们对于这些不加删节,正是使读者可以更清楚地看到他自己的完整面目,这对于本书所保留资料的批判使用,会有一定的好处。

尽管作者对太平军作了许多恶毒的攻击,但他对于太平军的好处也不能全部抹杀。如所记太平军将常熟巡防总理曾彬文(即曾仲才)、助饷局总理丁云瑞(即丁子亭)杀死,表示快意;将"欺侮农民"的漕总张康"身首手足六处悬示",表示"尤为平气"。这些例子,在书中也很不少。

关于太平天国的土地政策,本书提供了比较重要的说明。据作者说,太平军到常熟后(1860)不久,就在东乡张"天王黄榜,抚恤民困,起征粮米"(庚申年十一月),继由军帅汪万出示"查造佃户细册呈送,不得隐瞒,着各旅帅严饬百长司马照佃起征",于是何市先设局开印,接着又于"(十二月)廿日,设局太平庵,着佃启征田赋"。这和《海虞贼乱志》所说"十月二十日……出伪示,着旅帅卒长按田造花名册,以实种作准,业户不得挂名收租……是年秋收大熟……惟收租度日者及城市难民无业无资者甚属难过",是同时同地的事情。可知所谓"以实种作准"即是本书所说的"照佃起征"和"着佃起征田赋",也就是《太仓州志》所说的"计亩造册,着佃收粮"。本书又记第二年(辛酉)九月,"出示,着师旅帅重造田册,注明'自''租'名目,招业主认田,开呈佃户田亩细数,每亩先缴米一斗,即给田凭,准其收租"[1],据作者说"无一应者"。这条材料很重要。《海虞贼乱志》没有记载这件事,应该是漏记,或是因为真是"无一应者",而认为不必记了。

将上面提到的本书的记载,和他书有关材料比较,就可得到更清楚的一些说明。如佚名《庚申避难日记》载常熟西北乡情形,咸丰十年十一月初六日,"谕各业户、各粮户不论庙田、公田、学田等俱要造册收租完粮。倘有移家在外,远出他方,即行回家收租

---

[1] 缴来一斗,即田凭费,据《自怡日记》咸丰十一年十月十四日"粮三斗二升,局费一斗,田凭一斗,委员监局费一斗,业主约归一斗"知之。

完粮；如不回来，其田着乡官收租完粮充公，佃户亦不准隐匿分毫"。关于庙田、公田、学田造册收租完粮，看来实行的可能性是较大的。至于肯出面认田的一般地主，必然是为数寥寥的[1]。证以龚又村《镜檇轩自怡日记》所载常熟南乡情况，咸丰十年十月二十二日"见军、师、旅帅及卒长司马麾下烟户门册，称子民某，开祖父母暨兄弟姊妹妻女子妇几口，俱注年岁，向例所无。又簿填田产若干，以备收租征赋"，也是同样不肯认田的口气。可以看出太平天国首先要求地主阶级表示对农民政权投降，以"子民"的身份来登记，这就遭到他们的反抗。地主阶级不甘心投降，一心等待反动统治的复辟，自然不肯拿红契换太平天国的田凭。至于向革命的农民收租的困难和租额的限制也都使地主只恐无利可图反要赔累，所以都不肯出面认田。常熟西北乡、南乡和东乡的情形是一致的。因此《海虞贼乱志》所载"以实种作准，业户不得挂名收租"，也就是说业户如不表示投降出面认田，就应由乡官径向佃户收租粮，田即充公。本书提到"照佃起征"，当然也就应该如此理解的。

本书所记（1861）九月"招业主认田"的事实，不是由于太平天国的土地政策有什么改变，而是原定办法的延续。以此与吴江同里镇的材料相比较，更可看得清楚。王元榜《庚癸纪略》记庚申（1860）十二月初七日"闻长洲、元和、吴县及本县（吴江）芦墟、盛泽、莘塔、北厍等镇业田者俱设局收租息米，每亩四五斗不等，同里（吴江的同里镇）亦欲举行，旋为监军阻挠，遂不果"。《吴江

---

[1] 全书又载咸丰十一年（1861）十月"长毛……下乡写田亩册，限期收租，要业户领凭收租，现今各业户俱不领凭，长毛告示，不领凭收租者其田充公"，可见到次年十月地主还不肯出面领凭。

庚辛纪事》对此有很重要的说明，"旋得钟监军（钟志成）文书：必须报明田数、圩名、花户存案，然后施行。各业因有或报或不报者，因循观望，事不果行"。可见执行太平天国土地政策的监军并不是原则上不准收租，而是责令地主履行登记手续。地主阶级既然顽强反抗，两个月后，壬戌年（1862）正月二十七日监军就"提各乡卒长给田凭，每亩钱三百六十。领凭后，租田概作自产，农民窃喜，陆续完纳"[1]。这和常熟各乡情形实际上是一致的。

太平天国既然没有定出没收地主土地这样明确的纲领，就不能从原则上否定地主收租，但地主必须表示向农民政权投降，必须履行认田手续（即报明田数、圩名、花户存案），领取太平天国田凭，租额必须受限制，必须重新评定。各地情形虽有区别（地租额的稍高稍低），但根本政策和办法是一致的。地主阶级一面悍然反对农民政权，一面顾虑很多，因循观望、坚决反抗，多数不肯或是不敢前来认田（其实这不全由于地主逃亡，许多在地的地主也不肯认田）。这正表现地主阶级的反动性。对于被太平天国没收给予佃农的土地，地主阶级当然是不甘心的。《平贼纪略》记1861年无锡情形说，"各佃户认真租田当自产，故不输租"，这样恶毒地讽刺农民的口吻，就充分表现了地主阶级卷土重来的决心。常熟东乡的地主们当然也就是抱着这种态度向农民政权进行顽抗的。

本书作者企图把太平军控制的常熟描写成苦于征敛，这不是完全符合事实的，如他说1862年秋"贼目以粮饷不充，着城乡各乡官挨查店铺资本多寡，抽厘若干，……民不聊生"，这和他在下

---

[1]《庚癸纪略》。

文所记的同治二年（1863）四月"各港抽厘，大于贼时远甚"，十月"各乡镇皆起铺捐，挨户抽厘。贼时亦曾写铺捐，吾镇不过四百七八十文，今竟写到五千光景"自相矛盾。照他前后所记，可以看出清军的横征暴敛超过太平军何止十倍。用他自己话说"州县如饿虎出林，绅衿如毒蛇发动，差役如恶犬吠村"，这就是地主政权在苏南复辟后的确切写照。作者很着重记载这些情况，这也就是本书具有价值的一个部分。总而言之，本书的记载，如加以批判使用是很可以说明一些问题的。

本书只有虞山俞氏抄本，前数年曾由庞芳同志为文介绍于《光明日报》"史学"副刊第 22 期。今年初北大历史系一些同志和我自己又承他介绍得借阅此书，我们就请中华书局向原藏者商量印行，以公之于研究太平天国历史的同志们，并请祁龙威同志将书中一些专词和方言作若干条注解。原抄本有朱笔眉批，择存若干条作注释。其出于《海角续编》者则全部不取，而以祁龙威同志整理注释的《海角续编》原书合印，以供读者自行参校，谨志其经过如此。

邵循正

一九五九年十一月

题 记

  抄本《漏网喁鱼集》一卷,一〇七页,都五万言,悟迟老人所编。据编者自述,为邑之横泾[1]人柯姓,光绪四年尚在,时年近七十,约生于嘉庆十三四年。所记自道光十六年起至同治六年,又光绪三年一段,皆当时阅见之事,颇可作为参考资料。先公曩于光绪时得此书于里中,以其所记详实,留置箧中。先公亦有《咸丰庚申避乱记》,虽字数不多,然与此可互为印证也。余斋手记。

---

[1] 横泾,原属常熟县,今属太仓。

漏网喁鱼集

　　吾邑漕务之弊,始于嘉庆晚年漕书张奎扬即星灿把持勒折。道光初,渐形肥瘠,然偶有灾分,尚无分大小。迨十三、十四两年,叠患大灾,荒歉固大,原可业佃均沾,自十五年秋收大可,大僚奏请民力不舒,仍缓荒额二三成不等,漕书谓之活荒,每图若干,以费之多寡,定荒之大小。其时小户业田,已不能注缓矣。

　　1. 十六年(1836),县尊金咸,号小章,条银二千四百,州境二千零九十,秋成尚可,办漕折色七元二三角,洋合制钱一千七八十,时糙米二千二三百。

　　2. 十八年(1838),知县王锡九,系两榜,官声还可,惟办漕不甚体恤,荒额三分,良懦者籽粒不能注缓,刁劣者竟可全注,所谓愈善愈欺,真深恨而痛绝之也。于是投词告弊者纷纷。太属[1]尚有古风,谓之板荒,不论大小户,概注二分五厘,昭邑折价七元至六七,洋值一千一百六十,仓色米不过一元八九角。

　　3. 十九年(1839),李邑尊[2]境中灾分四分,秘不示人,先将殷

---

[1] 太属,指太仓州境,与常熟东乡接界。

[2] 道光十九年,昭文知县李镐,汉军人。

实良懦给全熟串,着经造捆办,价须八元至四五,开春出串,亦有
二分,个中甘苦极大。苏属漕弊,处处不能净尽,而常、昭则尤甚,
此风大坏,未知何日得了？米价二元一二角,洋合一千一百八九
十,每完票米一石,竟要十千光景。上控愈多,弥缝百出,然后勾
挽党人,暗中讲明短价若何,漕规若何,视守分而不惯词讼之人,
置不肖子弟论。生监帮于岁底拥挤漕书家,索规稍不遂欲,打骂
交集,官亦无可如何。

4. 二十年(1840),被歇灾分,仿佛条银二百九十,折色八元左
右,洋作一千二百二三十,仓色米二元二三角。所缓之米,绅官固
有渔利,上司亦不得不孝敬。茍有上控漕弊,必批伸缩含吐之语,
一有空隙,反必革办,庇纵已极。然不甘欺侮者不少,借此可报捐
功名愈多,皆为漕弊起见,讼之经年累月,不惜羽毛,仍可讲明完
结。然小户之脂膏已竭,茍有些恒产,悉售于大户。

5. 廿一年(1841),邑侯蓝蔚文[1]一切词讼颇可,漕务更不然
矣,灾分四分外,仍以全熟串给出,每石合制钱十千六七百不等。
迨开春夷氛大震,漕务稍松。但迩年频频灾缓,无从沾染丝毫,漕
弊日深,兼之海疆不靖,困苦惊恐,未知何时得能重见天日也？上
遣钦差大臣林则徐、邓廷桢专办夷务。

6. 廿二年(1842)正月初二日夜,阴兵大乱,彼此莫踪,常地
年底已有,苏州亦然。岁大有,米价二元二二三,洋合一千三百,折
价八元左右。灾分与上年仿佛,除灾缓外,额外加恩减二分,太属
三分不带征,因夷匪海疆蹂躏故也。林、邓直遭拟罪,琦善主和议。

7. 廿三年(1843),灾分四分八厘,太境二分六厘,其弊与上年

---

[1] 蓝蔚文,字子青,由常熟县调署。

有过无不及。

8. 廿四年(1844)，是岁高底大熟。县令毓成。灾额四分七厘，太属一分八厘。禾稻十分收成，木棉十外三四。米价大贱，仓色米一元七八角，木棉更贱，其纺织者大可获利。迩来地方官不论年之果否荒熟，总以捏报水旱不均，希图灾缓，借此可以影射。督抚不察灾之虚实，擅以掩饰奏请，从中谅可分肥。绅官更生觊觎，刁劣者不独不知输纳，益且娄诈县州浮收。其人曰白颈，其银曰漕规，奢华糜费，逞其所欲。一介农民，感此郁抑，竟无宣泄。历年灾缓，固籽粒未注，恩赦亦不望矣。折色八元三四角，洋合制钱一千三百零。假如大户，票米十石零三升，竟以十石注缓，三升完缴，短价折色四元光景，仅要洋一角二分，将票米总算，扯每亩不过四五十文。如小户，票米照数算，每亩必要一千零，顽佃蒂欠不在内。此中甘苦，迥乎天壤也。故有冬暖号寒，年丰啼饥，皆由此出。有旨未曾被兵之地，历年所欠粮米，豁免至二十年分，经兵扰攘之各州县，豁免至廿二年分。圣恩浩荡，然而未能普遍。

9. 廿五年(1845)，条银三千三百，漕弊愈烈于前，小户业田，几为遗害无穷矣。圣人云：苛政猛于虎，此其时也。秋成尚称中稔，灾分直捏至四分外，无非胥吏舞弊，朘吸民膏，以充己橐。时米价一元三四角，洋合制钱一千三百八九十。常令金咸，曾任昭文，比由江阴调署斯篆。彼境小户之田，或契卖，或寄粮，犹水之就下，急不可遏者。故小户米数仅存十之五厘，冬出全熟串数十石，价七元五六，急公者寥寥。总之白颈愈多，而小户愈少，漕规愈大，而小户愈穷。上司各署以及旗丁运费，所需不下万金，今直欲赔累，县以停收上省面禀各大宪，议改章。

10. 廿六年(1846)新春，常令金咸密拿文武绅衿蔡浦，详革后奏请拟罪，更改新章，随委道府各员督办。金令出示，其略云：常邑粮户，向分大小，而价遂有短长，其中苦乐悬殊，以小民之膏血，为包户之贪饕，小民何辜？包户何幸？人心何在？天理何容？今奉各大宪面谕，一例征收，本县惟有拼此一官，为小民开一线生路等语。于是设柜悬示，每石荒注二分，价洋三元五角，自此踊跃输将，颂声载道矣。大户与上年反形加倍，抚示指名，严捉漕蠹，索漕规者亦不敢有声色。窃思金邑尊民心既得矣，吾谓其非出本心也，实因陋规多，浮收少，所入不补所出，故有此更变耳。昭令毓成，素性狡狯，初任兹土，阖境小户，虽亦有归附之势，十中尚居其二，条银三千三百，上冬以小户愈全熟串彻底给出价七元六七至八元一二不等，上司已奖励其能员也。迨常邑复议之时，彼亦坐以旁观，及新章既定之后，共冀转否为泰，吾邑亦断无不改之理，而彼乃竟若罔闻，仍谕经差荒固不注，价亦仍然。自此悍吏刁经，故纵浮勒，而乡间间，虽鸡犬复不得安也。不思事在相形，岂能苦乐之若是乎？正月廿一日，突有梅李[1]一带乡农纠集多众，直入昭署，将法堂内室尽毁，官眷越墙。继到漕书薛三家，亦复一空。而堂堂邑宰，为民之父母，被乡农猖獗如是，并不详请究办，即谕收串注荒，只令熟识人陆大溪指点，到地密拿起事人犯。竟被愚农鸣锣率党，拒毙二人，即弃之海滨。尸亲喊控，不惟不敢检验，批示亦含糊，暗专人馈以银，勒令其属情愿自己跟寻销案。陋规亦已革尽，绅官亦不敢把持，遂余银巨万万，各上司大可分肥。抚示只禁绅衿包抗，不怜小户辗轲，尤为切齿，真乃金玉败絮者也。呜呼！滋事者固目无法纪，而残虐者安有天良哉？捏灾冒歉，

[1] 梅李，东乡巨镇，距城三十六里，在浒浦盐铁两塘交会之上。

年复一年,则上损国家正供。勒折浮收,日甚一日,下蠹百姓脂膏。况漕乃天下之大政,一浇莫挽,竟至于斯!日后情形,不知伊于胡底?传诸老人云:嘉庆以前,未尝无水旱之患,苟有实在情形有伤秋实者,里中预议报荒,环集耆农,赴县求勘。甚而投词府、藩、抚各辕批示仰县勘明详报,各州县亲临四乡,详准亦不过一二分。今则不然矣,从十一年起办灾,无岁不荒,无年不缓。并无耆农经地报荒请勘,官自不能无荒。二月自殴毙差役之后,几为禁令莫行,返呼罔应。四月初,有钦差大臣赛尚阿、周祖培到汛阅兵,沿途投词不少,常熟更甚,漕弊居多。两邑会议出示,征银遂跌至二千三百五十,无分大小。五月十一日,菜麦将刈,价值二千。忽有归、徐市[1]间张贴无名榜,其意条银已贱,如业户照旧收麦租者,约期拆毁房屋。廿一日在陈吉观音堂鸣锣集众,至百人,向各业户家勒贴,麦租价每斗只许一百六十,稍不即应,即行拆毁,沿途逼人从走,次日声势更甚。廿三日锣声环震,分翼而出,一至何市,一至周吴市[2]顺图抢掠。如是被毁抢焚掠者四十余家,陆续到县喊禀,皆言拆衙不办姑息养奸所致。毓令无可设施,滋事处一闻官差来缉,又复鸣锣妄行拒捕。官不敢履勘,乞求本府会同海防委员带兵勇(于)闰五月初一日到地绘勘,福山总镇孙云鸿,在城防御,随获首从二十余人,余溃散,缉未获,案悬不办。毓令撤任,即委上冬帮办常熟漕务之同知衔何士祁摄理县政。仍责令毓成协缉拆衙一案。六月十三日寅时,地震三刻,瘝痪皆起,隐隐有车轮声,新塔上巨练断。七月初,镇洋县乡农报荒不准,即将县署呼

---

[1] 归家市与老徐市,均东乡地名。
[2] 周吴市,东乡小镇。

扫,漕书家尽毁。又到告病假归里前任江西巡抚钱宝琛[1]家,捐
伤甚大。因渠筑坝刘河,农田不利故也。抚宪李星沅复责令严拿
拆衙要犯。七月廿二日,毓令带领弁勇四百余名,将到梅里[2],彼
处已集数千人,皆执农器,迎出梅塘,势甚狂悖,弁勇返棹,官亦回
城上详各宪,锋不可撄。李抚军即委中军恩会同本府桂超迈带领
抚标兵四百名,福山镇标兵四百名,驻扎城中。先谕各汛封口,廿
六日祭旗,各兵勇领赏后,如有妄扰民间者,以军法从事。斯时枪
刀列列,剑戟重重,如吾方几为乱世人矣。是夜大雨倾盆,骤涨至
三四尺,禾田湮没,梁坝俱坍。本府桂出示云:今冬昭邑漕米,准
照常熟新章,粮户无分大小,务必一律征收,只拿首犯金德顺,余
从不究等语。八月初一日抵梅,俱已逃溃,陆续缉获要犯解辕正
法,金德顺、季瑞犯事处悬竿示众。拜折后奉上谕:知县办理不
善,照毓成例革职。漕书舞弊,照薛三例充发。生监把持漕务,照
蔡浦例革拟罪。小民聚众滋事,照金、季例正法。所有拆毁民房
不究,钦差所收呈词,发该府概未伸理。冬,常、昭会议,粮户无分
大小,价亦一例,米值一元三四角,洋合一千四百二十,运米者五
筹作石约二石六七斗,折色者三元七八角,小户仅注缓一分,大户
甚至注缓七八分。秋禾敢云丰足,棉花亦不下七八分,无如地方
官蒙混,督抚包庇,荒又捏至四分八厘。太、镇[3]年景仿佛,荒止
三分七八。州尊严达谕:米色干净,籽粒不浮,每石加津贴洋二元
二角。绅帮似难允洽,亦到省禀请委员办理,规革费减,严催捉比,
向有刁劣以规抵米,偿遣待规者,竟无措手。

---

[1] 钱宝琛,字伯瑜,嘉庆进士,有《存素堂文集》。

[2] 梅里,即梅李镇。

[3] 太仓,清代分为太仓州和镇洋县,合称太镇。

11．廿七年（1847）正月初二，州尊密拿横泾镇施，解苏审办后，渐有输纳。二月，娄东书院甄别，责以衣冠不整，生童答苛政典尽，互相喧嚷，案翻卷碎而散。卸任时皆以冥镪焚道，后于三更时捷足而奔，亦一奇事。三月，学院李煌案临，伊子逗意，邀幸者每名七百元，迫临期三百元亦可。常、昭新章，似乎大减，然而为官之利薮，倍胜于前，虽是贪得无厌，无如上司孝敬亦多。为州县者，民之父母也，督抚者，朝廷之栋梁也，而今恐皆未必。且闻京仓无积，奉旨采办南粮，于上海出口有六十余万石，因苏、松、太赋税至巨之地，自十一年始，岁岁有荒，年年有歉，然其中偶有偏灾，亦不应若是之浑，如是则民力愈形竭蹶，国计孰与为充？春夏雨旸时若，木棉极盛。铃实后，实有青虫，食叶隐隐有声，遂秀而不实。秋成仅得三四五分，禾稻尚有十分。十月囗日酉刻，地震。总之，怪异频频，不知主何吉凶？开仓时米值一元四五角，洋合一千四百七八十，运米仍五斛作石，折价四元一二角。苏、松、太荒缓四五分，议海运，以期抵京便捷。

12．廿八年（1848）新春，运米上海出口，英夷藉扰，兵备道被殴，朝服皆碎。继又揽载包送，如不允，又欲开兵衅，各大员讲和始免。道员即撤任，现调向在广东夷馆服役、不通文墨、新捐江南道员[1]补授。二月出口放洋，又有海洋巨盗横截，苟有行驶，即欲劫掠，又调水师剿捕，幸未有失。主议者藩司李蔚也。六月二十日，潮涌丈余，沿海一带，飘泊无依。八月，黄河水决，逃荒如蚁而来，又开例捐输，分别议叙。节奉上谕，告诫谆谆，立除漕弊，抚军陆建瀛严饬所属，不许揩勒浮折，如再蹈前辙，指名参革。无如积

---

[1] 不通文墨道员者，谓上海道吴健彰。吴，粤人，曾为洋行司事。

弊既深，一时难挽。禾得八九分，木棉五六分，灾缓三分九厘，下忙银例缓，昭令毓庆撤底返清，又致纷纷上控。十月，上谕着各督抚严革帮费。冬，米价一元四五角，洋合制钱一千五百二三十，折色四元三四，小户荒均注二分，大户亦有参差上控者，设法弥缝，长短之弊，于兹又起矣。至于海运，其费已省，各大员札饬频严，竟坚不可破者，奈之何哉！

13. 廿九年（1849），岁次己酉，谚云：牛马年，广种田，种得田来要防己酉年。春，雨多晴少。四月廿六日甲子，夜微雨起，滂沱不已，至闰四月初五，水涨三尺，渐退，时正刈麦，淋漓不已。十八日复甚于前。又退，后或而蒙蒙，或而如注，麦经芽烂，间有日色，阳光曦微。至五月十三，昼夜倾盆，水骤深六七尺，远近圩岸悉破。极目汪洋，庐舍坍没，迁徙无从，浮柩乘风而逐者，不知千万。高区挪措翻稻，幸有低区未莳之秧。六月初，交大暑。而木棉经淹，仅存一息，补种豆，外杂粮，米价腾贵，布客绝迹。时昭令毓报水接踵肆蛮，即谕米牙毋许高抬出境。自此反有遏籴之势，囤积者亦不能出粜。斯时也，竟所谓农有余粟，女有余布，担柴钱五百，石米钱六千。六月初三，起南风，天朗气清，水势每日暗涨三寸，皆从南京而下，各海口淤塞，不敷泄泻。询及道光三年水势似稍逊，兼之彼时春熟已割，又有林藩司则徐妥抚灾黎，不致一失。今却未必尽然，毓令办灾无措，即委章子元名惠调署。章令莅任，先将征上忙银柜收，即举董设局，饬劝绅富协济，又将白茆浅狭处先行挑挖，即履勘全河及各支港情形。十月起，十分灾，抚恤一次，官民赈共六次，八分灾，共赈四次。所翻禾稻，有二石余，豆有一石半，所补杂粮，每亩亦有石许，木棉不过二分。我家所种木棉十亩，仅得七斤。下忙银大漕概未征收，佃户小大租均未还纳，幸不滋事。捕鱼伐树为业。最惨者低区不独籽粒无获,栖宿无依,朔风凛冽,流离罔顾,相继死亡,好善者百计舍施,亦难周遍。况积水未消,又不能播种春熟。章邑尊禀请粮道倪良耀,转禀抚军傅绳勋,奏请借帑八万,开浚白茆,移建闸坝,及徐六泾、浒浦、高浦、福山等河,拯救哀鸿,疏通水利,秋成七邑分摊归款。十二月二十后,谣闻圣体有惊。

14. 三十年(1850)正月初一日,日蚀。后知皇太后于十二月十一日崩逝。月杪又闻圣驾于正月十四崩。时,章令在白茆量勘,举董筹议。皇太子即位,改元咸丰。其时河干官员,摘缨穿孝。二月初开工,章令又往徐六泾、浒浦估工并举。三月二十,本府黄梦麟临工。章又到高浦筹浚。惟福山常令黄金韶承办。白茆将竣,出示沿塘各港次第举行,横塘、辛河先举,陆续举工三十余河。章公自正月底来河,往返筹款,督率验工,身带痢病,不惮烦劳,莺梭百日,惠及农田者几希矣。四月二十日,抚军傅绳勋验工后,又移建石闸[1]创造龙王庙、官廨,公局、闸夫房,即召闸夫守汛,以为随时启闭之人。麦秋大获,迨七月后,年景颇可。八月十二日,大雨倾盆三日,水势直与上年等。低区仍属汪洋,木棉大减。幸宣泄畅达,如吾方向种木棉为主,因上年大灾之后,半因缺种,半实田荒,兼之粮食昂贵,故种稻豆居半,又遭风雨连宵,收成止得四分。冬,开仓折色四元二三,荒注二分,米价二元光景。

15. 咸丰元年(1851)元旦,出诏大赦天下,各粮户应完本年熟田,亦观望不前,于是返呼更迫。二、三月雨多晴少,麦收大减。

---

[1] 章惠有《移建白茆闸记》,述道光己酉开浚白茆。因旧闸淤废,移建于柏家港,是年五月始工,越八月,告成。《记》石在东张市白茆新闸,张元龄所书。

广西土匪不顺,亦费筹划。六月初,起东南风,五六十日,竟无破块鸣条之意。布路未甚畅达,陈花价涨至九元四五,即松,七月更胜于前,最昂直售十元三四角,洋合制钱一千五百,各路无,尚不接新。其时田苗高低俱盛,无一处不有十余气象,花地如太地、浦东、沙、崇皆然。忽八月初一,云腾东北,狂风大雨一夜,初二风转西北,雨若倾盆,巨树危房皆倒,稻幸未秀,木棉受伤七折,后连阴雨十日,铃多萎烂,虽连遭风雨,犹不失中稔。十六夜,微雨绵绵。闰八月初七黎明,天色黄,炎日如火,晚即雨,又连十日,从此只三分年景矣。又闻黄河大决数百丈,请帑巨万。粤西军饷不时提解。常、昭荒准四分六七,开仓大户照额,小户一分,价四元三四,洋合制钱一千四百七八十,仓色米大贱一元三四角。督抚奏请海运,奉旨以苏、松、常、镇、太五属准由海达津,仍上海雇船出口,其海运较河运所费大可节省。谣闻有海岛巨盗包送,预将礼物讲通,吾谓断不至若此。盐枭扰攘。

16. 二年(1852)春,晴。闻粤西土匪扰害愈炽,屡遣经略大臣剿洗,皆未凯捷。黄河将竣而复决。四月,浙江鄞县征漕不妥,致农民拒捕滋事,将知县碎尸。上司提营会剿,又伤协镇佐贰等三十余员,兵勇无数,农亦有毙。闻于上,不作叛论,为首正法,刊碑永禁浮勒。麦得十分收。五月无雨,日更炎烈,插莳不齐,盼望云霓急切。下旬得大雨,最高已不及播种。青浦县余龙光开征道光三十年漕粮,严催勒限,时值旱灌不及挪措之候,又将知县抢出,倒拖里许,竟欲粉身,得救幸免。后亦提兵勇,捉拿首从要犯。农民知官兵至,亦拒毙多人,更欲效法鄞县刊碑[1]。二十七,大风,

---

[1] 青浦起事者为周立春。

新塔吹折,其兆又属不祥。六月初一,赤日炎炎,雨旗遍野,泥神满途,闻浙江旱象更甚。其时皆谓幸得前县章公深浚白茆[1],近可潮汐源源,远亦戽灌不竭,故未全形歉象。七月,粤匪蔓延湖南界,湖北、江西有警备。八月,木棉有十分,浦沙皆可,禾如未经渴水者,仍有十分,次不一。十一月初六,是日壬子,适壬子年壬子月,酉刻地震,较廿六年利害。初七午前又震,但见屋脊树头,摇摆不已,河水亦涌,水缸欹侧,灾异叠见,不知何时应报也。米价一元八九,漕收四元五六,闻元和县为浮收拆署,无锡亦然。惟江、震两邑[2],农民盟约,还租只有五分,否则全欠,业主俯就,办漕亦多周折。河水愈涸。十二月初一,各州县封捉船只调兵,递送纷纷,制军陆建瀛出守九江,抚军杨文定镇守芜湖。严寒大雪数下,南北盐枭交会,苏省已形股栗。又有太傅之子探花之父潘功甫[3]者,曾举孝廉,食长斋,惯诵经,广行济施,作词一首,付梓刷印,四远传送,并非煽惑之语,况素不以名利计,知时达世之人也,其中意思,须自悟会。词遍送后,忽悠然长逝,且素有德行之名,如上年在城各处凿井,后果大旱,兹阖城愈增恐惧。其词曰:十念报恩深,保佑八方无事。圣主动欢情,应时甘雨应时晴,火烛灾难永无惊。腊月初八日,日中午时辰,城乡男女大小发至诚,高声急念观世音,十声八声要分明。不论荤口素口信不信,只在一刻至诚心。隐隐天乐空中鸣,祥云金采放光明,一轮红日照太平。然亦难解其详。总之,天下之治乱,不出乎钱、漕、盐、考四政。如宝苏局,

---

[1] 道光三十年,知县章惠请于巡抚傅绳勋,浚白茆、徐六泾、浒浦、高浦诸河。

[2] 吴江、震泽两县同城分治,合称江、震。

[3] 潘郑庵为绂庭之子,功甫其世父也。此云探花之父,误。

铸钱皆官板,自嘉庆间有私铸,谓之新嘉庆,今遂谓口谈。道光间更多而更小。今上已三载,官板绝迹,所铸无非小而薄,甚而将乾隆以上之钱毁改。至于盐枭,南北贩运交会,肆无忌惮,并且盐商停止。若漕务之弊,由来久矣,已不可枚举。最可恶者,接前任学政科试,又连授一任,青麟每试玉峰,常熟席枚生为引线,预通关节,须番人[1]五百,及案临,三百亦可,无论书肆玉铺,皆能出入讲话,及封门时,青蚨二百缗亦能俯就,火食船夹贩私盐,凡此数端,已不堪设想,其他可类推。封疆大吏皆置之膜外者,何也? 盖同声共气也。

17. 三年(1853)正月,五属粮仍海运。十八日,得福山营兵回。据云:初九日粤匪攻陷九江,十七日太平被围,旋又失守,直捣芜湖,福山镇陈投水死。嗟乎! 官兵将弁,并未接仗,只八闻前军有失,众即哗然而散,沿途劫掠,是所长技,督抚未设一谋,提镇未发一矢,临敌先退,受累朝知遇之隆恩,不思报效于万一,真乃贪荣窃位,衣冠中之禽兽也。苏省迁避不少,有人请仙,适伏魔大帝降乩云:征云冉冉蔽苍天,刁斗无声夜不眠。但见沙场堆白骨,将军难免葬江边。于是百工技艺,愈形掣肘。月杪,直逼金陵,制军陆建瀛退入城,抚军杨文定退守镇江,奏请着兵备道借商船同守,以为水陆要隘防堵。其实乞借英夷兵船协助,白茆口见陆续向上行驶多只。二月十四日,常熟遥空,有响似雷似炮,悠扬而不出声,地似一动,或谓天鼓报,或谓虞山鸣。十六日雨,南门外夹红点入沙泥,拾视之似凝血。得金陵信,于初十日被攻破洪武门,杀死兵民数十万,满洲城更烈,陆制军隐遁,土匪抢掠。伪将即出

---

[1] 番人,即银元。

抚民示：士庶无恐，专杀贪官污吏，劫掠者死不赦。附郭村庄尚安静，于是前村箪食，后巷壶浆，俱给执照，并小红旗竖村口，门贴顺字，夜可无庸闭户矣。各府州县，逃避一空，官绅议劝捐团练，更议纳款。廿二日，又被占据镇江，窜入扬州，掳掠殆尽。金山寺纵火焚烧，夷船受伤。苏省罢市，常熟宦家科第匾除，题名单扯。旋闻向军门，名荣，重领大兵十余万兜剿，琦、周二钦差迤逦北来，粤匪弃扬州回聚南京，络绎镇江，相持战守。二月廿七清明，雨，徐市落黑豆。三月初七日辛亥，微雨，戌刻地大震，隐隐有声，从西北来，坐立不定，柱梁轧轧，继又摇动三次。初八日壬子，阴雨夹雪珠。巳刻，正谈昨夜之骇，忽又震动，众皆束手而待。姑苏驿因镇江梗塞，文报不通，移于福山，由海道达津。江苏学院何于二月初四案临玉峰岁试，考毕并无物议。初十日辰刻，地又小震，十七日戌刻又震，或谓十六、十八、二十等日，皆有小震。传闻乍浦地出白毛，长至三四寸，掘深二尺，未得根柢。廿八日，白茆口夷船停泊，驾舢板进港登岸，广卖牲畜不吝。二月，雨多晴少。三月，阴雨绵绵，间有阳光，淡白似飞沙。官绅会议，乞援于英夷协助。窃思该夷果能杀贼立功，不知奖其爵位抑分割土地耶？况彼早已包藏祸心，兴贩鸦片，流毒已深，前经林则徐逐禁，俯首焚缴，因居心叵测，窜流沿江七省，林则徐大张国威兜剿，又琦善主和议，即贬林则徐爵拟罪，于是英夷占据上海、宁波、天津等处，大兴土木，肆无忌惮，今竟乞援，其大吏之筹划，不问可知矣！四月，麦收大减，有上谕：苏五属上忙银秋后启征，稍纾民力，麦租概不得收。有倪藩司[1]示，军需急迫，上冬漕尾彻底清催，小户米已清，大户

---

[1] 倪藩司，江宁布政使倪良耀。

米尚未及半。然并不追呼,亦无应者。各州县词讼不理,西乡白日打抢,阖县惊恐,即募勇护勘。自向钦差镇守南京之后,苏、常似乎有恃而无恐,惟军需浩繁,上谕劝捐,从优议叙,院试乡试皆加额,各处设局劝捐。常、昭有官绅公启一纸,内有一联云:官衔翎顶,荣施如愿以偿;银米钱洋,捐数以多为贵。窃恐为后世奇谈也。嗟乎!功名原国家之名器,今而后愈趋愈下。前道光三年,水灾捐输,恩邀议叙,以为罕有。近来动止,无不借资民力,如绅富家已邀恩重叠,虽襁褓之孩,已得奖励,假有身不清白,如数捐输者,亦居然衣冠中人矣。上海县征收漕尾,乡民拥入署肆蛮,乡勇御敌受伤。建、广匪徒乘机抢夺行铺,皆不究。抚军杨文定拿问,署督怡良驻常州,护抚许乃钊守省城,提军邓绍良驻丹阳。六月十三日,镇江粤匪突出,放火烧营十三座,我军尽弃辎重而退,被追数十里,常州、无锡一空,苏郡又徙。邓提军撤任,即饬和春任之。七月十二,黄昏凝结白光如鲞,西北环布中天。十三日,嘉定县乡民聚集入城,拆署纵囚。十六、七日又至,人数愈众,各持器械,镇洋县郑扬旌妥为劝解,署中掠尽,退到大德寺,宰杀猪羊盟约,各备枪刀,即纠合青浦周立春同事。周立春自上年拆署拒捕,严缉未获,居心尚无叛志,实官逼致变,听其指挥者,不过数千人,皆系农民,因逼近上海,勾通建、广匪徒,乘机观变。十九日黄昏,西北天现一星,不甚明,流光丈许上冲,旋即沉。后日,渐次移南,渐早沉。廿六日,风暴,适木棉将开,又经一挫,约六七分年景,花价极贱,三千二三百,洋合制钱一千六百三四十,布仅百六十,商贾梗塞故也。禾稻尚望十分,各州县漕尾及上忙严催勒比,常、昭军需局董,沿乡劝捐,挜请议叙,皆辞。八月初三,青浦土匪突入嘉定县,四门拒守,知县郑扬旌遁,在城人户虽没家资,幸未遭荼毒。匪等悬纛出示：专杀贪官污吏。初四，建、广匪勾引土匪马步三军，直入上海，亦四门严守，知县袁祖德大骂碎尸，道宪英人救，城中不能搬运。亦有示，不扰民间，专杀官吏。于是苏省大震，迁避更多。宝山、青浦随陷，川沙、奉贤又失。南汇不守，知县章惠拒守，被贼逼降，大骂自缢，贼亦怜之。初九日，张家市郑光祖催租倚势，佃农鸣锣聚众数百人，打毁什物，内室倾烧，获解一人，知县任鲲池不勘不办。十一日，复聚千余，欲拆其屋，所解之人索还始免。太仓无所措，钱宝琛先遁。十三日，嘉定贼来，太仓州牧蔡映斗骑马绰刀，领勇数十冲出，力杀数贼，余退。十六日，复来，蔡州尊戎装当先，追杀百数十，后溃。回署犒赏毕，欲弃官去，阖城男女焚香挽留。蔡谕：今兵不满百，又无粮饷，最可恶者，绅富先避耳。于是肩挑贸易，皆愿助饷，委员丁国恩相机守护，省中提调兵饷到娄，故保。十八日，大兵围嘉定即退。二十日，内应破之，随杀数百余，擒贼目周立春，解省正法。乘胜克复宝山、南汇、青浦，阖城剿洗。月底抵上海，四面围攻，昆、新[1]惊恐。吾常邑蕞尔之区，其时北门木樨盛开，纨袴子弟登山临水，游兴依然。惟是风鹤之警，开征劝捐皆隐，收租亦畏缩。斯时天心日怒，人心日离，皆由迩来官吏积弊所致。文武大员云集上海，未能克复，还租绝迹，稻区亦效尤。十一月，业户开追，县差甫下乡。十四日，东周市瞿又被佃农拆毁，报不勘办。二十日，太仓差船抵横泾追租，亦被农人殴差烧船。廿二日，鸣锣聚集举人顾承藻家，毁烧净尽。廿三日，冯家又复一空。二更乡张宅拆屋烧毁。廿四、五等夜，处处有黑夜打抢。苟有余粟之家，卧不成寐矣。廿六日，州牧蔡带

---

[1] 昆山，清代分为昆山、新阳二县，今称昆、新。

弁勇数百下乡,一面咨会昭文陈庆长会勘,先谕各海口封港。抵横泾,先传耆老询确,连夜拿获首犯二名供实,就地枭首悬示。差地[1]昼夜四出搜捉,在镇则鸡犬无声,在乡则鸡犬不宁。斯时州尊声愈大,胆愈壮,绅民香花跪送,即出示减价收租,以抵赋税,自此又有尔我之势也。吾方赖其余威,岂浅鲜哉!常邑西乡如是者不少,亦大加剿洗,军需局严提逼捐,不拘何项生意,皆要捐。十二月中出示:本年漕米,无分大小户,奉宪折色每石四千,除恩减三分,荒缓一分七厘。先将良懦给串清收,实皆赔垫,人情拮据,田产无可契售,收租每亩不过百文出入。一冬无雨雪,风和日朗,菜麦有望。

18.四年(1854)正月,完漕皆竭蹶,而征愈紧,以济燃眉军饷。二月初,苏省调兵往沪,督抚出示,以为大兵云集,指日即可荡平。藩司示,奉旨颁发当十钱使用。开炉即铸,改咸丰重宝以一当十,民间又受其累。又示,内部给发空白监照,每县先给十数张,以便士民解运捺搁,价减银九十两,零费三四两,银减价一百六十串。于是各州县出示,如有报捐监生,毋庸地邻出结,持银到该礼房交足银数,即将履历年貌填入监部两照带归,以为体恤士民,不受胥吏舞弊,功名竟易如转瞬间也,而报捐者绝迹。三月,学院何桂清不发科试牌,县府试停,士气亦为不扬。督抚奉旨颁发宝钞官票,通行使用,以便筹运。钞以钱数,票以银数,钞以部颁,票以官印,限定每银一两易钱二千,彼此不许高抬,先给典铺钱庄,洋价自兹日昂,值须二千,市面渐行紧迫,人情愈觉狐疑。各州县漕务,严催酷勒,大户尤甚。其金陵、扬、镇、上海军饷浩繁,更有安徽庐州、

---

[1] 差地,指差役和地保。

凤阳及湖南北一带,不知几许?如钞票行使,可以用之不竭,而府库总不能充裕,奈之何哉!民间苟有词讼,不分皂白,先捐巡防经费,后勒军饷,刁风又炽。初八日,上海营兵犯夷,被夷人开炮,文武将弁遂弃甲抛戈尽走,以百里者自诩于五十里,致烧营房数十。嘉定、太仓、昆山、苏州逃兵络绎不绝,沿途抢掠奸淫,流入省垣,不下万许,东半城亦闭,逐渐押回,不知如何粉饰。奉旨采办米石仍由海运,到京者不下数十万。一春晴朗,麦得丰收,还租尚可。有旨上忙缓至秋后起征,大营催提军饷紧急,而漕尾上忙迭至。夏,风雨尚调,大有酷热,奉宪城镇以出租房屋之息及自产开张,公估若干,各抽二月,亦归军饷。所患者商贩梗塞,煤缺,木值三十余贯。秋有时疫极重,金陵贼匪又环城布营,向提军兵力单薄,一时难攻巢穴,督抚株守省城,亦不过坐观成败而已。秋收禾稻尚可,而花又为减色。十一月初五,无论通渠实港,有水涌二尺许,随涨随平。后闻镇江海面,有二龙相斗,一旁视,升降于洪涛巨浪之中,亦一奇事。圣主因江苏漕弊最重,专责漕督邵驻扎苏州,实力查办,无如所用非人,概不与闻外,每石需要三角。自兹又收三元一二角,恩减概一分,荒缓大户二分,小户仅一分,弊窦似又起矣。

19. 五年(1855)正月初一日,上海红头贼[1]夜遁,次日陆续出城,吉抚军始往剿杀,首逆刘丽川就擒,逃逸海洋亦不少。沪城弹丸,而贼竟拒守二年,皆赖夷匪接济粮草,易换金银。今银尽而粮亦绝,遂自溃。吉抚军收复城池,已形瓦砾,安抚百姓,即克复奏凯,上深加奖励,学院行文县试。二月,苏城捉船甚紧,皆

[1] 红头贼,即小刀会,因用红布裹头。

调兵到镇江,吉抚军督往也。徽州一属,由安庆窜入,犯已三次,蹂躏不堪。三月,阴雨及一月,麦收大减,仅二三分,农佃又形困苦。当十钱愈出愈小,并有私铸搀用,生意间受其亏累无穷。昭文县陈沿途比较,生监帮被差役殴拿,议叙竟枷示,又纷纷上控,终无结案。南京沦陷以来,天下纷纷征调,所需粮饷,无非苛捐民间。苏州府示,有除粪行茶馆不捐外,其余各业,既要抽厘。然而客货来已经重重津贴,土产去亦须节节税捐,滴滴归源,无非小民膏血,层层剥削,实充官吏肝肠。所喜者捐输票尚能折色货卖,所灌者功名路尽可买票纳输,无论虚衔实职,分发荣封,皆可顷刻而待,遑论其身家清白耶! 空白监生照,尚现银兑,亦不论其刑伤过犯耶! 奎学院考试尚无物议,今最堂皇冠冕不受胥吏关津之累者,惟有两业,小则私盐,大则鸦片而已。夏,风雨尚调,惟有酷热。秋,人多疾病,死亡相继,幸岁丰,木棉有八九分,禾稻敢云十分。花值三千八九百,米得二千六百。如是收成,人情窘迫者,何也? 久困之下,赋税繁重故也。冬,条漕恩减一分,大户仍可额外,价折三元三角,洋合制钱一千七百六十七十,如是浮收严催酷勒,真民不聊生矣。其时常令孙丰,由上海调来,办事明察,词讼毫不拖累,到任后,先办赌摊粮帮凶债,后拿土恶钱华卿惩办,于是地方肃清,官声颇好。又禀上宪收清漕,督抚等以一县独清,恐各府州县反形区别,似不能行,彼即力辞,省中另委辕员责收。昭令吴士松,惟鸦片为事,一切词讼银米,悉由衙蠹做主,实糊涂不堪之至。大小官员每出示,必云军需浩繁,惟有再为捐输,以济军火,奏求破格施恩,重邀奖叙,尔绅商富庶等一举两得,乐为尽力,千载难逢之机会不可错过等语。是年乙卯应行乡闱,南京停,听有力到北场应试,附廪一体考试。学院奎章复任江苏学政。十月发岁案牌,十一月县试,十二月府试。

20.六年(1856)正月杪,各镇兴灯,二月更盛,互相争彩。又闻粤匪冲出,仍安庆、徽州一路,到处焚掠,宁国府被破,绕道常山、玉山趋浙江。其时彼处兵力单弱,苏省调兵往援,封捉船只甚严,而匪等复转金陵,势如东下。三月吉抚军尔杭阿死,或云营兵谋之,文武大小员弁死者百余。省中又有徙避,镇江营哗然大散,又无遏御。怡良制军株守常州,形同木偶。向提军荣虽已年迈,精力甚强,兼有张镇台家祥辅佐,为之扼守前锋,真所谓东南保障。无如兵不用命,亦难制胜。乡间当十钱私禁不用,县中一九搭货价九五申,省中仍二八搭货价八六申,尚不能通畅。肩挑荷贩者即口语云:新咸丰不要。亦一怪话。京中已行钞票,报捐监生,京庄收兑者不过廿六七元,后贱到廿二三元,六十日到照,惟以钞票上库,虚衔实职亦然。省中协济局报捐从九衔,只须二十元。各省兵额实不过二三,逆匪东冲,即移营东御;西突,又调遣西遮。苏省为通衢要道,封捉兵船,无日休息,过境兵差,片刻不停,贸易不通。五月,菜麦大可,约有九、十,吾邑翁同龢中式殿元,已觉淡然。十八日,逆匪蜂拥出金陵,张镇台见势不能支,商于向提军且退,向欲坚拒。不料在营官弁先退,向遂焚烧大营,直退至丹阳,所遗辎重,尽为贼有。彼处向团练以助军威,贼久已切齿,遂出令百里内务杀净尽。其时先有土匪抢,后即逆贼焚,势甚狂悖。于是苟可挪措者,皆负老携幼,连夜逃奔。或中途失散妻孥,抛弃子女,不知凡几。少妇自尽最多。或家资巨万而囊无一文者,或积粟万钟而身无一粒者。苏城金银价飞涨,迁徙者纷纷。洋值制钱一千八百零,小花大滥不用。天气亢晴,禾苗枯槁。六月,上元、句容、溧阳、溧水、丹阳等处难民,蚁拥来苏,省中好义者

实多,随处随时设局,安插留养。本府又拨派各属分养,我邑又挨
户书捐,董事又可从中分润。呜呼,该处黎庶连遭焚掠,转辗流离,
未知何日得返故乡,重聚家庭之乐哉?七月,仍无雨,各官祈求不
效。禾田通渠递灌戽救者尚可望,木棉仅长六七寸,早为戽灌者
不改上年。河皆涸辙,吾方幸有白茆潮汐往来,未形全歉。更有
蝗虫驾海来南,落花地尚不开口,所食野草竹叶,来势满天遍野,
如阵云障雾,遮天蔽日。各官塘皆断,惟昆山塘仍通,官渎桥里洋
澄湖底露出七八百亩。各州县报荒接踵,出示不许运米出海,借
此匪类遇有籴米者皆拦截。花地素来运米接济,今反形掣肘,于
是公禀,批本境听其贩买,时势稍平。诸耆老谓较嘉庆十九年大
旱更甚。闻初九日向提军死,省中又为吃惊。大营内外兼顾者惟
张镇台一人而已,余皆碌碌也。十六、七,有阵雨一二寸,亦未遍
得,戽灌仍无歇息,耒锄久停,横水涨四五寸。省中广东帮蛮横已
极,始由召募乡勇保卫苏城起见,特设头目郑子坤,后渐肆无忌
惮,司道辕出入宾礼,州县皆奉命惟敬,前向提军提往军前,即沿
途抢掠,后遂撤回,人数渐多,自此日日抢夺,夜夜打劫,并未捕获
一案。学院李联琇[1]于六月到任,七月发牌岁试。各县悬示,八
月初一日案临玉峰考试。廿八日尚传廪帮迎接,廿九忽改期,亦
从来所未有之事也。八月初,仍无雨,蝗虫愈多,振翼细如猛雪,
天为之暗,栖息重叠竟尺,地为之高。禾稻刚秀,非颈即根咬断,
即千百亩,亦可顷刻而尽。所伤尚轻,日日望南而去。初八日,得
大雨四五寸,河水深一尺,蝗仍连山排海而来,不知内地受伤否?
嗟乎!农夫手胼足胝,无一不筋力得来,今又减色,不知民间获

---

[1] 李联琇,临川人,字季莹,号小湖,道光进士,有《好云楼集》。

罪,抑官吏暴虐上干天怒而至于此耶？闻安徽、江西旱象类同,山东尤甚,浙江尚可,福建大水,人亦淹伤无数。此虽国家否泰,实胥吏平庸所致。自道光年仁慈大度,封疆大臣敢于舞弊,州县有恃而无恐也。设有非分之事,总可馈送,上司既受其贿,不得不包含,遂酿成其深病。虽有林则徐等,名倾中外,力挽颓风,诚古大臣之气概,然亦杯水车薪,而又黜谪,尚有余望,而今已矣。痛哉！惜哉！目今仕途壅塞,捐班捷径,小人拥挤,贤人屏退,其故何也？盖士人多贫,虽发无力趋附,捐班固富,孝敬无所不至,得缺竭力搜罗。近来官皆无体恤下民,尽忠国事,如州县有罗天括地之手,督抚必奖为聪察明干之员。窃谓古之州县,未必皆廉明正直,苟有贪饕,皆赖列圣神威,乾纲独断,大僚明察,执政秉公,属员焉敢贪酷暴虐哉？今之为州县者,未必皆贪酷暴虐,无如上司婪索,书吏诈刁,舞爪张牙,竭尽膏血,未免冬暖号寒年丰啼饥之虑。而今而后,不羡邻富之翁,窃慕捕蛇之业,或者后世与吾为邻者,恐非尽是今日之人也,而吾室独存,则幸甚矣。平郡尊翰,调授常州府,以松江府薛焕补之。中秋夕邀广东团练头目郑子坤赏月,设计就席擒获,连夜捉获广匪。十六日,六门严闭,搜拿更密,被获者约有百人,随到随杀,余党四散潜逃,苏市大为安堵,横水亦渐来。据云：丹阳等各县次第克复,惟小蝗为害不浅,即洿子而生短翼,若聚稻田,一饮而尽。九月初三,学院案临考试,长、元、吴广额加倍,嘉定亦然,并增一额,常广五,昭二,其余无。秋成大失所望,木棉不到三分,禾稻亦不到五分,米价腾贵。及九月杪,省拨委员勘荒,已民情久困矣。纱布大贱,如高区有甚于廿九年大水为灾。是年办全灾,下忙亦缓,冬有官赈一次,民赈相辅而行,木棉亦有二三十斤,其价尚大,补种杂粮,每亩亦得石许,米价虽贵,尽可敷衍,以今岁较之,不啻天壤。况北沙江北一路,寸草无生,流乞来南者如蚁,贩运南粮者连樯,累示不许出境,亦难阻遏。浒关免税,听其采办,于是米价飞腾。十月初已要五千,柴亦贵。闻大营到省火提军饷,恐有不接之虑。花地租息,毫无成色,纵有千百顷美产,与家徒四壁同,虽民力实竭,而业主犹恐节外生枝,互相畏缩,故未滋事。然而用度倍常,条漕必酷,亦难设施。冬,条漕恩减二分,荒仅二分,价折七千四百不等,小户亦难如数,后更甚,实出于无奈,大户延至夏间逐渐缴付,荒可注五六成。米银终年催比,无日休息,借提军饷紧急,愈为酷暴,然而提解每石折色一两二钱,值钱二千之内,今价收七千四百,其贪虐之心为何如乎?国计固不充,民生愈竭蹶。今粤匪蔓延,生民涂炭,非独无克捷音,竟有来让之谣。总之,世运衰微,小人当道,竟至于此!一秋冬无雨雪,不严寒,洋价一千三百五十,毫发一点者不用,大烂一千。苏市官开永济钱庄,专用钞票,以五百文起二十千为止,分派各钱庄配搭使用,库亦收用,故流通洋无定盘,典不出入。

21. 七年(1857)正月,昭邑有刷印催粮启一纸,发各粮户,其语云:飞启者,照得本年应征熟田漕粮,除酌提由海运津外,其余米石,奉各宪统筹全局,悉数截留,抵充大营军饷。现在各营停釜待炊,兵勇竟有食饼食粥朝不谋夕之势,是以钦差大臣万分焦急,业经奏请严催督抚宪转饬各属,将应解军营粮饷,限于岁内一律解足,不能稍有短缺。兹查开仓以来,熟田漕未完者甚属寥寥,设有贻误,本县之考成固不足惜,而军营粮米不继,饷绌兵哗,苏郡生灵,何堪设想?深恐各粮户未知底细,视同往年漕米,因循坐观,致误大局。合亟飞布,务望将应完熟田漕粮,不论本折,于五日内扫数清完,以济军需而安生业。倘有乡愚无知,狃于积习,亦望将此意剀切剖谕,俾共知之。想诸君子见闻有素,定能鉴此真情,必不视为泛常,有误军储,致妨全局也。此启。知昭文县事吴士松谨启。我视此,不禁哈哈大笑,潜然下泪。试问国体何在,官气何有哉?真一大奇文大奇事。假使果有其情,亦应露藏其半,其苏郡生灵何堪设想之句,莫非已有成见,势所必然?否则其言外之意,甚无谓也。如此为官,真死不赦。自此风行雷厉,严提血比,各粮户逐渐输纳。巡抚赵主议,苏城各业抽厘房租巡防团练外,再行挨户书捐,以抵军饷。常昭董事下乡劝民赈一次,虽殷实亦难应手。至于苏城,铺捐尤大。本府薛出示,其略云:虽系迭次书捐抽厘,尔等总加货价,名为乐输,实尽出于买者,此次务各勉力输将,仍可并数邀恩奖赏,除二十千资本沿街摆摊自食其力外,一例书捐。倘有畏缩规避不即书捐者,必非良民等语。即着委员同董,沿门勒写,进门时如化缘和尚,不遵捐数如弄蛇恶丐。斯时米珠薪桂,生意寥落,亦难设施,后渐松,甫毕,即催缴,茶馆每碗加一文。各乡麦苗甚盛,二、三月间晴朗。四月初各镇放赈一次。菜麦将实,其苗愈茂。忽闻粤匪由江西闯入闽界,土匪乘势抢夺,警防不得不严。道路又阻,致布价骤跌。又遭淫雨,麦收大减,米价又涨。五月,蝗子尽出,初小而无翼,各州县皆然,已蔽野,即出示捕收,每斤七八文。于是老稚借有生计。然愈捕愈多,愈后愈大。又出示设局收买,每斤十五六文。扫山网水,可得钱四五百文。又劝捐相济,业户不能坚辞,禾苗不敢插莳,赈捐各户将欲报销,又有奖叙。无如功名已经重叠,虽稚子孩童皆已奖励,故将捐条折色货卖,甚而硬捱骗受,逼写履历。学宪李联琇到昆山科试,各县另加广额,教官仍勒索贽礼,廪生乘势搜罗,即公禀学院严禁,后大为节省。闰五月初,大雨时行,高低区尽插莳,蝗已飞,雨后倏而绝迹,不知所之,各处皆然。

或云蝗本名旱虾,在黄河卸子,得水化虾,亢旱为蝗,今得大雨,投水化虾,此说或者有之。后即人皆眼目肿赤,随感随退,亦云食虾所致。蝗害既无,田可灌溉,人心稍定,米价渐平。昭邑吴士松贪虐无比,出缺,民心大快,新任恩[1]接署。郡尊薛焕,深得民望,擢升江苏督粮道兼巡浙江盐务,办漕,犹冀其大加整顿,民命自可贴席矣,新府尊朱,办事简洁明净。新制军何桂清,严参各省大员,兵备道蓝蔚文立即拿下。五、六月,风雨调,无酷热,于是高低田禾,无处不丰盈气色,各省不闻有水旱偏灾。藩司王友麟[2],督粮道朱焕,兵备道薛焕,本府蔡映斗,力除积弊,毫不贪酷,各州县稍觉敛迹。乡里设木铎,亦冀化导愚顽。金贱到一七五六,银串一二四五,洋值一千,当十钱渐渐隐,各捐款有停,似觉大有生机。七月,禾刚秀,木棉盛开。中旬,飓风猛雨五六日,潮涌数尺,禾稻受伤极重,木棉亦伤,旋幸天晴,犹冀挽回万一。八月初一,有蝗虫,即遮天蔽日,较旧秋来势,更胜十倍,间落地,豆荚草根,一饮而尽,稻亦有伤,皆南去,不知为害否?九月,稻尚有六七成,米价三千七八,木棉仅得四五,价只四千。客路不通,人情窘迫,兼之租税实严,搜括殆尽。开仓小户恩减一分,荒五厘,大户减一分,荒三分,顽劣仍可缓五分,岁内一例,上仓折价六千六百六十。雷催电比,不容稍缓,仍由上海运津。其小户业田,竟要赔累,反受经差追呼。世运衰微,民遭潦倒,虽有何制军及藩道力除积弊,似言行背谬,终无实在。镇江城粤匪遁,即凯奏克复。圣主赦镇江蒂赋十年,苏属蒂欠六年份以前一概赦免。然而大小官僚,终非了局,苟得一官,皆图

---

[1] 恩溥。
[2] 王友麟为"有龄"之误。

利而不图名,要财而不要命,其实皆子民膏血,国家厄运也。安知非天降之灾,生民涂炭,非天数,即人数也。明年戊午,正科乡试,各大员汇议,苏城造盖贡院,暂行乡试,以收士人之望。所需费,派入场士子捐办,计路程远近,定捐之大小,抵作盘缠。已有明示,后奏闻驳去之。

22. 八年(1858)正月,运津米船将驶,忽有英夷揽载包送,抚道等不允。彼直达天津,起造码头夷馆,京师大员严加惩创,大挫其锋。后复纠合夷众复肆,天津不守,文武伤亦不少。陆续后到米船,虽到不能收口卸载。三月,金陵尚云安静。而安徽逆匪,由常、玉山窜入闽、浙等处,浦城不守,荼毒甚惨,温、处、严州大为着重,杭州愈甚。道途愈梗塞,商贾更不通,客货飞涨,土产顿贱,关系最重者,莫如布耳。苏地封捉船只,无日休息,过境兵差,络绎不绝,皆以空船到镇江装兵,由苏抵杭,沿途滋事,不可枚举。加以筹粮饷征调纷纷,自此严委官员到局揸捐,殷实者又不免矣。官董从中又有生意也,先有示:此次捐借,奉旨办理,该绅富不明大义,即拟奏办等语。幸一春晴朗,麦得大丰。然米价仍五三四,麦二七八。据云:有密旨将上海夷房尽毁,严禁鸦片,再犯者死不赦,督抚未敢擅办,迨夷船闯入天津焚毁圆明园之后,此议亦寝。后各帮米船沿途寄卸,竟有原载回沪。六月初,交小暑,天气炎热,中伏连得时雨十数次,是以田苗极青秀。八月,又遭淫雨连绵,禾穗有□无实。东北方于四更时起,一扫帚星,光芒如灯,其光向下。中秋后,西北方黄昏时又起现一星,其芒似小,其光向北渐沉,不知主何吉凶?但迩来世风不古,士习变常。有读书子弟,始由扶乩请仙,联诗作对,继而妄请上界大圣大神,虔心邀福。乩判略示,疑逗天机,必倾心信感。后渐入魔道,诵经礼忏,制备庄严,练习礼仪，纠集五六十人，礼忏设醮，居然锣鼓钟磬，步罡踏表，儒冠道服，不知成何体统！窃思上天以好生之心为心，苟有不免，汝等岂能挽回天意乎？况上界至圣及千万古不磨之大神，而何暇匆匆来坛？且汝皆蚁末之流，妄敢禳灾作福，而欲邀天眷，指示迷津？所有乩笔吟咏，诚然工巧，此必通文墨之游魂而无疑也，其士习变端，伊于胡底？若不省悟，恐天下尽为互乡也。西北方黄昏时所现之星，或云蚩尤，或云天蓬，终主杀戮，后渐明，其光竟二丈许，逐夜移南，重阳后竟在西南方渐隐。钦差四大员桂、花、段、明，八小员，制军何，直抵上海，与夷人讲和。苏州金价骤涨十余换，无非掳掠金宝而已。近地木棉大熟，不外十分，客路不通，行情大贱。禾田有十二三分收成，民情久困，借此补救万一。先有旨着大学士叶名琛到广东查办夷务，被英逆诱至夷船，开出大洋，竟到彼国，用玻璃囚车装之，遍游其境，或云解游二三国，仍旧送还，有旨将叶名琛沿途处斩，天朝首辅钦差大臣被化外逆夷戏弄受辱，不堪设想之至。四大钦差八小钦差到松江等处，通事人与讲和，又被夷人拉住，须待外国钦差到后，方准允和，故迟迟匝月。江北路捻匪猖獗，扬州又失，直接南京，惟六合县战守两坚，溧水、句容大营又冲。九月廿六日，日将坠地时，西北角天上忽坠一大星，移于正西，其光红而且明，飒飒有声，红光退后白光，久久而隐，似有云雾窈窕盘旋无定之状。六合县温公深得民心，已赐抚衔花翎黄马褂，身经百战，未尝一失，此次众寡悬殊，城陷即殉难。四乡遭其荼毒，不可胜言。自此南北往来断，而逆匪前后左右，无不通达。闻大钦差到夷馆，夷人傲慢不恭，夷人到钦差公馆，钦差要匍匐迎接，甚而将夷狗装束大员顶带，乘高轩，俨然游玩。夷人抬轿，皆三品以上服饰。大小钦差佯为不见不闻，后闻六合失守，皆潜迹而北上矣。顺天正主考柏葰，副程庭桂、朱凤标，所中式一半贿通关节，场内有大头鬼出现，竟不避人，阖场皆见，佥谓不祥。后知柏葰有妾弟平姓，素习优伶，不通文墨，亦捐监入场，翘中前魁。后御史参，奉旨严拿确审，新中者革甚多，柏主试处斩，程副试逐回，平亦置死。秋无雨，冬更晴，雨雪绝无，知常县陈、昭文沈开仓，小户勒折六千三百六十，恩减一分，大户恩减外，尚缓三四分，极劣者置之膜外。岁时虽云丰稔，无如所产贱而所用贵，终不济事。现国家有事已久，库储渐虚，征调军营粮饷，惟以苏省最大，使逆匪不自相践灭而抗延岁月，国计更形不足，民情愈觉倒悬，不知是何了局？然而必先培民元气，而后国自充足，现屡颁大赦钱粮，可谓至矣。然而所赦者，皆州县漕蠹之侵吞，顽绅劣衿之抗欠，业户毫无沾惠丝毫。圣天子以保苏为怀，屡屡严饬各督抚，肃清漕弊，涮除陋习，无如通同粉饰，含糊了事。恨无股肱大臣，明查暗访，指实密奏，其间利弊，严拿一二起痛加惩办，或者即行敛迹，亦未可知。

23．九年（1859），漕艘仍由沪达津，夷船包送，不允即驶天津滋事，大败。又放大小钦差会同督抚与夷约法，到沪住数十天复旨，其鸦片准作药料，归入药材店买卖，一例收税。前林则徐严加禁拒，甚而缴解焚烧，将已净尽，今听其贩运完税，归入药料，其办事迥乎天壤！总之，人才亦随世运而转，世运亦因人才而衰。奉旨拿获平姓新举人，确审果系优伶，招供关节贿赂线索授受多人。圣主严刚之至，拿柏葰等子侄家丁内外帘官先后斩决，新中者杀亦不少，仍提各省新中者到京面复对迹，一有蹭蹬，非杀即革，共诛戮二百余人。程庭桂仅免死，朱凤标知情不首，亦革职。此次大加整顿，中外悚然。若从此事事明察，定可挽回天意。二月中，京都有人匿名细陈苏属漕弊利害条款,刷印遍路潜贴,见者哄然。另有信一函,自称古吴老农,专言漕弊,潜致彭中堂启,书中求请肃清积弊之意。中堂者,即蕴章也,亦吴人,现居首辅,然而官声素不廉洁,其家向不完粮,此事自知难隐,即粘款奏闻。上谕仍着督抚细查利弊严办,而督抚仍视为具文,地方凋敝,至于此极。而吾耳聋目瞶之余,苟有见闻不平,其感慨尝于深山远水之间,随暮云而散。古吴老农,不知何许人也? 其郁勃之气,虽系匿名,敢于京都刻印飞遍,羡矣慕矣。有人一律云:"沈沈烟雾锁天衢,那得清风一旦驱。架上衣冠严束带,案头灯火作痴迂。略存旧画因无税,尽卖良田只为租。我欲捕蛇邻笑毒,重阳还恐有茱萸。"此虽鄙陋,而有深虑,不知古吴老农暗合否耶? 一春无雨,二麦得十分,黄霉时久雨不已,后炎炎赤日一月,望雨急切。九月木棉仅得四五分,又遭阴雨,犹冀八九成,闻沙、浦亦然。沿海稻皆秀而无实,仅得四五分,低区倍收,米价步松。江南下八府准借浙江贡院乡试,八月本棚,十月举行,常、昭得中者十二人,副二人,拟辛酉正科预于十年秋闱,仍借浙江考试,故于十二月初县考。入冬尚安静,花价五千五百,步昂,米平平,布值二四千,纺织者尽可仰食。十一月,开仓价折六三四,小户只恩减一分,大户分优劣,定短长,大小户之甘苦,不啻霄壤也。州县浮收,全赖上司包庇,小民膏血渐尽,京储仍觉空虚,何也? 盖大小官吏贪虐,犹之率兽食人者也。苏属漕弊,处处有之,然而莫甚于吾常、昭为最重,太属尚有古风。

24. 十年(1860)正月,风和日朗,府试,布涨,米平,纺织大有生息,似乎承平气象。二月初,学院案临科试。初五日起,小雨一月余,间有日色,似淡而无光。忽两县饬差捉船紧急,从此船只不敢到城，竟无一艇往来，即到各镇搜捉，苟馈以钱，仍可卖放，布价遂小五六十。据云：粤匪从安庆径取广德，由泗安直达湖州属，武康等县，悉被一空，遂围湖州，军情告急，苏杭震动，恐窜入太湖四通八达。二十后，闻逆匪直逼杭城北新关一带，纵火焚烧，武林、钱塘、凤山各门四面环攻。月杪，风声更紧。三月初，闻杭城于月底失守，忽张玉樑（良）提兵捷至，内外夹攻，杀贼无数，即退出。张玉樑（良）系国樑之弟，由镇江飞往救援。斯时苏城大为恐吓，一、藩司出示，不许搬场；一、无船可雇。荨门外城陷，大吏亦恐天意使然，遂出示听其搬运，阖城于四五日间，竟成一空。城垣即日修筑完固。常熟亦间有搬运，而太仓、嘉定、上海更多，或谣青浦周立春、上海刘丽川之余党报仇故也。然而粤匪杭城虽退，恐恒虎视苏、杭，不可稍弛。此次杭城失守，或谓杭抚罗，先将家小细软，寄居乡僻，被贼掳去，罗遣亲丁到彼寻讨，而贼言如不抗拒，破杭之下即还，罗密遣人暗允，贼以如顺，以原职起用之信。故贼兵临城下，罗似仓猝不备之势。适盘查获得贼信，即呈知府将军，二人即暗藏利刃，见罗即刺死。如果确，亦一快事。或云金陵大营主帅和春，张国樑副之，有太仓人某，在浙江候补佐杂班差，往解火药到军前，和春不纳，必先要馈送，而后能收纳，其佐杂官苦无告贷。即有人指曰：若有孝敬，即空坛亦可交卸。于是将火药暗卖贼营，然后即内外交卸。我朝豢养二百余年，不可谓之不厚，如何满朝文武属僚，无一忠君爱国，真豺狼当道，虎豹专权，天意使然，黎庶应遭此劫数也！三月十四清明，十一日严寒，大雪尺许，菜麦受伤，幸闰三月，尚冀调养。鸣呼！杭城百姓猝遭惨毒，皆丧于抚臣罗通贼之手。幸将军鼓励兵勇，杀出克复，罗虽死不足蔽辜，焚烧掳掠，积尸不下万千，粤匪仍从原路退去，苏属人心大快。

不意贼仍从上路兜到，金坛、溧阳、句容、丹阳等城连陷，少壮被掳，老弱诛戮，扬言八十余万，截断二百余里音信。闰三月十五，张国樑大营移镇江，所遗粮饷器械，悉为贼用，四县之民，被贼围如铁桶，鲜有漏网。常州危如垒卵，何制军毫不设法，苏城又夜不贴席。四月初，闻有曾国藩领大兵到，大慰民心。初四日，制军何桂清随带兵勇数百到常熟，人情大恐，幸有守制在籍侍郎庞钟璐，即调本城团练弁勇严防，并借福山营兵协堵，一面即到舟面会，以民情惊怖，劝其动身，常、昭又馈银千两，彼即游奕南门外，其兵勇幸不滋事，其时南北文报已不通。初五，闻何制军初一抵浒关停泊，被当地赶走，旋到阊门，不容停桡，又往胥门，亦有官绅拦阻，于是顺流到常。初三，苏地始到溃兵三千余，六门扰动，即罢市，午后往来，尽被搜抢。苏省五方杂处万商云集之所，见势不谐，觅船迁避，无如前月底已被广东匪党各路拉住，间有雇着扁舟，尽被广匪邀劫，故商贾居民，无计设施。初四午后，有溃兵二十余人，皆骑马，手执令箭，口称汝等快些搬运，马大人[1]兵到，要扎大营，即刻放火了。人皆措手不及。黄昏时一路投抛火药包，山塘中市数处火起，南北濠、上下塘处处燃烧，炎焰蔽天，上下通红，广匪溃勇乘势抢劫，居民踉跄，弃妻抛子不相顾，如权万万资本细软山积者，亦只手而逃。或者身藏手带，则遭搜抢。竟延烧三昼夜，城外房屋已去其半，未经焚毁之屋，至初六、七，被土匪一扫而空。王友(有)麟已调杭抚，闻信来救，会同薛藩司兜拿广东匪，不分良莠，获到即杀。苏抚徐有壬，毫无制敌之法，形同木偶。自此苏、常信断，迁徙更多。何桂清仍在常地，人心怨恨，环立船头大骂，

---

[1] 指提督马德昭。

竟言何桂清浮尸移害,万死莫赎。彼置若罔闻。其时制军印尚在船上,欲出福山到通州,被镇台拉住,欲到浏河,又有阻,潜流太仓、上海,处处怨骂。粤匪杀戮愈酷,土匪抢劫愈大,贼之用兵,诡诈百出,各路奸细,潜伏不少,故处处虚实情形,一一尽悉。甚而有朦捐到省之员,开张店铺,九流三教,无一不备。如杭抚罗,亦通粤匪,大辕旁有一测字者,名曰王道平,实已伪封平道王。所有抚内关节,皆其暗通线索,破城败露获杀。何桂清中军官,是粤匪朦捐,旗牌亦是长毛,幕友厨夫亦是奸细,其他不问可知。兼有焦湖船[1]为前导,预先散泊各处,盘诘则曰贩米生意,查视皆枪炮火药,实皆贼之粮台也。十四日,骤有溃散马兵百余到常熟,大群小队乱闯,即罢市,口称不必惊慌,我等皆张大人麾下,骑脱甲马,亦有步行,裹头赤脚,腰系红绸,手持利刃,残歌短曲。两县令被庞侍郎束缚未逃,练勇巡兵,皆掩旗息鼓而避。常令周沐润、昭令王庆元遂出示:逃兵溃勇土匪滋事,格杀勿论。阖城迁避一空。西南乡蠢动,各乡局获解奸细土匪,陆续枭示,张市盘获逃兵一名,当地枭斩,人心愈懦怯。又闻江阴失守,苏州攻陷,皆杀掠殆尽。常地素称鱼米之乡,料其必欲窥探。庞侍郎主议召募精壮乡勇,昼夜守御,惟粮饷告乏,不得已又拟借绅富捐。江阴沿乡焚掠甚重,殷实者譬诸贼有,各出银米散给乡里,为之民团,头裹白布,声势颇壮。自江阴、无锡与常地连壤之间,连日接仗,大挫贼锋。常城亦拨勇协助,忽羊尖[2]窜入贼匪,民团不能应援,又遭荼毒,伤者亦有数百人。丹阳、常州、无锡、苏州迁徙其间者,又纷纷搬动。

---

[1] 焦湖船,即巢湖船,是一帮盐枭。
[2] 羊尖,常熟西乡巨镇。

船价倍涨,而流离奔走之苦,不忍言矣。二十后始得确信,常州前月二十八失守,无锡四月初六不守[1],南北门烧尽,浒关、望亭亦烧。苏州十三日陷,一路皆官员兵弁先逃,惟吴县沈伟田拒贼,被贼数刃,家丁负逃。藩司薛已往上海,欲借夷兵之说,贼如入无人之境矣。嗟乎!贼在丹阳时,张国樑尚逼近南京,虽被贼围裹重重,犹冀奋力剿杀,因众寡悬殊,连发七枝令箭,到常州提兵应援,皆被何桂清中军幕友捺搁,又被和春迟滞粮饷,遂弃大营溃散。或云战死沙场,不知下落[2]。自此贼无后虑,竟敢长驱。常州守备未尝不固,粮米有百万,饷亦不下四五百万,枪炮火药以及食物,足支三年之久,闻贼来,并未交接一刃,而何桂清先逃,其余跟踪而散。无锡亦然。将到浒关,苏城官民兵弁,望风而靡,六门大开,任其长驱直入,惟广匪遥为招接,贼即将各门严守,搜掠金银,再烧城外未尽之房,广东匪亦遭惨杀,因先抢金银故也。齐门陆墓镇某人,前因董事劝捐,硬斛米一千二百石,怀恨暗纠广东匪贿洋,嘱董事家阖门尽杀,纵烧其镇,自宅亦毋庸留,其刻毒如此。(齐门)外有徐姓名惠书,素本豪富,见势难保,即召募义勇,亦曰民团,与江阴民团遥为声援,苏省自三年金陵失守之后,即为团练乡勇盘查奸细之举,洗括民膏,糜费无涯,原为一时有用而备,而不知贼踪未见,弃甲抛戈,似有以五十步而笑百步者也。如此高城深池,歌馆笙台,咸归一炬,亘古来似未遭此大劫。此等文武官员,应灭其九族乎,十族乎?绝不闻有一官殉难。丹阳以下,常州、无锡、江阴、苏州航海北上迁徙者纷纷。有通州在籍翰林王藻,乃

---

[1]　按,太平军攻克常州系咸丰十年四月初六,攻克无锡系四月初十。此误。

[2]　张国樑死于丹阳尹公桥下。

何桂清之座师,素称强悍,乃遏于要隘盘查,苟有应对支吾,即作奸细论,枭斩。搜查箱笼,倘有重器,又作违禁论抽去,几无活路。雇船来避吾虞不少,携妻带子,餐风冒露,恐囊资告乏,终为异乡之鬼也。吾常庞督同两令招集乡勇,刻刻戒严,各乡获解匪类即枭示,叩上苍福庇无事。惟各店皆闭歇,各客货皆昂一倍,渐形缺乏,苏市不通,恐不能接济。如东乡大镇,郡县避来者不少,已觉招摇之至,虽有团练,似难保卫无事。本地殷富,反为搬出,觉迁来更形坐卧不安,故再为搬运也。贼入苏城后,分股出,一仍江阴。一出湖州,一出昆山,湖州、嘉兴势已吃重。廿六日昆山失守,幸无官兵御敌,未甚蹂躏。廿八日太仓不守,州牧杨到六河,青衫草屦,航海而北。县令吴避居岳王市,被土匪抢劫衣箱一百余,并焚所避之屋,吴逃崇明。在城绅富董事如素著凶名者,居乡尽遭佃农焚毁一空,甚有殴毙溺海,轻则罄其所有而后已,此亦善恶之明证也。贼入太仓,奸淫搜括,虽阴沟井底,无所不至,叠尸盈路,将细软米谷悉运苏州,被娄门外团练局截取。太属各镇有议进贡之说,沙头镇上贡猪羊银米外,有红枣黑枣灯草雄鸡,暗祝早早登基,收毕给执照,有伪太平天国庚申十年给字样,赐小黄旗一面,悬于市梢,门贴顺字可免。横泾镇亦备此礼祝之,亦一千古愧悔莫及之事。五月初一日,新入党贼十余名,突至沙头镇,抢长生、日茂两当金银,土匪乘机亦劫,货物一空,余未扰。太属各镇罢市,支塘、何市亦然。老幼皆避乡,六河亦议进贡,又恐不及耳。初四,常熟城局拨乡勇千余,驻扎支塘总防局分设书院。初五,贼入嘉定焚烧杀掠。初六日,苏城贼提回,贼即弃嘉定、太仓而归。初七,昆山已有人出入,娄城臭不可闻矣。据诸人云:粥饭必以粪污和之,厨灶尝以溺器覆之,房屋必以墙壁通之,神明必以利刃坏之,种种罪恶,必罹天讨。太仓素称朴素,此次经贼剿洗一空,阖城可云家无完壁,户有横尸。初五日,白茆口有兵船一百廿只,从外口来停泊,登岸买物,金鼓交接,据云孙大人之兵。附近各镇大为惊吓,奔避如蚁。吾镇于黄昏时,有妇女沿海结队而来,或有人劝其返,不必慌张。吾镇屹立如山,始终未有摇动。五月初,常地搬场船更多,有搬出者,有搬归者,有东搬西而西复东者。常令出示,钦加同知衔常熟县护理布政司周,昭令出示,钦加同知衔昭文县兼理太仓州事王,署理白茆巡厅代理昭文县事刘。四月杪于十八日奉上谕,将和春锁拿来京,即着惠亲王带领八旗兵由陆路,僧格林沁带领蒙古兵由海道南下,人皆引领而望,遥遥数月,毫无应响,窃疑暂安民心耳。曾国藩授制军兼大经略,亦未确实。上忙条银不开征,麦租未动,二麦收成尚可,然价大贱,约一千二三,米不过二千六七,布扯一百六七,尚无售处。常令周沐润勒捐硬派,稍不遂意,拳殴喝叱锁杀。支塘分设乡局,白茆巡厅刘司之,遴选狠恶董事,逐户逼勒,殷实之家,尽遭其毒,安知非收足租、交短赋、循环否泰之一证耶?支塘乡勇目徐容堂前往太仓,名称收复城池,实则满载而归。遂希冀昆山,又探得贼亦归省,钱少湘即雇船数十,旗帜鲜明,领勇六百,径入昆山,及入城后,贼蜂拥冲出,勇即溃散伤毙,亦有奔回支塘,径各归家,官董连夜逃避,阖镇料想不保,尽避乡僻,自此勒捐稍松。太仓子民不许昭令兼理,因白头勇抢掠过狠,署藩司蔡映斗到娄,原任州尊杨同入城,民大怨州尊,蔡映斗为之排难,因蔡公前任州牧,格杀周立春,有实惠于民故也。谣闻天津夷船又复猖獗,苏城贼匪分窜湖州,嘉兴、杭州吃紧,支塘乡局又大集威武,窑镇分勇防堵,自双凤、直塘一带[1],扰动不堪,常邑查缉倍严,米不出境,航船只许四五石为度。十八日,小东门外到焦湖船五只,县即出查看,船家以俟到齐后一并查视为对,练勇硬检,惟火药枪炮,勇即逃逸,官亦退步,小东门紧闭,阖城又哗,搬场四出。练兵各镇亦少,此后传闻纷纷不定。廿一日交小暑,不热,风雨尚调,而无雷电。嘉定徐,殿试大魁天下[2],谚云:该处出状元,必大荒,故有收荒之说。廿三,双凤、直塘被贼焚烧,嘉兴府城陷,苏城贼将老幼驱逐,纷纷四出甚多,所谓反其旄倪及其重器。六月初,贼攻青浦,遂破。初三,松江又陷,随处焚掠一空。松江城中预将食锅尽行搬出,而贼无煮炊之具,即退出。仍踞青浦、嘉定,其罗店、娄塘等镇,尽遭其劫。但闻京兵南下,曾帅西来,仍无实在。七月,上谕到。据潘祖荫、杨泗孙奏,苏城失守,文武皆无下落,一切奏报机宜,非由上海薛署抚必由江北大员,未免稽迟时日,着守制在籍阁学庞钟璐相机办理,克复附近城池,专折具奏。自此兵权皆属庞公矣。常、昭捐局更紧,穷乡僻壤苟有宿饱者,皆勒捐助饷。无如各省提镇大员,并未曾在疆场效命,而兵弁从常州溃散之下,亦未招集,所赖者招募之乡勇,然从未经行伍战守之事,不过趋利避凶贪生恶死之徒而已。即永昌徐氏,民团甚固,亦不过虚张声势。江阴虽有勇目王元昌等守御,贼屡犯屡退,亦难保卫。而斜堰、塘市,防昆山要隘,支塘、窑镇,防嘉定要路,我常势已孤矣。若四面环攻,又勇力单薄,粮饷亦不充盈,庞公实深得民心,危险已极,惟百计调护与永昌徐氏遥为声

---

[1] 窑镇、双凤、直塘皆常熟、太仓接界处地名。

[2] 徐郙,嘉定人,咸丰十年状元。

援,唇齿相关。江阴贼冲破杨舍城,阖城尽杀,王元昌退附近村庄,土匪乘机抢劫,逼捐勒缴之户,皆有奚为后我之说;土匪皆有箪食壶浆之心。松江府又破,署抚薛出示,有民团为最要,曾帅即日可到之语。后又到曾帅署理两江总督之示,亦不过安慰民心,然若大旱之云霓,人皆引领而望者也。其有见识者,航海纷纷北上迁避。居乡者固多,六门严查紧急,斩杀无日无之,非奸细,即土匪。各路相持,无分胜负。常地人烟渐集,各业生意胜常十倍,利甚厚,因苏州、无锡、昆山、太仓乡里皆到常熟采办,非三四分利不售,尽多尽完,尽贵尽要,各商多到上海、宁波进货。七月下旬,我同汪庚山雇车到岳王市办纸货,耽搁太仓东门外,其时贼虽退远,各门常闭,每日放进放出二次,我守其间,晨挨进而午后挨出,城中店面固少,居家亦稀,官虽在内,仍无兵勇守备,所有者皆绝苦之家,无可迁徙。后即旋里。杨舍贼冲出,四散焚掠,庞公往援,连挫其锋,有上谕加兵部尚书衔。木棉正盛开,价贱,禾稻大稔,将登场,吾常蕞尔弹丸,犹冀幸免。八月初一,庞公严鼓,大获胜仗。我与汪庚山于午后发棹到城,值顺风大潮,迅捷如飞,一路询问往来舟楫,风声若何,皆云近日风声颇好,常地安堵,迁避下乡之船绝无,搬运归家之船极多。询之皆云妇女等乡居久不惯,且回家看势,再计较也。黄昏时登岸,皆告西路贼大败,奸细尽杀。初二日清晨,我往南门外会话,茶点既毕,将欲返小东门,有人于丰乐桥上,遥见西山坡隐隐有人来,莫非粤匪从杨舍越山否?又有人一望云,此非来状,实似去势,想昨日湖桥大败[1],不敢再来窥探。众论纷纷,我竟自回小东门外,坐片刻,闻街上骤然喧嚷,及出门问

---

[1] 湖桥,在常熟西门外约十里。太平军在湖桥大胜,"大败"之说非也。

视，毫无声息，究竟因何起见，皆云县中捉船，其时大小船只，无一
桡停泊，仍回内，尚无他说。将欲朝饭，闻哗声又起，各店面上板
门声，犹如万千鞭炮，出街一望，只见扶老携幼，蓬头跣足而逃，知
贼已进西门矣。汪庚山店中货物，已措手不及，幸长雇一舟，连伙
友十余人，且泊五渠，我已见毛贼于河干矣。倏尔号啕大震，塞巷
填街，负担驮包，皆弃于路次。遥见南门烟起，后问西门人云：贼
先锋马五匹，由西门进，先杀守城兵目后，即陆续从山前仄径而
来，到老庙[1]扮红头，即喊杀妖，直入常署，即到昭署，六门冲出，
自此合城鼎沸，常令周沐润逃出大东门。我舟于午后解维，三更
抵家，镇上于黄昏时，已得城陷之信，庚山家及吾家深忧虑之，及
半夜到家，各相欣幸。回顾火光烛天，所惜者合城米谷细软藏蓄，
又尽交贼手，有捷足而奔，皆两手空空，不及出城者，不知万万。
常、昭令过江北去，庞公亦去。初三晚，烟焰冲天，永昌徐氏即带
勇救援，到城已不及矣，夜则照耀如同白昼。初四，烽烟仍炽，遥
望彻夜通红数处，梅里中市焚烧，彭家桥土匪放火，五渠、古里村
亦然。初五日，有久避白茆河曾在张国樑大营粮台办事之船，解
缆过江，被支家湾沿塘土匪抢劫一尽。南门外酒店搬运过江，亦
被抢。新闸口阻遏，过江驳船米抢散。初六日，何市典雇车运白
茆，途中被劫，东周市结队上宅打抢，东北乡各镇皆已骚动，迁避
乡居竟为之一空。惟吾镇本地素无大户，迁徙来居亦少，故未摇
动。初七日，路上竟不能行走，可谓何处无盗贼！何人非盗贼！
搬场者自此肃清。下午闻东周市万年桥捉首恶杀死。初八日，何

---

[1] 老庙，即老城隍庙，在西门大街。常熟人称常熟城隍庙为老城隍庙，昭
文城隍庙为新城隍庙，简称老庙、新庙。

市典提勇下乡毁宅,连杀二匪枭示。归市捉为首活埋,于是各处土匪敛迹,正气渐渐又醒。初九日,无抢劫信。十三日,太仓失守。中秋节吾方依然赏月,各镇献贡,初以羊豕菜蔬,后勒以银洋,或以壮夫,如稍不遂,声言剿洗,先出伪示,以诛讨暴虐为名。然我朝大小臣工,凌虐良善,欺罔君国实已至极,天道昭彰,秋毫不爽,原在迟速间耳。两邑在城大董事举人曾仲才、丁子(芝)亭,数十年设局以来,所有捐项,悉归彼手,开销支付,尽由彼出,而养尊处优,固不必问,其肥家润室,不可名言,皆民间之膏髓。及破城后,恶贯满盈,被贼活擒,将曾开膛破肚,丁身首异处,试问金银何在耶? 最快人心者,漕总张康,欺侮农民,被贼身首手足六处悬示,尤为平气。其间更有收凶租,完短赋,因而起家捐功名,画栋雕梁,姣妻美妾,列鼎累茵,诩诩自得,今只身逃出,尽归乌有。十七日黄昏,阵雨霹雳,天诛一人张姓,即粮台寄寓之家,怂恿迁移,暗结土匪抢劫,后与土匪分赃不均,又欲剿灭土匪,致干天怒。太仓贼冲沙头焚掠。廿一日,董浜、徐市一带纵火掳人,遥望昼则烟头蔽野,夜则火光烛天,东南角亦然。廿二日,烟头逼近,忽谣毛贼已到,妇女踉跄避乡,吾镇形如釜底,幸未冲到。廿四黎明时,人声不绝,如蜂归蚁聚而来,遂罢市。所来皆支塘、何市、徐市、董浜、张吴市等镇,问其缘由,皆云掳人最怕。午后西南角烟起,长里许。忽谣贼从新闸过东,附近又为震动,支塘又被一冲,黄昏火光数处,所来之人逐渐回去。次日黎明又至,有妇女背包负挑,其势稍缓。午后传闻支塘及各镇贼匪,尽行吊回。太仓、昆山二股,又到支塘掳人。最可怕者,黑夜敲门捉人,焚烧草房以明路径,真夜不安席。下午有一毛贼到镇吃茶,合堂正讲长毛如何行为,如何暴虐,而贼惟默听。后问此镇地方[1]何人,口音服色本地,即答以地方金姓,其贼即直言不讳,我即奸细,探问有无当铺富户迁来,曾否团练白头。茶肆主与细谈本镇贫瘠,故无团练。贼借留一宿,窥其意,沿江小镇皆到。自此有翼者即高飞远举,上海、通州、海门、宁波,各怀各见,夜夜火光数处。廿五日,闻各镇贼尽归杨舍城矣。徐市乡土匪结队,手执火把。夜喊杀妖,里中大惊,适有识是土匪,即兜众捉杀,匪等希图抢劫,乃遭杀身灭门,不足惜也。贼到一镇,必先封典铺,支塘二典封后,被土匪抢空,贼传地方领剿。廿六日,传闻永昌徐氏已破常熟,王元昌攻江阴,贼调各股回城救援。白茆港蜚谣长毛已到,人皆争渡,船覆溺死十余人,身边皆有行李,无人殓理。九月初,传说纷纷,阴雨半月,禾稻又为减色,贼焰稍平,人情略定。二十后,有百廿毛往来支塘、董浜、梅里一带驻扎。廿六日,支塘又到船一百五六十号,约二千余贼,如有土匪抢夺,即行枭示。再四出示,急送人丁册,即给门牌,安居乐业,照常耕贾。贼虽言之谆谆,终不敢轻信,贼心素怀叵测,难必其无诡诈。梅里、支塘皆设馆,往来无定,旗帜遍野,每膳音乐迭奏,户户悬挂门牌,出示安抚百姓,招归迁避之家,放还有亲之子。是时各处有不守分之匪类,投入贼中,作为乡官,指点谁富谁贵,贼故洞悉其中矣。常、昭两令暨庞公自八月初过江后,犹冀召募克复,后大集兵勇,声势甚大,被贼侦知,先将各海口加紧防守,福山、白茆尤固。十月五日,北港庙大集儒释道三教同坛设公醮,亦是千古未有怪事。其实皆儒教变常,妄邀富贵耳。适毛贼到海口探虚实,约有百余人,醮事遂废,逃避一空,宿义庄典中,金银尽

---

[1] 地方,即地保。

掠。十六日,留十余贼守镇,余皆归城。不意西路土匪趁贼孤单,截杀其四,余逃回。而北沙召募之兵,恰已抵南岸,从徐六泾、浒浦进,周沐润亦到,不过二千余名,头裹青布,器械不齐,粮饷似不充足。董事已各路发信,催缴上款。沙勇到梅里,贼闻风逃走,常、昭即出示,张市、梅里,大获胜仗,支塘贼连夜逃城,咸谓从此进剿,各城不难克服。十七晨,大雾对面不见,贼已抄抵梅里,水陆并发,沙勇闻声即退,各路溃散。贼竟追至浒浦,焚烧房屋,杀害良民,支塘一股直趋白茆口,与沙勇接仗,贼势浩大,沙勇不支,遂被杀,余溃。贼尽追至海滩,沙勇涉水已过其腹,不能再逃,尽被贼害,乡农亦有死伤。贼回城一路劫夺,周沐润几不欲生,此又瓦解冰消。呜呼!二千余沙勇,不知有一半还家否?此皆董浜杜少愚[1]之罪也。县令仍归北岸,所费粮饷,皆出南岸殷实,亦杜少愚所敛。贼仍据梅里、支塘,出入鼓乐喧天。吾镇亦给门牌告示,条款严厉,门牌看其家之小大,出钱多寡。适有曾秉中者,前在张国樑大营办事,三月溃后,带勇游奕海中,忽进浒浦,乡农疑是沙勇复进,即鸣锣聚众拒守,一面飞报梅里贼馆,贼出迎击,溃勇即退。里中生监,先将顶子非弃之河底,即投诸坑中,恐被贼搜出,即认妖头焚杀故也。各镇设馆,插安民旗,无赖之徒甘为军帅旅帅,刻刻着办贡礼捐饷。又访著名最大者,延请入城办事,或充军帅旅帅,逼胁者多。支塘设栅收税,白茆新市照票。十一月,白茆口龙王庙设关收税,剃发竟不能矣。堂然伪天王黄榜,抚恤民困,起征粮米,忠王李转饬驻扎常熟慷天燕钱,勒限征收。有归家庄无恶不作积年土棍向充地方之王万,居然军帅。十三日,乘高轩,衣红

---

[1] 杜垌,字少愚,董浜团董。

褥，头裹黄绸，加以大红风兜，拥护百人，到镇安民，遂逼胁多人，授以师旅名目，即谕着办大漕。贼中避讳王字，故改为汪。出示：天朝九门御林丞相统下军帅汪，查造佃户细册呈送，不得隐瞒，着各旅帅严饬百长司马照佃起征。汪万即设局于何市，开印大张筵宴，先期遍发请帖，又不得不趋贺。十二月，张市、徐市设卡收税，即担柴只鸡，亦不得偷漏，假空车亦要买路钱，草屦华裘，分别抽捐。廿日，设局太平庵，着佃启征田赋。嗟乎！吾朝二百数十年圣圣相承，未尝失德，不致有此中变，虽云迩来大小臣工，远非前辈，然可料者，粤匪行为终为一巨盗，况曾制军运筹帷幄，破竹之声，将洗耳恭听也。十二月，余到黄埭、荡口一带[1]，耽搁多日，其间人烟稠密，贼亦出没无常。苏城中所藏金银珠翠外，其磁铜玉石书籍字画，可谓馨洗一空。毁损以外，尚可填山塞海。最可惜者，字画必遭裂碎，书籍不全，我恐焚书坑儒之后，未有如是之大劫也。永昌徐氏，屹然山立。苏城贼目谦退，酬酢往来，真英雄无匹。常熟钱华卿[2]平昔不甚安分，贼屡屡招之，而华卿约以不授贼目名衔、不蓄发、不受束缚，三者允，始从。贼允后，即出郭迎接，商以大事。华卿先(在)六门盖造敞宇，留养难民，施衣赈粥，自此蚁聚而来。四乡若有长毛奸淫抢夺，即可到彼伸诉，禁令严肃，贼目言听计从，反能制服。后难民愈多，即拨每一旅名下，派难民十

---

[1]　黄埭属苏州长洲县，荡口属金匮县，当时为徐佩瑗和华翼纶两支地主团练所盘踞。

[2]　钱华卿名福钟，常熟陈友庚星涵所作《纪殷氏可园诗》自注云：吾乡钱华卿，杰士也。庚申城陷，为伪守将钱桂仁招抚难民，设局办赈。壬戌，骆国忠以城降，杀桂仁全眷，而收华卿于海门。华卿挥双刀拒之，卒以众寡不敌，逮捕。

名,另募一文缘,每名给钱四十留养。此举活人无算,实钱华卿之阴功浩大,亦常地生灵之幸。其慷天燕钱桂仁者,较之诸毛贼中,似亦略有仁慈,故暴戾亦轻,约束尚严。

25.十一年(1861)正月朔,各庙香烟减,因神佛像非毁坏,即搬去,衣冠肃肃拜贺新春者概免。历本无从颁发,账簿面只开辛酉,嫁娶不敢作乐,不敢筵宴,仅不过草草一拜而已。余于初五日娶次媳,虽非大举,而仍开贺如故,鼓乐宴会,欢聚一堂。闻常城于元旦日塌陷十余丈,福山亦陷,随即修筑。初十日,开征,又着各旅帅派拨民夫,移筑福山城,乡里惶惶。白茆守卡硬捉民夫解工,民情愤恨,于十三夜鸣锣聚众,各束柴草,毁烧龙王庙及左右官厅税房闸屋,延及顾旅帅宅,顷刻灰烬,守卡贼即亡命而逃,收粮势松。城中贼目欲大加剿洗,各军师旅兜率耆民,情愿赔偿庙宇求免,仍勒限解款。又西路乡民,聚众烧拆张市郑氏新老宅,而郑氏辎重,预已搬运祠内,讵料咸归一炬。当日尚有人以细软搬运其中,其得失真冥冥中自有数也。支塘贼目来镇云:家家悬挂门牌,店铺俱要店凭,报明资本若干,人伙若干,每日抽厘十之一厘,按期缴解。船只捉领船凭,否则经关过卡,不能行走。到处宣讲道理,无非搜括意思。本来盗贼为心,无非狗狼行为而已。每到必乡官供养,更以吹毛求疵,百计搜罗。三月初,着每一旅名下,出童生五名捉考,所有已经入学或已中式一二榜者,一概不算,总以童子试为始。如有品节之人,悉皆隐避,而无赖之徒皆甘心从贼也。初六日,局门考试,常题足食足兵,昭题先之劳之,太仓举贤才。贼中亦有略知文墨者,取五十人。初七日,武场,马步箭刀石,所取甚广。白茆口添设旱卡,车担往来,皆要抽税。又有红粉税,即火药,亦要挨户硬捐。又按田起捐,每亩捐钱五十文。贼之暴厉，不可名言。其不即死于锋镝者，固有待焉者也，余蓄发将及半载，三月初，由白茆口航海到沪，其发已飞去大半，尚不能行走，只得剃净。盘桓半月，回家发尚短，又不能行走，更须潜避。至于沪本万商云集之所，现人烟稠密，十倍于前。兼之各国码头，督抚司道皆苟安于旦夕，皆赖夷人声势，贼亦不敢正眼窥探。上海县刘郇膏调度得宜，华夷皆服。闻乍浦克复，湖州大败，贼皆丧胆。常邑贼目操演水陆兵卒。四月初一，各处征收上忙银，兼收下忙，追清漕尾，田捐红粉税，一并严催，乡里日夜不宁。白茆水旱关税又加一倍，尚不能出境照票，远出必得再税，真所谓十里三关，一年八课，如此盗贼行为，其能久存乎？出示沿海一带集民团练。十三日，太境环集乡民，拆毁旅帅房屋数处。十五，锣声四起，聚议抗拒，又延烧县境旅帅房屋。及太城贼目提兵进剿，捉杀数人，余自尽已不少矣。五月十五日，突有兵船三十余从北来，停泊白茆港外，领勇者即杜少愚也。登岸先向港上各行铺筹饷，允者即付。扬称此次大兵云集，各港进兵，以冀一鼓歼灭，兵船随进港登岸，先取水旱卡，逼人剃发，守卡贼奔逃报信。沿海居民似乎兵贼交争，与民无涉，遂懈。十六日，遂贴示写常州府兼理常熟县正堂周（即沐润。）兵勇先到横泾捉贼，而横泾贼亦已逃空。十七日，常邑贼目领四五千毛贼，长驱水陆，从浒浦、徐六泾、白茆三路抵御。贼将到沙荣庙[1]，不论农夫妇女人等，见即砍死，哗然逃避。及到港，兵船皆出港外，群贼喊杀妖一声，真山崩海裂之势，互相大骂一场。所惜者，横泾捉贼之兵七八十名，皆骁勇精壮，闻港口贼到，即返身兜杀，过六河镇有人语曰：贼势众，不可轻敌。兵勇皆云：

---

[1] 沙荣，应作"沙营"，亦称沙阴塘，近白茆港口，有沙营桥跨之。

我等不避艰险,尔民助我声势可也。即飞奔而回。六河人即鸣锣
为助,遇贼于宋家桥,竟能一以抵十,无如众寡悬殊,将伤及半,余
逃散。贼伤亦不少,趁势掳掠,沿海民居十余里,可云净尽。最可
恶者,蚊帐食锅家家日夜必需之物,俱被抢去。六河镇[1]助威者,
亦去一掳。连夜归城,吾镇幸未生事,尸横道路,掳去不下数百人。
十八日,太仓贼目率兵到横泾,已风过浪平,又遭掳掠,乡里切齿,
惟杜少愚一人而已。余于端午又往上海,廿六日返棹。虽得信,
尚未吃惊。是夜北斗边起一星,光芒直冲东南,有二丈许,粗甚,
后渐收且没。白茆港从此萧索,徐六泾盛。六月廿二日,突有广
艇八桨船,直入港口,开炮登岸,插竖旗帜。内地人一面送信贼毛,
一面鸣锣聚众,被其杀死数十人,港口居民掳掠一空,市面又罢。
究其根底,即上年常州溃散总兵李德林,游奕海面为盗。六月,常
城贼目慷天福饬军师旅帅派捐,每旅捐米三十石,银一百两,勒限
交解。里中又挨户逼迫,虽罄其所有,仍不敷其欲,乡官有挈家而
逃矣。其贼目大小甚多,彼可以催钱粮,此可以催捐款,彼可以着
办衣料,此可以着办食物。凡庙中钟鼎,解出铸炮。贼目无论大
小,皆称大人,伙党称呼兄弟。封伐坟树净尽。出示写天父天兄
天王太平天国辛酉十一年,其日与大清不同,贼作无闰年,大月三
十一日,小月三十日,以三年合而计之,似不相远甚,节气总以朔
望为准。七月杪,闻圣驾崩讯,但未的确。京报断绝已久,即通州、
上海亦尚模糊。天下扰乱,道路梗塞,京都震动,虽元辅亦无肝脑
涂地,遑论其他。九月廿三日,吾适在上海,知今日接白诏,准七
月十七日传位于太子,仅六龄,尚未到红诏,大内似有颠倒错乱。

---

[1] 六河镇,在白茆闸口。

迨十月，传闻国号祺祥。苏州贼目屡打湖州不破，又攻嘉兴，浙省大为着重。安徽贼已退尽，民因粮绝，饿死大半。谣闻曾制军将有下扫之势，未知果否？通州、上海兵勇，未尝不壮，皆守株待兔，犹在醉乡，奈之何哉！至于上海僻处一隅，大小官员能蚁聚者，皆恃外夷之势，谅曾制军自有调度。九月，贼目出示，着师旅帅重造田册，注明"自""租"名目，招业主认田，开呈佃户田亩细数，每亩先缴米一斗，即给田凭，准其收租，无一应者。又勒令百长司马，细查田数，尽数补出，如再隐匿，察出二罪俱罚。仓米较上年加一半。又细造人丁册，换给门牌，再要费。行店船凭一概倒换亦要费。太仓、常熟皆四出掳人，苏州亦然。风闻忠王在杭被围，苏贼去应援不少，苟能曾帅兵即下杭省，上海、崇明、通州四面进攻，永昌徐氏从中奋击，贼队何难不日剿灭。无如人心不齐，未能一鼓歼除。逼领行店凭，必先报明存本若干，如成本一千，每日抽钱十文；生意一千，抽钱五文。发封砍伐坟树，其林木古茂者，尤为先倒。此皆甘心从贼之流，暗中指引土匪，乘机戕伐，坟主任其所欲。十一月，又闻新君改元同治，皇太后垂帘听政，剪除权党，起用忠贤，自此朝府肃清，然已见过祺祥历本。贼攻陷绍兴，又乘势到宁波，又破各属州县，皆成薤粉，杭省愈形孤弱。忽闻王抚军设计赚贼入城，以大炮轰击，伤数万，势已穷蹙，各路调拨报复，各城门严闭。永昌徐统领枪船万余，往来无忌。上海、通州、永昌约日进兵，以冀克复。十二月初，沸沸扬扬，不意杭城于月底失守，进攻之举，又为捺搁。廿四日，贼进攻上海，夷兵以落地梅花大炮轰之，贼伤毙甚多。然而天意已觉转机，人心尚未皆醒悟，贼之横暴，不即殄灭者，尚有待耶！今年八月初一日，日月合璧，今黄河清，甘露降，种种瑞兆，断非应在贼身。沪城夷人围护，已迁徙一空，浦东亦慌张,夷场未摇动。十二月廿七日,大雪三昼夜,堆积三尺。除夕晴。明日是同治元年,毛贼预有示禁,以正月十二为元旦,各店铺不能闭户。及十二日,贼又不许开店,新年气象固无,账簿只开壬戌年,十二年又不能写矣。枪船横行无忌,各路开赌。

26. 同治元年(1862)正月朔,晴朗,严寒滴水成冰,相继十日。自道光廿一年大雪之后,未有如是。廿六年严寒之后,亦未有如是。岁时应有稔望。正、二月中,风和日丽,大有否极泰来景象。如将贪官污吏尽为革除,并惩创刁绅顽缙,则我朝气运之隆,可立而待也。三月,菜麦勃然兴起,贼忽而要米数百石,忽而要金数百两,忽而要水木工作衣匠,忽而要油盐柴烛,忽而要封船数十,忽而要小工数百,时时变,局局新,其横征暴敛,莫可名状,师旅帅亦无可奈何,虽鸡犬亦不宁也。初一、二日,支塘过贼兵不下数万,攻沪城。初六日,上海大兵涌出四杀,贼兵弃甲而逃,仍由支塘回,死约五六千,人皆大快。若再得一举,贼皆丧胆矣。现青黄不接,挪措丝毫无告,粮食极贵,纺织无利,家家洗荡一空,已所谓室如悬磬。而贼之迫催严比,无出其右。各路官兵尚未会集,生灵倒悬已久,若再迟滞,恐尽遭其毒而不能救也,奈何!支塘镇设吊硝局,专拆古庙,民房破旧者亦然。横泾镇东西筑城墙,开濠沟,附近十里庙宇,尽行拆毁。三月初一,考试文童,着师旅帅硬捉,应试者皆疲癃残疾而胸无点墨之徒。题出:知我者其天乎?吾方无一取者。初八,试武童,又因所来考者皆未完卷,重新补考。太城贼到横泾,六河起房捐,每间屋每日捐钱七文,吊硝局拆支塘民房,贿赂可免,又需各镇津贴,如不然,纵铜墙铁壁,画栋雕梁,亦能倾圮。常城贼目毕西路催粮张市典,巨细一卷而去。徐六泾港生意极盛,河海各船稠密,被贼拉住捉领船凭,大船二三十千,小船三四千：大行捐二三百两，小行捐三四十两。港内设苏关，外口设海关，完税抽厘。又有永昌徐厘捐。如布每匹加外耗钱九文，他货进出亦然，白茆港可类推。贼与枪船相打，蟠龙黄马褂扯碎，捷足而逃。闻廿日后，浦东地方夷兵用火龙开放，伤毙贼几万。湖州冲出，突杀贼兵万余。月杪，闻上海已择日发师，曾制军之弟国荃大兵已到，未知几时可能动手？而贼目催粮，愈加严酷，勒乡官，具限状，非捆锁，即杖枷，乡里日夜不宁。农家典质无路，告贷无门，田地又无卖处，什物未能变偿，甚有情极自尽。又贼目沿乡讲道理，遍贴伪示，要每亩每日捐钱二文，计一年每亩捐钱七百廿文，限即先缴一半。所谓一波未平，一波又起，我料其必速死而无疑也。又闻青浦克复，谅上海大兵已下。四月初二，支塘军帅毛在宇到镇，比较钱粮捐款，打枷锁，皆吞声含愤，无可如何。初三日黎明，闻东南方炮声不绝，旋闻嘉定克复，太仓拒门不出，其时已有流散贼兵，易服而逃。初四夜，东望火光烛天，乡农聚集，将横泾军帅赵宅毁，局亦烧，六河几处焚烧。初五，复烧六河师帅各旅帅局宅，烟焰腾空。又闻太贼目丁，欲献城投顺，未知确否？初六，沿海乡民鸣锣聚众，一路逼人从走，到横塘市，拆毁几处乡官宅局，何市亦聚众拆毁多处，即谣太、常两城毛贼下乡兜剿，但乡民愈聚愈众，锣声四起，汇齐何市，支塘归家庄亦有聚集。据云：永昌徐亦已汇集枪船数千号，谕令尔农民今宵暂退，明晨一早，向每百长名下出人百名，各备器械，如不允，即将该百长先拆毁房屋。我等列头阵，汝皆在后助威，可一路到城杀贼。于是农人更得势矣。午后又闻太贼兵已下乡，人皆惶悚。又闻昆山克复，亦未证实。半夜后，张市有人来信云：常贼目黄天安领众来乡，妇孺又踉跄远避。初七日，沿海人环至张市，向陈师帅给粮，派人领队，否则又欲拆烧。白茆（以）东，远近皆浮动，人数愈众，百长亦难隐避，各路官兵信反觉模糊，铸造枪刀无数，悬大纛写永昌徐义团，各百长领队径到张市，将师帅局宅及在局之宅，尽行拆烧，旋到归市。适有人从吴市来，见有长毛从西而到，旗帜飘荡，将抵张市。黄昏时，地里[1]惊起，锣声又振，一响十应，喊杀连天，又聚千余人，从新闸迎上，适归市回家，又得千余人迎敌，手执明灯，各持器械，遥望杀气腾腾。西来贼正在掳掠奸淫，闻声逃飏，擒获二名，即时杀死，即将所掠衣包焚烧。张市留贼晚膳，及义团兵到镇，四门紧闭，欲纵火焚烧，合镇惊惶。又太境人到支塘，适有贼百人冲下，归家庄三四百人迎敌，因人数单薄，被伤数人。幸董浜一路接应，附近声援，杀贼数名，未得全胜。支塘搬空，准备稍懈，何市亦然。初八日，张市有人来云：贼又冲到吴市，急求相助。仍从闸上过数千。午前，传云：贼从闸上来。东沿海又哗然而起，其实并无动静。下午，徐市有人逃避来镇，贼已到矣，不知几许，沿海居民迎出，炮声不绝，胜负未悉，人皆股栗，适大雨倾盆而散。是夜贼信更紧，迁徙愈多，似觉阴风惨惨，终夜不安。四更时，众议明日一早以耆民出迎，告以太境土匪滋事，蔓延沿海连壤之区。又嘱旗锣藏匿，并专人到何市、支塘探信。初九日黎明，太境土匪乱叫云：我今拒敌，汝等甘心从贼，又欲勾引长毛乎？此议遂废。挈妻孥负包裹，望东奔避益多。吾家两媳，已预归母家，小女亦偕往，两儿一早望东，室人昨亦迁避静心潭苏氏唯乔姊丈家。所有七代祖先遗像，以及历年广购平生嗜好宋、元、明及国初名人字画真迹书籍古旧文房玩好之物，颇云不少，早已安顿于乡里费宅。

---

[1] 地里，犹言乡间，常熟土语。

其家中巨细，毫未搬运。早膳时，锣声又起，镇上男女老幼，竟无一见，愈觉惨切。传闻长毛已下，急须逃避，老母尚在家中，不忍轻弃，劝彼走，彼又执意不从。土匪一路迫人从走，西路来人云：流窜长毛，不过六七十，土匪等愈踊跃。何市探回云：贼势不小，今日必来，何市拼钱献贡免剿。正在疑信间，贼从西路来到新闸，匪等锣声更急，兜率迎上。一霎间报曰：匪溃，贼已过闸。又一刻，匪四窜，吾急询如何？皆云，贼之火器猛烈，人数又众，不能抵御。现过闸，不分老幼，见人即杀，不分远近，见屋即烧。北望，已见数处火起，烟焰冲天。即归家对老母曰：事急矣，快些东走，母仍固执不允。吾连催再四，刻不容缓矣，母即回房收拾。吾仍往外侦看，烟头又多数处，急回家，老母尚未出房，急呼快走，母往对门老宅，吾往北市兜东，四望不见。急转回老宅，母又端坐吃烟，正与三老太得三室孙氏互相问答，彼此均不愿走。吾即扯起老母曰：各人走各路，不必成群合队。于是吾二人一径东往，适有熟人同路，吾告其吾母走路较迟，汝可陪先走，吾回家片刻即来。随到家，各房检视，不及收拾，即水烟筒亦未取。到店遍视，无从下手，只取钱二千于身边，即往东市背。其时汪庚山尚倚门侧，北指烟焰不知数十处。话未毕，突见哨马五匹，已到太平庵前转东矣。吾谓庚山曰：不可再迟，从速走罢。甫脱市背，遥见南面旗枪卷地而来。又数武，回顾北角焚烧更烈。有人指曰：盛宅起火矣，倪宅起火矣。又有人曰：费家巷起火矣。吾顿足曰：若费宅起火，吾卅年心血一旦乌有矣。庚山问其故，吾以平生所得名人手迹，祖先遗容，尽寄于彼为告。然而事已至此，不遑追叹。飞奔过界河桥，老母已坐在道旁，急扶起同行。前有人曰：小桥被土匪拔断。再绕道到时泾桥前。又有人曰：大桥亦已拆去。此皆本地土匪,乘机抢劫所为。又欲望北兜转。嗟呼!老母年已大耆,不堪行矣,从一茅舍借坐,吾再四催促。老母曰:汝可快去,吾回家矣。其时庚山已转到前巷,吾忖此地必不安逸,前无捷路,后有贼踪,奈何奈何!即谓母曰:母且暂憩,吾会庚山,再作理会。即追到前途,庚山尚伫立遥望。先问老太太何在,吾遥指后巷憩息,即将钱一千寄于庚山,欲翻身西转,庚山急止之曰:贼兵旗枪已见东来,不可返也。吾方说领老母一同就来,已见哨马直冲东下,进退两难,只得冒险而前。仍到老母坐处曰:快快走。母言汝可自去,吾不能矣。吾急指曰:贼马已在前丘,即扶急走。后面有人蜂拥奔避,适季叔绍纲在群中。吾狂呼曰:快来帮助,未及三四丈,贼已只隔一丘,大众皆逃。季叔亦弃嫂不见,剩吾母子二人。暗忖曰:此次恐不免矣。牵母绕河,伏于菜麦深处。听贼进宅搜括,四野遍寻。又闻有人跳身赴水声。窃思吾若涉水,亦必一死,老母不知底止,不若听其掳,或者犹冀漏网。将有一个时辰,忽见贼划渡东岸,即探头遍视,无贼踪影,搀扶老母再走。绕北转东,半里许,渡河之贼,忽望西掠来,后面又数贼望东去。吾白母曰:前后有贼,不及避,且站住田间。其望西之贼径过,并未缠扰。再趋步前行,又遇二贼,将吾身上搜索,抢走八音匣一个,洋钱二枚,折扇一柄。又一贼手执利刃,拉住老母,搜身而去。后面贼兵旗枪,漫天盖地而来,北面烟焰弥山遮海而起。即遥指而言曰:事急矣,快奔避,母坐于路旁曰:不能走矣,我亦暂驻片刻,扶起再行。其时身边带些重器,已被搜去。母望东先走,及追上时,见在茆屋暂坐。茆屋中有兄弟二人,彼似熟识于吾,吾亦面善于彼。问云王姓。于是四人在柳阴下闲话。其时烟头更多,彼兄弟云:贼已到此要银,告以穷苦小民,焉有此物,即去。又一刻,二贼从南来,到篱落边谓王姓曰:前面河内,快去救人。王即沿岸急寻,一妇人已死,小女犹活。吾前想贼之凶焰似不可遏,若此辈则尚有天良,吾二人或可徐步到苏宅也。即问王姓路径,彼曰:此处深入其湾,前无出路,必退出转南,始可到苏宅。聆指之下,问老母能再行一程否?忽见二马枪旗十余贼直冲东下,到篱下马,手执竹竿打鸡,即喝吾追捉。王姓兄弟亦应曰:吾亦来捉。而吾始终未获一只。贼又喝吾牵马,吾答素畏马不敢牵。贼以吾辫发系于马鞍,即遍身搜摸,挖钱即掷地。其时母避于后篱角,亦被贼搜。将刀背猛击,臂已受伤,吾在旁求解。群贼皆在王姓家进出数四,又于田中寻觅,罗而致之,喝王姓负送,缚鸡一串,着我同去。吾知此次恐多周折,再到篱角看母,而母已避于屋后。贼喝问何往,吾曰:关照老母一言。即对母言,贼使吾送鸡,不知到何处,母不可乱走,尽夜必来领母同行,即转篱前,听贼对王姓兄弟曰:汝果无银子,即烧尔屋。到厨下打着火具,燃于油纸上,以纸夹于芦柴中,将芦倚在草檐上。王姓兄弟再四哀求,贼置若罔闻。顷刻间,两宅火焰滔天。仍喝彼兄弟同我负物先走,群贼随亦返到时泾桥塊吕寿家。该处连并三宅,皆有贼驻扎,遍插旗帜。吕寿者,是我家旧佃,故熟悉,即将鸡放下,交于原贼。贼喝我烧饭,不允,举手就打。吾无法奈何,忍应烧火。未及到厨,贼拉我到场上。指曰:鸡如何少了?我一看果少一只。告曰;缚得不固,故逃走。贼即拔刀在手,揪住我发辫,脑后连劈五刀,当时魂不附体,竟不知已破,伸手一摸,血已盈掌,衣上滚滚皆红。贼仍拉发辫牵到竹园内,缚于竹上,而云停刻来理会。吾自视血流不止,自知此次将死于非命矣。片刻有一毛来,吾细观是常熟人打扮,即叫大人,汝常熟人乎?彼应曰:然。吾又曰:汝能救吾乎?彼默默而去。片刻又一毛来闲步。吾即曰：贵乡何处？彼曰：常熟。吾又曰：既亦常熟，与吾同乡，你可救吾性命否？彼不应，但四处遥望。吾又哀求曰：既是同乡，不称你大人，即呼兄长。彼曰：晚膳毕，必来取汝性命，汝且随吾来。吾到河边，掬水洗去血污，竟跟而走，问其尊姓府居何处？彼云：温姓，住双观音堂后。吾接口曰：倘有后会，必当图报。彼从丛竹中穿过，将竹篱踏倒，使吾先跃，彼亦跳过。第二家隔篱又复如是。过去为第三家竹园，绕宅引到中堂。有贼目多人在内，温兄取灶上香炉灰，止吾血流，又扯旧布裹捆。嘱吾曰：汝静坐在此，俟吾大人饭毕后，亦吃些，待我们回，汝可走去罢了。吾又鸣谢。其间贼目一眼田螺，问我何故？吾即告曰：诚横泾人，在徐市做生意，因老母在此间亲戚家，特来领归，路遇大人兄弟们，叫吾捉鸡，不意逃走一只，因此用刀砍我，现老母仍在田间等候等语。瞎贼似不甚解。吾又问大人贵姓，府居何处？从旁贼皆曰：大人姓金，出身江北，现大东门外白场上，即彼之馆也。吾即跪下承救，瞎贼似言不必，仍坐户槛上。吾暗忖倘原贼过来见面，仍遭其毒。因对温兄曰：吾欲到里面静息片时，如何？温兄即引到房中暂睡，实欲避原贼。吾问多少人数下乡，尊名是甚？彼云：慷天安属下，约有三四千人，贼名百顺等语。其时皆在煮晚饭，见张小坤娘子在内炊火，亦吾佃家妇也。不移时，瞎贼连叫老头儿。旁贼对吾曰：大人呼叫，汝可出去。吾即负痛而出。瞎贼问吾有多少土匪？吾答太界沿海起事，虽不知其实，约来三四百人。瞎贼连声应曰：不过三四百人？即起立，将吾头发拉住，拖到场上，手拔长刃，当头劈下。吾言才已饶恕，今又何为？瞎贼曰：送你回去。连下五刀，血又奔放，滚于地上。内有一贼云：拖到竹园内结果罢。瞎贼竟拖我到屋后，扑地一掷，伏于地上。又一贼拔出长阔白刃,在两腿连搠数刀,即举刀欲砍。吾魂飞魄散,瞑目而待。其时天地神灵祖宗,不知何在?似乎见有一毛摇手,贼刀幸未落地。瞎贼又将长刃,肩上一刀,上下通红僵于地上,贼皆去。斯时生死置之度外,又不觉痛痒,如在梦寐沉醉之中。半晌后,有一毛是无锡口音,来对吾曰:老儿快些走,否则必来取汝脑袋。吾从朦胧中开眼曰:大人,吾不能走,且无路逃。其毛曰:你可扒过后篱,沿河逃脱。吾谢曰:承指救,还求照顾。于是如法而走。甫过泾口,伏于麦苗深处,有一毛绕田寻物。见吾即曰:你土匪否?吾曰:生意人,非土匪。其毛幸未纠缠。俟其去远,恐他贼再来,即匍匐而行,潜伏麦畦低坞,肩腿上刀创流血,如小鱼唼喁,连口不已。远近火起又多,又值风燥日烈,晒于沟洫,不敢声响。日将西,见适煮饭之三宅,火起,灰飞满背。暮色苍茫,遥闻隐隐有言语声,举头探望,贼似皆去。即扒到路旁,或问我:贼要再来乎?吾答以不来。其人曰:吾家猪被杀,尚未取去。吾不敢留恋,仍伏田中。忽闻东西锣声甚急,贼闻声又出,排列西面观看。日将沈,锣更急,究未知是谁之锣?今吾在西南草莽中,母在东北竹篱下,后有长毛,中有锣声,今夜如何措置?不知老母仍在彼处否?又不知两足尚能步履否?俄而月色莹朗,锣声已静,旗帜已无,始渐匍匐而行,径向东北转过桥。适见陆士元,彼在遥探已宅曾否被烧。吾问往苏宅约有多少里?彼答六七里,并问因何踉跄?吾告被贼十余刀,今到王姓宅寻母。陆曰:汝已受重伤,再到彼寻母,往返路远,恐不能行,不若由此巷径返,明日差人寻母,亦未迟也。吾语陆曰:何忍半途弃年逾七旬之老母于不顾,彼素未田间独走,况于分手时,嘱在彼等我,谅不他往。或邀天幸寻见时,不能连夜奔逃,亦当同母露处。说时,陆已不见矣。于是

踯躅而前,其时南西北火起愈多,渐渐逼近,光如白昼。未及二三
百步,有人曰:东面锣声,不可前去。又行数十步,麦场中飞出一
长毛,手执短刃,当面刺来,吾惊闪跌倒。其毛搜摸全身,告其所
带皆你兄弟们取去,今身受重伤。贼闻言,弃吾而去。吾思如此
情形,艰险尚多,然终不能不寻着老母同行。奋身摸至该处,见王
姓之宅,灰烬之余,尚有烟火,即到篱外,绕河连叫母亲,老母果从
麦深处起立。吾急曰:乘此月明,快快走罢。母问:何以行步蹒
珊?略告被贼所伤,二人退出原路,仍到陆士元所指之处,一直望
南。见唐荔香宅正在燃烧,此皆高楼大厦,前曾为当铺,下午起
火,一夜未熄,惜哉!老母因坐卧半日,又值阴凉,故尚能举步。
而吾行里许,一步不如一步,喉中如有烟出,欲挨到薛家桥吴宅,
然已不堪行。见有一篱,即叫曰:宅内有人否?良久,麦田中起
立一人,亦镇上人,诉以苦衷,可否借坐取水一饮?其人又不见
矣。只得再挨,喉间出火,两脚捉拿不住。挨到吴宅,而其家见火
光渐近,尽将器皿什物搬放田中。吾见其慌张,又不敢讨厌,只取
冷水一饮,已觉烟火顿灭,就走。再过一家,是蒋宅,喉间烟火又
炽,神志不清。从篱外扣门曰:有人在内否?无一应者,自挨进
取凳暂坐。即对老母曰:吾不支矣,母去取柴一束,吾已晕倒。
良久乃苏曰:吾如何已倒在此间。适有路过者,素所熟识,再讨
冷水狂饮,稍觉清爽。忽发寒抖一阵,齿牙捉对厮打,吾语乡人
曰:吾不能行矣,烦汝去借车一部,或小舟一只,扶吾到苏宅,感
恩不浅。其人诚应允而去,俄而覆曰:车固皆无,小舟皆已装些
衣服,坐些老幼,僻处暂避,奈何?旋即去。吾问老母曰:火光灭
否?母四望回语曰:火起即在此宅后,且到麦田再卧罢。吾无奈,
一手攀着杨枝,老母扶着一臂,蹲起曰:可能过得沿新塘桥,又隔

一重阔水,渐脱贼威矣。母抱柴一束,扶我再行到桥边,此桥高且长,吾仔细凝神定志,捉脚细步,母则抚吾背而行。幸月明如昼,已过桥南,气急喘吁,行得一步,再行一步。对面忽有人声,细听之甚熟,即问是陶恩官否?答曰:然。吾问:汝今何往?彼曰:上前探视。吾遥指而阻曰:火光正炽,且渐逼近,焉可上前?吾被贼刀伤,寸步难行,汝肯扶我到苏宅否?陶慨允曰:诺。于是抚其背过高家桥,并扶老母行过。将到孟家桥,虽扶亦不能行。又语陶恩官曰:吾更不能行,即此倒卧,烦汝走到苏宅,告彼划一小舟来接。陶又应允而去。吾又讨水畅饮,急寒抖大作,有吴宅人见吾如此,为之解衣蒙盖。俄陶来曰:小船已到。慢慢扶我入船,幸该处乡里五六人牵住小船,四五人搀扶下舱,老母亦然。谓陶曰:承汝关照,自当图谢。不移时,已抵苏宅。其时内子胞妹伫盼既久,岸上排立者不少。先探吾受伤轻重,吾仍逐一应答。咸谓曰:大事无妨,且扶到祠中安眠,一面煮粥,即捧热茶饮毕,又大抖不已。人皆惊曰:恐生变,又将热粥吃后,喉间烟火始灭。诸亲友环立床前慰问,吾将始末情由,层次不紊细述。众谓且安息,乃即熟睡。惟两脚不能伸缩,既久,必要一人搬动。旋问两儿何往?答:一早望东,不知所止?初十日晨,报曰:南西北烟焰蔽空,夜间火光通彻。吾饮食尚可,身体不能转侧。十一日,微雨,烟火稍平,无敢探问,刻刻有谣,终无确息。十二日,勉强起身。忽又谣曰:贼将逼近,合宅皆远避,仅存老母内子胞妹弟妇及甥女小甥,吾劝彼等亦暂避,吾自听天也。又一刻,报曰:前村贼已到矣。吾出外遥观,果有旗帜,又起惊惶,适两甥皆痧症,妹亦不能兼负。吾云:女甥且卧,应不妨,妹不忍,吾勉力抱一小甥,妹抱一女,急遽偕行三里许,至王日盛家停足,而王氏又多情留膳。

傍晚，有人来云：贼已尽退矣。吾等仍归苏宅。又报曰：贼尽去。速速归家整理，短毛亦不少。知得三内人孙氏，遇贼不屈投水死，深为悯恻。三老太餐风宿露四昼夜，病死。此皆不避艰险所致。吾等于十三日早归，抵家遍视，竟难以言语形容。毛贼罗天括地，搜掘殆尽。而短毛无论巨细，不辨美恶，悉为搬走。家家悬洗，户户倒倾。室中仅见鸡头猪爪，毛血，臭秽不堪。家用什物，十无一有。吾有旧扇面一页，贼扯三段，一在店楼上，一在后面灰池内，一在汪庚山家。书籍不过倒出散乱。所藏肇庆白端砚六方，紫端砚八方，贼将大而润者敲断，小亦不见。石图章数十方无一存者，真假无完璧。名人册页多部，亦成乌有。想贼中亦有略知书画者，更不知为短毛窃去。此次短毛深得其味，吾乡周围七八里，连太境共烧八百余家，掳掠净尽者八九里，彼杀及自尽者百数十人。最惨者倪佩华，被掳奸淫，不可名状。共载去五百余载。最可恶者，蚊帐席锅，皆时上要物，百无一存。贼之居心，非盗而何？不能即致于死地，其时辰未到也。支塘附近亦遭惨毒，张市亦带伤。吴、归两市讲明贡礼，未抄掠。但家虽归矣，柴米油盐酱醋茶，一无所有，奈之何哉？两儿回。据云：初九日，直抵横泾，西路难民拥挤甚多，而横泾尚有白头团勇阻隔。再往自思庵，彼处乡团，从浮桥、岳王市、沙头、毛家市联络声势，似有收复太仓之说，逼令剃发。西路难民进嫌发长，退恐发短，遂立脚不住，仍到横泾。推其原因，上海抚军李鸿章接任，薛焕急欲图功，借夷力克复青浦、嘉定，所以太仓吃重。又有革职都司李，欲取头功，领勇二千余，进浏河，围太仓，贼已闭门不出。李都司遍贴剃头告示，并力杀贼。先是太城贼目丁勒造房册，有每间每日捐钱七文之事，民怨切齿。遥闻青浦、嘉定继续克复，谅上海大兵已云集，不日可以扫荡贼氛,况已见李都司示剃发杀贼,各乡里遂哗然而起。不知贼有接应,大兵尚未云集,及李都司兵溃,百姓则皆已剃发,不能远避,惨遭其毒,吾方同受洗劫,皆太境之贻害也。乡农回家,半为灰烬,时值种花,又将刈麦,皆从远地亲戚故旧,恳借农具种子,一切潦草栽植。十五日,贼目到镇安民,盘踞骚扰,其太境应援之贼,皆上路来,不受太、昭贼目约束,所谓野毛。往返在太境上,烧杀掳掠,日见烟头,夜有火光,长亘十里不等。有人云:太境房屋,十去其七八,杀死不下万计。横泾贡礼极大,六河、自思庵亦有,仅免者三镇也。虽不烧杀,仍要掳掠,因此麦熟无人收割,田无牛耕,谷无车房,遂为地广人稀。廿二日,小贼目领队百人到镇讲道,无非要银。其时师旅帅已归。贼云:尔民前已反叛,故大军来乡剿杀,今又投诚,除银米正款外,必须献贡。否则,吾头目欲将此方割舍,又动干戈,深恐不便。吾等再四哀求,急投贡献,以冀幸免。于是不论烧白掳尽之家,皆要敛钱,贼之惨毒如此。五月初,太境日夜仍有火光,刻刻有谣,所办贡献,皆归太仓贼目。而野毛亦要如数,不然仍烧杀,自此又望西搬运奔避。初四日,徐六泾港外停艇船多只,是江洋巨盗。守口贼大张声势,开枪炮。盗艇即放火箭,焚烧十余处,贼即逃飏。附近运避一空,诸多耗散,盗未登岸,故无伤损。横泾一带奔避于西者,适徐六泾附近搬运往东,中途邂逅,互询情形,皆无把握,各叹徒劳往返耳。海洋巨盗,出没无常,现更乱窜。古语云:宁为太平犬,莫作离乱人,诚哉是言也。吾等常在针毡,守卡之贼对乡农,虽布一匹,麦一斗,皆要捐税,粪船柴担亦然;各店日捐又加,贼之苛刻如此。吾虽渡日如年,终不忘平生酷好之物。既知费宅未烧,所寄祖先遗像名人书画,应未遭劫,特遣二儿探视。及回。语云:扯碎烧残,已满田间篱角，所剩者不过十之三四，皆弃诸场外。祖宗真容，一无所存，况已经雨，不堪寓目，幸费家归，随时收拾，或有可以重为装潢。文房古玩，损失一尽，痛哉惜哉！吾生平嗜好者此也，卅年心血，一旦付之贼手，可不深惜，然莫非天数使然，希世之宝，为造物所忌耶。然吾于此，心思颇称已竭，虽珍藏家卷帙盈箱，未免有瑕瑜参半，似不能胜吾之精湛，赏鉴家亦未能指摘疵病，今而后纵有闲款可筹，恐难觅此精英。其祖先遗像，吾于道光间并轴重临，今遭一炬，如何再得追写形貌，悲不堪已。五月初十，有贼领百人讲道，被烧之家暂向未烧者借，俟后还款，贡献银米，断不能少解，如不齐，我们在此坐催。遂盘踞扰害。吾谓逆贼之待百姓，譬之养猪，喂养及壮，吃食愈粗，出圈愈快，无一猪不终被一刀也。贼之现在行为，兼日而食其壮，其未食者，粉身碎骨，亦可拭目而待也。又闻大队贼进攻上海，从支塘过路，前闻抚军篆李鸿章接任，不知到否？薛抚军坐拥兵权，亦不知如何办理？今新君嗣位，国祚渐兴，皇太后听政之余，贪佞已觉敛迹，忠正渐敢扬眉。我试问贼兵百万，谁非本国子民，贼目数千，尽是我朝百姓，苟皆熙熙攘攘，而忍轻弃室家乎？孰非好生恶死，而甘心为盗贼乎？然而列圣无一失德，道光朝似宽厚，养成积习，小人竞进，贤人退隐，州县官不以民瘼为心，皆以苛敛为事，有司失德于民，封疆吏苟且于国，其德渐薄，民心渐离，天下如是，遂酿成大祸也。五月，二麦收割得大稔，而贼到镇挨户倒麦，不论田之多寡，粮之清欠，不由乡官经手，农家无处藏匿，至将麦坛埋于田中，米价飞腾。六月初，陆续信云：抚军设计兜剿，杀贼数万，金陵围攻甚急，曾制军统兵已抵城外。金坛、溧阳、溧水、句容先后克复，贼势隔绝。又闻金陵已复，尚未的实。不过苏、太两城之贼，出守常州一带，其危急概可知矣。催迫粮饷愈急，每伪目各派小贼监收，乡里麦搜倒净尽，终不厌足。又派海塘费、学宫费，每师八千两。窥其意，必搜括金银，将欲远遁，而不知终在天罗地网之中。然吾方已遭剿洗，又复层层勒索，若再不八路会剿，恐不能苟全性命矣。六月廿二日，得时雨一阵。廿七，交大暑，阴雨数日，田畴甚可。时疫流行，名子午痧，朝发夕死，上海极重，渐延太境，吾方间亦有之。七月初一，酷热数日。初四、五，阴雨，米价腾贵，不能朝朝应市。小麦四元四五，麦四元二[1]，常邑大贼目钱去苏后，小贼目大群入其馆，抢夺金银无数，连夜逃出城。伍贼目总辖。钱贼目升授天军主将，仍守常城，稍安静。八月十六，苏贼并力再攻上海，其金陵、常州信反觉模糊，江北、上海官兵，仍不发动，贼又猖獗，太常各添兵协助。贼目以粮饷不充，着城乡各乡官挨查店铺资本多寡，抽厘若干，生意大小，抽厘重轻，风雨不更，逐日收缴，真民不聊生。闻南天有声如树头虫，久久不已，更不知主何吉凶？九月，有常邑翁宦之孙，号蓉卿[2]，于抚臬两辕投词，于江北设局曰密团。内有翁祖二线索，致信于余及瞿静渊表弟，预为布置埋伏，并转饬被胁伪职人等料理粮饷，俟大兵登岸时，节节联络。初八日，毕贼目来讲道理，总归要钱。吊硝局逐日驾船来镇拆墙，任其所欲。秋成中中，花又贱。下旬有广艇廿余只，收徐六泾，施放枪炮，焚烧商船多只，乘势劫掠货物。迨城中贼拥到，广艇已放出深洋，贼又顺手掳掠。廿八日，有八桨船数只到徐六泾高浦港，纵火烧屋，随劫重载商船多只，守口贼迎杀，八桨船又划出海洋，巨盗横截，商贩

---

[1] 此处有脱文。
[2] 翁曾荣，字蓉卿，大学士翁心存之孙。

不通。其广艇八桨,名皆官兵,实亦盗贼,皆水师李德林之战船也。客货贵且缺,土产贱。九月中,开仓收米。十月十四、五,闻东南炮声不绝,不知何处打仗?十六、七,有大队贼流到横泾,据云催粮,骚扰不堪。甫回,又有流贼二三百到横泾六河,家家迁避。又徐六泾港有八桨船二三十只,沿口掳掠一空,放火箭,焚烧民房多处,商船数只。十九日,闻毛家市被贼狂抢,及到沙头,贼又安抚招回。将二鼓,大群贼挨户扣门,掳掠一空,妇女不及避者,未免受辱。太境难民附蚁来西,究其贼所从来,或云青浦败回,或云昆山逃散,并无确信。更云太仓已复,常邑贼兵过支塘,救太仓而攻嘉定,斯时昭境尚称安逸,不过粮饷催逼,愈甚于前。迨后知前守常熟之黄天义伍,领兵调守太城,驱逐前守贼目互相争竞。及伍贼目专守之下,钱漕松动,苛派删除,赈济难民。吾乡除横泾、自思庵外,全为扰白。常、昭漕米每亩一千四百,杂派层出不穷,耗费不可限量,再有节外生枝,亦非了局。余十月廿日,得江北分办密团局函及照会文一角,着就近密团俟大兵进剿,随同助杀。然此事万难举行,究不知此局出自何宪?又不知各处如何办理?廿五日,往上海,于大辕上探问底细。到沪盘桓廿余日,抚辕内并无密团二字之说,故疑信不定。时抚军驻南门外,布置严密,军威极壮,一俟可乘之隙,应可一鼓而擒矣。十一月十九抵家,时势大相远隔。动身时米价四一二,麦三二三,棉花四七八,布廿四千。未经一月,米六五六,麦五一二,断市,花八二三,布廿七千。人皆菜色,漕粮正款外,每亩又加硝磺费七百文,咸谓残冬不可挨也。又派各乡官出伕子数百名到城,将虞山门外山头运平,城门开通,另筑一石城,需用砖石,就于山两旁牌坊专祠庙宇坟墓拆改,合山骨殖,尽遭灭迹。廿二、三,闻江北各港,船旗密布,商船不许进出,似有进南之势。忽伪忠王回苏，号称数十万，救太仓，攻嘉定，冲上海等语。支塘连日过兵。廿六日，广艇八桨船数十只，泊荡千泾口外登岸，贴松江提督示，居民不必惊恐，助贼者悔过自新，秋毫无犯。又到徐六泾登岸贴示，守口贼即与打仗。廿七日黎明，放炮数百，杀贼数人，随潮退出驶上，并未抢掠。廿八日，又到廿余只放炮，贼已下三四百，船又退出。廿九日，数十船泊白茆口外，放十余炮，乘潮而上。传闻皆集福山港，以备登岸，共广艇八桨百有外。十二月初一日，吾乡提出小工人，皆喘呼而回曰；昨日吾等正在山顶上搬运石头，约有数千人，忽哗然尽散。传云：有野长毛数千，逼令剃发换衣。虞山门仍塞断，六门紧闭，并谕一切工作人等剃发，营工概停，于是皆散。又被城外之贼逼令互相更换衣帽，反喝杀长毛，贼即着民间破损衣服，剃发裹白布。初二日，有小工逃回云：昨日大头目已戴红顶，六门不开，城外头目亦剃发，进城仅能城墙悬绳上下。有说官兵已在城内，各路伪官局皆撤。其时大费踌躇而不可解。假使官兵并未登岸，何由已到城中？使投诚反正，亦必俟兵临城下而后降，官兵尚未调动，况山顶造营正在吃紧之时，安有顿悟前非而尽归王化耶？其间总似模糊。晚又有人云：城中密约投诚，官兵已入城埋伏。于廿八夜传令剃发，如不从者斩。于是自相杀毙数千，广东、广西老贼十无一也。次日有人云：城中投诚者，忙天安骆、龙天福潘、赤天安董、靖天安佘四人[1]也。此四人俟钱贼目入苏祝伪忠王寿，乘机而反正。支塘已有参镇会四人衔示，各镇皆有总兵都督骆示。其略云：叛贼已平，民皆剃发，各处乡勇皆裹白布。初二、三，遥见西南有

---

[1] 骆国忠、潘金旺、董政勤、佘拔群。

火光,炮声不绝,不知苏城如何？昭境贼已肃清。初五,城中释回人云：城中衣帽军装,悉本朝打扮,所遗贼之旗帜衣服烧尽,欲会同永昌徐氏进攻苏城。太境贼仍守卡收粮,无如相形咫尺,万难催逼。是晚城中出兵二三千,过支塘宿夜,皆剃发,粮草一切,仍长毛习气,次早直抵太仓攻城。初六日,闻西南炮声不绝,后知无锡贼知常城内变,领兵攻杀。先投降书,城中开南门迎接,贼即放炮,城中即坚闭南门,领大队绕出大东门兜剿,伤贼不少而去。委员到各镇安民,带白头勇二百余名,暨帮办军帅钱,总理军帅毛在宇,俨亦顶带骑马,环绕一次。急又信云：支塘已到长毛数千,民皆剃发,奔避一空,旋到董浜。黄昏时,有人从东来云：横泾卡房已收,贼皆不见,太仓已破,亦未可知。初八日,流贼数百人在白茆、新市,将衣箱装土,填塞河道,又到支塘催粮,不然又要掳掠。贴伪慕王示,仍要收粮设卡。西南角炮声不绝,知西门外打仗,贼大败。初九日,贼踞苏家尖、古里一带攻城,城中以大炮轰击,炮声络绎,贼流窜无定,穷蹙可知。江北兵勇已进徐六泾、浒浦,领兵者即翁箓卿也。先有翁祖二来函,可否联络声势,接应粮饷。吾答以徐图可也。然兵不满千,环城皆贼,竟未登岸,仍往北口。若再无大兵接应,恐孤城仍不保,奈何奈何！太境贼又催粮设卡,伪慕王踞白茆、新市,远近扰害,各镇搬避一空,罢市。各处皆议献贡,吾镇亦有此说。吾曰：此穷寇也,何献之有哉！况城克复,大兵将迩临境,若再献贡,未免为大兵所指摘。现白茆、新市为巢穴,其能久恃乎？下午知太仓回兵支塘冲杀,人心稍定。迩日日暖风和,春融气象,是夜有运避过吾镇,终夜不绝,望东北去。十一日,支塘退,又寂静。梅里白头勇败,领队者军帅周富荣、师帅季康也。贼追浒浦,西面又为震动。连夜挨肩挤背[1]不已,遂皆献贡。有人邀请翁荦卿登岸,翁以水师不惯陆地为辞。十二日,男女奔避更多,据云,贼冲西周市,徐六泾港内沙勇欲乘其不备,而杀诱杀者数人。吾镇又填街塞巷而来,下午即返。太境乡官传百长催缴钱粮,守卡贼捉新剃发人,旋知太城被围甚急,各流贼要吊回协守等语。四更时,炮声不绝,西南西北震动。十三日黎明,炮声更急。或云常城打仗,或云福山进兵。后有人云:贼从海城来西,白茆守口周富荣队,炮声愈联,竟不间断。忽徐市流到二百余贼,哗然浮动,皆东避,幸一经过,惟掳掠食物,聚于海城下。即传乡官,发告示安民,不滋扰。惟应解粮饷,按期缴兑,如有掳掠者,即斩示众。此时各处乡官局已散,于是仍设法备办献贡,支塘、白茆又要解送,无从措办。白茆港西岸聚约有千人,据云守口。此方遭其扰害,人人丧胆,个个寒心,无论百工技艺耕织等尽废。十四日,馈运米羊猪鸡等物。米价又昂,六二,无货。十五日,支塘海口皆有伪示云,伪慕王领兵十万围昭地,伪听王领兵十万围常地,四面环攻。窃思城中所恃者,粮草足资数年,兵勇亦云精壮,然而孤城腹背受敌,万一稍有疏虞,必为画虎不成反类犬者也。然而曾制军应早有成算,李抚军断不袖手旁观,若不接应剿洗,乡里受其惨毒,愈甚于前。前月各港口有广艇八桨船游奕放炮,今反杳无影响。十六日,各镇到贼数十守卡,似皆疲困不堪。一夜炮声不绝,知围城攻打,城中守御严密,血战伤贼不少。十七日,立春,晴朗,西来避难者纷纷。十八、九,白茆守口贼掳掠食物,如蚕食桑,门窗台凳箱笼皆搬作土城。又到六河摆卡收税,而

---

[1] 挨肩挤背,常熟成语,犹言拥挤也,下文挨肩接背亦同。

六河贼不让。白茆贼云，吾伪忠王命下，即太境钱粮吾亦可收。支塘贼到镇收钱粮，港上贼又到镇收钱粮，彼此不相管顾。此时乡官亦难，乡里浮动，何由催讨？廿日，严寒，城中又得一胜仗。乡官仍向百长暂收每亩一百文，两面分解，亦不过暂且敷衍，苟偷且夕耳。附郭周围抄白[1]，围城严密，水泄不通。廿一日，镇上守卡贼吊回，稍安静。徐六泾口有八桨十余只，放炮一日，并不登岸。廿二日，有北沙来云：牛洪、浒通两港出兵船一百四五十号，并驾齐驱，皆望上驶，约收福山口。黄昏时，东南角火光长亘数里，亦有炮声隐约。廿三日，贼已除夕，大张筵宴，鼓乐喧天，各乡官馈送年礼，要齐集叩贺新喜。江北兵船停徐八泾口放炮，转帆北去。廿四日，晴朗，贼作岁朝。黎明，西南角炮声不绝，有贼在镇之店铺，皆要闭门贴春联。黄昏时，东南有火光数里。廿五日，吾镇又到卡贼数名。黄昏，东南又有火光烛天。彼作新年，钱粮松。除夕，家家兴味萧索，祈神祭先，常恐被贼知觉，幸未骚扰，只得且过今宵，又虚度一年岁月而已，幸举家人口平安，亦是叨天福庇。惟近况窘迫愈甚，或有更甚于吾者，奈何！下午有人从太仓来云：大兵云集娄地，围攻甚密，指日垂破。前常城反正时，百里欢呼，以为云开雾散，重见天日，而不知更有此翻磨折。吾所窃拟者，力不从心耳。否则挈家航海，暂避锋镝，小憩一堂，虽枵腹谈笑，亦云乐也。

27. 同治二年(1863)，干支癸亥。古谚云：壬戌癸亥，翻天搅海，下元之终也。正月初一日，晴，黎明，炮声不绝，晚稍稀。贼示写癸亥十三年。初四日，白茆西不堪站足，纷纷东避。老龙王庙拆改营盘，东周市附近拆民房筑营。初六日，(塘)西各镇浮动，塘

[1]　抄白，常熟土语，犹言破坏无余。

东似静。沙荣庙设五师局，专办贼供，太城俨然贼守。迩来收征钱粮，似小而少浮费，牛竟停止。常邑居然克复，今贼上冬所解不认，仍要依额启征。初七日，沿海炮声震地，午后有兵船十只上岸，焚烧卡房即返，支塘贼赶下数百，乡里又一惊，其船已远去矣。贼之锐气皆如此养成。初八，大队贼过支塘，由吾镇到新闸口大营，约有五百，虽未掳掠，乡里浮动。其贼目姓谭，伪封朝将，慕王之叔也，旋即转支塘。初十，沿海广艇炮声不绝，即登岸数十人，守口贼迎出，战于港口，毙贼二名，贼即退，兵亦不追，仍下船，午后又有数十船泊口，贼飞报各营。沿海居民连夜逃避，无片刻安静。幼儿春年，在土城遥望接仗，胜负了然。炮子大者五六斤，飞过土城，落地入尺许，（大）小不等，看者竟不少。俗谚云：青云头里看相杀，然不必驾云，亦可看矣。十一日，大队贼从上塘来，约数百名下营，兵船不登岸，贼不迎出。贼目李昨日受炮子伤，回内地，调谭贼目朝将驻扎镇上，分卡又皆调动。十二日谭贼目带千余名，盘踞东周市，先禁不许搬运，人皆撒手而逃，张吴市亦一空，吾镇幸隔塘，未摇动，仅拨守卡十余名，海中兵船挂帆远去。十三日，西面炮声震地。十七日，雨，夜有小贼偷渡塘东，劫掠乡里，获二名，捆缚解局，乡官会同卡贼转解东周市大营，谭贼目审究毕，即枭斩示众，人皆悦服。十八、九，横暴愈酷，妇女为尤甚。廿一日，西面炮声又急，乡里中无纺织声，粮食渐缺，各乡官征收不能应手，使粮饷食物不继，必遭荼毒。廿二日，余遍告至亲密友，贼势猖獗，只在乡里，迥非前此有城可守之贼，刻非一刻，常城守备虽严，外无应援，亦无奈何，乡里恐瞬息踏为平地。为今之计，急宜远避北沙，时哉，不可失也。倘一日薛尔大变，势必玉石不分，家眷不能全保，而况他物乎？咸谓曰：此言虽是，无如囊无余资，奈何？吾又曰：且跳出罗网，再为计较。又有人曰：北虽渡，大兵杳无消息，旷日持久，虽离锋镝，不免饥馑，奈何？吾所深虑者，亦只此耳。南岸断无立足之地，更无可延之日，然不可远虑，仅顾目前，有翼者先飞，毛羽不丰满者缓缓起翮。吾欲先往北沙，赁定房屋，再携家眷偕行。随往倪尔梅家，同到新泾港约渡船，即会见舵工。据舵工云：今夜五更开船，如要北渡，须黄昏到。尔梅即允准到，旋回家。夜膳后，正欲来偕余同往，忽有叩门声，启视之，即舵工也。来云：今夜开船，人数已足，不能趁矣。须后班可也，于是尔梅未来搭伴。廿三日，尔梅来述船家如是云云，且后班似亦可以。早膳毕，即到瞿子梁家问云：尔母何在？请来一语。亦以贼焰猛，劝彼北沙暂避。子梁回云：暂坐片时，即来斟酌。余觉闷坐多时，且回家欲吃烟，即取煤子一个，往乡官局中引火。初不觉局中乡官、管帐、局差寂无人影，独有毛贼二名。贼见我，即问汝乡官否？掌帐否？我皆回言，非也。贼又问乡官、掌帐皆何往？吾又曰：皆不知。贼即曰：汝既不知乡官、掌帐，即同去见吾大人回话。吾再四推脱，贼总不放。于是二贼带至东周市，在路细问，始知师帅福堂，有票据一纸，计钱八百千要还，再日上正款，钱粮紧急。贼诡言汝既非乡官，又非掌帐，只须禀复大人，即可回家。遂到易小贼目馆中，其馆即陈通官宅，子即登官，素所认识。易贼问乡官何往？吾竟不屈而答曰：吾姓倪，居横塘市乡，乡官出没无定，不知所至，况局中事从不与闻。从旁一人相貌魁梧，贼帅打扮，谓吾曰：汝固不在局中，可否写信乡官，招来料理一切。吾即问其人，姓金，杭州人，现为易贼先生。吾即曰：写信易耳，恐不能应命。于是金贼取出纸笔，略挥数句，金贼又添注数句，专贼去招。金贼为人尚好，与吾不时细谈一切贼务，所欠票钱八百千文，系在常城贼时欠缴，今被此兄弟获得，只须亲来禀请缓宽，陆续呈缴，亦可过去，现在钱粮久已无解，亦可禀请宽松减短。汝既来，尽可放心，待乡官回音，即可脱身。吾意谓谭贼在此，各镇乡官尽在此间办事，岂福堂有不办之事乎？况金贼之言行，未必尽如贼样，且待福堂到，自可回家。至于饮食一切，金贼刻刻差小毛供养无缺，不时来闲谈嬉笑，私谓我曰：长毛终不成事，不过民间劫数而已。彼又云：家在杭城外，钱庄生意，父母妻子房屋尽遭贼毒，曾已完例。今无家可归，不得已苟延性命。相慰殷勤，耽搁几日。廿四、五日，乡官杳无音信。金贼又语吾曰：乡官竟不来，如何？吾即曰：来与不来，吾无把握，至于拘吾，本不关乡官痛痒。金贼又曰：汝可再写信招来否？吾又再写信一函。对金贼曰：我信恐再发数封，彼仍置之不问，何不以军帅出票提拘若何？金贼谓吾曰：吾与汝今朋友也，毋生疑忌，汝不潜逃，免一方先锋乡官房屋局烧毁。先锋者，贼中剿洗别号也。吾再四暗忖，姑再忍数日，福堂断无不到也。若竟乘夜而逃，尽吾所便，其前门后户，终夜不关，况并无束缚，常同登官同榻，登官名为与贼帮工，实则照应家中什物。若暗夜潜逃，一必累及登官，一必吾方再打先锋，皆所不免。然一念之差，后几为不脱。廿六、七，乡官仍无信息，愈窃疑之。金贼又问云：如何措置？吾即曰：吾在此间多日，又无的信一通，奈何？最妙者，烦金先生带兄弟多人，与吾同往擒来。金贼允诺，约明后日准去。其时馆中贼目，往来无定，吾又私致一信，亦无回音。其乡官真豺狼为性，盗贼为心，竟置之膜外，本亦是长毛之流亚耳。仅许解马一匹，亦不送来。廿八，易贼怒，大张声势，欲来打先锋。又是金贼委曲宽解，金贼又不暇同来擒捉。吾闷坐无聊，焦灼如焚。幼子春年来馆探视云：师帅福堂，久不在局，坐舟浮于太境。祖母遍野寻觅，及见，终不肯来，吾数次寻着，忽尔逃脱，必得密专暗守，领长毛硬捉。吾曰：前已约定金贼去捉，今又不暇，奈何？二月初一，东周市乡打先锋，下午归，罗而置之，无一物不要。初三日，金贼谓吾曰：师帅尚不来，这方先锋不免矣，汝亦不能为力也。明晨易大人与吾同往支塘，吾引汝去章大人前禀明，汝本不与局务，俟章大人转禀朝将大人后，饭金算（清）楚，放汝回去。或者就在彼处耽搁一宵亦可。吾又具情哀告老母悬念，全仗照顾。于黄昏时，金贼领到章贼馆中，章贼者，中贼目也，与朝将谭贼壁邻，皆瞿姓之宅也。章贼馆辉煌，与易贼馆远甚。金贼又谓曰：章大人适到朝将馆办事，俟回时禀可也。良久又曰：亦毋庸禀，且耽搁数日，吾回时再说可也。说罢，即嘱章贼馆中先生姚、沈二贼曰：此横塘市师帅之亲，善为照拂，拂然而去。吾骇思金贼阳善阴恶，今更深入牢笼，虽插翅不能举矣。俄而小贼引到卧房内，已有数人在焉。后知任阳帮办师帅二人，横塘市已管束一人在内，即李香香，军帅吴邦安亦在彼承值办事。小贼闭门，横槛铺床，追忆易贼馆中，毫无关禁，今悔之不及矣。初四、五，章贼刻刻问横市师帅消息，若再不到，将吾枭斩。于是何市师帅唐显，着他四远访问跟寻。见面时，保曰：钱粮正款要紧，钱票已说明缓商，必亲自办公事，若再延避，必将老儿杀，汝不可累及无辜，天理人心何在，福只不信，此皆唐师帅回语吴军帅于余。又曰：明日再不到时，你的性命不保了。吾只默默呆坐，又无肱股为吾缚来，更无送风引获，惟听之天命。所焦虑者，老母垂衰，室家悬洗，如何敷衍？然亦不能照顾。初八日，吴军帅低语于任阳二人，我耳少欠聪，问任阳二人曰：所说甚？其一人曰：你这老人家不上心事，尚来打听甚？你的性命在顷刻间了。黄昏时，吴军帅来语云：今日章大人要杀你，

吾哀求恳保，暂缓一宵。若师帅明日不到，吾亦不能再保，汝之头
与肩齐。今又出札，连夜专人到彼，真生死关节，在此一宵，断不
能再避。吾惟深深叩谢。是夜严寒，守门小贼将吾敝裘剥下，以
绳捆吊，幸有任阳二人从旁劝解，贼即掷我地上，被褥全无，抖栗
一夜，呼天莫及。暗叹曰：我命坎坷为何如乎？上年四月，被贼横
搠十七八刀，已于万死丛中一罅漏生，犹有今日仍死于非命也。
此番不免，谅由命中所致，自投罗网。然师帅杳不知何往，内外隔
绝，情绪模糊，神思蒙懂，绝望之余，犹生余望，或者明日果来，我
即可跳离贼窟。初九日晨，吴军帅私谓吾曰：昨日差人已回，柯师
帅已过北沙，将奈何？吾惟求鼎力保救。任阳二人曰：老儿犹不
知死活，尚欲求军帅救耶？吾望眼固穿，心渐昏迷，竟不知何以为
生死。不料李香香已诉知贼目，此非姓倪，实柯师帅之堂兄，其局
中事本不与闻。贼故将李香香渐松，以吾渐紧。李香香逃脱，章
贼顿足大怒，欲将守门贼斩，风行雷厉，半晌，小贼哀求乞饶，而后
免死。又一刻，只闻有磨刀声，四五个小贼云：我来杀，我来杀。
有一个云：皆不要你动手，我来杀。我在渺茫中，虽听得明白，亦
毫不介意。守门贼进来，将我衣服剥下，以手反拥，着地拖出中堂。
章贼居中踞坐，台上已置明晃利刃，喝我跪下，喝杀，连连十余声。
吾即大喊冤枉，若是杀，必要一见朝将大人。守门贼横腰一脚，踢
翻在地，四五个小贼将搭膊内洋钱挖去，拖手拔脚，欲扛出门，更
以利刃持手，以指点明背颈上骨骺。吾又竭声大喊冤枉，时朝将
在间壁听闻，吴军帅又来求饶。章贼稍息怒。又一霎，小贼来解
缚，喝穿衣，然两手麻木，不能运动。有二小毛执灯引导云：朝将
大人传你去问。吾即随往到楼，见朝将端正而坐，即跪下。朝将
问？你姓甚名甚，吾即实说姓柯，名某，系师帅族兄，不与局事，不

知底细。朝将云：现师帅你能唤来否？我答曰：不能。今彼党羽大、声势赫，吾乃一介小民，焉能呼唤？必要军帅出札，方能制服。朝将即唤吴军帅来诫谕：你明日去捉柯师帅来，叫他不必害怕，钱票可以禀求宽缓。日上正款，虽系紧急，如办不足时，亦可禀请减些，公事不可荒懈。况前日他解吾兄弟们来，吾即正法，并奖励他有肝胆，以后再有沿乡骚扰，不妨尽可捉来，他应未忘，如何害怕？叫他尽可放胆，斟酌要务。这老儿本不干他，杀亦无益，如再不到，他的房屋拆毁，所辖地方，全行打先锋，定将这老儿枭斩。吴邦安军帅诺诺而退。朝将又指我而言曰：柯师帅明日不到，定斩你的头。吾即禀曰：师帅来与不来，非吾能定，若杀我十个，终不关师帅痛痒，求大人明察。朝将默默，吾亦退，仍到房中，吴军帅又出一札，嘱吾再写一信，斯时手仍青黑，捉笔不住。再姚先生从旁指点，差人连夜来寻。吴军帅谓吾曰：今晚章大人定见要杀你的了，故小毛借锋利大刃磨好，且抢杀试武艺，幸得姚先生斩条写而未判，故意捺搁，吾又跪求，后朝将得知，故有此一夜余生。姚先生亦曰：吾天朝杀人，不讲情理的，明知冤枉，就冤枉了，只推一个数字而已，迥非前朝犯案审实，尚欲文书盈帙，而后可以行刑。今师帅到底不到，汝终不保矣。各人散，任阳二人憨睡。而吾卧不成寐，转辗间已过四更，似闻牲畜声。少顷猪羊鸡鸭夹杂叫闹，东方既白，见小毛贼扛的担的，碌乱如麻，米谷盛袋，衣服束包，去来如燕箭莺梭一般，吾在沉疑之际，莫知其所以然。于日将离海时，有四小毛进房云：去去，快去。吾忖今日不免了，此冤只得后世报也，或是前生孽亦未可知。噫，异哉！吾今遭此贼毒，已有成竹，而吴军帅，任阳二人，不应同时加害，何故将四人一并叱出，同场就戮？又侦彼三人毫无惧色，即收拾衣服鸦片具。更谓吾曰：汝皮马褂穿了同走，吾伸手欲取，被小毛抢掷之。吾又转思迂极矣，使仍穿好，明日是谁之衣欤？四小毛催促引行，于是吴邦安，任阳二人，吾亦随后。出前门，但见满街旌旗蔽日，戈戟森林。到东市梢场，谅就此行事，又已过场角，径领至一宅，亦是旗枪密布，一直引到中堂，不拘随坐，猛想吾四人皆撒手放脚，毫无束缚，不知作何结局？四小毛入内半晌，竟不知何往矣！俄而传军帅进去，吴邦安即入内，良久，任阳二人私谓吾曰：你老人家性命，如今可以保全的了。吾即问如何底细？彼云：朝将明日一早动身到福山打仗，此间又调厚天福张大人把守，将我四人交明，汝之性命，应可保也。吾即恍然大悟，如醉醒梦觉，斯时天地神明祖宗毕集胸前，只得撮土默祷。转瞬间，吴军帅出云：这张大人好讲话的。忽任阳二人去来不定，吾亦篱间闲走，并不管束。又片刻，厚天福步出中堂，年约四十余，即问那两个是任阳帮办师帅？二人上前禀见。张曰：你既是帮办，亦毋庸管押，我今与朝将办事不同，现吾兄弟们亦不多，粮草仅要余半个月，银钱亦无求多存，只须源源济解。若海中清兵登岸，可敌则敌之，如不克，吾亦欲望内地躲避，所积粮饷亦归他有。任阳二人曰：我任阳地近昆山，前月被昆山兄弟打了一月先锋，现师旅等逃避，乡里家非被掳，即逃散，故钱粮不起，目下不知如何？如放吾等回家，寻见乡官，同来办事。张即许诺。又顾吾而言曰：这老儿今日朝将要杀他，吾问明底细，劝云，既非乡官，杀之无益。吾即诉曰：实非乡官，不与局事，其乡官因有钱票无偿，故此躲匿。厚天福曰：别情不管，只须济解源流，毋使有乏，准放你们回去。任阳二人辞谢欲行，厚天福急摇手曰：不可不可，今日朝将四野掳人，汝等出去，仍被掳，奈何，且耽搁一夜，俟他动身后回家为妙。自此任意优游。晚膳，厚天福居中，吴

邦安、任阳二人暨我五人一桌，大烹筵宴。是夜甚寒，吾衣单薄，
又无被褥，终难交睫。小毛一夜向火，吾亦围炉，竟可以御寒。十
一日，黎明，胡笳互动，牧马悲鸣，听之心寒股栗。旋出篱外，见东
路贼如山崩海涌而来，细视之皆被掳之人。十有七八，非推车，即
荷担。厚天福吴军帅亦来观望良久。日高二丈，尚如蚁队而来，
八面环掳，不知多少。厚天福同桌，早膳毕，又闻金鼓喧天，炮声
震地。朝将所统之兵，恰才走完，厚天福偕吾等四人到镇上闲步，
旋谕小毛搬运旗枪，到镇打馆。吾独绕市闲游良久，将欲回馆，任
阳二人曰：吾已辞谢矣，汝可不必去辞，一径归罢，即与分袂，望东
便走。正所谓始舍之，圉圉焉，少则洋洋焉，兼程疾趋，倏忽间已
过张市。猛想白茆塘必得摆渡钱方可，搜摸只有福字钱二文，安
心前赴，及到渡口，船已不见，人亦无踪。但闻对岸一妇人曰：此
次掳人殆尽，不分老幼。良久，忽有老妪撑驾一破船往来一次，始
登东岸。又所谓乍脱天罗，今越地网，到家已在指顾间耳。惟一
路人声寂静，鸡犬无声，归心如箭，已到市梢。见朱家老妇，问镇
上人往何处去了？朱妇见我惊愕曰：昨闻汝昨夜要，下句忽缩住。
吾接口曰：要杀了否？朱妇笑曰：传来之言，不可轻信。进市，家
家闭户。朱妇诉前数日已站立不住，人皆望东逃避。搬北沙者挨
挤，摆渡船每人要一洋，汝家亦在伍胥庙。吾即纵步望东，倏霎间，
遥见庙间人烟凑集如戏场，与吾熟识皆惊喜相慰曰：汝几时来？
如何逃脱？如何到此？吾答曰：今日早膳毕出门，非逃脱，是放归
的。环集慰问者不少。或有人戏曰：汝究竟人耶，鬼耶？有头乎，
无头乎？吾即匆匆略告其曲折。又有人云：闻昨夜确切已杀，今
乃真虎口余生也。汝家眷闻汝凶信，几不欲生，现即在此少憩，引
领到彼可也，此皆桶作蒋三官主张。吾即到蒋三官所避之宅，尚

未进门，而蒋三官遥见吾到，即深恭长揖遥迎曰：恭喜恭喜。吾即问曰：费心，吾家眷现避何处？蒋答以市上摇动，吾即置此间，前两日此间摇动，又得汝凶信，故又迁至邢家庄矣。汝太太同张少塘家已过北沙。即邀蒋三官领去，在路细述贼中情节，急近其宅，蒋即趋步踉跄入内曰：大事谐矣，大事谐矣。内眷见蒋急步趋跄，谅非吉兆，又吃一惊，及见吾到，反为默默。从容而言曰：欲茶烟否？晚膳后，仍同蒋三官回旧寓安寝，身反觉疲倦，梦乡憨熟矣。十二日晨，茶叙。有亲友诉曰：柯福堂家眷，固于岁内过沙，陈百川指引，前又将拐骗之女作妾，亦已寄顿过去，所蓄银钱细软，陆续寄于陈百川带去。现独一身，隐现莫踪，势必亦将北走。你初被拘时，福堂似乎有意打算赎你出来，皆被百川云，若缴票款而无正款，仍不得出，徒然无益。或有云：亲自到彼办事，又恐此次终觉不美。福被陈百川逸言摇动，置之膜外，百川丧尽天良。然吾断曰：倘吾果不得出，非彼等所致，皆吾命中所由，故即存念，虽死不怨他人，总由己之前生冤孽耳。所可恶者，前后写信七封，并无只字回复，其设心亦可知也。回忆易贼馆中，毫无管押，门户昼夜常开，尽可逃脱。因与陈登官同榻，必然累及。再一方又一先锋，乡官房屋拆毁，以致含忍。不料易贼交于章贼，乡官愈不到，将吾看守，有翼亦不能举。有人谓吾曰：你存念仁慈，故有今日之幸，亦必祖宗之灵。吾谢曰：安知非托诸君之福乎？张竹泉诉吾曰：迩日谣闻日日要杀，吾寻见福堂，催彼打干。若再迟延，必为所害。福即决然曰：叫吾如何打干，如杀，只得付之命数而已。竹泉知不可救药，遂默然退，只言恐对不住天下人。再寻百川，又已过海矣。为福寄顿辎重而去。陈百川系吾表兄弟，自幼在吾店中，后竟被他阴谋私算，受亏不浅。其为人奸诈刻薄，莫可胜计。分手后，境遇颇顺，铢积寸累。后柯福堂充伪乡官之下，百川以雕心刻肺之谈，谄媚福堂，本属堂房妻舅，遂心心相印，言听计从。而百川倚势招摇，横行无忌。贩布北沙，获加倍利，带鸦片回南，存局中寄销，获利更甚。甚而以局中银洋买布，过北带回鸦片抵偿，往来海面，无日休息，如是者仅一年余，已得数千，较之做长毛更有滋味，北沙人谁不瞻仰，本地人谁不畏服，真非帛不暖，非肉不饱矣。福所蓄乡里膏血，尽寄百处，使有人求教于福者，必由百川门路可灵，福名愈赫，百势愈炽，情同胶漆，形如狼狈，若长毛再立数年，百可为巨富。吾又遍告亲友曰：北渡者已不少，为今之计，且避之，倘一日猖獗乡里，恐不及矣。况大兵仍无影响，如有作伴更妙。盛绍堂决计偕往，仲堂不然。十三日，闻镇上贼去来莫定，局中人隐现无凭，吾潜到家中，以祖宗神主牌取下包好，藏于胸前。见有应用器皿能携带者，亦可目前凑手。门户大开，家伙什物，悉寄诸天数，再望东奔。十四日，与蒋三官到横泾一次，彼处好善者，设局煮粥，赈济难民。十五日，到碰湖庙，会盛氏昆仲，留宿一宵，搭船约伴。十六日，到钱泾港，适明日有船开，吾即回寓，连夜叫驳船。十七日，黎明，动身到港口，盛绍堂亦已到矣。安顿家眷过载，唤两儿皆剃发，嘱曰：租房宁陋毋华，以下港门为是，我暂缓三四日，亦即过来也。两儿暨盛家登舟后，扬帆起驶，值东南风飒飒，真海不扬波，遥望船已将半，所谓风正一帆悬是也。内眷从来未涉历江海，不无恐怪。恰遇今日风恬浪静，亦是天假之缘。十九日，贼愈乱窜，乡官逃避，钱粮愈无济解，贼愈穷蹙，四野掳掠，民愈逃避，贼愈打先锋。吾方幸近海滨，北渡稍捷，所虑者囊资不能充裕，虽能脱离罗网，来免枵腹，奈之何哉！金陵以下，人烟绝迹，在在皆然，若非如此骚扰，焉得尽为荆棘丛生。廿一日，王裕如以子金法官，托吾挈带北沙，即同登海舶，恰风水不顺，往来游奕二日不能进口。廿三日，登岸寻寓，到津桥镇，适二儿在彼，领到张宅，赁草屋两间，与盛绍堂同居，实不堪容膝。有亲友先我而北，知我为贼所困，咸来慰问探顾。斯时彼岸江南人，已无千大万矣。诸亲友寓所，吾亦次第探问，惟福堂、百川，绝不一到，彼亦不来。南岸消息，刻刻有警，北岸沿海二百余里，挨肩接背，无可立足，诸物腾贵，渡日如年。众相谓曰：麦熟时贼仍盘踞，麦不能刈，秧不能播，更无后望，奈何？柯福堂到沙，仍挥金如土，忽得陈百川信云：彼正月雇船，装运子花，到莱阳销售，即带北货南归，约本千金外，二月底到汇，被巨盗追获，搬取一空，衣服剥尽，仍空船进港，福亦有分。彼二人得信后，顿足伤心，吾闻之抚掌大笑。古语云：生死有命，富贵在天，斯言不谬也。旋即往通州探望汪庚山，承留多日。又闻福山打破，贼已退守江阴，而常熟有出入门户矣。三月初，刻刻有南来人云：贼狂烧狠掠，隔江遥见夜夜火光烛天，白茆以东稍轻，吴市乡人格斗烧杀尤惨，故北渡者愈不可限量。以后西路各港，有人止遏，老幼妇女，听其过北，惟年力精壮者，不能过海，皆团聚一处，拼死杀贼。惟贼有火器，乡团终觉怯懦，苟一畏缩，必被追杀，此次伤残，倍前远矣。自后只有毛贼在路，并无人影在家，焚烧村巷，市镇间亦烧之，独六家市尽烧白。三月十六日，闻得太仓打破，官兵已入城，贼尽数杀绝，陆续来信皆同，而不知太、昭连界沿海一带逃避北来者，更如蚁附。据云：太城确确克复。有某某等前被掳入城，今已到家，已亲历，炮子合城飞满，贼自相残害，拥出者尽为官兵所杀，吾即悬城而下。我问曰：太城既已实确，何反北渡？众皆曰：犹恐如常熟投诚，四乡扰害故也。吾解曰：汝不明甚矣，常邑投诚时，四面贼地，大兵无隙可乘，只宜死守待援，各路大帮贼来，攻城不破，以致四乡扰动。今福山已破，常城已有犄角。况太城亦克，贼已丧胆，势固联络，且上海大兵，由嘉定直抵太仓，毫无窒碍，苏城贼目断不敢正眼偷觊也。兼之李抚军用兵如神，昆山一路，已驻重兵防守，一伺其隙，乘锐进攻，不久亦可唾手而得矣。人人皆曰：若果能如是，即往返亦不追悔也。十七日，南岸来人云：太城杀贼尽净，即散布各镇（者），亦于黎明时远遁。自此太、昭两境，虽僻处穷隅，竟无一毛可拔者也。众皆雀跃曰；有生路也。以后渐渐有人回家探望，惟种田家陆续先回。四月杪，麦将熟，无如粮食竟少，朝谋而皆不及夕之虑。横泾似有些少积蓄贩来，米八八，麦六四，皆九折，升斗刻刻无货，田务极忙。因一春皆未修筑，播谷种花，已为切要之候，然工本无从措办。常令王庆元，昭令梁蒲桂会衔出示。略云：今吾境贼匪肃清，并无余逆藏躲，生意者仍宜生意，务农者急宜耕种，毋负本县等厚望。各港口皆设抽厘局，一无遗漏。四月初，李抚军已抵昆山，一面将克复城池先办善后事宜，饬董次第举行。十七日，闻昆山于十五日克复，杀贼亦多，其余逃入苏城，坚闭不出。廿六日，吾到浒通港，搭定渡船，先置内眷还家，又是风恬浪静，其时无锡人蜂拥迁徙北沙。廿九日，我始徐徐南返，惟带去一守夜犬，捉归时又费一番周折。到家检点，家中店内日常应用器皿什物，无一有也。门户亦坏，举止间皆形掣肘，又无闲款可筹。回忆全家出门，已有三月余，并无一人看守，今得转家乡，房屋无恙，楼上细漆桌椅完全，亦不幸中之大幸也。民间大疫，不及医药。各港抽厘，大于贼时远甚。五月，善后局设北门外，两邑令亦驻北门，专捉各处大小乡官，严办罚捐，盈千累万而亿万，悉充善后经费。自此破靴党已如饿虎出林，挨拥入局办公。巍然董事，扛帮唆诈，后竟彼诈的入彼囊，此逼的入此袋。如是则小破靴只要局中有认识者，疾趋而进，遍访某处，谁为军，谁为师，谁肥谁瘠，估准价目，逐一干办，各乡官皆疲惫残疾矣。李抚军有示云：乡官为保卫地方起见，不必揹捐逼输，自愿报效者，不妨来辕捐输，局中如觉不知。太仓举人杨春熙，在乡婪诈百长司马数千至数十千不等，善后局只设一粥厂，所费甚小，将来如何掩饰报销。由此观之，此等人犹未醒悟，我大清朝国法所以凋敝者，皆由此等贪得无厌之徒，先利后义之辈。常令王庆元年登耄耋，素不风烈，昭令梁蒲桂初任，物色民情，毫不省察，一切词讼，悉由局董作主，以钱之多寡，定事之曲直。今江南将有扫尽贼氛，必得重开生面，先制刁绅恶衿，然后可以常登盛世，农夫牧子自可熙熙攘攘鼓腹而游也。赵宗建本富翁，此次名声亦为之臭。惟太仓钱鼎铭清拳铁臂，捐一文，解一文，李抚军深信之。惟市捐一款，亦觉太重，开店铺者，挨户书捐，每日有二三十文起至一二千文不等，吾境此项幸未起。天有旱象，云霓无望。廿二日，陈百川借宿瞿宅起疾病，即昏不能言，柯福堂探视，急送归时，仅存一息矣。廿四，百川死。福与彼料理丧务。吾于外祖父母及舅父母分上，亦送殓一次，似觉并无悲惜之情。福意谓所寄之物自然交还，而不知百川内子反以福欠钱三百余千，彼此无凭，遂以为切齿之仇，而竟欲呈官追比。谁知百川死下，仍两手空空，家无别蓄，真做了一场大梦。其实病骤被人图赖不少，彼又转赖福数百金，何也？盖有天也。吾冷眼观之，不禁袖手大笑。屈指计之，循环犹在瞬息间也。百之死于今，异矣！其所蓄盗劫后，被人图赖无凭，更异矣！福之所寄，无可归款，奇哉！而反少三百余千，更奇哉！将来阴司必有一番质讯。然而福剥民之膏血寄百，置之海外，固万无一失之理，秘不宣泄，实万全之计。

而百以福寄之物，往来运筹，锋芒极大，实得益于福，岂浅鲜哉？斯时彼二人绸缪胶漆，自得诩诩，今而后横塘人物，窃恐使君与操耳，从此创基立业，千百年远大之谋，在此始也。而不知天固有灵，神亦有验，一霎间现吾眼中，吾似胸臆间无甚忿闷，心目中更觉爽明，皆从有意无意间试来，并非人有祸患，反生喜幸心也。福又即被局中拘拿，敲打再四，禁押。家中将所剩衣饰变卖，罗凑数百千呈缴。六月，赤日炎炎，苗皆枯槁，戽水昼夜不停。李抚军委员立拿善后局董李孙兰、王雨梅、钱竹庵、钱仲谦四人，周沐润亦撤回，局务实已糜烂，自此稍敛迹。李抚军明白晓畅，事事必要实在。其州县及绅衿书吏人等，积习已深，焉能顿改？各乡有贴誊黄，以本年钱粮概行豁免。中旬仍不雨，稻幸河水不竭，木棉已干伤，若再得灾年，更不知人将何以为生乎？州县仍如饿虎出林，绅衿如毒蛇发动，差役如恶犬吠村，虽欲往来道路，仍然梗塞不通。十六日，吾又在通州返津，传闻狼山脚次有食斋者，名曰后天会，潜通长毛，亦欲谋叛，约期五月十五举事，一路掳掠北上，幸彼处福厚，于十三事机败露，被通州知府黄金韶，会同狼山营，四面兜捉，元恶尽为擒获，器械火药尽烧。衣用蟠龙册籍已得数万人，海门、通州、如皋、泰兴在在皆有。元恶既拿，羽党亦散。元贼黄朝阳斩决，提三营大兵防范，皆戎装严肃，黄金韶亲自监斩，吾适在彼目睹。七月初，得微雨，两邑令出示，上海军需浩繁，不可使乏，各处抽厘又增，滴滴归源，无非民之膏血。木棉已伤，约仅三分年景。业田户于上海藩臬辕投词起租，半充军饷，半济薪水，亦是嗷嗷之势。月底善后局董事全行撤调。钱竹庵故，抚军举杨砚培接手。砚培即榜眼泗孙之父。素有坊表之名，宅心公正，其破靴亦不敢滋扰需索。李抚军到常，踏勘灾分，入城短衣草屦，责两令其善后事尚无一办。闻江阴克复,时疫盛行,死亡相继,上海更甚。抚军札饬,支塘镇石城,如无益于民,听其拆毁,遂顷刻而平。八月初三、四,黄昏时,遥天隐隐有响,或云天愁,或云稻鳖,后江北人来云,同时天上亦有响。中秋后木棉已上手,约三四分,东南一路较之倍外。后晴朗得七八分收成,价亦不贱,亦意外得来,农家借(可)渡日。苏城贼冲出荡口掳掠。月底有收租之议,禀请上宪,抚军亦惑于是听,书吏亦有生发,先是汇造业佃清册,然而百姓倒悬已久,四月贼退,幸麦熟在迩,得苟延残喘,况已有旨,钱粮概行豁免,今竟议照田起捐,半公半私,无如苏城正吃紧之时,务使充裕,亦属两难。业主将佃户田亩报明备案,随给三联单,一存官,一给业主,一给佃户,然后可以收租。军饷一半差经地向佃户收,一半业主自行收,此恐业户全行自收而不肯缴军饷故也。十月初一,城中设局征收按亩军饷。各乡镇皆起铺捐,挨户抽厘。贼时亦曾写铺捐,吾镇不过四百七八十文,今竟写到五千光景,不过夜间可以贴席。此皆白茆巡厅刘沐淳到镇猛势威迫,各店家亦无可如何。李抚军亲督三军,攻剿苏城。廿六日,城垣克复,贼见势不谐,遂将大贼目擒献,自相杀害不少,惟伪忠王早已遁去,其余各伪王尽为所杀。抚军即入城,谕:凡是苏属口音者,悉放归,南京以上,不分良莠尽杀。廿八,白茆巡司刘到西周市,催捐愈酷烈,各店忿恨已极,众哗肆蛮,竟将刘巡司发辫拔落,群追共逐、遂罢市。十一月初,李抚军大兵直抵无锡,势如破竹,即克复,贼皆丧胆。有梅三官,号静轩,常熟人,伊父向为吾方地造,于破城时被掳,杳无音信,今无锡放回。聘妻已他适。据云:遍历五省,仍得还故土,亦是为人忠厚所致。岁将暮矣,地里窘迫,固莫可名状。各图地方设局收饷,每亩共催六百文,除饷捐钱一百六十零、费六十外,其余听业主自行催取，佃户家先将饷款清缴，业主仍迟延，低区米租，竟有无成色。太仓佃户每亩一千，均业主收，一月清，军饷缴四百零，无蒂欠。太属业户素所激公，吾境业户玩习已深，况目下室如悬磬，待哺嗷嗷，然而佃农亦皆撒手。贼所骚扰地方，吾方似最为轻，夏秋两忙，尚未荒芜一熟，故人口流亡绝少，如常州以上，人无影迹，地断炊烟，新丧不敢出棺，出必倾尸而食。更有人云：父女二人垂毙，父曰，吾欲割汝股以啖。女曰，待吾气绝时任凭可也。父又曰，汝不绝，吾要先绝矣。竟生剜之。徽州人向出外谋生者多，因粤匪作乱，尽归家，而不知徽地素不产米，专赖江西、杭州两路运筹，今两口被贼踞，无由得入，又无别路搬运，家中虽积累金银，亦不得换升斗，饿死者十有七八。李抚军驻无锡，而常州贼固守严密，军饷浩繁，借此有吾邑刁劣董事，如蔓草生枝，层层剥削，差役穷思极想，百计搜罗，实未办得一桩善后公事。太仓钱鼎铭井井有条，毫无遗议，举止端方，人皆朴实，迥不若吾邑之浮薄也。前各县要口设卡抽厘，今由各港内河口设分卡，又是关卡重重，抽厘叠叠，而不知多一卡即多一层开销，多一牙爪即多一倍浪费，实在有益于军饷者不少，竭膏血于小民者亦多。

28. 同治三年（1864）甲子，上元之始，否已极矣，泰应来也。正月朔，天气晴朗，吾方衣裳楚楚者绝无。人相慰曰：沈疴之下，犹冀调补元气而后痊。初九，大雪尺许。廿六日，吾到上海耽搁数日，值阴雨连绵，焦燥已极。连日得信云：常熟又到长毛，杨库已失，福山亦陷，常城危在旦夕。二月十四，晴，吾由陆路而还。十五，抵浏河，始知贼由江阴海边绕道而来，杨库、福山果失，浮桥已有避难船，到横泾更多。十六日，到家知贼从大雨中来，真如凭空而下，到处焚掳，见人即杀，不分老幼。初八日，直抵常城，其时城中毫无守备，兵不满千，董事先逃，两令亦欲逃避，幸有抚委员魏总办拉两令严闭城门，无论军民，一体上城堵御。贼已架云梯，直逼城墙而上，堵御见者，斩之，以石子灰包，洋炮施放不已。其时李抚军已得信，贼窜内地，即拨巫[1]道员带兵到常守剿。正贼攻击严密之际，见救兵至，即退。内外夹攻，幸无疏失。抚军领兵从江阴兜剿，贼守杨库相持，日久而后破杀之。此次贼所由之地，其惨毒为尤甚，真玉石不分，使是日救兵不至，危于旦夕间矣。三月初，闻浙江抚军左，围攻杭州，贼献城投顺，常熟之慷天福钱桂仁亦在其中，杀贼亦多。李抚军已驻戚市堰。三月中，吾附毕俊卿舟到苏州，六门城外，竟无片瓦留存，惟山塘一街，依然热闹，皆焚毁后贼重新盖造。城中西半城亦是白地，东半城所剩十之五六分，前所往来街巷，今无从问津。最惜者，千百年名迹，尽为埋没，笙管楼台，俱为灰烬。惟伪王馆七八所，轩冕异常，龙蟠凤绕，黑漆朱油。李抚军现驻伪忠王馆。阊门外建石坊，以"万民感戴，蠲免钱粮"字样。合城文武大小衙门八十余个，所剩者苏州府及守备衙门，余俱瓦砾场。北市塔无恙。狮子林、刘（留）园内各伪王游玩之所，尚无大坏。收埋局留养局施粥厂施药室处处皆有，绅董实心办公，好善者接踵，人烟依然凑集。闲游五日，景物皆非。转出娄门，一路到昆山，桥皆断，必渡。屋无半椽，田尽草茵，枯骸满目。问诸涂路，皆云大小五六熟未种，家亦破，人亦散，今虽安逸，恐廿年间不能尽熟矣。东一个大兵营，西一个贼营，前一个大兵寨，后一个贼寨，共有廿余处。进昆山城，荒索之象，愈形触目，客寓饭店皆无。以洋易钱，又无兑处。惟洋枪小队做市，皆

---

[1] 巫，为"符"字之误，候补道符介人统介字护卫营兵四百名入城协守。

宁波人，苟有落单即抢。是夜权宿小饭店中。次早登程，由嘉定宝山界各乡村镇，问于路，皆曰：此处贼烧，彼处大兵拆，此贼踞营，彼大兵寨，在在皆然。田中更无菜麦，亦云四五熟未种。今不但农具俱无，且人皆掳去，万难耕凿。使勉力者，犹如开垦一般，三五年间，焉能一望青葱耶？及到上海界，完好如故，夷场更有一番气象，想是天堂地狱由此判也。得晤詹秋田，蒙款留数日。回家米价仍要五六，麦价四二，现青黄不接，渡日如年，吾方嗷嗷者尚有待也。四月初九，闻常州克复，忠贼远遁，余尽杀，投顺不少，上路口音直杀至血流成渠之候，于是可直抵金陵。据云：南京曾制军已围如铁桶，使绝粮后，亦在反掌间也。又云：一股从徽州窜入江西，一股从浙江窜入福建，未知确否？李抚军杀贼立功，声名喧赫。现在捐厘极大，生意极难，假使开一布行，必先写定每日捐钱若干数目，而后收一匹，加捐二文，支塘卡报捐五文，太仓亦须五六文，嘉定四文，吴淞塘报四文，上海夷场局报四文，以一匹而言，到上海需外费廿七八文，再加盘缠。前有谣诸道路，李以饷五十万，专人解上安徽，由浙经过，被浙抚左盘住，搜得信札，似非解饷，即来函云：我获赃五十万，审勘时，冒大人寄家信银，吾实不信，故来问明，是否即付回据？况浙中现乏饷，亦可稍为支放。李未认。此言谅谬妄之谈。左抚曾参一本，十里三卡亦在内。又有谣云：有一亲戚投于李抚军幕下，欲借些盘缠。抚军曰：吾想与汝一缺可乎？其人曰：何缺？抚军以择其要隘，添一卡关收税，足可有济。其人拂然曰：此孽吾决不造作，遂辞别，径到常熟，见李鹤章及太太，即赠金而去。五月，麦刈只得中熟，价稍平，各州县上忙银概不开征。高乡向有麦租，不开征似难收麦租，高乡业户商于城董，并谋于邑尊，于是借今年被贼蹂躏之地发抚恤，又出示收麦租,减成六折,以每亩八十文拨解西乡抚恤,余归业主一面。西乡一隅择其扰害最烈尤为孤苦者,造册抚恤。东乡各镇举董设局,共九处。各业户以租簿交局,公收公捐,无论租自业,每亩捐钱八十文,业户亦借此收租,各乡董亦可混其渔利,城董抚恤局亦可假借。共高乡有麦租者一百余图,每图扯四五千田不等,统而计之,约核有钱四万千。西乡仅恤三次,初次不过米五百石。吾恐实惠抚恤孤苦之外,不知作何支销? 其乡局城局,彼此分肥,然借抚恤而各人染指,窃恐天理所不容。六月初十夜,风雨甚狂,黎明更大,巨树亦倒。吾常地人烟虽云稠密,风景甚是萧条,克复后又经四载[1],大成殿烧后并未重造,河道处处梗塞,桥梁皆断,新塔圮,两邑令仍居贼馆,各董事家善后事宜俱已齐备。廿日,闻金陵克复,逃窜仍不少,江南地可云肃清,浙江仅湖州未克,亦不待攻而自死必也。无如天不雨,炎日猛烈,米价五三四,麦二二三,久困之下,或望稍苏。然而卡关不止,铺捐不停,亦是民间漏卮。太仓牧方传书,风土民情,早已熟悉,利弊无不洞明,兴利除弊,董事亦循规蹈矩,颂声载道。七月初三,四面有风,独此方无,亦是天灾,禾苗枯槁。十四日,得时雨二寸许,木棉恐已不及。十五日,得伪天王自缢,伪忠王于乡僻活擒,曾制军本拟献俘,恐路途阻挡,故就地正法,首级游示各省。廿后,闻湖州冲出,大兵一挫,程芳忠伤,浙抚左围攻,克杀甚多。得旨加曾制军侯爵,李抚军伯爵。曾、李会奏漕粮减成革除积习浮费。八月,李升浙闽之任[2]。九月,木棉约六七成,价格七五,禾稻极盛,亦仅六七分,米仍四五

---

[1] 四载,当作"一载"。

[2] 李鸿章并未做过浙闽总督,此恐有误。

六。铺助松,今反紧。浒关不造,织造在苏毫无事。牙厘局总包数万金支用。十月,李抚军定租捐章程,各业主又起限收租,转输租捐,佃户又不能稍形松懈。花租折八百零,米租四斗零,名不起征,实有租捐。十月,奉旨补行乡试,南京考棚未坏,应试者不少,中式加倍前额。十二月,各州县设柜,征收本年租捐,常、昭顽劣者仍抗欠,守分者奉公。花田每亩一百六十文,自业着经造办,仍三百五十不等,清粮费、草单费层层剥削。白茆淤塞,内地支河,几如平陆。

29. 同治四年(1865)正月,租捐紧急,太仓每亩四百零,遴选各镇董,更举各图董,逐一查勘田亩丘址,挨次丈量尺寸,计核分厘,亲诣各工验报,未二月告竣。初九日,大雪,阴雨绵绵廿日。三月,曾制军剿北路捻匪,李抚军接两江篆,刘郇膏护抚印,厘捐关卡依旧。学宪宜行文县府试毕,即案临,岁科连试加恩,广放长额,两县取者百人。四月,麦歉薄,低区大丰,竟有二三石不等。上忙银不征,各业户议八折收。五月,木棉极盛,阴晴适当。浙省发水,田禾湮没,严州、绍兴尤甚。闰五月下旬,阴雨倾盆,水涨三四尺,低区几破圩,木棉更伤。六月,晴朗,犹冀中稔,草极盛,人皆无力芟割。米松四三四,麦二一二。有徐市各店求免铺捐一月,一俟秋成再起,卡局委员勒收严逼,适有捉盐炮船在彼方,委员嘱密拿店户,彼此扰动,竟开炮轰死一人。店家到县喊验,彼亦打干。店户商于翁菉卿,馈金二三千金,仍以鸣锣聚众闹局为事,依旧挨户抽厘,再不敢倔强,只得忍气含冤。至于菉卿,不过倚势骄横,贪酷成性,而求于彼者,实自盲也。现局主曾百揆,刁诈刻滑,是所常技,掩饰靡耗,习惯自然,试问善后局已收二年,其款不下几万,计其实在公事,曾办几许?七月初,木棉垂开,又霖十日,捐亏不小。禾稻因白茆蓄泄不通，支河平陆，亦有灾歉。吾镇航船，停于东三里许，货物出入，必需车力，费用愈大，生意愈小，故市面渐衰，几于莫可挽回之矣。白茆塘各处有人投词请开，只言军饷紧急，并无闲款可筹。太境方牧首先开浏河，十一月动工，皆民填民开，按亩集夫。其七浦、七丫、杨林等河，以明年次第兴挑，内地支河，皆要一例深通，官固清正，董亦实心实力。八月，木棉只得五六分年景，稻有十成，新谷登场后，至三千左右，花价不小。苏藩司衙门先造，抚宪刘郇膏为上海令时，聪察异常，后于兵备道升臬，由藩转抚，今反不开口，旋丁艰，郭柏荫藩司兼护之。山东直隶捻匪声势不小，猖獗尤甚，烧杀较长毛更烈，李制军追剿之，窜入陕西界。捻匪不守城池，出没城池[1]，长毛逃窜，投入其伙者不少。

30.五年（1866）正月，苏委员到白茆勘丈，又来估工，上冬亦来估工履勘，皆未举行。五月，麦收尚可。夏，风雨尚调。八月初，木棉将开，铃却不少，及延到十月，仅得五六分年景，大失所望。其时长洲县令蒯德模，明察秋毫，龙图再世之誉。藩司丁日昌，公正廉明，体察官吏。惟郭柏荫真一扪口老佛。苏城中开济元、济亨两典，三分起息，一年为绝，投质者挨挤。一冬晴，菜麦未出。丁藩司逐一将弊除利兴，积习陋规革绝，定条银成式征粮章程。自此条漕折色，在苏省统归一价，不分大小户，然而吾常、昭终不能净尽，如大户办粮，十户花名彼可完七八户，其二三户仍可蒂欠，小户要户户清完，价无推敲。

31.六年（1867）正月中大雪后，麦始透苗。春晴朗。四月初

---

[1]　此间疑有误字。

三,立夏节,种花已嫌干。前月底种,尚出不齐,初里[1]种所出十之一二成。五月,仍无雨,禾稻亦不能插莳。于是勤其力者,戽水灌棉子,即一拥而透:无力者坐守天时。五月十三,大雨后,在在出齐。又阴雨连绵不已,其戽灌之田,草盛廿倍,又不能删削,无力家草少,似省些。六月十五,大雨倾盆,骤河深五尺,低区淹没,木棉亦浸。随退,即赤日炎炎。到七月中,蔓草始得尽绝,苗已受伤矣。久旱之下,苗甚枯槁,前所戽水灌子之田,今又戽灌,其苗即勃然兴起。似乎有工本者,终可挽回天意,而草又芃芃而生。廿五日,得大雨,其灌水之田,花铃萎卸一空,未经戽灌之花,尚可咬住十之四五朵。八月初二,晚起大风一昼夜,田苗摇撼不已,伤入骨髓,中秋后始开。平田只讲每亩数朵到三五斤为则,高田尚有二三十斤不等,扯年景不过二三分。高乡稻仅栖三四斗至七八斗,太地平区花竟绝种,镇洋亦然,昭界木棉地兜率耆民百人,到藩抚辕报荒,皆不准,民力实不堪支。冬,苏委员丈量白茆,钉桩封泥墩,即谕:地方沿塘不必种植。大委员候补道沈伟宝,总办河务,封张市公馆,台桌椅凳器皿什物数载尽到。沈总办出示:奉藩宪委办白茆,所有应用食物以及车轿夫,皆由局发给,并不苛派民间。小委员亦已到齐,段董已嚣嚣自得,又可赚摸几许,再邀议叙,真名利兼收。专候银款下来,即便开工,而不知久久渐无应响。沈总办回省,杳无形影。小委员陆续上去,皆未回来。越二月,仍将器用装上,亦未知何故停止,皆未明言,谅由捻匪猖獗,军饷紧急故也。苟能动工,亦农家不无小补。幸低区禾稻尚称中熟,尚得二石许。米价松,糙一元六七角,白在三千之内。纱布利颇厚,

---

[1] 初里,犹言初旬。

或可苟延残喘。然倒悬之下，又遇奇荒，究不知如何结局？业户开限收租，不能蒂欠，告贷无门，真滴水成冰之世界也。冬，开漕，一例均收，抚藩定章，浮费删除。上米一石加津贴一千，零费五十二，折色共三千七百五十二，不分大小户名目，条银每两二千，不准浮收。然而小户业田，仍由经造经手，焉能尽如新例？而大户价难划一，尚可捹缓二三分，总是利弊。州县官将届开征时，在上司包解若干，余推原荒，故反觉好办而有利数，漕书亦有味。吾家祖宗七代真容遗像，前咸丰十一年四月初九寄于费宅，尽被贼烧毁尽净。今倩得娄东周子馥堂，逐一凝神想象五官形貌，肥瘠部位，苍颜白发，四易寒暑而成，宛肖虽是难言，质之于众目，咸谓竟有八九分气概，即付装潢而珍藏之。

32. 光绪三年（1877）正月，少雨，迩年来米麦贱，纱布贵，上冬种麦甚少，皆冀早种棉花，必倍收故也。一春少雨，麦收歉薄。入夏尤亢旱，低平区秧苗皆莳，高乡竟掣肘，吾方间有稻田，亦不敢种。木棉尚称茂盛，忽起蚜虫，嫩头皆缩，蹭蹬半月始醒。五月十二，余往苏，十五、六日，于月明中见有飞蝗过境，不知所止。廿日，抵洞庭东山，有小雨蒙蒙数日。廿三，大雨倾盆一昼夜，大风掀作，如巨桅之老树，连根拔折，西乡一带未莳者，始能插遍，在田青苗，受伤不浅。六月中，木棉虽经雨挫，似属仍茂，番麦将秀。六月初七，蝗忽到，漫天盖地，不知底数。落地番麦旱稻干戈叶一食而尽，栖宿木棉，枝头垂地，又遭一挫，四五日后，花葩皆萎。自后蝗雌雄打对，几日卸子，忽而倏然去矣。又隔七八日，蝻子皆生，泥土田地，竟为墨黑。由小而渐大，更难量其多少，番麦旱稻叶复萌，又被一尽，从此无生意矣。豆正浓花，木棉小铃嫩叶，又遭一啄而尽。其时蝗身已大，尚无两翼，只能跳而不能飞。前邑令赵卸事，新令吴接任[1]，即出示谕：田间开深沟，蝻一落沟，即置于死地。于是遍掘沟渠，死者莫能言数。未入沟者，翼成而去，稻田幸未遭害，高乡田亩，眼望减成，尚冀四五分收成，报荒者不少。忽而田中见有青虫，小如麦粉，即鞠鞠虫，又是无万大千，由小而渐大，有寸许，将木棉叶豆荚花赤绿豆花叶剥啄净尽。据老农云，此虫从大雾中生。然而总归天意，故木棉仅得二分至五厘不等，其杂粮不过还归种子而已。所未伤者，山药、生果、芋、葡等物，芝麻亦未伤，荒准四分，稻区一分五厘。吾乡除荒外，实征六成。九月中，刈稻，堆诸场角，赶种菜麦未毕，于廿六日起雨，以后三日一雨，五日　雨，稻谷不能垄碰，米价渐涨，纱布价贱。十月，仍间日而雨。十一月，阴雨不已，大雪严寒，官塘各路冰断半月，雪堆深三尺，渐解冻，复冰。花租只收二分，业户赔赋，稻租借米不能垄碰，还租寥寥。十二月，开仓，折价四千零五十二文，严催酷比，竟难措置。布久断机，人情窘迫异常，家无杂粮可恃，将形断炊之虞，不独积逋难偿，竟有朝不谋夕，兼之阴雨不已，路途泞烂，不堪行走，惨莫可言者也。余年近七旬，所历凶荒，已有数次，从未遇此景状，真千古奇荒，特志之，雨直至次年正月底始暗朗。

是册记道光十六年至同治六年，吾邑漕弊以及朝政、天象、寇乱，并官绅优劣，历历可数，悟迟老人诚有心人也。南郭老人记。

---

[1]　前令系赵秉镕，新令系吴作霖。

海 角 续 编

海角续编

1. 癸丑咸丰三年（1853）春正月，粤匪洪秀全、杨秀清等由湖北破九江陷安庆，两江总督陆建瀛遁回金陵。

二年壬子（1852），发逆伪天王洪秀全、伪东王杨秀清、伪南王冯云山、伪西土萧朝贵、伪北王韦镇、伪豫王胡佑光、伪慈王宋日纲、伪翼王石达开、伪懿王罗大纲等[1]，出粤境，窜湖南，扰湖北，长江七千里驶游上下；三年正月，遂过九江，破安庆。先是，两江总督陆建瀛奉命驶赴九江迎剿，领水陆兵勇二万余人，兵船一千五百余号，随行官弁二百余员，江陵至金陵一千余里，其间大胜关、和州、东梁山、芜湖关、板子矶、鸡心嘴、仙官庙、磨盘洲、胭脂港等处要害皆连营屯扎，江面用数万木排联以铁绲，安放炮位，截流把守，陆路新开镇、黄马洲、二郎洲、扁搭港各扎营盘，水陆两路均屯重兵。陆籍隶湖南，贼用道州从逆贡生何见机之计，将伊婿某诱入军中，逼令写信，诡称假道赴浙，并不犯两江。陆得伪文，知妻孥被掳，退兵四十里。三年正月，撤去芜湖以上各险要防兵，贼遂自九江顺流而下，时湖北提督向荣在该省堵剿，闻贼大队逼九

---

[1] 韦镇应作"韦正"，胡佑光应作"胡以晄"，宋日纲应作"秦日纲"，胡以晄、秦日纲，此时均未封王。罗大纲不曾封王。所记皆误。

江，飞咨徐广缙约其星驰会同堵击，并知会陆建瀛切勿先开仗。徐迟延不至，陆亦不听，遣寿春总兵恩长领江苏水陆标兵进，正月初四日遇贼于黄石港，恩长中炮堕江死，陆闻报遽遁回金陵。城陷日，微服步行在十庙地方遇贼被害。向荣字欣然。

2. 二月，金陵陷，提督福珠洪阿、将军祥厚、副都统霍隆武等死之。

正月二十七日，伪都督黄生才前队先到江宁城外，吹角鸣号，周视城垣。二十九日，贼众大至，陆路扎营二十四座，水路贼船一万余号，攻聚宝门。二月初十日，贼地雷轰坍仪凤门，韦镇首先入城，提督福珠洪阿、上元县知县刘同缵俱被害。十一日，洪秀全进城。十二日，进扑满城，将军祥厚、副都统霍隆武力战死之。

3. 湖北提督向荣尾贼南下，驻紫金山。

二月二十一日，向荣带兵十七万尾贼后追至紫金山扎营，连获胜仗，稍挫贼锋。四年七月，安徽贼由水路向芜湖下窜破高淳犯东坝，苏常戒严，向荣遣副将某堵截之，军威复振，苏常内地得以保全。六年，向督病故。八年（应作十年），猛将张国樑阵亡。旋命提督和春总理军务，并饬两江总督何桂清督办防剿事，遂不支。

4. 贼陷扬州、镇江。

二十二日伪豫王胡佑光、伪指挥黄宗清率贼万余攻扬州，时知府张廷瑞奉委在外，扬州商人江寿民敛财物往江宁迎贼，遂失陷。镇江鉴道光二十年英夷之乱，闻贼到九江，即迁徙一空，伪懿王罗大纲率贼渡江，二月二十二日陷之，知府预立鹄投江未死,江苏巡抚杨文定退遁江阴。

5. 邑中设军需局。

三月,督臣令各州县设立军需局。常熟知县黄金韶、昭文知县任鲲池邀请绅士设局于常邑城隍庙,国子监助教曾彬文字仲才、内阁中书丁云瑞字芝亭等总理局务,发印贴劝捐,杨绅所撰劝捐文有"官衔翎顶,荣施可如愿以偿;银米钱洋,捐数必以多为贵"等句。时两邑知县闻金陵陷,屡欲潜逃,局董为雇护勇。举武生许玉彬为勇目。

许玉彬字子仪,邑栏杆桥武生。局董举为勇目,募勇二百余人,每名日给钱二百文,三、六、九日在局演习。

6. 甲寅四年(1854)春二月,地震,夏四月又震。

是年二月及四月,地连震数次。

7. 六月彗星见。

彗星昏见东南方,光芒长亘半天。

8. 庚申十年(1860)四月,两江总督何桂清退兵苏州,江苏巡抚徐有壬不纳,遂抵邑翼京门[1]外,城中震动。

和春将退守,逼令何桂清先退,己继其后。何为所逼,立不住营,一路退至苏城,巡抚徐有壬闭门不纳,遂退至邑南门外,旋至江阴。后和帅自缢,何督解京正法。

9. 贼陷丹阳、常州,直抵苏州,省城陷,遂陷江、震、昆、金、新、锡、江阴,太仓。

三月十二日(应作闰三月二十九日),陷丹阳,〔四月六〕(三字原缺)日,常州郡陷,张玉良及天宁寺僧打过一仗。四

---

[1] 常熟南门名翼京门。

月初,贼扮官兵下窜,十二日,抵苏。苏抚徐有壬误认为张玉良兵,迎接入城。次日黎明,城遂陷,徐抚赴水死。吴江、震泽、昆山、新阳、金匮、无锡、江阴、太仓等州县,遂相继失守。

10.五月,在籍礼部侍郎庞钟璐奉命督办团练事。

邑绅庞钟璐字宝生,丁未探花。时丁父忧在籍,奉命在籍督办团练事务。庞钟璐系先派驰奏紧要事务,潘伯寅、杨滨石[1]保奏后,六月中,乃派督办江南团练。

11.各乡分设团练局。

时苏城既陷,邑中危甚,各董于四乡募勇防堵,团董徐应祥、钱福棠等各领民团守险。

12.设盘查局。

时六门[2]俱设局盘查奸细,自四月至七月,计杀数百人。

13.谕各家轮流巡夜。

两邑知县谕城中各家轮流巡夜,各店铺出钱包于地保雇人,其好事者制号衣旗帜,备刀枪剑戟及"巡防"字样灯笼,初更时起,环转街衢,鸣锣击梆放枪,其声彻夜不绝。

14.团董某[3]攻昆山,率民勇数百人,直抵城下,贼出拒之,败走。

团董某议复昆山,驱数百人直抵城下,城上矢石如雨,死者无数,贼遂开西门分两队来,团败走,民勇自相践踏,贼追赶,乡民恐其来扰,急断沿塘桥梁,一时投河被擒者,

---

[1] 吴县潘祖荫、常熟杨泗孙均当时京卿。
[2] 常熟城经常开放的城门,除东、西、南、北四门外,加小东门和北水门,共六门。
[3] 按即钱少湘。

不计其数。

15. 西路义勇王元昌、梁国泰领沙勇堵贼于鲎山、鞋山[1]，连胜之。

王元昌本江阴祝塘商人，后住邑之陆家桥，由江阴召集沙勇，先堵贼于鲎山、鞋山，以截江阴、无锡贼来路，后退至顾山[2]，屡获胜仗，继因力不支，遂去至靖江。梁国泰，丹阳人，无锡杨官宗濂字艺芳家保镖[3]。杨荐于庞督办为勇目。能单骑入贼中，斩首级而回，尤善腾跃，被围则登屋躲避，屡获胜仗。久驻顾山，后贼与讲通让路。八月初一日，贼至该处，乡勇接仗者三千名，阵亡八百余人。梁尚在杨姓宅，并不出，杨官知其通贼，欲斩之，遂逃至甘露局中借饷若干，越宿舟尚不行，百姓疑其为贼之先锋，欲杀之，遂下河误入菱荡，被百姓以长枪戳死。

16. 长洲县富民徐佩瑗、马寿[4]等募勇堵贼于永昌。

东永昌富民徐佩瑗字少蘧，设局于家，招募太湖等处义勇，保障一方。马寿字健安，拒贼阵亡，子安澜字春和继父领勇，屡挫贼锋。后见贼势日甚，阳附阴违，被苏城贼目熊姓

---

[1] "沙勇"系从苏北沿江一带招集的兵勇，常熟人称苏北沿江一带为北沙。鲎山、鞋山皆在江阴县东乡，近常熟。

[2] 顾山属江阴县，地接常熟西境。

[3] 杨宗濂，无锡东北乡河塘桥镇人，以在籍户部员外郎组织团练与太平军抗。见窦镇：《锡金续识小录》。

[4] 马寿，潘钟瑞：《苏台麋鹿记》、曹允源：《吴县志》均作"马善"。

者[1]，逼徐与马并授伪爵，时人为作《蠡湖异响》[2]。徐将伊弟质于上海，奉兵备道薛焕[3]札，就近出团集捐杀贼。户部侍郎宋晋为其特奏，钦加道衔，五品军功，赏戴蓝翎[4]。十一年八月，至上海请饷银二十万，大炮十座，火药三千斤。炮上有"某年某月薛制"等字。又造长龙船数十号。伪忠王李秀成闻之，向借火炮火药等件并长龙船十号，带伊攻杭州，充头阵，被浙江巡抚王有龄夺获，将永昌旗帜封奏，切责上海各大员所用非人。后徐到苏城拜伪忠王寿，适值邑城归顺，贼疑之，禁闭城中。李抚攻苏州日，用永昌徐旗帜充头阵，贼忿甚，遂被害[5]。同治六年，总督曾、巡抚郭俱派委员捐徐姓、马姓之米各三千石。

17．秋七月，贼犯斜堰[6]，勇目青阳二官、钱福钟等先后拒却之。

乡勇中有青阳二官者，胆壮有力，于斜堰拒贼数次。城

---

[1] 熊姓即忠殿左同检喜天福熊万荃，见华翼纶：《锡金团练始末记》。

[2] 龚又村：《镜檓轩自怡日记》云："（同治元年三月廿七日），予见吴门戈申甫茂才清祺《蠡湖异响》，知专讽永昌徐局，骈四俪六，叙事详明，可以醒世，闻上海已经刻板，似怨家所为。"汪堃：《寄蜗残赘》有《蠡湖异响序》。

[3] 薛焕时已官江苏巡抚。

[4] 按，清廷赏给徐佩瑗二品顶戴，花翎。见《咸丰朝东华续录》卷六十八。

[5] 常熟太平天国守军叛变后，慕王谭绍光督兵进讨，永昌徐马二姓团练出动袭击，被太平军击溃，残部逃奔上海，编隶李鸿章部淮军，称巡湖营，由徐佩瑗之弟佩璩、佩瑛统率，随程学启进攻苏州。慕王恐徐佩瑗为清军内应，故诛之。见曹允源：《吴县志》卷六十九下"《忠节》二"。

[6] 斜堰，常熟东乡地名。当时太平军从昆山向常熟东乡进兵，遇斜堰团练拦截，故攻之。

陷后,往上海,复投永昌。反正后,拒苏城贼于野盛泾炮船上失火投河死。贼冲斜堰,掳妇女丁男无数。邑人钱福钟字华卿[1],率东湖南义勇奋击退之,将被俘者全行救回。后攻俊仪,回至陆巷,与青阳二官不和,格伤一目,乃入城,闭门不出。

18.贼破杨舍城[2],都司某遁;遂冲鹿苑、羊尖[3]等处,都司衔勇目许玉彬阵亡。

　　七月,贼由祝塘、华市、周庄攻杨舍城,初九日陷之,都司、城守不知下落。旋冲羊尖,遣小长毛来插旗,民团奋勇杀退之。勇目许玉彬于栏杆桥阵亡,乡人为塑像羊尖城隍庙,后毁于贼。

19.八月,贼冲顾山[4],勇目青阳二官[5]率众拒之,败走。

　　顾山离城三十余里。八月初一日,贼至,青阳二官率百余人奋往接仗,旋即败走,由乡局备文飞报总局告急,局中急为筹划,事已溃裂。

20.贼冲大河,湖桥[6]民勇拒之,不克,遂溃。

---

[1]　钱华卿,佚名《庚申避难日记》作"伍卿"。

[2]　杨舍系常熟、江阴交界处要地,属江阴县,有城堡,故称杨舍堡。清代,有都司驻防。见叶长龄:《杨舍堡城志》。杨舍为太平军从江阴进兵常熟必经之路。

[3]　鹿苑在常熟西北乡,羊尖在西乡。

[4]　杨舍战后,太平军进兵常熟,途经顾山,又获大胜。时太平军分兵两路东进,北路从杨舍进攻庆安、鹿苑,南路从江阴进攻顾山、王庄。所击溃者庞钟璐亲自督率之常熟西北乡地主武装也。见谭嘘云:《常熟记变始末》。

[5]　青阳二官原在常熟东乡,后随庞钟璐转至西乡。见顾汝钰:《海虞贼乱志》。

[6]　大河、湖桥均常熟西乡地名,湖桥离城约十里。

初二日黎明,贼至大河,烧民房。湖桥民勇望见火光,急将茶肆中台凳堆积桥上焚烧,欲阻贼来路。

21. 贼目黄老虎率七骑直犯阜成门[1],城遂陷。常熟县知县周沐润、昭文县知县王庆元、守备刘金榜及县丞、主簿、典史、教谕、训导等俱逃,绅士曾彬文、蒋鹤龄、江之升、屈茂曾、归兆金、张铭等死之,庞钟璐渡江乞援。

时民勇焚烧湖桥未断,贼目黄老虎拍马从火中跃过,民勇遂溃。贼径冲西门,守城勇见贼闭门即逃,一贼竖梯城外民房,登梯入城开门,城中一无防守,黄贼遂领七骑冲进城门。先是,七月三十日,江阴伪英王陈玉成绰号四眼狗遣贼扮烧香百姓上祖师山[2]埋伏。八月初一日夜,于城外山下扒进,伏于虞山门老君殿[3]为内应。黄贼头戴藤帽,颈盘大辫,手执长刀,见人乱斫,阖城鼎沸,刺死被掳及带伤逃者,填街塞巷。常熟知县周沐润方喝道到局,于书院弄口闻讯,即卷旗下伞出城至永昌,出鹿苑港渡江,寓海门。昭文县知县王庆元出东门,百姓拥挤,轿不得出,护勇为开弹炮,打血路一条,乃得脱,至支塘,出白茆港(渡江)。时尸横遍地,人踏尸行,逃者愈难出城,因此死者极多,城守刘金榜,常县丞某、典史某,昭主簿某、典史某,常教谕某,昭训导某等俱逃。绅士曾彬文、蒋鹤龄、江之升、屈茂曾、归兆金、张铭等俱殉难。男女老幼投水自刎者,不能悉记。贼入城后,后队从邹

---

[1] 太平军定南主将黄文金,骁勇如虎,故号老虎,时隶英王麾下。常熟城西门名阜成门。

[2] 拂水岩为虞山最高峰,上有祖师庙,俗称祖师山。

[3] 常熟城的一环,在虞山上,有门名虞山门。城内有道观老君殿,今仍在。

巷、宝岩漫山遍野盖地而来，尘埃蔽天，自辰至酉不绝。东、南、北三门贼骑绕城冲突，被掳者亦不少，后逃回者不过十之一二。督办庞钟璐时在西乡团练，城陷后出福山港渡江乞援[1]。城陷时，绅董曾彬文在常城隍庙总局，归理[2]一切，尽投火药于池中曰："无资贼用。"然后步出庙门，颜色如常，遇贼不屈被害。

22. 各乡镇民团图复邑城，不克，团董某败走，生员范循谟等死之。

初三日，四乡民团急攻四门，先后不一，皆被贼打退。局董某在南门外接仗败走，到施家桥[3]张姓家，复议进攻，为乡民误杀。生员范循谟在木排库局，闻城陷，跨马提枪引数十民勇奋杀至南门外，一贼以钉枪挑之，遂堕马下，被众贼刺死。贼追民勇于下油车地处，民勇回身杀三贼，始逃去。木排库在二十里铺，为吴塔[4]分局。吴塔局董范某作前队先行，许其后队继至，竟驻湖荡不进，范以无救援故遇害云。东门攻城，有北水门外曾开鸡鸭行周某，力竭被害。

23. 贼纵火延烧城外民房。

贼初入城，日间将城外银钱货物搬运入城，夜则紧闭不出。近城无赖愚民乘夜在城外掳取物件，自延烧后，无敢复至。

[1] 按，庞钟璐时驻兵常熟西北乡的西塘桥。太平军攻克常熟城后，庞谋夺城，由水路进至离城十余里的金姬墩，遇太平军一百余人，不战而溃，遂逃往江北，闻常熟西北乡前辈言如此。
[2] 归理，常熟土语，即收拾之意。
[3] 施家桥在常熟东乡。
[4] 吴塔为常熟南乡与苏州交界处的大镇，属长洲县，当时的团练首领为张汉槎，后伪降太平军。见施建烈：《纪（无锡）县城失守克复本末》卷二。

24．出伪告示。

贼大书天朝九门御林开国勋臣擎天义黄、营天义李[1]，用蟠龙印伪示，遍贴通衢，禁民不准剃发带（戴）帽。贼有义、安、福、燕、豫等伪爵，由豫起，义为最大。

25．贼破福山城[2]，总兵叶万清死之。

前任福山总兵陈超奉调至九江，败死于老鼠硖，所带兵丁间有逃回者，俱匿不出，亦不给粮，以故城中无兵守御，贼至即陷，总兵叶万清投河死[3]，右营、左营、中营游击守备等俱逃。

26．苏郡伪忠王李秀成派贼目钱得胜、侯雨田等来守城[4]。

时贼改苏州府为苏福省。八月二十三日，伪忠王李秀成派贼慷天燕钱得胜、详天福侯雨田同来守城，调黄老虎大股贼别去攻城。山前塘上络绎不绝。所掳妇女，或坐轿，或骑马，或用楼梯一桄[5]坐一人，众贼蜂拥扛出城外，半送苏州，半送

---

[1]　营天义李即太平军佐将李远继，时助黄文金统兵在常熟。见缪荃孙等：《江阴县续志》卷十五。

[2]　福山在常熟城北二十余里，为长江要口之一，与狼山隔江对峙，清代均驻总兵。有城堡，故称福山城。

[3]　《海虞贼乱志》说"时黄老虎获叶镇台于船厂，正在亲讯吊打"，可见叶实非溺死也。

[4]　按，《镜檗轩自怡日记》于咸丰十年八月二十四日记："伪王宗详天福侯裕田、勋臣慷天燕钱得胜桂仁奉命来城安民，……侯系广西人，……钱系桐城人。"十二月二日记："其详天福侯姓系文职，不理军务，唯钱伪帅操兵农之权。"《海虞贼乱志》："（咸丰十年八月廿七日），伪忠王责令（黄文金）回守芜湖，着忠殿承宣慷天燕钱逆代守常昭，……伪英王……亦拨详天福侯逆前来守安。一应民间事务，钱逆作主；军令口号，侯逆作主，均于今日入城。"又说："九月初一日，……各处所悬伪示：果系详天福、慷天燕钱、侯二逆也。"可知实权操于钱手。

[5]　一桄，常熟土语，即一横格之意。

江阴。所掠赀财,有船载,有肩挑。其掳去丁壮,将麻绳穿辫,有一二十人一串,有五六人一串不等,跟随不上,将辫割断,斫死道旁。钱贼,桐城县人,后改名桂仁。到邑后,各门悬千斤板;水关桥起筑外城;城垛用石灰水扶白,置钉板滚木,四面皆钉;城上周围砌走马楼,拆沿城脚民房为之;城垛加高,另开炮眼;城脚下都插鹿角木,以民家木椽为之;城外石桥,一一拆断,俱换木面,有警则用绳扯起,或用四轮,桥面可收可放,守法颇备。侯贼,广东人。后去,又换黄天安伍姓贼来。

27. 放城中年老男妇。

贼称老男为老头子,老妇为老婆子,尽放出城,其被伤及残废者亦俱放出城外。

28. 设伪馆。

钱贼住程家巷杨第,侯贼住九万圩曾宅[1],余俱各占大宅,多有改照墙门作衙门式样者,不及枚举。

29. 设女馆。

将年轻女子关闭一处名姐妹馆,在粉皮街一带,以年老妇人为女百长司之,所掳妇女悉置于此,分配各贼,谓之贞人。

30. 出伪示安民令乡民进贡。

钱贼派贼往各乡打馆,出伪示安民,令四乡百姓前来进贡,免打先锋。贼以杀掠为打先锋。由是各图地方敛财物进贡者纷纷。

31. 各乡设伪乡官局。

贼将各图地方编为军、师、旅、帅、百长、司马等名目,以

---

[1] 程家巷、九万圩皆在城内。

乡间无赖及狡猾之人为之。各镇设局着献都图册,总名乡官。城中伪札,或办油烛,或办麸皮稻草,多刻不及待。且令各家出钱领门牌,各船领船凭,伪天王捐,红粉捐,店捐,船捐,上下忙银,漕粮。伪军派伪师,伪师派伪旅,以次递派,俱有伪札;该交银两若干,额外另加贴费若干,由伪司长以次缴伪文军政司,一呼百应,绝无漏网,民不聊生,稍有拖欠,到家严催,袖中带铁练,甚至锁到伪馆,拷打逼勒,再有违拂,送入城中贼馆吊打,俟缴清后,再要老土花边取赎。如遇乡民杀伪乡官,必出令打先锋,奸淫杀掠,无所不至,俟抢掠一空,然后插旗收令,再遣伪乡官下乡讲道理安民。贼名火药为红粉,鸦片烟为老土,洋钱为花边,晓谕为讲道理。

32. 秋九月,贼冲施家桥,团董张定玺率民拒战,败绩,及其侄张萼衔、张铭[1]俱死之。

施家桥团练局董某已故,职监张定玺字印川率众拒守。九月初六日,贼率大队来冲,张迎战败没,贼枭其首于竹竿,其侄张萼衔、张铭皆死,其媳及女亦投河死之。

33. 冬十月,贼冲廿里铺。

贼由西路破城,南路尚未通[2],吴塔局董某议筑坝于十里亭下和尚圩,后因别有意见,遂筑于州塘[3]之廿里铺,贼屡

---

[1] 书中有二张铭:一在县城被太平军击毙,一在施家桥战死。

[2] 时常熟东、西、北三乡的地主团练均为太平军所破灭,仅南乡数处团练,与永昌徐佩瑗、荡口(今无锡东南乡)华翼纶等通声气,后皆伪降太平军附钱桂仁等从中破坏。

[3] 州塘,河名,通苏州。从常熟城沿州塘向南约廿里,为廿里铺。过廿里铺不远,即吴塔镇。时盘踞吴塔之张汉槎部地主武装伪降太平军。其后徐佩瑗等亦渐与钱桂仁等勾结,从中破坏革命。

次来冲,木排库被害为甚,至是开坝,州塘始通。

34. 辛酉(1861)十一年春三月,贼移建福山城。

十一年三月,贼将福山城移建于龙王庙栅桥,开一路塘岸,较旧岸阔倍之[1]。

35. 毁寺庙神佛。

贼称寺庙为妖庙,神佛像为大死妖,有见即毁。北门外普仁禅院有铁佛三尊,古亦称铁佛寺,相传明季倭寇乱后,以所余大炮铸成,贼毁之,仍以之铸炮用。

36. 设熬硝馆。

在致和观、新塔寺[2]及各镇用民间老墙脚砖捣细熬之。

37. 设贼卡。

贼于城外各乡要路设立伪卡,每遇船只过,搜查有无货物完纳税,税过给以税票,在本境或过他卡俱可照票另出钱百文加用伪印,不必再完。如于小路规避,一遇巡查谓之逃税,必行重罚。贼验路凭及税票多有不识字倒看者。

38. 派店捐。

贼安民后,各乡镇多开张店铺,无论大小,每日俱要捐钱[3]。惟城中店铺,皆贼所开张,不捐[4]。

---

[1] 福山港口有龙王庙。太平军为加防福山口,故将旧有堡城移至港口。

[2] 致和观、新塔寺均常熟城内地名。

[3] 按,太平军在常熟向商店征税办法,系按本金大小递增:"千金本,日捐十千。百金本,日捐一千。十千本,日捐一百。"见《镜穉轩自怡日记》咸丰十一年正月廿九日记。同年四月二日又记:"村庄小店,一例抽捐。"

[4] 按,《镜穉轩自怡日记》咸丰十一年四月十五日记:"见大小东门,房屋尽焚,仅存花园浜、东仓街数处,长发开市颇盛,牌署天朝,掌柜者俱土人,亦辫红履朱,诩诩自得。"即指太平军所开设之店铺。

39. 伪考试。

贼中伪试，出题不拘何语[1]。其与考之人，半多强逼。考期前数日，贼着伪军师各帅要有几人去考[2]。乡官闻村镇有读书人，必须设法往劝，代为报名，至期引入城中，堕其计者不少。闻金陵初陷时，出"四海之内皆东王"诗题，有一生吟诗六韵云："四海皆清土，何来此跳梁；人犹思北阙，世忽有东王；灭贼全凭向，殃民总是杨，伤心怜姐妹，含泪哭爹娘；胆为红巾破，愁随黑发长，避秦何处好？搔首问斜阳。"一生为贼写匾大书"尖卡斌傀"四字。又写对一副，上联云："一统江山，五十七里又半"；下联云："满朝文武，三百六行俱全"[3]。为贼目干姓所见，被害。

40. 设难民局。

[1] 按，太平天国考试出题皆本教义，不本四书、五经。见张德坚：《贼情汇纂》。1860 年和 1861 年苏福省的两次乡试皆然。但在常熟，此制显已破坏。《镜穋轩自怡日记》于咸丰十一年三月初八日记："余步回南乡，……便道谒时酉生，知主试者为军政司陈耕云，……阅卷者为胡伯和昌銮，徇曹和卿之请，出四书题，为'足食足兵'，赋得'偃武修文'，得'修'字。昭文题，'先之劳之'，赋得'礼门义路'，得'门'字。"《庚申避难日记》于咸丰十一年三月初四日："传童生考，考题'足食足兵''先之劳之'，诗题'明经取士'，赋题'春草碧色'，两县考者共有一百余人。"两书所记，大抵相合。陈耕云、胡昌銮、曹和卿（即曹敬）皆钱桂仁亲信。

[2] 按，《庚申避难日记》于咸丰十一年二月廿七日记："长毛有告示来镇（西北乡的黄家桥镇），三月初三日要县考，十三日上苏省府考，每旅帅要文童三十名，武童三十名，初一日动身。"《镜穋轩自怡日记》于同月廿九日记："见牌示，常昭邑试，定于上巳，案首奖银廿两，其次递减，与考者免掠一村。"《海虞贼乱志》说："次年二月，钱、侯二逆悬牌于三月三日考试文武生童，发伪札饬各师旅帅，每师名下送考文者五名，考武者一名。"皆可参证。

[3] 蒋恩琴：《兵灾纪略》亦录此联，文字略有出入。

时钱福钟号华卿，避居东徐市，贼慷天福钱桂仁数赍伪文招之，始入城[1]。予以伪职，不受，云：不会他事，只会安插难民。贼许之。时难民络绎载道，遂设局于南门外花园浜刘宅，称"总办常昭难民局绅士"。不三日，难民就养者三百余人。钱贼运米济之。又起难民捐，每图三百愿，每愿三百六十文。将难民散外城处民房，门贴诲谕，贼不敢入。生理者亦领伪诲谕，开张酒肆茶坊。人有往来各乡，阻于贼卡可到局打路票，贼称飞纸。或被乡官威逼，亦准为理论，贼颇深信。复移其家眷进城，派往鹿苑开设盐栈，遂逼授伪职，兼理民务、盐务，仍办难民局事。

41. 收书籍、焚乱书。

钱贼收书，置南门大街颐庆堂药店屋内。钱福钟收书，置花园浜刘宅厫内。每斤定价三文。乱书悉置文庙后，因焚化不禁以至延烧大成殿。（同治）元年秋，贼欲重建大成殿，将李王宫楠木大殿拆下，并伐西北两山松树，招匠人数百，工料已齐，未建，因邑城归顺停工[2]。

42. 改历日干支。

大月三十一日，小月三十日，不置闰。丑改为好，卯改为荣，亥改为开。

---

[1] 按，钱桂仁到常熟后，极意招揽当地绅士，至今常熟老辈常谈及两个"长毛绅士"，一为曹敬，一即钱福钟。钱桂仁谋叛和曹敬有关。见《镜穰轩自怡日记》和《锡金团练始末记》。

[2] 按，《镜穰轩自怡日记》于咸丰十一年三月初八日记："至圣像已毁重塑。"可见太平军初入常熟时，已毁孔子塑像，但不久又由钱桂仁等重塑，今则又欲重建大成殿矣。李王宫，常熟西门内一庙宇。

43. 夏五月，邑人杜坰由江北率沙勇至白茆港[1]，闻贼至即遁，遂杀掠沿海居民。

五月十七日，邑人杜坰字少虞率沙勇至苏港，贼疑官兵至，不敢出，后知是沙勇，称为土匪，遂率大队打先锋，以居民为通妖，杀死无数。沙勇闻讯，已早登海船遁矣。

44. 冬十月，邑人赵宗建由江北率沙勇进浒浦[2]，至王市，谢家桥伪乡官陈文扬率贼拒之。

十月十八日，邑人赵宗建字次侯率金沙勇进浒浦港，至王市镇，十八里镇伪师帅陈文扬率贼拒之。贼称北水门外谢家桥镇为十八里镇，陈文扬系谢家桥东圣堂道士。

45. 壬戌同治元年（1862）春二月，贼造报恩坊。

二月，贼慷天福钱桂仁将王市严氏节孝坊拆到南门外丰乐桥，改造报恩坊，以媚伪忠王李贼[3]。事平后，议改忠义坊。

46. 贼攻上海，夏四月，大败逃回。

二月二十三日，贼师攻上海，至黄渡扎营泗泾。四月，为

---

[1] 白茆港在常熟东乡。

[2] 浒浦口，一名彭家桥，在常熟东乡，白茆港的上游。

[3]《镜穉轩自怡日记》说："（同治元年三月初九日）舣舟至城，……见报恩坊新造，在丰乐桥堍，是匪党及伪乡官为伪忠王而建。"与此书所记吻合。《海虞贼乱志》则于同年六月中追记此事，坊非建于六月也。时钱桂仁早已暗通清军，见同治《东华续录》卷一咸丰十一年八月丁巳"上谕"。《报恩牌坊碑序》向不知作者姓名，常熟金叔远老先生言系东乡梅里人谭小石所撰并书。钱桂仁升爵慷天福在咸丰十一年正月。同年六月，升慷天安。同治元年正月，改称慎天安，后又升义，最后封比王，常熟人则习称慷天福，至今还有"慷天福摇宝"的口头语。

官兵所败,逃回邑城[1]。

47.贼筑石城于虞山门。

四月,守城贼目慷天福钱桂仁颇知地势,相度邑城,以依山脚难守,因于虞山门上筑石城一座,反正后,邑城赖以保全[2]。

48.各路起枪船[3]。

东永昌徐佩瑗统下多枪船,黑桥白字编天干为号,各乡好事者陆续请派,一时竞起,不及枚举。时有费阿玉[4]等亦起枪船,横冲直撞,扯"陈墓总局"四字大旗,往各乡镇开场聚赌,贼亦故为不知。城中贼目龙天豫[5]亦起枪船,时谓之毛枪。枪船平底狭头,不甚阔大。船头架抬炮一座。艄上插大旗一面,或大书某姓,或另编一字为号不等。船中陈列军器。船上勇都是游手无赖之徒为之,双橹双桨,行动如飞。

49.冬十一月,上海副将周兴隆潜来招抚。

时贼钱桂仁升为伪主将,往苏拜伪忠王寿。副将周兴隆

---

[1] 按,此战见《李文忠奏稿》卷一《松郡解围折》。据毛祥麟:《对山书屋墨余录》卷九,暗通钱桂仁之李文炳在前线"空放枪炮"。

[2] 按,钱桂仁筑的石城,又称"石菅",在虞山上,遗址尚存。钱等因谋叛而加强常熟城防工事。

[3] 按,"枪船"原属江浙边区太湖滨猎人所有,其后湖匪用以从事劫掠(见仲虎腾:《盛湖志补》卷四)。太平天国革命时,枪船盘踞苏、嘉各处"依违两边"(见《李文忠公朋僚函稿》第二同治元年七月十九日《上曾相》),"其最著费玉成、卜小二、孙七娘娘、顾顺发等,各自立旗号,部下枪船或四五百,或二三百不等"(见姚济:《小沧桑记》上)。皆徐佩瑗等之羽翼也。

[4] 费阿玉即费玉成。

[5] 龙天豫即董正勤。

与新塔基水营内董姓贼素相识，潜来招之[1]，因易服随董混入城中带有关防翎顶执照等件，潜通佘、潘、田三贼[2]，说贼

---

[1] 1860年冬，钱桂仁通过曹敬勾结徐佩瑗（见《锡金团练始末记》）。1861年秋间，徐佩瑗纠合苏福省许多地主武装潜通清军，其中主要者即钱桂仁、李文炳、熊万荃、钱寿仁（太仓守将，钱桂仁的结拜兄弟）、费玉成等。咸丰十一年八月丁巳"上谕"："薛焕奏《筹办招抚解散乘机规复苏州名城》一折，据称：常熟贼目钱安邦（即钱桂仁）与苏州城内之贼李绍熙（即李文炳）均欲乘间投诚，束身归罪，永昌镇团董徐佩瑗拟招集内河各路枪船，预备同时接应，该抚拟分派水陆各队由高资、靖江、镇江分三路同时进攻，……着即照所议办理。"（同治《东华续录》卷一）钱、徐等计议于1862年1月，乘忠王进攻杭州，苏福省兵力空虚之机会，发动叛变。但太平军迅速攻下杭州，逆谋顿挫。《漏网喁鱼集》说："永昌徐，统领枪船万余，往来无忌。上海、通州、永昌约日进兵，以冀克复。十二月初，沸沸扬扬，不意杭城于月底失守，进攻之举，又为捺搁。"此与吴云：《两罍轩尺牍》卷十二、《贞丰里庚甲见闻录》卷上所记，均可互证。其后钱桂仁等仍与清军勾结。李鸿章到上海，钱桂仁即"密托程学启乞降"（《朋僚函稿》第二同治元年闰（八）月二十七日《上曾相》），后又通过周兴隆和董正勤，与李鸿章联系。周兴隆先在常熟太平军水营，后则投奔上海（见《镜穈轩自怡日记》同治元年十二月四日所录周兴隆告示），充当李鸿章亲兵水师游击（见《李文忠公奏稿》卷二《收复常熟昭文攻克福山浒浦折》）。周与钱桂仁、骆国忠，特别是董正勤早有关系，所以是这次叛变的牵线人。董正勤原来是个巢湖帮盐枭的头目，在东坝贩盐（见《吴煦档案中的太平天国史料选辑》，第77页）一度受两江总督何桂清的收编，和太平军打仗（参见《吴清卿太史日记》和《守虞日记》），后又投降太平军，充当钱桂仁水营统领。常熟太平天国守军的叛变，他是主谋者之一。按，周兴隆潜入常熟，还在钱桂仁去苏州之前，此记有误。新塔基在常熟城东。

[2] 骆国忠、董正勤、佘拔群、潘金旺皆常熟发动叛变的主谋者。田姓不知何名。

目凭天义骆国忠归顺[1]，副将周兴隆由上海至邑，先往毛家场[2]伪师帅毛蓉江家，毛引周至新塔基水营与贼目董、佘、潘、田潜通，始入城。

50. 贼目冯天义骆国忠举城反正。

贼中号反正曰变妖。十一月二十八日，骆国忠闭城饮群贼酒，曰："敢变否？"一贼不解其意曰："变者先斩。"遂斩以徇[3]，群帖然。乃出令剃发，不及者裹以白布，登城守御。时福山贼目江某亦反正[4]。

51. 十二月，贼伪主将钱桂仁自郡回，率大股贼到山前塘[5]扎营，逼阜成门，遂围城。

十二月初七日，钱贼领苏城大股贼到山前塘扎营，逼近西门，继而各处贼兵齐集，四门被围，邑城危甚。时称贼之反正剃发者曰"变妖长毛"，他处之贼曰"野长毛"。

52. 副将周兴隆、协镇都督骆国忠设计守城。

时城门紧闭，四面皆贼。城外民房拆毁焚烧殆尽。骆镇布置守城，昼夜登城巡视。贼于东南角城垣下挖掘地道，纳炮轰击，骆奋力杀退，旋即修整，并于老城脚外用砂石条另叠

---

[1] 骆国忠本系钱桂仁心腹，因垂涎钱之赀财并谋夺取"反正"首功，故乘钱赴苏州，先发动叛变（见《常熟记变始末》）。关于骆的爵号，传闻不一。《镜檗轩自怡日记》作"跳天福"，《漏网喁鱼集》作"忛天安"。此书作"凭天义"，盖误。钱桂仁当时爵居天义，骆为钱部将，不应与他列；又，钱桂仁弟钱嘉仁爵号为凭天安（见钱勖：《吴中平寇记》卷二），骆号不应雷同。

[2] 毛家场在常熟大东门外。

[3] 被杀者即听天福高风子，福山口守将。

[4] 江某，即江胜海，又作升海。

[5] 出常熟西门，沿虞山脚直至湖桥的一条大河叫作山前塘。

一层,较老城脚更坚固。同时于旱北门外挖掘地道,架以石条,已渡河底,亦为城中窥破,乃不复挖掘。骆始下城,适有广贼馆中老妪逃至骆馆哭诉于骆云:适才馆主教先生写字,无故即被痛打。骆疑之,提先生到馆,问所写是何文书?先生直言不讳,将通贼草稿取诸怀中出示。乃立提广贼审问,广贼不认。骆将草稿掷下,广贼失色。骆谓先生曰:汝吃他饭,教尔写,亦没法,但不将好言规劝,汝亦未免有罪。遂将两人正法讫,即上城。贼急攻石城门,骆连开大炮击伤百余人,贼始退去。斩通贼数人以徇,广人无分善恶皆斩,敢藏匿者同斩,城中不敢留广人,广人歼焉。由是锐气百倍,守城亦严,贼惮之,呼为"长毛妖"。贼兵悉力攻打,刻无宁晷,互相开炮,声震八方,飞张如电。周兴隆炮伤一目。

53. 贼冲谢家桥,福山城江某迎战却之。

十二月初八日,江某闻贼至,领二十余骑至谢家桥拒敌。未几,贼至,江某跨马冲出,开二火枪,贼退走,追至毛家桥回。福山城复陷。

江某在谢家桥镇上,周视形势,欲筑营,唤伕子,无一人应者。初十日,福山城复陷,江某不知下落[1]。时呼役工为伕子。

54. 癸亥二年(1863)春二月,署江苏巡抚李鸿章遣总统刘铭传带兵循海道来援[2]。

先时庞钟璐在上海,曾遣人到广德州上书于两江总督曾

---

[1] 按,江胜海本是钱桂仁的私党,时已在福山叛变,但江不服骆国忠指挥,故又通过钱桂仁降忠王,忠王囚禁之,另派将领驻守福山口。见《守虞日记》及《李文忠公奏稿》卷三《复奏降将江胜海等情形片》。

[2] 按,刘铭传当时并非清军总统。

国藩,且助饷,请兵。曾回文欲添募湘勇然后遣兵南下。至是始委李鸿章署理江苏巡抚,往上海相机堵剿,奈进兵无路。常昭虽复,海道进兵可胜不可败,兵不轻发,集诸将会议,多迟疑,惟刘铭传欣然愿往。时城中骆国忠、周兴隆困守危城已八十日,力不能支,血书请兵,语甚激切,乃遣刘铭传统带铭字营及开、松、春、鼎等共五营兵先后渡江进发。二月十八日,前队驶进小泾港登岸,仅十八人至褚太尉庙[1]地方,遇贼歼之,旋退出港,泊舟于海。开字营即抚标亲兵后营,领兵官朱开泰,鼎字营领兵官潘鼎新,松字营领兵官郭松林,春字营领兵官张遇春。刘铭传字省三,时称刘主将。

55.邑城解围。

　　二月十九日夜,神火满山,城外贼目疑大兵至,方退尽[2]。骆国忠投诚反正,力保孤城,解围后加协镇都督府衔。其余在城外出力者,量功大小各予武职。

56.刘铭传由芦浦扎营茅家山。

　　二十一日,官兵后队继至,乃同进芦浦,于茅家山扎营三座,被福山贼冲破两营,第三营内官兵止数十名,夷人两名,洋炮三座,夷人吃烟并不惊惶。少顷贼渐近,遂开一炮打一条路;贼不动,又开一炮;仍不退,遂开第三炮,贼始分开向左右踉跄而逃,官兵蹑之,贼退福山南门去。

57.东路贼窜扰梅里,罟里村地处,城中遣兵连拒却之。

[1]　褚太尉庙在福山口。

[2]　按,此说不可信。1863年4月,围攻常熟叛军的听王陈炳文部太平军因浙江战场警报频传,为回救杭州,一夜之间自动撤走。见李鸿章:《朋僚函稿》第四同治二年三月十日《复左季高中丞》。

时西南路贼退尽,东路太仓、昆、新败贼逃至苏城,伪忠王李贼不纳,复回窜扰东乡一带地方。旋冲五渠,城中出兵拒却之。又冲至大东门外三里桥,复拒却之,乃退。

58.三月,刘铭传攻福山城破之。

三月十九日,攻福山新城,兵次胡桥,用炮车载落地开花炮两座,置于旧城垣上,夷人看准,直对南门不差毫厘,令兵燃火,炮发,城中毫无动静;又换一座开放,贼始逃出。洋枪小队俱在旧城脚下,将木扎排欲渡塘进攻,见贼众出城,即上岸开枪,追五里许,贼至奚巷,站住不走,夷人又开一炮,因离贼太远,轰击不及,贼不动,又开一炮,贼始向王市、梅里夺路而逃。官兵克复福山,遂分营至马嘶桥,拒杨舍贼,继又调兵接应,自陈家桥、萧家桥、谢家桥一路扎营,后队亦陆续扎营。

59.骆国忠修理庙宇。

守城之役,城中以贼见神火而退,至是骆镇遂命修理两邑城隍庙,塑神像,并起造岳庙及石梅白衣庵。

60.设收铜局。

一在灵公殿,一在县南街镇桥北石库门程姓房屋内,门贴总镇收铜局大字,用大秤收买。时毛里光[1]搜罗城中炉鼎瓶镜面盆及零星铜器等件,互相争卖,城中铜器为之一空。

61.候补道魏良卿管理粮台[2]。

候补道魏良卿为粮台,住彭家桥,旋移至城内。

62.前任常熟县知县周沐润奉委总办常昭善后事宜,设局于

---

[1]“毛里光”系常熟土语,是指有些依附过太平军的人,见本书。

[2]辛叟注云:魏名承樾,字荫庭,非良卿。

王市,旋移至毛家桥,又移至谢家桥。

李抚札委周沐润总办常昭善后事宜,照会绅董赵宗建等设善后局于王市姜宅,继设毛家桥李宅,后移至谢家桥徐宅,置备刑具,挂牌放告。乡民具禀者接踵而来,或控伪乡官威逼,或控土匪抢夺,一一查拿到案审问。时城中尚闭,出入俱由北水门。苏抚李鸿章委前任昭文县知县王庆元署理常熟事、候补县梁蒲贵署理昭文县事,两邑知县俱随善后局置公馆,遇事赴局审理。昭文关防印城陷时未经带出,用木戳记代之。

63.杀伪师帅陈文扬、周富荣。

陈文扬,谢家桥伪师帅,曾于咸丰十一年率贼拒敌赵绅;周富荣,西周市伪师帅,曾害举人徐元达,皆先后枭首示众。其余各乡伪官陆续访拿,照例严办,其情可原者准其捐赀赎罪,取三连单为凭,局中经费始可敷衍。时贼踪渐退远,邑境稍安,绅衿士庶以次回城。

64.各路立官卡。

各乡及沿城水路要处,分立官卡,盘查奸细,完纳税银,虽数千文之货概行抽税,物价腾贵,逃漏者必加重罚。卡员总办张子廉在彭家桥,莫城卡员劳亦称总办。

65.起铺捐。

城乡店铺,每月抽捐先止八百金。局中经理归魏良卿转缴,后改委戴会设厘捐局于紫金街药王堂内[1]。城乡铺捐增至一千四百五十千文一月,俱要卡钱,红铜稍薄及边不光者,

---

[1] 此句疑有脱误。

概行剔出不用,民不聊生。至七年夏,两江总督曾国藩察其有损民生,无裨实用,出示于六月初一日停止。其告示有:有损民生,无裨实用,亟应裁撤,以苏民困等语。

66. 各乡设粥厂。

设粥厂于谢家桥双忠庙及三峰、莫城、五渠、罟里村等处,绅士季福寀、张承霓、赵元曾、鲍庚等司其事,以济城乡难民。时干戈之后,兵民杂处,另有一种秽浊之气,一时缠染者甚多。局中议以山上贼所伐倒之树扛至兴福寺中谕做施棺。

67. 夏四月设文报局。

四月,设文报局于谢家桥、王市、大河、董浜、支塘等处,绅士张承霓、曾云章、王树斋、赵宗耀等司之,至冬十月中即罢。

68. 两江总督曾国藩委前任湖北知县李鹤章统领淮湘全军来邑协守。

是夏,曾督委李鹤章由盱眙县前赴上海助剿,遂统淮湘勇及亲兵小队由白茆港进,前队用船,后队都扎屋木为排,上铺木板,蔽江而来,兵甚强悍,掠人扯牵,违则开枪杀之,虽局中亦无可如何。入城,骆镇将程家巷公馆让之,自居报本道院街屈宅,周副将住县西街。李鹤章字小泉[1],系江苏巡抚李鸿章之弟,时称为之李三宪。

69. 五月善后局移设报慈桥。

五月,复移善后局于北门外报慈桥赵董祠,酒肆茶坊陆续开张,一时热闹。始开大东门出入,百姓进城到局打路票甚远,且天气炎热,山北多疫,人每苦之。

---

[1] 此系误记。李鹤章字季荃,李瀚章字小泉。

70. 刘铭传由马嘶桥进攻杨舍城克之。

　　刘铭传攻打杨舍城，相持日久，贼不肯降，因与局董赵宗建会议由局拨银三千两向夷人购得落地开花炮三座，炮发贼败走，官兵克复杨舍城[1]。以功保举赵董赏戴花翎。

71. 巡抚李鸿章来邑，谕令绅董移局进城。

　　六月，李抚至邑，以局在城外不便，谕令该董等移局进城，遂移至城内灵公殿曾宅。赵宗建卸局务于举人翁曾荣，移局至翁曾荣家。始拨书士在大东门外芦厂内打路凭，进城稍便，如出城再要进城，小民俱于臂上印一方图章为记。曾荣，翁相国[2]孙，钦赐举人。

72. 秋八月，协镇骆国忠复江阴城。

　　八月初二日，骆国忠统领城中忠字营义勇克复江阴城[3]，骆遂镇江阴。

73. 候补道符介人委绅士清理城邑。

　　符介人带介字营兵四百名称护卫营，驻城内。时城中兵民杂处，未经清理，局中遣绅士赵宗耀、李兆镜、曾宪文、徐元标等分段同该图地方，往各公馆开写姓名男女数目登册送局，由捐分给清户门牌。阅数日一查，照牌点验，人数不得多少，谓之查门牌。各绅称本邑巡查绅士。时官兵去攻江阴，

---

[1]　李鸿章:《朋僚函稿》第四同治二年四月十八日《上曾相》说:"刘镇铭传……于二十二日克复苏常交界之杨舍汛城，……刘营有开花炮三尊，两法兵教习，遂见功效。"

[2]　翁心存。

[3]　骆国忠投降后，李鹤章改编所部四千人为"忠字营"，从刘铭传攻陷江阴。见《李文忠公奏稿》卷三《分路规取苏州折》及季念诒:《江阴县志》卷二十九《寇变纪略》。

百姓纷纷回家,其曾为贼而不当兵者,呼之为毛里光,概逐出城,城中潮就肃清[1]。

74. 设无告所。

城中设立无告所,收养难童。一在北门外徐祠堂,一在赵家弄王宅,一在大东门内清禾稼桥严宅,后尽移入道署照墙内破屋。看店面大小起捐,五日一收,名难童捐,巡查绅士司之。

75. 十月,官兵复苏州城。

十月初六日,李抚攻苏城,城中有伪纳王某惧,约伪王六人割伪慕王某头以城降[2]。其发仅剃一半,城池亦仅将一半归李抚守,李抚恐有反复,诱七伪王出城到营饮酒,暗举口号并斩七贼,遂进城安民。时伪忠王李贼在金陵,后省城克复拿获正法。是年三月复太仓,四月复昆山、新阳,八月复江阴,十月复金、锡。

76. 巡抚李鸿章饬县给单收租完饷。

常熟册籍遗失,昭文尚存。十月奉宪减成收租,给发收租易知由单,业户持单向佃收租,以杜假冒。遵照定章,全熟照额减收五成,内留交佃户饷捐一成五分,随捐经费钱九十文。杂粮照花田章程每亩千文减收五百。内留交佃户饷捐一百六十文,随捐经费钱六十文。余租缴该业收领,不得将经费兜收。常总书徐燮、昭总书鲁心如、言允卿谕各图经

---

[1] 此句疑有脱误。

[2] 纳王郜永宽等刺杀慕王谭绍光,以苏州降李鸿章。促成这次大叛变清将郑国魁,即促成常熟叛乱的董正勤的同帮,也是巢湖帮盐枭头目之一。

地[1]先行收捐,由是四乡设局,大斛淋收,浸食舞弊。佃户以为业经完粮,咸不愿还租,是年业户收租皆有名无实。常昭饷捐俱由粮台魏良卿起解。

77.甲子三年(1864)春三月,巡抚李鸿章饬县清理田粮。

正月,奉宪设清粮照单,亦名十户册,发业户,亲自填写户名、都、图、场、分字号、斗额、丘头、四址匀、佃户、租额,一一开报,听候勘文。如有迁延不报,无凭查核,将佃户入册,田地入官。

78.二月,常州贼复窜入邑境,突来围城。

二月,大兵围常州,贼突围出,扮官兵由小路越过苏州、江阴边境。初六日冲祝塘、华市,直冲福山,抢劫总兵鞠耀田坐船。初八日突来围城,人称为天落长毛[2]。时邑中防堵稍懈,守城兵寥寥,李鹤章及符介人俱不在城,城内仅存抚标亲兵后营五百名。巳刻,六门尽闭,候补道魏良卿拨兵数十名看守石城,多插旗帜,虚张声势,令城中居民无发者不准出城。时贼扮官兵下窜,人都不知为贼,因抢华市店铺被人看破,城中知而有备。攻城不克,败回常州,贼目以谓不先抢城先抢物件以致败,故尽被杀,仅存数十人。

79.候补道魏良卿遣其子某往苏州乞援。

魏良卿遣其子某由城吊出,驰往苏城请救。李抚以郡城为重,谓江阴未闻有警,如何常昭突来请援,恐中贼计不肯发兵。坚请,李徐问曰:汝父有何高见?某答曰:父誓城

---

[1] "经地"系经造与地保,都是差吏。
[2] 常熟老辈言:太平军来得突兀,像从天上掉下来的一样,时人因有"天落长毛"之语。

存与存。李为之下泪，乃遣总统张遇春、郭松林两营兵即日来援[1]。时贼分两股：一由大东门抄至西门；一由北门抄至西门；尽打黑旗，石城中亦分两队去接仗，良久未分胜负，各收队。

80. 候补道符介人统兵驰援，入城协守。

符介人统介字护卫营兵四百名驰赴城下，由城上吊进。符戏拍知县王庆元颈曰：此吃饭家伙几搬场矣！今我至不妨。是夜贼于山上扒城，石城中齐放喷筒火箭，烟雾火光照耀山头，贼冒死急攻，后开大炮打倒贼黑大纛旗，贼始退。夜间守城兵烧炭团置铁丝笼中，钓城垛上，遇风愈焰、城内望城外了了，城外望城上毫无所见。城中缺柴，拆破屋代之。越数日城门始开，四乡百姓又遭锋镝。是日有数贼来至城下搭话，城上用绳吊进，留以酒饭，予以文书，仍吊出许即去即来，后竟未至，随来攻城，始知其探虚实者也。

81. 贼冲冶塘。

十四日辰刻，另股贼冲冶塘，是晚大风且雨雹。

82. 提督黄东华由荡口统兵至羊尖驻扎[2]。

十四日，提督黄东华带亲兵五百名统领各营兵数千自荡口至羊尖驻扎，分一队至王庄，一队至严家桥。十五日黎明，出队冲至翁家庄，不见贼复回，遇贼于周马宅地处，在翁家庄西北二里，接仗相持半日，有蓝顶领兵官某马上炮伤堕后，兵退回羊尖，死伤无数。贼复追至，时后队兵尚在民家造饭，不

---

[1] 张遇春、郭松林都不是清军总统，应称统领。
[2] 黄东华当作"王东华"。此次战争发生在常熟西南乡。

及逃避,被擒二百余人,至冶塘,尽杀之,将头挂于肉店钩上及一路廊棚下,内有晶顶领兵官一员,被擒骂贼不屈死。

83. 水师提督王翼升[1]由白茆港进剿,拒贼于湖桥,贼败走,乡民邀之于丁家桥,复败之,贼始退,邑中平。

十六日,官兵至湖桥,水陆两路接仗,贼走,乡民又邀之于丁家桥,隔河打仗。是夜五图戈氏庵、六图崔家桥一带乡民,每人负柴一束,一路燃火至冶塘,火光烛天,连络数里,贼望见疑大兵至,尽由原路逃去,自是邑中平。

84. 改善后局为清粮局。

时善后局移报本道院徐宅。秋,奉宪清粮,改为清粮局,委员莫钟琳、史笙璪、常熟绅董训导庞钟琳、昭文绅董举人王振声司之。令各图经造汇送印形册收清粮费,每亩六十文。莫钟琳本前任常熟典史,城陷后误报殉难,复蒙上宪录用。

85. 两江总督曾国藩进复金陵江南悉平。

是年二月,复常州,□月复镇江,六月十六日复金陵。时伪天王洪秀全已死,余贼或逃或死殆尽。获伪忠王李秀成,殛于军前。江南悉平。以功进曾国藩太子太保武英殿大学士两江总督一等毅勇侯;李鸿章钦差大臣兵部侍郎兼都察院右副都御史江苏巡抚一等肃毅伯,后升湖广总督,余官并赏有差。

86. 十月设催租局。

李抚饬县仍办租捐,给单收租完饷,以济军需。十月给收租由单,着令业户先将佃名田数等项开报造收租由单清

---

[1] 王翼升当作"黄翼升"。

册,送县编号、用印、发交业户,持单向佃收租,该佃还租后将单填明所收米数若干给之,佃将此单交地、催[1]缴局备查。业户应先完捐换给捐照。设催租局于常邑城隍庙,后移设午桥弄凝善堂,委员到局比追,各地保将租由出验,谓之比租由。租捐定例,每收米一石完捐四百八十文。委员即清粮委员莫钟琳及常右堂黄维德。四年五月,昭文县知县梁蒲贵因业户呈报照单与鱼鳞册不符,未能注册,给业户互对田粮单,将单给该佃收执,随交业主核对,由业将单交予经造,以凭查对,准予换取草单倒给印单入册办赋,常邑未用此法。

87. 乙丑四年(1865),减江南被难州县田赋。

督臣曾国藩、巡抚李鸿章奏请减江南被难州县田赋,奉派减定各则:每亩无闰额,征米豆原科三斗二升,粮田减一斗七勺,三斗二升优减最为瘠薄田八升二合六勺,三斗二升优减瘠薄稍次田八升六合六勺,三斗二升优减瘠薄再次田九升三合五勺;原科二斗五升粮田减九升九合八勺,二斗五升优减最为瘠薄田八升一合八勺,二斗五升优减瘠薄再次田九升二合七勺;原科二斗三升粮田减九升七合一勺,二斗三升优减最为瘠薄田七升九合六勺,二斗三升优减瘠薄再次田九升二勺;原科一斗九升粮田减八升四合八勺,一斗九升优减最为瘠薄田六升九合五勺,一斗九升优减瘠薄稍次田七升二合九勺,一斗九升优减瘠薄再次田七升八合八勺;原科一斗八升粮地减八升三合,一斗六升粮地七升二合六勺;一斗五升粮地六升九合六勺;一斗粮地五升一勺;九升粮地四升六合

---

[1] 地催即地保和催头,催头系地主雇佣的狗腿子。

四勺；八升粮地四升一合三勺；五升二合粮地二升六合八勺；
五升粮地二升五合八勺；三升粮荡一升五合五勺。

88．设忠义局汇请旌恤邑中城陷难士庶妇女。

凡邑中殉难官绅士庶及烈妇贞女，或子孙或邻里开报到
局，由局查核汇册呈苏城忠义总局申详督抚汇奏请旌。

89．设忠义祠。

将水北门内火药局，原系典栈缪姓之屋捐钱置买此宅，
改作忠义祠。凡殉难各后裔先后奉神位入祠。同治八年
（1869）二月初一日，始致祭。嗣后奏准改为常昭昭忠祠，奉
旨每年春秋仲遣官主祭。该祠之买屋及始建，悉赖邑士张葆
中之经手为始成功也。

海角续编跋

太平天国革命期间,在常熟,阶级斗争的复杂尖锐性,最为突出。1860 年,当苏州、无锡等城市已经被太平军攻克的时候,常熟的地主团练还在负隅顽抗,邻近各州县的残余地主武装也依靠常熟以为声援。等到太平军攻占常熟之后,这些反动势力未被肃清,继续盘踞农村等待向革命反扑的机会。常熟的太平天国地方政府又落入一群叛徒之手。于是他们就勾结起来,从内部破坏革命,终于在 1863 年 1 月,常熟太平天国的守军发动了大叛变,给中外反革命对苏福省的进攻,打开了缺口。

当时的常熟,诚如谭嘘云所说"其失陷独后,其反正独先"[1],正是苏南地区阶级斗争的焦点。

专门记载太平军在常熟的情形的书是比较多的。中华人民共和国成立前已刊本流传的有《海虞贼乱志》等四种。中华人民共和国成立后新发现的迄今也有四种,都是传写本,《海角续编》即其中之一。书中对太平天国多讥诋之词,但可供参考之处尚多。1958 年,我从常熟曹君菊生处抄得此书,今略为注释付印。写本原有辛叟批注,择其可取者存十之一二。删去正文福山总兵良马

---

[1]《常熟记变始末》卷下。

一条[1]，因无参考价值，且无所隶属也。余悉仍其旧。

祁龙威

一九五九年六月

编者附记：原书有陆筠撰自序，肆诋太平天国，无内容，今不取。惟序文中言"因仿漫游野史《海角遗编》例，名曰《海角续编》"；末题"同治七年戊辰夏六月识《海角续编》"。此二语可供读者参考，附识于此。

---

[1] 原在"西路义勇王元昌、梁国泰领沙勇堵贼于鲎山、鞋山，连胜之"一条下有"先时福山总兵孙，有良马被牧马者窃去，至是贼至福山，此马冲头阵，离城数里，贼鞭之，坚不肯行，俟城中人渐次逃出，乃一跃进城"，共五十一字，疑已脱去上文，遂无题目，当系太平军进攻福山事，但又不应排列于此，内容也没有参考价值，故删去。

祁龙威文集·专著(附：史料搜集整理)

洪秀全选集

前　言

洪秀全(1814—1864),广东省花县人,太平天国革命的杰出领袖,近代中国劳动人民反孔斗争的英勇旗手。他所遗留下来的一些革命著作,是中国近代史上光辉的革命文献,也是气势磅礴的讨孔檄文。

1840年鸦片战争以后,中国由封建社会一步一步地变为半殖民地半封建社会,帝国主义和封建主义两座大山压在中国人民头上。毛主席指出:"帝国主义和中华民族的矛盾,封建主义和人民大众的矛盾,这些就是近代中国社会的主要的矛盾。……而帝国主义和中华民族的矛盾,乃是各种矛盾中的最主要的矛盾。这些矛盾的斗争及其尖锐化,就不能不造成日益发展的革命运动。"[1] 19世纪中叶爆发的太平天国革命运动,就是近代中国社会这些矛盾的斗争及其尖锐化的结果。

太平天国革命是我国近代史上反帝反封建的民主革命的第一个高潮。在帝国主义和封建主义双重压迫之下的人民大众(特别是广大农民),在洪秀全的领导下,揭竿而起,以摧枯拉朽之势,给了帝国主义及其走狗清朝的封建统治以沉重的打击。这次革命,历时十八年(1851—1868),纵横十几省,建立了农民自己的革

---

[1]《中国革命和中国共产党》。

命政权,提出了以平分土地为中心的革命纲领——《天朝田亩制度》。它在新的历史条件下,发展了历史上农民起义"均贫富""等贵贱"的口号,要求在彻底改变封建土地制度的基础上,实现政治平等、经济平等、男女平等和民族平等。太平天国的英雄们,严禁外国侵略者输入鸦片,坚决维护中华民族的尊严和国家的独立主权。当外国侵略者与清朝政府互相勾结,悍然干涉和疯狂镇压革命的时候,广大太平军将士立即奋起反抗侵略者的武装进攻,给以迎头痛击,显示了中国人民决不屈服于帝国主义的反抗精神。

太平天国革命又是一个波澜壮阔、轰轰烈烈的讨孔运动。它以空前的规模和战斗的姿态,在意识形态领域中,向长期以来占统治地位的儒家思想和封建统治的精神支柱——孔孟之道,进行了猛烈的冲击。洪秀全以大无畏的革命精神,愤怒捣毁了封建"圣人"孔丘的牌位,明确提出革命必须反孔,"推勘妖魔作怪之由,总追究孔丘教人之书多错"[1]。他把被历代封建统治阶级奉为神物的儒家经典,称为害人的"妖书",这就一方面指出了孔丘的反动说教是历代封建统治者用来奴役人民、毒害人民的反动思想武器,同时也毅然宣告与吃人的孔孟之道决裂。洪秀全和太平天国反孔斗争的历史事实充分说明,劳动人民是革命的主力军,同时也是反孔斗争的主力军。

毛主席指出:"帝国主义和中国封建主义相结合,把中国变为半殖民地和殖民地的过程,也就是中国人民反抗帝国主义及其走狗的过程。"[2]在这个侵略和反侵略、压迫和反压迫的斗争过程

---

[1]《太平天日》。

[2]《中国革命和中国共产党》。

中，在中国无产阶级登上政治舞台以前，洪秀全是向西方寻找真理的先进人物之一，他代表了以农民为主体的劳动人民的利益和要求，发动和领导了伟大的太平天国革命。在反对帝国主义及其走狗清朝统治者的斗争中，洪秀全和他领导的太平军革命将士，对敌人毫不妥协；对太平军内部以叛徒李秀成和石达开为代表的投降主义、分裂主义活动，进行了坚决的斗争。这种高度的革命坚定性，充分表现了中国人民不甘屈服于帝国主义及其走狗的顽强的反抗精神。

太平天国革命为中国人民立下了不可磨灭的伟大功勋，推动了历史的前进。但是，我们从革命的过程和洪秀全的作品中，也可以看到，他毕竟还是一个农民革命的领袖，还不可能掌握科学的理论武器去指导革命，还不可能科学地揭露孔孟之道的阶级内容和反动实质，因此，他对孔孟之道的批判，也就不能十分彻底。像很多站在正面指导时代潮流的伟大历史人物大都有他们的缺点一样，在洪秀全的思想和革命实践中，也不可避免地表现出他的阶级局限性和时代局限性。对于这些，都是要用马克思主义的观点从历史条件上加以分析和说明的。

洪秀全领导的太平天国革命，虽然由于当时历史条件的限制，还没有工人阶级的领导，在中外反动派的联合镇压下失败了，但是，为革命贡献了一生的洪秀全，不愧为杰出的农民革命领袖而永远受到敬仰，太平天国先烈们的英雄业绩，将作为革命的壮丽诗篇永远载入史册。

一九七五年三月

出版说明

伟大的革命导师列宁曾经指出："被压迫被剥削阶级反对压迫者的一切革命的历史，都是我们对专政问题的认识的最主要材料和来源。"[1]我们认为，用马克思主义的立场、观点、方法，去研究洪秀全的著作，对于总结中国近代史上阶级斗争和反孔斗争的历史经验，对于普及、深入、持久地开展批林批孔运动，对于巩固无产阶级专政，是有积极意义的。基于这种认识，我们在全国大好形势的鼓舞下，把洪秀全的重要作品，略加注释，编成这部《洪秀全选集》，供广大工农兵、革命干部和革命知识分子研究参考。

本书所选洪秀全的作品包括两个部分。

第一部分是金田起义以前他写的一些革命诗歌和为了发动革命所写的三篇重要文章：《原道救世歌》《原道醒世训》《原道觉世训》。诗歌反映了洪秀全对清朝反动统治的愤怒反抗和太平天国革命的思想酝酿过程。《原道救世歌》等三篇著作实际上是指导太平天国革命的理论纲领，文章尖锐地揭露和批判了封建制度的黑暗和腐败，明确地提出了太平天国革命的目标，号召广大人民群众以革命暴力推翻清朝的反动封建统治。

第二部分选辑了洪秀全为指导革命战争和建立农民革命政

---

[1]《关于专政问题的历史》。

权以后而写的一些革命文告、指令。其中有一些虽用幼天王名义发表,但实际上是洪秀全写的。

为了便于读者研究洪秀全和太平天国在政治、经济、文化等各方面的思想以及太平天国革命情况,我们把《天朝田亩制度》作为本书的附录,并编写了一个简单的《太平天国革命活动年表》。

书中一律用简化字。太平天国的专用字保留原样,在第一次出现时注明。

注释中〔 〕里的字是编者为了比较完整地表达原意而添加的词句。

我们编选这部《洪秀全选集》,还是一个新的尝试。由于我们理论水平不高,无论在选材、题解和注释中都可能存在缺点和错误,希望读者批评指正。

编　者

一九七五年三月

第一部分

（1837—1850金田起义前）

【说明】19世纪中叶，外国资本主义势力开始侵入中国。1840年，英国发动了侵略中国的鸦片战争。在战争中，充分暴露了清朝政府在政治、军事等各方面的极端腐败。战争失败以后，英国侵略者强迫清朝政府签订了丧权辱国的《南京条约》，中国从此逐步沦为半殖民地半封建社会。但正如马克思指出的："鸦片没有起催眠作用，反而起了惊醒作用。"（《中国记事》）在外国资本主义和封建主义的双重压迫下，人民群众，特别是广大农民与帝国主义及其走狗清朝政府的矛盾日益尖锐激化。鸦片战争前，全国各地的秘密结社已经广泛发展，鸦片战争后，农民起义更是风起云涌。自1841年至1850年，规模不等的农民起义达一百多次。在不断发展的革命浪潮中，伟大的太平天国革命从思想上到组织上逐步酝酿成熟。洪秀全也在革命斗争的实践中锻炼成长起来。

洪秀全出身于农民家庭，从童年起就一边读书一边参加农业劳动，后来又担任村塾的教师，和劳动人民有着紧密的联系，深切了解他们的疾苦。他曾经到广州应考秀才，但没有考取。洪秀全目睹了鸦片战争前后清朝政府的反动统治和帝国主义侵略给中国人民带来的深重灾难,逐步形成了他的革命思想。1837 年,他做了《斩邪留正诗》。1843 年,他坚决抛弃了科举考试,开始从事推翻清朝统治的革命活动。他和冯云山、洪仁玕等附会基督教传教书《劝世良言》的词句,创立了以宗教为外衣的革命组织拜上帝会,砸碎了孔老二的牌位,公开宣称要"手持三尺定山河"。1844 年,洪秀全和冯云山到广西进行革命宣传,组织群众。1845 年到 1846 年,洪秀全回到家乡,写成《原道救世歌》等三篇文章,奠定了太平天国革命的理论基础。冯云山则继续在紫荆山地区宣传革命,发展组织。1847 年,洪秀全到紫荆山区找到冯云山,建立革命根据地,并制定了拜上帝会的纪律"十款天条"。此后,他们大力发动群众,不断地与地主武装团练作斗争,并领导群众捣毁各种庙宇偶像。拜上帝会力量日益壮大,以洪秀全为首的领导核心也在斗争中形成。革命条件已经成熟。1851 年 1 月 11 日,洪秀全在广西金田村领导起义,波澜壮阔的太平天国革命开始了。

　　这里选录的诗歌都是洪秀全在金田起义以前写的,它反映了洪秀全革命思想和革命活动的发展过程。太平天国革命政权建立以后,这些诗歌大部分被收录在他们自己刊刻的《军次实录》等书中,正式刊印发行。原诗都没有题目,现在的题目是我们照诗意编加的。

斩邪留正诗[1]

手握乾坤杀伐权，　　斩邪留正解民悬[2]。

眼通西北江山外，　　声振东南日月边。

玺剑光荣承帝赐，　　诗章凭据诵爷前[3]。

太平一统光世界[4]，　　威风[5]快乐万千年。

【注释】

[1] 这首诗作于 1837 年春,洪秀全从广州回花县之后。当时,正是鸦片战争前夜,帝国主义千方百计向中国倾销鸦片,毒害中国人民,骗走大量的白银、货物。广州,是当时鸦片输入的总口,民族矛盾突出尖锐。在这里,清朝反动统治者的腐败无能和压迫人民的丑恶面貌,得到了充分的暴露。洪秀全看到这些,忧愤得病后回家。他联想到广大人民的苦难及其根源,产生了"斩邪留正"的革命思想,在病中作了这首诗,借宗教形式表达他的革命情绪。"斩邪留正"以后便成为太平天国的斗争口号。

[2] 解民悬:解除人民的苦难。悬:倒悬,即倒挂,比喻苦难。

[3] "玺剑"二句:据《太平天日》等记载,洪秀全在病中升天,上帝赐他一柄宝剑和一颗玺,作为"斩妖(清朝统治者)"的武器,上帝又教给他朗诵了一些诗,这是他"奉天诛妖""斩邪留正"的凭据。这种宗教形式在当时对发动农民群众起了一定的作用。但也反映了洪秀全的时代和阶级局限性。玺:金印。太平天国仿玺(xǐ音洗)字,造了一个"玺"字,仍音"玺"。玉印叫"玺",金印叫"玺"。爷:上帝。

[4] 光世界:光明世界。

[5] 威风:形容人民翻身后扬眉吐气的景象。

金　乌[1]

鸟向晓兮必如我[2]，　　太平天子事事可[3]。
身照金乌灾[4]尽消，　　天将天兵都辅佐。

【注释】

[1] 1837年，洪秀全卧病多日后写了这首诗。诗中暗示出他将依靠广大人民群众的力量夺取革命成功的愿望。金乌：太阳。

[2] 鸟：比群众。晓：天亮，光明。兮（xī 音西）：啊，语助词。如：这里作跟随讲。

[3] 太平天子：建立"太平一统"光明世界的领袖，即洪秀全。据《太平天日》记载，洪秀全在天上斩妖得胜，上帝封他为"太平天王大道君王全"。他后来告诉他姐姐自己是"太平天子"。事事可：事事获得成功。

[4] 灾：反动派给人民造成的苦难。

龙　潜[1]

龙潜海角恐惊天，　　暂且偷闲跃在渊；
等待风云齐聚会，　　飞腾六合定乾坤[2]。

【注释】

[1] 这首诗作于1843年洪秀全从广州回花县的船中。1840年，腐朽的清政府在鸦片战争中被英国侵略者打得一败涂地，和英国签订了中国近代史上最早的不平等条约——《南京条约》。条约中规定广州"开放"为"通商口岸"。卖国的清朝政府和帝国主义勾结在一起，加紧了对中国人民的压迫。广州人民积极展开了反对外国侵略者、反对清政府的投降路线的斗争。

这些斗争鼓舞着洪秀全,坚定了他推翻清政府的决心。这首诗就反映了他思想上的这种变化。在诗中他自比为潜伏在深渊的蛟龙,只等革命形势成熟,就将领导广大人民群众,同中外反动统治者进行武装斗争,建立农民自己的政权。

　　[2]六合:天地四方。坤:广东方言读kuān(音宽)。

剑　诗[1]

手持三尺[2]定山河,　　四海为家共饮和[3]。

捡[4]尽妖邪归地网,　　收残奸宄落天罗[5]。

东西南北敦皇极[6],　　日月星辰奏凯歌。

天父天兄带[7]作主,　　太平一统乐如何!

【注释】

　　[1]1843年,洪秀全开始革命活动后,和李敬芳制了两把剑,各重数斤,长三尺,剑上刻有"斩妖剑"三字,洪秀全并做了这首诗。诗中再次表达了他决心通过武装斗争建立统一强大的农民革命政权的强烈信念。

　　[2]三尺:剑,比喻武装革命。

　　[3]饮和:得到平等相处。饮:引申为享受。和:平等相处,和睦相亲。

　　[4]捡:同"擒"。

　　[5]残:尽。宄(guǐ音轨):坏人。地网、天罗:是把天罗地网四个字拆开来用。

　　[6]敦:敬。皇极:原意是最高准则,这里指洪秀全理想中国家的法制、规范。

　　[7]天父天兄:洪秀全对"上帝"、耶稣的称呼。带:带领。

九妖庙题壁[1]

朕在高天作天王[2]，　　尔等在地为妖怪；

迷惑上帝子女[3]心，　　觍然[4]敢受人崇拜；

上帝差朕降凡间，　　妖魔诡计今何在？

朕统天军不容情，　　尔等妖魔须走快。

【注释】

[1]从1844年起，洪秀全和冯云山在广西贵县和紫荆山区（属桂平、武宣、平南三县）宣传革命道理，并不断发动群众捣毁各种庙宇和偶像，号召劳动人民起来砸碎压在他们身上的精神枷锁。同时，洪秀全还写了声讨这些神鬼的诗，用来鼓舞群众。1847年他将武宣县东乡的九仙庙改名为九妖庙，并在墙壁上题了这首诗。

[2]朕（zhèn 音振）：洪秀全自称。高天：天上。太平天国除对上帝外，避用"上"字，称天上为高天。

[3]上帝子女：指人民群众。

[4]觍（miǎn 音免）然：厚着脸皮。

诚曾玉璟[1]

迷途即返速加鞭，　　振起雄心赶向前；

尽把凡情[2]丢却去，　　方能直尚九重天[3]。

【注释】

[1]曾玉璟，广西桂平紫荆山区人。1847年，洪秀全同他一起由紫荆山到贵县赐谷村。当曾玉璟返回紫荆山时，洪秀全写了这首诗，告诫他要努力

向前,坚决革命。

　　[2]凡情:指非太平天国革命的思想。

　　[3]尚:上。九重天:古代人说天有九重。这里指洪秀全宣传的"天堂",即农民群众要求建立的新世界。

因冯云山有难感慨作歌[1]

安得真兄真弟兮,	共布朕道于海滨!
安得同心同德兮,	时同笑傲夫天真!
安得义胆忠肝兮,	同享宇宙于太平!
东西南北兮,	同予者何人!
天兵天将兮,	聚会者何辰!
天道不慆兮[2],	皇天岂无亲![3]
始终一德兮,	何日得荣身![4]

【注释】

　　[1]冯云山,太平天国革命早期优秀领导人之一,封南王。他在巩固、发展拜上帝会的工作中,起了很大的作用。1852年,冯云山率领太平军从桂林北进,经全州时被敌人的炮弹打中,伤重去世。1847年,他在广西紫荆山区进行革命活动时,遭到反动派的迫害,1848年初,被地主的反动武装力量团练抓去,关入桂平县监狱,后经革命群众的营救和他本人的坚决斗争,才得出狱。这首歌是洪秀全在他被捕后作的。

　　[2]天道:太平天国革命的道理。慆(tāo 音滔):疑。

　　[3]"皇天"句:上帝难道会不帮助〔革命者〕! 亲,这里作动词用。

　　[4]"始终"二句:忠于革命事业的冯云山,什么时候能够〔获得自由〕去实现革命理想。荣,这里作动词用。

戒鸦片诗[1]

烟枪即铳枪[2]，　　自打自受伤。
多少英雄汉，　　　弹死在高床。

【注释】

[1] 鸦片战争前后，鸦片作为帝国主义的侵略工具，被大量输入中国。鸦片问题，是激发洪秀全革命思想的一个重要因素。洪秀全痛恨清政府的卖国政策，一贯主张严禁鸦片，代表了中国人民的严正要求。在金田起义前夜，洪秀全等用宗教戒条的形式对参加拜上帝会的革命群众颁布了十条纪律，其中第七条指出：不准"吹洋烟"（即吸鸦片），违者要受严重处罚。这是具有反对帝国主义侵略意义的。这首诗作于 1849 年，正是洪秀全颁布这些纪律后不久。太平天国建立以后，洪秀全又用诏书形式重新发表过这首诗。

[2] 铳枪：旧式火枪。

时势诗[1]

近世烟氛[2]大不同，　　知天有意启英雄。
神州[3]被陷从难陷，　　上帝当崇毕竟崇。
明主敲诗曾咏菊[4]，　　汉皇置酒尚歌风[5]。
古来事业由人做，　　黑雾收残一鉴中[6]。

【注释】

[1] 1850 年下半年，广西各地人民的反清斗争风起云涌，"拜上帝会"的革命力量也大为发展起来。洪秀全看到发动农民革命大起义的时机已接近成熟，于是写了这首诗，表达了他对革命事业必胜的信心。

［2］近世烟氛：指当时广西的革命形势。

［3］神州：中国。

［4］"明主"句：传说明太祖朱元璋曾写过一首咏菊花诗："百花发时我不发,我一发时都吓杀。要与西风战一场,满身披就黄金甲。"敲诗：作诗。

［5］"汉皇"句：汉皇指汉高祖刘邦。秦末陈胜、吴广领导农民起义时,他起兵响应,建立了西汉王朝。公元前 202 年,重新统一了中国。此后,他执行法家路线,为巩固国家的统一作出重要贡献。据《史记·高祖本纪》记载：刘邦于公元前 195 年平定了韩信、彭越、英布等的叛乱后,回师经过故乡沛县时,举行宴会,庆祝胜利。在宴会上,他自作自唱《大风歌》,歌词是："大风起兮云飞扬,威加海内兮归故乡,安得猛士兮守四方。"

［6］"黑雾"句：指洪秀全一定能够按预定计划,领导农民群众,把当时各种反动力量消灭干净,取得革命成功。黑雾：比喻反动力量。鉴：镜子。

【说明】1854、1856 两年间，洪秀全先后写了《原道救世歌》《原道醒世训》《原道觉世训》三篇著名的革命文献。1852 年，太平天国将它合刻为《太平诏书》，列为革命的指导性文件。

在这三篇文章里，洪秀全针对封建等级制度，阐述了农民阶级朴素的经济平等、政治平等、男女平等、民族平等的思想，号召群众打倒反动派，夺取革命的胜利。列宁曾经指出："在反对旧专制制度的斗争中，特别是反对旧农奴主大土地占有制的斗争中，平等思想是最革命的思想。"（《社会民主党在 1905—1907 年俄国第一次革命中的土地纲领》）《太平诏书》成为太平天国起义的理论纲领，为以后颁布的《天朝田亩制度》奠定了思想基础。由于时代的阶级的局限，其中也有一些观点反映了传统的封建思想的影响，这需要从当时的历史条件加以说明，正确地分析对待。

迄今为止，我们见到的《太平诏书》，有 1852 年的初刻本和 1853 年的重刻本两种。重刻本删去了孔孟之道一类的内容。这一事实，证明了在革命实践中，洪秀全的反孔思想有了发展。现依重刻本（载《太平天国印书》）排印。三文的题目，重刻时都改为"诏"，现从习惯，仍称"歌"与"训"。

原道救世歌[1]

道之大原出于天[2],	谨将天道觉群贤[3]。
天道祸淫惟福善,	及早回头着祖鞭[4]。
真道根源惟一正,	皇天上帝的亲传。
享天福,	脱俗缘,
莫将一切俗情牵,	须将一切妄念捐。
开辟真神惟上帝,	无分贵贱拜宜虔[5]。
天父上帝人人共,	天下一家自古传。
上古中国同番国[6],	君民一体敬皇天。
试譬人间子事父,	贤否俱宜侍养虔。
天人一气理无二,	何得君王私自专![7]

【注释】

[1]本文用歌词的形式阐述农民阶级要求自身解放的道理,宣称"天父上帝人人共""何得君王私自专",提出了农民的政治平等要求和主张。在"上帝当拜""勿拜邪神"的宗教外衣下,号召群众与反动派划清界限。文中反对"六不正",宣传了农民阶级纯朴的道德观念,也说明了洪秀全重视革命纪律。太平天国起义后,太平军军纪严明,保护人民群众,成为太平天国革命胜利发展的重要原因。这是连当时中外反动派都不得不承认的。但是,由于时代和阶级的局限性,文中也反映了洪秀全受到某些传统封建思想的影响和束缚,这是需要分析对待的。原道:推究真理。原,在这里作动词用。

[2]"道之大原"句:本是西汉董仲舒给汉武帝上书中的话。董仲舒原意是说,封建剥削制度的道是天经地义的。洪秀全借用这句话,含义和董仲舒的本意完全相反。这里所说的"天",乃是农民群众共有的"天",而不是封建君主专有的"天"。这里所说的"天道",乃是农民朴素的平等观,而不

是反动的孔孟之道。

〔3〕觉群贤：使群众觉悟。觉，这里作动词用。

〔4〕着祖鞭：努力争先的意思。祖逖，晋朝人。当时中国处于分裂状态，他和好朋友刘琨互相鼓励，要为统一中国作出贡献。后来祖逖被东晋重用，带兵北伐，刘琨说过："吾常恐祖生先吾着鞭。"后人便用"着鞭"或"着祖鞭"比喻为领先。

〔5〕虔：诚心。

〔6〕番国：外国。国，即国。太平天国改"国"为"国"，以后又规定为太平天国之"国"的专用字，对其他国家一律用"郭"字代替。凡底本为"国"者一律保留原样。

〔7〕"天人"二句：人类都是上帝子女，由一气生成，因此都是平等的，哪能由封建君工独占敬天的特权，〔压迫人民〕。

上帝当拜， 人人所同，

何分西北， 何问南东。

一丝一缕荷上帝[1]， 一饮一食赖天公；

分应朝朝而夕拜[2]， 理应颂德而歌功。

人而舍此而他拜， 拜尽万般总是空，

非惟无益且有损， 本心瞒昧罪何穷。

人苟本心还不失， 自知呼吸赖苍穹。

五行[3]万物天造化， 岂有别神宰其中！

即谓上帝须辅助， 断非菩萨赞化工[4]，

如果化工赖菩萨， 从前未立理难通[5]。

暄以日兮润以雨， 动以雷兮散以风，

此皆上帝之灵妙[6]， 天恩能报得光荣。

【注释】

　　[1]"一丝"句：人身上穿的衣服都依靠上帝。荷（hè 音贺）：受人的好处。

　　[2]朝朝夕拜：早晚朝拜。两个"朝"字的音义都不同，第一个"朝"，音 zhāo（召），早晨；第二个"朝"，音 cháo（潮），即朝拜。

　　[3]五行：金、木、水、火、土。

　　[4]赞化工：赞：辅助。化工：化育万物之工。

　　[5]"如果"二句：如果化育万物要靠菩萨〔这些泥塑木雕偶像〕帮助，那么，从前未立这些偶像时已有了万物，这样的道理是讲不通的。

　　[6]"暄以"三句：用阳光温暖世界，用雨露滋润万物，用雷声震动妖魔，用凉风吹散郁气，所有这些都是由于上帝的灵妙。见《原道觉世训》。

勿拜邪神，	须作正人；
不正天所恶，	能正天所亲。
第一不正淫为首，	人变为妖天最瞋[1]，
淫人自淫均斩首，	不犯天法得超升。
魔鬼害人谁挺立？	但须改过急自新。
过而能改方无过，	予今苦口诲谆谆。
天命君师无异任，	只将正道觉斯民。
天生善正无异德，	只将正道淑[2]其身。
凡有血气心知者，	何可乱常而败伦[3]。
凡属顶天立地者，	急宜返璞而归真[4]。
鬼心既革，	孝道当明。
第二不正忤父母，	大犯天条急自更。
羊有跪乳鸦反哺[5]，	人不如物忝所生[6]。
父兮生我母鞠[7]我，	长育劬[8]劳无能名，

恩极昊天[9]难答报，　　如何孝养竭忠诚。

大孝终身慕父母，　　视于无形听无声[10]。

孝亲即是孝天帝，　　培植本根适自荣。

逆亲即是逆天帝，　　戕伐本根适自倾。

孝顺条当守，　　　胞与量宜恢[11]。

第三不正行杀害，　　自戕同类罪之魁。

普天之下皆兄弟，　　灵𩲡[12]同是自天来。

上帝视之皆赤子，　　人自相残甚恻哀。

嗜杀人民为草寇，　　到底岂能免祸灾，

白起项羽[13]终自刭，　　黄巢李闯[14]安在哉！

自古杀人杀自己，　　谁云天眼不恢恢[15]？

自古救人救自己，　　灵𩲡超拔在天台[16]。

自古利人利自己，　　福自己求易为推；

自古害人害自己，　　孽自己作难挽回。

无言不雠德有报[17]，　　终身可行恕字该[18]。

忠厚可师，　　　　廉耻须知。

第四不正为盗贼，　　不义不仁非所宜。

聚党横行天不佑，　　罪恶贯盈祸自随，

君子临财无苟得，　　皇天上帝实难欺。

天生善正修天爵[19]，　　不义之财何足奇。

杀一不辜行不义，　　即得天下亦不为。

人能翼翼[20]畏上帝，　　乐夫天命复奚疑[21]。

岂忍杀越人于货[22]，　　竟非其有而取之。

营谋[23]珍道义，　　学习慎规模。

第五不正为巫觋[24]，　　邪术惑众犯天诛。

死生灾病皆天定， 何故诬民妄造符[25]。

作福许妖兼送鬼[26]， 修斋建醮[27]尚虚无。

自古死生难自保， 岂能代祷保无辜，

自古师巫邪术辈， 累世贫穷天不扶，

鬼人送鬼终惹鬼， 地狱门开待逆徒。

欲肥己囊增己孽， 何不回头早自图。

术艺固须正， 品概更宜方。

第六不正为赌博， 暗刀杀人心不良。

戒,戒,戒! 理不当。

求之有道得有命， 勿以诈骗坏心肠，

命果有分何待赌， 命无即赌愿难偿。

【注释】

[1]瞋：发怒时瞪着眼睛。这里是愤怒生气的意思。

[2]淑：好。这里作动词用。

[3]"何可"句：怎么可以败坏道德。常：纲常；伦：伦理,此处都指人与人相处中的道德标准。

[4]"急宜"句：应该迅速地改邪归正。璞：没有经过琢磨的玉,比喻本来面目。

[5]"羊有"句：小羊跪着吃母羊的乳,小鸦衔食物反喂老鸦。

[6]忝(tiǎn 音舔)所生：羞辱了父母。

[7]鞠：养育。

[8]劬(qú 音渠)：辛苦。

[9]恩极昊(hào 音浩)天：父母的恩好比天空一样广大,没有穷尽。昊：广大。父母子女之间的感情,在阶级社会中是受阶级性限制的。

[10]"大孝"二句：极为孝亲的人。终身怀念父母,虽然看不到父母的形体,听不到父母的声音,也好像在父母面前听取教训那样。

[11]"胞与"句：对同胞气量要大。胞与：本包括世界上的万物,这里

单指兄弟姊妹。恢：宽广。

［12］认：即魂。太平天国宣传，好人死了，灵魂要升天，天上是没有鬼的，所以改魂为认。

［13］白起：战国时秦国的将领，曾经活埋过赵国降兵四十余万人，后来被秦昭王责令自杀。临自杀时，自认为因活埋过赵军，应该死。项羽：秦末奴隶主复辟势力的代表，曾活埋过秦国的降卒二十余万人，最后被刘邦打败，自杀。

［14］黄巢：唐末农民起义军的领袖。公元 875 年在山东起义，当时"民之困于重敛者争归之"。他领导起义军转战十年，给予封建统治者以沉重的打击。李闯：李自成，明末农民起义军领袖。公元 1626 年参加农民起义，1636 年被推为闯王。他在群众中的主要口号是"迎闯王，不纳粮"。他的队伍，纪律严明，受到人民的拥护。1644 年攻入北京，推翻了明王朝的统治。封建统治阶级污蔑黄巢、李自成杀人过多，以致失败。洪秀全在这个问题上受了反动宣传的影响，因有此说。

［15］恢恢：宽广。

［16］天台：天堂。

［17］"无言"句：《诗经·大雅·抑》："无言不雠，无德不报。"意思说，一个人说了话，就会得到答复，做了一件好事，会得到好报。

［18］"终身"句：一个"恕"字包括了一生做人的道理。该：完备，包括。洪秀全这里所讲的"恕"，是从农民朴素的平等观出发，要求人与人之间平等相处，反对民族压迫和阶级压迫的。这和孔孟之徒欺骗人民的"忠恕之道"的立场观点是相反的。但是，在阶级社会里，一个革命者终身可行的道理，就是革命，就是斗争，不是一个"恕"字可以包括的。洪秀全的这个说法，是有他的局限性的。

［19］天爵：天福。

［20］翼翼：小心谨慎。

［21］"乐夫"句：顺从上帝还有什么怀疑。夫，助词。奚：何。

［22］杀越人于货：杀人越货。越：夺取。于，助词。货：钱财。

［23］营：经营。谋：谋求。

[24] 巫觋（xí 音席）：旧社会装神弄鬼欺骗群众的人，女的叫巫，男的叫觋。

[25] 符：这指巫觋画的图形或符号，骗人说是用以驱神捉鬼的东西。

[26] 作福：向神求福。许妖：向妖魔许愿。送鬼：驱邪逐鬼。这些都是封建统治阶级愚弄人民的迷信行为。

[27] 修斋建醮（jiào 音叫）：请和尚道士设坛祈祷。

总之贫富天排定，　　　从吾所好自徜徉[1]。

人生在世尊天法，　　　何思何虑复何望。

凡情脱尽天情显，　　　自古为人当自强。

嗟尔有众[2]，　　　　　勿谓无妨。

无所不为因赌起，　　　英雄何苦陷迷乡，

不义之财鸩止渴[3]，　　遵守天条耐久长，

千个赌钱千个贱，　　　请尔易虑细思量。

他若自驱陷阱者，　　　炼食洋烟最颠狂，

如今多少英雄汉，　　　多被烟枪自打伤。

即如饮酒亦非正，　　　成家宜戒败家汤；

天父上帝最恶酒，　　　切莫鬼迷惹灭亡。

更有堪舆相命辈[4]，　　欺瞒上帝罪无疆，

富贵在天生死命，　　　何为惑世顾肥囊。

其余不正难枚举，　　　在人鉴别于微茫。

细行不矜终累德，　　　坚冰未至慎履霜[5]。

【注释】

[1] 徜（cháng 音尝）徉（yáng 音扬）：本意是舒适自在地行走，这里引申为心情舒畅，行动自由之意。

[2] 嗟尔有众：你们大众啊！嗟，感叹语。有，这里作助词用。

〔3〕鸩(zhèn 音振）止渴：饮鸩酒止渴，比喻不但无益反而有害。鸩：鸟名，有毒。用鸩的羽毛泡过的酒，叫鸩酒，能毒死人。

〔4〕堪舆相命辈：看风水和相面算命，搞封建迷信欺骗群众的人。堪舆：看风水，即观看住宅、坟地等的方向、位置、风水的来龙去脉，以判定人家的命运。

〔5〕"细行"二句：小节不谨慎总归要损害品德，好比一踏到寒霜，就要注意到严冬冰冻的日子即将到来。履：踏。矜：谨慎。

真言语，　　　　不铺张，

予劻曾获升天堂，　　所言确据无荒唐，

婆心固结不能忘，　　言之不足故言长。

积善之家有余庆，　　积恶之家有余殃，

顺天者存逆天亡，　　尊崇上帝得荣光。

原道醒世训[1]

福大则量大，量大则为大人；福小则量小，量小则为小人。是以泰山不辞[2]土壤，故能成其高；河海不择细流，故能就[3]其深。上帝广生众民，故能大其德。凡此皆量为之也。

【注释】

〔1〕本文揭露了当时在帝国主义和封建主义的压迫下，社会产生的"陵夺斗杀""尔吞我并"的人与人之间不平等现象。从被压迫的劳动农民反对帝国主义和封建制度的剥削、压迫的思想出发，洪秀全尖锐地批判了反动统治阶级的"所爱所憎，一出于私"，朴素地提出了"天下一家，共享太平"的劳动农民理想世界。在这个理想社会里，"天下多男人，尽是兄弟之辈，天下多女子，尽是姊妹之群"。这就是说，在经济上和政治上，人与人是平等的；在

男女之间、民族之间，人们的关系也是平等的。这是对民族压迫和国内阶级压迫的反抗，对孔孟之道的"三纲五常"的宣战。洪秀全最后强调指出，历史在前进，"于今夜退而日升矣"，号召广大群众起来斗争，"跳出邪魔之鬼门，循行上帝之真道"，摆脱反动统治阶级的政治的和精神的枷锁，争取光明前景的到来。

[2] 辞：推辞，不接受。

[3] 就：成就，达到。

无如[1]时至今日，亦难言矣。世道乖漓，人心浇薄[2]，所爱所憎，一出于私。故以此国而憎彼国，以彼国而憎此国者有之；甚至同国以此省此府此县而憎彼省彼府彼县，以彼省彼府彼县而憎此省此府此县者有之；更甚至同省府县，以此乡此里此姓而憎彼乡彼里彼姓，以彼乡彼里彼姓而憎此乡此里此姓者有之。世道人心至此，安得不相陵相夺相斗相杀而沦胥以亡乎！[3]无他，其见小，故其量小也。其以此国而憎彼国，以彼国而憎此国者，其见在国，国以外则不知，故同国则爱之，异国则憎之。其以此省此府此县而憎彼省彼府彼县，以彼省彼府彼县而憎此省此府此县者，其见在省府县，省府县以外则不知，故同省同府同县则爱之，异省异府异县则憎之。其以此乡此里此姓而憎彼乡彼里彼姓，以彼乡彼里彼姓而憎此乡此里此姓者，其见在乡里姓，乡里姓以外则不知，故同乡同里同姓则爱之，异乡异里异姓则憎之。天下爱憎如此，何其见未大而量之不广也。

【注释】

[1] 无如：无奈。

[2]"世道"二句：意指在反动统治阶级的压迫和欺骗下社会风气越来越坏。乖：违背情理。漓：浇漓，与浇薄同义，不正派，不朴实。

［3］陵：侵侮。沦胥以亡：一起灭亡。

天下凡间，分言之则有万国，统言之则实一家。皇上帝天下凡间大共之父也，近而中国是皇上帝主宰化理[1]；远而番国亦然；远而番国是皇上帝生养保佑，近而中国亦然。天下多男人，尽是兄弟之辈，天下多女子，尽是姊妹之群，何得存此疆彼界之私，何可起尔吞我并之念。

【注释】

［1］化理：化育管理。

于今夜退而日升矣。惟愿天下凡间，我们兄弟姊妹，跳出邪魔之鬼门[1]，循行上帝之真道，时凛天威，力遵天诫，相与淑身淑世，相与正己正人，相与作中流之底柱，相与挽已倒之狂澜。天下一家，共享太平，几何[2]乖漓浇薄之世，其不一旦变而为公平正直之世也！几何陵夺斗杀之世，其不一旦变而为强不犯弱，众不暴寡，智不诈愚，勇不苦怯之世也！况量大则福大，而人亦与之俱大；量小则福小，而人亦与之俱小。凡有血气者，安可伤天地之和，而贻井底蛙之诮哉！诗云：

上帝原来是父亲，　　水源木本急寻真[3]；

量宽异国皆同国，　　心好异人亦族人。

兽畜相残还不义，　　乡邻互杀断非仁；

天生天养和为贵[4]，　　各自相安享太平。

【注释】

［1］鬼门：即鬼门关，指黑暗凶险的反动统治。

［2］几何：曾几何时，没有多少时间。

［3］寻真：即上篇"返璞归真"，觉醒过来的意思。

［4］"天生"句：人与人的平等和睦相处最为重要。洪秀全在这里讲的"和"，是从农民朴素的平等要求出发，提出人与人平等，反对人压迫人的社会制度。这和孔孟之道宣扬"和为贵"，要人民群众放弃革命斗争，对反动派"和"，搞"中庸之道"是不相同的。但是，在阶级社会中，这种理想中的平等和睦相处，是不可能实现的。"天生天养"意指人民。太平天国把"天生天养"引申为人民的代词，如"谕救一切天生天养、凡属天父上主皇上帝子女者"（见《颁行诏书》）。

原道觉世训[1]

天下总一家，凡间皆兄弟。何也？自人肉身论，各有父母姓氏，似有此疆彼界之分，而万姓同出一姓，一姓同出一祖，其原亦未始不同。若自人灵魂论，其各灵魂从何以生？从何以出？皆由皇上帝大能大德以生以出，所谓一本散为万殊[2]，万殊总归一本。而近代则有阎罗妖注生死[3]邪说，阎罗妖乃是老蛇妖鬼也，最作怪多变，迷惑缠捉凡间人灵魂。天下凡间我们兄弟姊妹所当共击灭之，惟恐不速者也。而世人偏伸颈于他，何其自失天堂之乐，而自求地狱之苦哉！

【注释】

［1］本文以"天下凡间兄弟姊妹"为一方，以"魔鬼"为另一方，把当时社会划分为两个对立的营垒，反映了农民阶级与地主阶级的尖锐斗争。文章揭露"阎罗妖"是"魔鬼"的头子，这是影射清朝的皇帝，下文一语点破"他是何人，敢觊觎然称帝者乎！"这就指明了农民革命主要打击的对象，"我们兄弟姊妹所当共击灭之，惟恐不速者也"。文章反复驳斥"阎罗妖注生死"的"邪说"，实质上就是说，清朝皇帝不能决定人类的命运，号召群众敢于起

来,敢于拿起武器,造反动派的反。

〔2〕本:根子。殊:分枝。

〔3〕阎罗妖注生死:阎罗王注定人的生死。这是封建统治阶级骗人的鬼话。在清朝的嘉庆年间,反动统治者抛出了《玉历记》等书,大肆宣扬"阎罗王注生死"的邪说,用来麻痹农民的斗争意志。

论道有真谛[1],大凡可通于今不可通于古,可通于近不可通于远者,伪道也,邪道也,小道也。据怪人妄说阎罗妖注生死,且问中国前代论及此乎?曰,无有。番国《旧遗》《新遗》[2]载及此乎?曰,无有。无有,则何以起?怪人佛老[3]之徒出,自中魔计,以瞽[4]引瞽,诳人以不可知之事,以售己诈,诱人作福建醮,以肥己囊,兼之魔鬼入心,遂造出无数怪诞邪说,迷惑害累世人。如秦政时,怪人诳言东海有三神山,秦政遂遣人海求之[5],此后代神仙邪说所由起也。究其始不过一秦政受其惑,所谓差之毫厘[6],而后代则叠效尤[7]于后,至于固结不可解,所谓失之千里者也。又如汉武时,怪人诳言祠灶[8],丹砂可化黄金,汉武遂信而祠之,于是燕齐怪诞怪人,多来言神仙怪事矣。又如近代有怪人诳言东海龙妖发雨,东海龙妖即是阎罗妖变身。雨从天降,众目所视者也。古语云:"天油然作云,沛然下雨,则苗浡然兴之矣。"[9]又古语云:"上天同云,雨雪雰雰。益之以霡霂,既优既渥。既沾既足,生我百谷。"[10]又考番国《旧遗诏书》,当挪亚[11]时,皇上帝因世人背逆罪大,连降四十日四十夜大雨,洪水横流,沈没世人。此皆凿凿可据,且众目所视,实降于天者也。而世人亦多信怪诞不经之怪说。即一两论,而世人既多良心死尽,大瞒天恩矣[12],又遑论其他哉!又如近代有怪和尚诳言阎罗妖怪事,且有《玉历记》怪书,讹传于世,而世之读死书者亦多惑其说。独不思注生死一事,岂是等闲。既不是等闲,宜为中国番国各前代所论及,且笔于书,以传后世。而于今历考中国番国各前代所论及,且笔于书,以传后世者,只说天生天降,皇上帝生养保佑人,未尝说及阎罗妖也;只说死生有命,亦是命于皇上帝已耳,毫无关于阎罗妖也;只说皇上帝审判世人,阴骘下民,临下有赫[13],又毫无关于阎罗妖也。而世人之读死书者,不信古今远近通行各经典,而信怪人无端突起之怪书,不亦惑哉!此无他,顾眼前,忽长远,恒情[14]也。以恒情而中人心[15],则其入之也必易,是以邪说一倡,而天下多靡然[16]信之从之。信从久,则见闻熟,见闻熟,则胶固深[17],胶固深,则难寻其罅漏[18],难寻其罅漏,则难出其圈套,皇上帝纵历生聪明圣智于其间,亦莫不随风而靡矣。此近代所以多惘然不识皇上帝,悍然不畏皇上帝,尽中蛇魔阎罗妖诡计,陷入地狱沉沦而不自知者也。

【注释】

[1] 真谛:真道。

[2]《旧遗》《新遗》:《旧遗诏圣书》《新遗诏圣书》,基督教的两部"圣经",以后译作《旧约》《新约》。

[3] 佛老:佛教、道教。老:老子,先秦哲学家,道教称他为创始人。

[4] 瞽(gǔ 音古):瞎子。

[5] "如秦政时"三句:据《史记》记载,秦始皇时,徐市上书说东海中有蓬莱、方丈、瀛洲三座仙山,秦始皇就派人到东海去寻找神仙和长生不老药。秦始皇,新兴地主阶级的总代表,他于公元前221年统一了中国,建立了历史上第一个中央集权的封建大一统国家,并采取了包括统一文字、修筑驰道、废除分封制和实行郡县制等一系列进步措施,又为在政治思想上对奴隶主阶级进行专政,进行了"焚书坑儒"。下文提到的汉文帝、汉武帝、汉宣

帝都是西汉初期的帝王,"汉承秦制",他们继汉高祖之后执行法家路线。秦始皇和汉初的这几个帝王在我国封建社会初期都起过进步作用。但他们毕竟是剥削阶级的代表人物,又都生活在科学不发达的时代,所以他们一方面相信某些迷信的说法,一方面也以此欺骗人民。洪秀全作为农民革命的领袖,还不可能用科学态度对他们进行全面的分析。秦政:秦始皇姓嬴名政。

〔6〕差之毫厘:这与下文"失之千里"是连在一起的成语,比喻开始差距很小,结果错误很大。

〔7〕叠:连续。效:仿效。尤:过失。

〔8〕祠灶:祭祀灶神。

〔9〕"天油然"三句:天上布满了密密的乌云,落下大雨,田里的禾苗便苗壮地成长起来。

〔10〕"上天同云"六句:在严冬季节,天上布满阴云,下着霜雪。到了春天,又卜了雨。水分充足,百谷得以生长。同云:一色的阴云。雨,作动词用。雾雾:霜雪纷飞的样子。霢(mài 音脉)霂(mù 音木):小雨。既:又。优、渥、沾、足:都是雨水充足的意思。

〔11〕挪亚:基督教传说中古代最信仰上帝的人。

〔12〕两:应为"雨"。瞒:不明,这里有背负的意思。

〔13〕"阴骘(zhì 音志)"二句:暗中安定百姓。后转为迷信说法:人有阴骘,上天必知。俗话叫阴德。临:对下监视。有,助词。赫:威严。

〔14〕恒情:常情。

〔15〕中人心:打动人心。中(zhòng 音众),动词。

〔16〕靡(mí 音迷)然:倒向一边的样子。靡:倒。

〔17〕胶固深:比喻中毒深,不易改变。

〔18〕罅(xià 音下)漏:漏洞。

噫!后之人虽欲谙天地人之道,其熟[1]从而求之!甚矣,人之好怪也,不求其端,不讯其末,惟怪之欲闻。予想夫天下凡间,人民虽众,总为皇上帝所造所生,生于皇上帝,长亦皇上帝,一衣一食并赖皇上帝。皇上帝天下凡间大共之父也,死生祸福由其主宰,服食器用皆其造成。仰观夫天,一切日月星辰雷雨风云,莫非皇上帝之灵妙;俯察夫地,一切山原川泽飞潜动植[2],莫非皇上帝之功能。昭然可见,灼然易知,如是乃谓真神,如是乃为天下凡间所当朝朝夕拜。

【注释】

　[1]熟:应为"孰"。

　[2]飞潜动植:飞:飞鸟。潜:潜伏在水里的鱼虾。动:动物。植:植物。

　　有执拗者说曰:"皇上帝当拜矣,必然有帮皇上帝保佑人者。譬如君长主治国中,岂无官府辅治也?"不知君长之官府,是其亲手设立调用,故能辅君长以治事也。至若凡人所立一切木石坭团纸画各偶像,且问尔是皇上帝旨意设立否乎?非也。类皆凡人被魔鬼迷蒙灵心,据愚意愚见人手造出各等奇奇怪怪也。况皇上帝当初六日造成天地山海人物,已设有其神使千千万万在天上,任其差遣,何用得凡人所造各等奇奇怪怪者乎!且叛逆皇上帝实甚。考《旧遗诏书》,皇上帝当初下降西奈山[1],亲手缮写十款天条在石碑付界摩西[2]。皇上帝亲口吩咐摩西曰:"我乃上主皇上帝,尔凡人切不好设立天上地下各偶像来跪拜也。"今尔凡人设立各偶像来跪拜,正是违逆皇上帝旨意。尔凡人反说各偶像是帮皇上帝保佑人,何其被魔鬼迷蒙灵心,蒙懂之极乎!尔不想皇上帝当初六日造成天地山海人物,尚不要人帮助,岂今日保佑人又要谁帮助?且问尔,设使皇上帝当初造天不造地,尔足犹有所企立,且犹有田亩开垦否乎?曰,无也。且又问尔,今荷皇上帝之恩,既造有天地矣，设使皇上帝不造成地下桑麻禾麦菽豆及草木水火金铁等物，又不造成水中鱼虾，空中飞鸟，山中野兽，家中畜牲等物，尔身犹有所穿，口犹有所食，饔飧犹有所炊爨[3]，器械犹有所运用否乎？曰，无也。且又问尔，今荷皇上帝之恩，万物备足矣，设使皇上帝一年不出日照耀尔凡人，一年不降雨滋润尔凡人，一年不发雷替尔凡人收妖，一年不吹风散尔凡人郁气，尔凡人犹有收成平安否乎？曰，无也。且又问尔，今荷皇上帝之恩，既有收成平安矣，设使皇上帝一旦怒尔，断绝尔灵气生命，尔口犹能讲，目犹能视，耳犹能听，手犹能持，足犹能行，心犹能谋画否乎？曰，断断不能也。且又问尔，天下凡间，欲一时一刻不沾皇上帝恩典得乎？曰，断断不得也。由是观之，天下凡间欲一时一刻不沾皇上帝恩典亦不得，此便是皇上帝明明白白保佑人矣。既是皇上帝明明白白保佑人，尔凡人却另立各偶像，另求保佑，有得食有得穿，曰："我菩萨灵。"明明皇上帝恩典，却误认为邪魔恩典。其邪魔敢冒天恩者，该诛该灭无论矣，尔凡人良心死尽，大瞒天恩，究与妖魔同犯反天之罪，何其愚哉！嗟呼，明明有至尊至贵之真神，天下凡间大共之天父所当朝朝夕拜而不拜，而拜专迷惑缠捉人灵讠么之妖鬼，愚矣，明明有至灵至显之真神，天下凡间大共之天父，求则得之，寻则遇着，扣门则开，所当朝朝夕拜而不拜，而拜无知无识之木石坭团纸画各偶像，有口不能言，有鼻不能闻，有耳不能听，有手不能持，有足不能行之蠢物，抑又愚矣。

【注释】

[1]"西奈山"句：这是叙述《旧约》中的一段记载。基督教认为西奈山即今西奈半岛上的西奈山。

[2]摩西：基督教传说中的古代"圣人"。

[3]饔(yōng 音拥):早饭。飧(sūn 音孙):晚饭。炊爨(cuàn 音窜):煮食。

虽然,流之浊由源之不清,后之差由前之不谨,天下凡间无人一时一刻不沾皇上帝恩典,何至于今竟罕有知谢皇上帝恩典者,其祸本何自始哉?历究中国前代上古之世,君民一体,皆敬拜皇上帝也,坏自少昊[1]时,九黎[2]初信妖魔,祸延三苗[3]效尤,三代时颇杂有邪神及有用人为尸[4]之错,然其时君民一体皆敬拜皇上帝仍如故也。至秦政出,遂开神仙怪事之厉阶,祀虞舜,祭大禹,遣入海求神仙,狂悖莫甚焉。皇上帝独一无他也,汉文以为有五[5],其亦暴悖之甚矣。汉武临老虽有悔悟之言曰:"始吾以为有神仙,今乃知皆虚妄也。"然其始祠灶,祠泰乙[6],遣方士求神仙,其亦秦政之流亚[7]也。他若汉宣祠后土[8],遣求金马碧鸡[9],汉明崇沙门[10],遣求天竺[11]佛法,汉桓祠老聃[12],梁武三舍身[13],唐宪迎佛骨[14];至宋徽出,又改称皇上帝为昊天金阙[15]玉皇大帝。夫称昊天金阙,犹可说也,乃称玉皇大帝,则诚亵渎皇上帝之甚者也。皇上帝天下凡间大共之父也,其尊号岂人所得更改哉!宜乎宋徽身被金虏,同其子宋钦俱死漠北焉[16]。总而论之,九黎、秦政作罪魁于前,历汉文、武、宣、明、桓、梁武、唐宪接迹效尤于后,至宋徽又更改皇上帝尊号。自宋徽至今,已历六七百年,则天下多惘然不识皇上帝,悍然不畏皇上帝,又何怪焉。

【注释】

[1]少昊:传说中的古代帝王,黄帝的儿子。

[2]九黎:传说中少昊时的诸侯。

[3]三苗:九黎的后代。

〔4〕用人为尸：古代祭祀时，用人充当受祭的神主。

〔5〕汉文以为有五：据《史记·封禅书》和《汉书·郊祀志》记载，汉高祖认为有白、青、黄、赤、黑五个天帝，汉文帝时，立五帝庙，设五帝坛。

〔6〕泰乙：传说中最高的天帝，在五帝之上。

〔7〕流亚：同类。

〔8〕后土：地神。祀后土实际是从汉武帝元鼎四年开始。以前人写文章引用史书多是根据记忆，不查原文，所以洪秀全有这种误记。

〔9〕金马碧鸡：西汉时益州（今四川、云南等地）二神名。现在云南有金马山、碧鸡山。

〔10〕沙门：和尚，引申为佛教。

〔11〕天竺：印度。

〔12〕老聃：即老子。

〔13〕梁武三舍身：南北朝时，佛教盛行。梁武帝萧衍为欺骗人民，曾三次到佛寺里充当"服役"的人。

〔14〕唐宪迎佛骨：唐宪宗把佛骨从凤翔迎至长安宫殿里供奉。

〔15〕昊天金阙：道家幻想中的天上宫殿。

〔16〕"宜乎"二句：宋徽宗、钦宗父子，一起做了金兵的俘虏，死在大沙漠之北。

呜呼！天地之中人为贵，万物之中人为灵。人为贵，人为灵，皇上帝子女也。贵乎不贵，灵乎不灵，木石堁团纸画各偶像物也，人贵于物，灵于物者也，何不自贵而贵于物乎？何不自灵而灵于物乎？近千百年间能不惑神仙怪事者非无其人，究之，知其一莫知其他，明于此转暗于彼，卒无有高出眼孔彻始彻终而洞悉乎魑魅魍魉之诡秘也[1]。何也？皇上帝之外无神也，世间所立一切木石堁团纸画各偶像皆后起也，人为也，被魔鬼迷蒙灵心，颠颠倒倒，自惹蛇魔阎罗妖缠捉者也。

【注释】

〔1〕卒：结果。魑（chī 音吃）魅（mèi 音昧）魍（wǎng 音网）魉（liǎng 音两）：都是传说中的妖怪。

故今沥胆披肝[1]实情谕尔等，尔凡人何能识得神乎？皇上帝乃是真神也。尔凡人跪拜各偶像，正是惹鬼。何也？尔凡人所立各偶像，其或有道德者，既升天堂久矣，何曾在人间受享。其一切无名肿毒[2]者，类皆四方头，红眼睛，蛇魔阎罗妖之妖徒鬼卒。近一二千年，几多凡人灵讥，被这阎罗妖缠捉磨害。俗语云："豆腐是水，阎罗是鬼。"[3]尔等还不醒哉！及今不醒，恐怕迟矣。

实情谕尔等，尔凡人何能识得帝乎？皇上帝乃是帝也，救世主耶稣，皇上帝太子也，亦只称主已耳，天上地下人间，有谁大过耶稣者乎？耶稣尚不得称帝，他是何人，敢觊觎然称帝者乎！只见其妄自尊大，自干[4]永远地狱之灾也。

噫，吁！敬拜皇上帝，则为皇上帝子女，在世皇上帝看顾，升天皇上帝恩爱，永远在高天享福，何等快活威风！溺信各邪神，则变成妖徒鬼卒，生前惹鬼缠，死后被鬼捉；永远在地狱受苦，何等羞辱愁烦！孰得孰失，请自思之。天下凡间，我们兄弟姊妹，可不醒哉！若终不醒，则真生贱[5]矣，真鬼迷矣，真有福不知享矣！明明千年万万载，在高天永远威风，如此大福都不愿享，情愿大犯天条，与魔鬼同犯反天之罪，致惹皇上帝义怒，罚落十八重地狱受永苦，深可悯哉！良足慨已。

【注释】

〔1〕沥胆披肝：把自己的肝胆都暴露于大众之前，比喻竭尽真诚。

〔2〕无名肿毒：一种病症的名称，害这种病的人形状很难看。这里用来

比喻邪神恶鬼,影射反动爪牙的狰狞面目。

　　[3]"豆腐"二句:广西俗语。洪秀全借来说明阎罗不是神而是鬼,促使群众觉悟,敢于造反动统治者的反。

　　[4]干:求。

　　[5]生贱:变做下贱。太平天国经常指斥被反动派利用的人,在《颁行诏书》中就指出这种人"贱过狗"。

【说明】洪秀全在领导太平天国革命的过程中,曾有过一些重要的讲话,这些讲话有的保留了下来。这里选录的两段言论摘录分别刊载在《英杰归真》和《太平天国起义记》中。由洪仁玕编写的《英杰归真》是太平天国"旨准颁行"的革命文献,内容是假设干王洪仁玕回答一个投降者询问的若干问题,实际上介绍了太平天国的各种制度、政策和领导人的思想等。《太平天国起义记》出版于1854年,是从英文翻译过来的。作者韩山文,瑞典传教士。洪仁玕曾向他介绍过太平天国革命早期的情况,该书就是记叙这些内容的。因此,这两书中所记洪秀全的讲话虽非原话,但都符合他的思想。题目是编者加上的。

怒斥清朝反动派[1]

每年化中国之金银几千万为烟土,收花民[2]之脂膏数百万为花粉。一年如是,年年如是,至今二百年,中国之民富者安得不贫?贫者安能守法?不法安得不问伊黎省或乌隆江或吉林为奴为隶乎?[3]

【注释】

[1]这是洪秀全于开始产生反清革命思想时,与族弟洪仁玕的一次谈话。他怒斥清政府听任帝国主义向中国输入鸦片、搜括民脂民膏、压制人民反抗等罪行,反映出当时民族矛盾、阶级矛盾的尖锐化。就是因为这些原因,洪秀全立志要发动群众起来革命,打倒清朝的反动统治。

[2]花民:华民,中国人民。太平天国避上帝名"耶火华"(现译为"耶和华"),以"花"代"华"字。

[3]问:问罪,处罚。伊黎省:新疆。伊黎,即伊犁。乌隆江:黑龙江。太平天国用"乌"代"黑",用"隆"代"龙"。

评三合会的政治口号及其组织形式[1]

我虽未尝加入三合会,但常闻其宗旨在"反清复明"。此种主张,在康熙年间该会初创时,果然不错的;但如今已过去二百年,我们可以仍说反清,但不可再说复明了。无论如何,如我们可以恢复汉族山河,当开创新朝。如现在仍以恢复明室为号召,又如何能号召人心呢?况且三合会又有数种恶习,为我所憎恶者。例如:新入会者必须拜魔鬼邪神及发三十六誓,又以刀加其颈而迫其献财为会用。彼等原有之真宗旨今已变为下流卑污无价值的了。如果我们讲真道理,而倚靠上帝强有力之助佑,我们几个人便可比他们多数。甚至孙膑、吴起、孔明等及其他古代历史中之娴于韬略[2]战术者亦不值得我之一赞,三合会更卑卑不足道矣。

【注释】

　　[1]这是洪秀全在准备起义时的一次谈话。三合会,又名天地会,是当时分布在南方各省的秘密组织,以"反清复明"为宗旨。当洪秀全组织"拜上帝会"和建立紫荆山根据地时,三合会也纷纷在两广起事。后来,一部分三合会的首领和群众抛弃了原来的狭隘的帮会活动,加入了太平军。

　　[2]娴:熟习。韬略:《六韬》《三略》,古代兵书,这里泛指兵法。

第二部分

（1851 金田起义—1864）

【说明】1851 年 1 月 11 日，洪秀全领导拜上帝会在广西桂平县金田村起义，建立了与清政府对峙的农民政权——太平天国，开始了武装斗争。太平军迅速攻占广东、湖南、湖北、安徽、江苏的重要城镇，在斗争中逐步建立了完整的政治、经济、军事及文化教育等各方面的制度。1853 年，占领并定都南京，接着又分兵北伐、西征，并进军江浙，得到各地人民群众的拥护和响应。但是，"没有工人阶级的领导，革命就要失败"（《论人民民主专政》）。太平天国虽经十几年的浴血奋战，仍在中外反动势力的勾结镇压下失败了。1864 年，天京失陷前，洪秀全为革命献身。天京失陷后，太平军将士仍坚持进行了四年的英勇斗争。太平天国革命给予帝国主义侵略者及其走狗清朝统治者以沉重的打击，有力地推动了历史的前进。太平天国的英雄们永垂不朽！

从金田起义到去世前，洪秀全发表了很多指示、文告（当时称为"诏书"），指导了太平天国的革命斗争，也是我国近代史上重要的革命文献。

五条纪律诏[1]

庚戌十二月初旬　时在金田

一遵条命[2]；二别男行女行[3]；三秋毫莫犯[4]；四公心和㑩[5]，各遵头目约束；五同心合力，不得临阵退缩。

【注释】

[1] 这是洪秀全于1851年初，在金田起义的时候，对太平军颁布的五条纪律。这五条正确处理了太平军的官兵之间、军民之间以及对敌斗争等关系。太平天国革命之所以能够顺利地进行，这些革命纪律起了重要的作用。从这一个文件起，题目都是编者加的。

[2] 条命：指"天条"和天父天兄天王的命令。

[3] 别男行女行：分别男女队伍。

[4] 秋毫莫犯：丝毫不骚扰。秋毫：鸟兽在秋天长出来的毛最细，比喻极细小的事物。

[5] 和㑩(nuó 音挪)：广西方言。和睦，团结。

茶地移营诏[1]

辛亥七月十九日　时在茶地

各军各营众兵将，放胆欢喜踊跃，同顶[2]天父天兄纲常，总不用慌，万事皆是天父天兄排定，万难皆是天父天兄试心，各宜真草[3]坚草耐草，对紧[4]天父天兄也。天父前有言曰："越寒天，越退衣，各坚耐，万不知。"[5]众兵将各宜醒醒。今据奏说现无盐，移营是。又据奏说多病伤，护持紧。兄弟姊妹一个不保齐，辱及天父天兄也。今行营，其令各军各营，队伍宜整齐坚重[6]，同心同力,千祈恪遵[7]天令,不得再逆。前军主将贵妹夫[8]、左军主将达胞[9],同统戊壹监军[10]、前壹军帅[11]、前贰军帅、左壹军帅、左贰军帅,开通前路;中军主将清胞[12]统土壹总制、中壹军帅、中贰军帅,及前选侍卫[13]二十名,护中;右军主将正胞[14]、后军主将山胞[15],同统右壹军帅、右贰军帅、后壹军帅、后贰军帅,押后。每行营匝营[16],各军各营宜间匀连络,首尾相应,努力护持老幼男女病伤,总要个个保齐,同见小天堂[17]威风。众兵将各各遵。

此是前时行营坐营铺排[18]如是,今宜听东王将令。

【注释】

[1] 1851年8月15日,太平军从紫荆山区的茶地分三路进兵出发。洪秀全为鼓舞军心,整饬军纪,加强指挥,颁发了这道命令。

[2] 顶:承当,执行。

[3] 草:心。广东、广西人称灯草为灯心,因此太平军把"草"作为"心"的隐语。

[4] 对紧:对住。效忠的意思。

[5] "越寒"四句:越是寒冷的天气,越要少穿衣服。大家都要忍耐,什么都不怕。

[6] 坚重:坚强稳重。

[7] 恪遵:严格遵守。

[8] "前军"句:金田起义后,太平军分前、后、左、右、中五大军,各有主将指挥。贵妹夫:萧朝贵。太平天国革命早期优秀的领导人之一,封西王。1852年9月在攻打长沙的战斗中身先士卒,英勇奋战,中炮牺牲。他的妻子洪宣娇是洪秀全的妹妹,太平军的女指挥员之一。

[9] 达胞:石达开。太平天国革命的叛徒,原封翼王。继1856年韦昌辉在天京叛乱后,1857年他分裂太平军队伍,带领十余万人经安徽、江西、浙江、福建、湖南、广西、贵州,于1863年进入四川,妄图自立为"四川王"。最

后被清军包围在大渡河边的紫打地。石达开无法渡河,于是叛变投敌,写信给清政府的四川总督,要求投降,然后带领儿子及部下前往清兵营中,在那里写了"自述",最后被杀。洪秀全对杨秀清、冯云山、石达开等都称"胞"意即"兄弟"。

[10] 戊壹监军:监军,官名,设若干员,用天干"戊、己、庚、辛"等编号,在天干下又各用数字编号,故称"戊壹监军"。

[11] 前壹军帅:这时太平天国前、后、左、右、中五大军各辖两个军,前军辖的就叫前一军、前二军。每军设一个军帅。

[12] 清胞:杨秀清。封东王,1856 年被韦昌辉所杀。

[13] 前选侍卫:以前选出来保卫洪秀全的军官。

[14] 正胞:韦正,即韦昌辉。混入太平天国革命队伍中的地主阶级分子,早期窃取了部分领导权,封北王。他阳奉阴违,口是心非,惯耍两面派。1856 年,他在天京制造反革命叛乱,杀死两万多太平军将士,给革命造成严重损失,后被处死。

[15] 山胞:冯云山。

[16] 匝营:扎营。

[17] 小天堂:洪秀全称基督教宣传的天国为大天堂,把自己用革命建立在地上的太平天国称小天堂。

[18] 铺排:调遣。

全军放胆杀敌诏[1]

辛开[2]八月初三日　时在莫村

各军各营众兵将,放胆欢喜踊跃,同心同力同向前,万事皆有天父主张,天兄担当,千祈莫慌。

真神能造山河海,　　　任那妖魔一面来;
天罗地网重围住,　　　尔们兵将把心开。

日夜巡逻严预备，　　　运筹设策夜衔枚[3]；

岳飞五百破十万[4]，　　何况妖魔灭绝该！

【注释】

[1] 这是洪秀全于1851年8月29日在紫荆山区莫村，准备突围，进攻永安之前向太平军将士发布的命令。

[2] 辛开：即辛亥。太平天国改辛亥为辛开，因这年是太平天国元年，意指新开创的朝代。当时尚未采用"天历"，这里根据的是太平天国定都南京后的刻本，所以已改为"辛开"。

[3] 运筹：计算，这里指主持战略。枚：像筷子形的小木棍。古代夜间行军，为保证没有声音，常使士兵把枚衔在嘴里，用带子系在它的两头，结在颈后。

[4] "岳飞"句：《宋史》上记宋朝抗金将领岳飞有"以五百骑破五十万"的话。

缴获归圣库诏[1]

又八月[2]初七日　时在永安

各军各营众兵将，各宜为公莫为私，总要一条草，对紧天父天兄及朕也。继自今，其令众兵将，凡一切杀妖取城，所得金宝绸帛宝物等项，不得私藏，尽缴归天朝圣库[3]，逆者议罪。

【注释】

[1] 这是洪秀全于1851年10月1日在永安州发布的命令。当时太平军刚刚占领永安几天。永安，是太平军攻克的第一个城市。洪秀全为了维护太平天国的圣库制度，严格革命纪律，发布了这个命令。

[2] 又八月：即闰八月。这时太平军仍用农历。

[3] 天朝圣库：太平天国的国库。太平军规定，不准将士把缴获的物资

留归私有,都要上缴"圣库",然后按规定分配。

记录功罪诏[1]

辛开九月二十五日　时在永安

通军[2]大小兵将千祈遵天令,欢喜踊跃威武,同心同力同向前,同顶天父天兄纲常。今诏令各军每场杀妖后,各两司马[3]立即记录自己管下兵某名头顶,遵令向前,则画圆圈以记其功,某名头顶,逆令退缩,则画交叉以记其罪,中等者免记录。记录册成,两司马执册达卒长[4],卒长达旅帅[5],旅帅达师帅[6],师帅达军帅[7],军帅达监军,监军达总制,总制次递达丞相[8],丞相达军师[9],军师转奏。俟到小天堂,以定官职高低。小功有小赏,大功有大封,各宜努力自爱。

【注释】

[1]这是洪秀全于1851年11月17日在永安发布的命令。

[2]通军:全军。太平天国避洪秀全名,用"通"代"全"。

[3]两司马:官名。太平军以二十五人为一"两",它的军官叫两司马。

[4]卒长:官名。太平军以四个"两"为一"卒",它的军官叫卒长。

[5]旅帅:官名。太平军以五个"卒"为一"旅",它的军官叫旅帅。

[6]师帅:官名。太平军以五个"旅"为一个"师",它的军官叫师帅。

[7]军帅:官名。太平军以五个"师"为一个"军",它的军官叫军帅。

[8]丞相:官名。按太平天国早期的规定,丞相是王以下的一级官。

[9]军师:官名。辅助天王管理军政。

封五王诏[1]

辛开十月二十五日　时在永安

通军大小兵将各宜认实真道而行,天父上主皇上帝才是真神,天父上主皇上帝以外皆非神也。天父上主皇上帝无所不知,无所不能,无所不在,样样上又无一人非其所生所养,才是上,才是帝。天父上主皇上帝而外皆不得僭称上,僭称帝也。继自今,众兵将呼称朕为主则止,不宜称上,致冒犯天父也。天父是天圣父,天兄是救世圣主,天父、天兄才是圣也。继自今,众兵将呼称朕为主则止,不宜称圣[2],致冒犯天父、天兄也。天父上主皇上帝是神爷,是仈爷。前此左辅、右弼、前导、后护各军师,朕命称为王爷,姑从凡间歪例,据真道论,有些冒犯天父,天父才是爷也。今特褒封左辅正军师为东王[3],管治东方各国;褒封右弼又正军师为西王[4],管治西方各国;褒封前导副军师为南王[5],管治南方各国;褒封后护又副军师为北王[6],管治北方各国;又褒封达胞为翼王[7],羽翼天朝。以上所封各王,俱受东王节制。另诏后宫[8]称娘娘,贵妃[9]称王娘。

【注释】

[1] 这是洪秀全于 1851 年 12 月 17 日在永安为健全太平天国领导机构而发布的命令。

[2] 不宜称圣:这是当时的规定。到了太平天国后期就变了,天王洪秀全也称为"真圣主"。

[3] 东王:杨秀清。

[4] 西王:萧朝贵。

[5] 南王:冯云山。

　[6] 北王：韦昌辉。

　[7] 翼王：石达开。

　[8] 后宫：洪秀全的妻子。

　[9] 贵妃：东王等的妻子。

严禁违犯第七天条诏[1]

壬子正月二十七日[2]　时在永安

　　通军大小男女兵将千祈遵天条。兹今特诏令清胞、贵妹夫、山胞、正胞、达胞暨各军各头领，务宜时时严查军中有犯第七天条否？如有犯第七天条者，一经查出，立即严拿斩首示众，决无宽赦。众兵将千祈莫容忍包藏，致干天父皇上帝义怒，各宜醒醒。

【注释】

　　[1] 这是洪秀全于 1852 年 2 月 27 日在永安发布的命令。命令严禁太平军将士犯第七天条——"不好奸邪淫乱"，不准"吹洋烟"，如有故违，一经查出，立即处以死刑。当时，太平军准备从永安突围，为整顿军纪，以利作战，故有此令。

　　[2] 壬子正月二十七日：这时，太平天国已颁布了"天历"，从这篇起，题目下的年月日都是指"天历"。

永安突围诏[1]

壬子二月三十日　时在永安

　　通军男将女将千祈遵天令，欢喜踊跃坚耐威武，放胆诛妖，任那妖魔千万算，难走天父真手段。江山六日尚造成[2]，各信讵爷为好汉。高天差尔诛妖魔,天父天兄时顾看。男将女将尽持刀,现身着衣仅更换,同心放胆同杀妖,金宝包袱在所缓。脱尽凡情顶高天,金砖金屋光焕焕[3]。高天享福极威风,最小最卑尽绸缎。男着龙袍女插花,各做忠臣劳马汗[4]。

【注释】

[1] 这是洪秀全于1852年4月3日在永安为准备突围而发布的另一个命令,命令将士不分男女,一心杀敌。两天后的一个夜里,太平军便冒着大雨,乘敌人防务松懈时,冲出了永安。

[2]"江山"句:基督教有上帝在六天之内创造世界的说法。

[3]"金砖"句:形容天堂里的宫殿。

[4]劳马汗:即汗马功劳,指立战功。战马在战场上奔驰出大力,以至流汗,故用此来比喻将士的战功。这里为了押韵,将句子改为"劳马汗"。

重申缴获归圣库诏[1]

壬子八月初十日　时在长沙

通军大小兵将自今不得再私藏私带金宝,尽缴归天朝圣库。倘再私藏私带,一经察出,斩首示众。

【注释】

[1] 这道命令是洪秀全于1852年9月13日在湖南郴州向正在进攻长沙的太平军先锋部队发布的。

地震诏[1]

万样伙爷六日造,同时今日好诛妖。地转实为新地兆[2],天

旋永立新天朝。军行速追诰放胆,京守严巡灭叛逃。一统江山图
已到[3],胞们宽草任逍遥[4]。

【注释】

[1] 这是洪秀全于 1853 年 5 月在南京写的诏旨。太平天国定都南京
不久,南京一带发生地震,反动派利用反动的"天人感应说",动摇人心。此
诏即反其道而行之,宣布这是摧毁旧世界,诞生新世界的征兆,借以鼓舞太
平天国军民的斗志,起了革命的作用。

[2] 地转:地震。新地兆:新世界诞生的征兆。

[3]"一统"句:平定全国的计划已实现。图:计划。

[4] 逍遥:自由自在。

贬妖穴为罪隶诏[1]

有功当封,有罪当贬。今朕既贬北燕地为妖穴,是因妖现秽
其地,妖有罪,地亦因之有罪,故并贬直隶省为罪隶省。天下万国
朕无二,京亦无二,天京而外皆不得僭称京。故特诏清胞速行告
谕守城出军所有兵将,共知朕现贬北燕为妖穴,俟灭妖后方复其
名为北燕;并知朕现贬直隶省为罪隶省,俟此省知悔罪,敬拜天父
上帝,然后更罪隶之名为迁善省,庶俾天下万国同知妖胡为天父
上帝所深谴、所必诛之罪人。

【注释】

[1] 这是洪秀全于 1853 年定都南京后写的诏旨。"妖穴",指清王朝反
动统治的老巢——直隶。洪秀全布告天下,贬直隶省为罪隶省,以表示他彻
底推翻清王朝反动统治的决心。

克服困难诏[1]

神爷试草桥水深[2]，　　如何吃粥就变心？

不见天兄舍命顶，　　十字架上血漓淋[3]。

不见先锋与前导[4]，　　立功天国人所钦。

【注释】

[1] 1853 年太平军攻克南京后不久，为克服反动派造成的暂时困难，除作战部队外，男女各馆一律吃粥，以节约粮食。混入南京的反革命分子趁机造谣惑众，动摇人心。洪秀全特颁此诏，打击敌人，教育军民。

[2] 神爷试草：上帝试验人心。太平天国每遭到困难时，总说这是上帝试心。桥水：天机，即上帝的机密。这是太平天国的隐语。（本文集编者按，祁龙威先生在《太平天国文献学简论》一文中，就"桥水"一词解释，有所修订。桥水：广东客家语，谓计谋，主意。）

[3] "不见天兄"二句：基督教传说耶稣被钉死在十字架上。

[4] 先锋：指萧朝贵。1852 年，太平军攻打长沙，他担任先锋，阵亡。前导：冯云山。金田起义后，为前导副军师，领后军。同年牺牲于全州。

删改《诗韵》诏[1]

咨尔史臣，万样更新，《诗韵》一部，足启文明。今特诏左史右史[2]，将朕发出《诗韵》一部，遵朕所改，将其中一切鬼话怪话妖话邪话一概删除净尽，只留真话正话，抄得好好缴进，候朕披阅刊刻颁行。

【注释】

[1] 这是洪秀全命令史官删改《诗韵》的诏旨。《诗韵》是太平天国对于《诗经》的称呼。洪秀全这一措施是针对孔孟之道的。太平天国将古代为反动统治阶级服务的孔孟之书都列为"妖书",定都南京后,洪秀全亲自主持删改四书、五经等书。

[2] 左史、右史:官名。

禁鸦片诏[1]

高天灯草似条箭[2],时时天父眼针针[3],不信且看黄以镇[4],无心天救何新金[5]。吹[6]去吹来吹不饱,如何咁蠢变生妖![7]戒烟病死胜诛死[8],脱鬼成人到底高。

【注释】

[1] 这是洪秀全严禁吸鸦片的诏旨。在当时具有反对外国资本主义侵略的意义。

[2] "高天"句:天心正直像一条箭。

[3] "时时"句:时时刻刻天父都看得清清楚楚。眼针针:眼光锐利。

[4] "不信"句:不相信天父的,且看一看黄以镇的下场。黄以镇,原为太平军军官,1851 年在紫荆山区莫村临阵退缩,又不认罪,被处死刑。

[5] "无心"句:没有歪心的就得到天父的救护,何新金就是个榜样。何新金,太平军将领,因勇敢善战,得到重用。

[6] 吹:即吸鸦片。太平军称吸鸦片为"吹洋烟"。

[7] 咁(gam 音与"甘"相近,入声字):这样。广东方言。变生妖:背叛革命。

[8] "戒烟"句:戒了烟病死比吸烟受处分而死要好。

千字文[1]（节录）

丁酉年岁[2]，	季春和舒[3]。
蒙接升堂[4]，	指示根株[5]。
命锄务本，	芟剔奸除[6]。
继或些昧，	赐对部书[7]。
癸卯斯载，	如晦才曙[8]。
互相印证，	历合玺符[9]。
乃始周游，	唤醒英雄[10]。
跋涉险阻，	前导南冯。
忧乐胥共，	安危俱同[11]。
甫届戊申[12]，	孰降苍穹[13]。
至尊真神，	监临其中。
清口托题[14]，	左辅杨东。
九秋菊绽，	基督乘荣[15]。
贵婿娇客[16]，	右弼精忠。
击崇逐魃[17]，	膺宠加封[18]。
凭据踪迹，	罕匹寡双[19]。
眷顾扶持，	阴骘庇超[20]。
团营鏖战[21]，	仗剑挥刀。
斧钺[22]弓矢，	旐旟旌旄[23]。
札隆钩戟[24]，	粉码炮包[25]。
锣角牌帽[26]，	甲胄[27]戈矛。
扼吭破竹，	夺隘拔毛[28]。

步匝[29]稳固，　　轻锐健豪[30]。

旗麾劲阵，　　远望窜跑[31]。

鼓搰通军，　　乍闻弃抛[32]。

沸腾崒崩，　　奔溃震骚[33]。

护卫密致，　　联络强坚。

萱回捷奏[34]，　　氛倏消泯[35]。

益阳桥浮，　　渡竟牵连。

洞庭长驱[36]，　　鲸鳌沫涎[37]。

皖省直进[38]，　　将士扬鞭。

舆驻建康[39]，　　统绪延绵[40]。

【注释】

[1] 这是洪秀全为太平天国儿童写的识字课本。全文共一千一百零四个不同的字，组成四言之二百七十六句。此文最早颁布于1854年，1858年作了修改。这里节录了修改本中的一段。太平天国成立后，对孔孟之道进行了批判，反动派所炮制的宣扬孔孟之道的旧《千字文》也被抛进了历史的垃圾堆。洪秀全亲自写了新《千字文》，宣传农民革命，用太平天国的革命史教育儿童，这是与旧《千字文》根本对立的教科书，它标志着在当时的历史条件下，农民群众在教育领域里的改革措施。

[2]"丁酉"句：丁酉年，即1837年。

[3]"季春"句：春来的天气，日长而又暖和。

[4]"蒙接"句：承蒙上帝把我接上天堂。

[5]"指示"句：上帝指示世间不太平的根源在于妖魔作怪。

[6]"命锄"二句：意为上帝命令我集中力量除去世上不太平的根源，把妖魔消灭干净。

[7]"继或"二句：上帝说："你下凡以后还会有些糊涂，有一部书赐给你，你可对证我的指示。"部书：即洪秀全于1836年得于广州的《劝世良言》，是一本基督教的传教书。

［8］"癸卯"二句：意为癸卯（1843）这一年，我读了《劝世良言》，心头才豁然开朗，如同在黑暗中得到了光明。

［9］"互相"二句：我把《劝世良言》同上帝的指示互相对证，事事都是符合的。玺符：印信，引申为符合之意。

［10］"乃始"二句：从此就开始周游，发动群众起来革命。指1844年，洪秀全去广西宣传"拜上帝"。

［11］"跋涉"四句：指洪秀全经历许多艰险，跋涉去广西，从事革命。前导副军师南王冯云山与他一起，同患难，共安危。跋涉：爬山渡水。胥：相。

［12］"甫届"句：刚到了戊申年（1848）。

［13］"孰降"句：谁从天降？

［14］"清口"句：上帝降托在杨秀清身上说话。题：说话。

［15］"九秋"二句：九月菊花盛开的时候，耶稣"下凡显圣"。

［16］"贵婿"句：贵婿，指天父的女婿，即萧朝贵。洪秀全自称是上帝的第二子，其妹洪宣娇为天妹，是上帝的女儿，萧朝贵是洪宣娇的丈夫，故有此称。娇客：这里也是指女婿。

［17］祟魅：都指妖魔。即清朝反动派。

［18］"膺宠"句：冯云山、杨秀清、萧朝贵等都受到天父的恩宠褒封为王。

［19］"凭据"二句：所有这些有凭有据的天父天兄的"神迹"，都是独一无二的。

［20］"眷顾"二句：天父天兄在天上照顾帮助，暗中监督保护。

［21］"团营"句：指1850年洪秀全等将群众集中在金田，和敌人展开战斗的事。团营：太平天国把群众按军事编制组织起来，叫作"团营"。鏖（áo 音熬）战：激烈的战斗。

［22］钺（yuè 音越）：大的斧头。

［23］旟（yú 音于）：画鸟的旗。旐（zhào 音兆）：画龟蛇的旗。旌（jīng 音京）：旗杆上装饰着羽毛的旗。旄（máo 音毛）：旗杆上装饰着牦牛毛的旗。这四个字是指各式各样的旗。

[24] 札：短矛。隆：龙的代用字，太平军称小炮为"长龙"。钩：似剑而曲的兵器。戟（jǐ音几）：两边有刃的兵器。

[25] 粉：红粉。太平军称火药为红粉。码：铅码，太平军称炮弹为铅码。包：火药包。

[26] 角：用兽角制作的军号。牌：盾牌，防御敌人刀矢的战具。

[27] 甲：古代用皮或铁叶制成的军服。胄：即盔，军帽。

[28] "扼吭"二句：攻取险要，势如破竹；夺取敌人的关隘，好像拔根毫毛。都是形容战斗顺利。

[29] 步匝：行军扎营。

[30] "轻锐"句：指军队轻快、精锐、壮健、英勇。

[31] "旗麾"二句：旗帜指挥着强劲的队伍，敌人远远地看见便逃跑。

[32] "鼓搥"二句：全军响彻擂起的战鼓，敌人一听到便丢盔弃甲而逃。

[33] "沸腾"二句：形容敌人的混乱溃败。沸腾：声音喧杂。崒（zú音足）崩：山崩。震骚：骚动。

[34] "萱回"句：指太平军1852年4月太平军从永安向桂林进军的途中，在仙回山歼灭清军四五千人的事。萱回：即仙回山，在永安州东南七十里。太平天国不承认封建统治阶级的"神仙"，所以用"萱"代"仙"。捷奏：报捷。

[35] "氛倏"句：妖氛一下子消灭了。倏（shū音舒）：迅速。

[36] "益阳"三句：1852年12月，太平军占领湖南益阳，顺流而下，用木船搭成浮桥，渡过洞庭湖，进攻湖北。

[37] "鲸鳌"句：鲸鱼和鳌都在吐水，形容洞庭湖上波浪的翻滚。鳌（áo音熬）：传说中海里的大龟或大鳖。

[38] "皖省"句：1853年2月，太平军从武汉分水陆两路沿江东下，24日，占领安徽省城安庆。皖：安徽省的简称。

[39] "舆驻"句：1853年3月19日，太平军攻占南京，29日，洪秀全入城，定南京为太平天国首都，改名天京。舆：指洪秀全坐的车。建康：南京。

[40] "统绪"句：世代相传，长久不绝。

防守浦口诏^[1]

朕诏答天豫^[2]薛之元弟知之：

万有爷哥朕主张，残妖任变总灭亡，诏弟统兵镇天浦^[3]，兼顾浦口拓省疆。朕昨令弟排拨^[4]官兵五千，亲见统带，星速^[5]赶赴六合镇守。今朕复思天浦省乃天京门户^[6]，弟有胆识，战守有方，足胜镇守之任。爰特诏弟统齐兵士，赶赴天浦省垣，协同将帅^[7]黄连生弟等实力镇守，安抚黎庶，造册举官^[8]，团练乡兵，以资防堵；征办粮饷，源源解京；鼓励将兵，严密堵剿，毋些疏虞。今特命保天福刘庆汉、欢天福林世发、侍卫黄钦元、陆凤翔等捧诏前来，令弟星速带齐官兵，前赴天浦省实力镇守，并排薛之武弟带同一队官兵前赴浦口镇守。弟等见诏，实力奉行，放胆雄心，力顶起爷哥朕江山万万年也。

【注释】

［1］这是洪秀全于1858年给薛之元的一道诏旨。薛之元当时是太平军的一个将领，1859年叛变投敌。

［2］答天豫：爵名。太平天国后期，王以下增设天义、天安、天福、天燕、天豫等爵，在天字之上再各冠一个字作为爵号，下面的保天福、欢天福等都是。

［3］天浦：太平天国的省，在今江苏省江浦县一带。

［4］排拨：调拨。

［5］星速：迅速。星夜出动。

［6］天浦省乃天京门户：当时清王朝分派了两支军队，屯驻在长江南北，包围南京。在南京城外孝陵卫的叫"江南大营"，在扬州的叫"江北大营"，因此，与南京仅一江之隔的天浦便成为南京北边的门户。

[7] 将帅：全名文将帅，太平天国每个省设的行政官。

[8] 造册：即造户口册，太平天国称为造门册。举官：推举守土乡官。太平天国规定县以下的地方行政官，由下级向上级保举。

封干王诏[1]

朕意玕胞、达胞、玉胞[2]知之：

敬爷敬哥总无空，老父大兄赐光荣，得到天堂享爷福，福子福孙福无穷。

朕念从前胞因爷哥朕名受辱者多矣，胞果然志同南王，历久弥坚，确乎爷爷生定家军师板荡[3]忠臣，可为万世法。故爷哥朕眼自照得，见锡报胞以干天府王爵，子孙世袭，永远光荣，以昭福善盛典。胞靖共尔位[4]，世世股肱天朝[5]也。

【注释】

[1] 这是洪秀全于 1859 年 5 月 11 日封洪仁玕为干王的诏旨。洪仁玕是太平天国革命后期重要领导人之一。他是洪秀全的族弟，与冯云山都是洪秀全最早最坚定的革命伙伴。金田起义时，洪仁玕在广东，未能参加，被迫流亡到香港等地。在这段时间里，他宣传太平天国革命，并接触了一些西方资本主义国家的科学文化。1859 年，他克服了重重困难，终于到了南京。洪秀全非常高兴，不顾李秀成等的反对，颁布了这道命令，要他总理太平天国的政务，以加强领导，反对当时李秀成等的分裂活动。

[2] 玉胞：陈玉成，封英王。太平天国革命后期重要领导人之一。他14 岁参加革命，身经百战，在斗争中成长起来，为保卫天京作出巨大的贡献。他还与洪仁玕等对李秀成的分裂投降路线进行了坚决的斗争。1862 年被叛徒出卖，壮烈牺牲。封干王时，陈玉成还没被封王，此诏应是在封英王后补发的。

　　［3］家军师：我家的军师。指洪仁玕。板荡：《诗经·大雅》上有《板》《荡》两首诗,内容都是描写时局不稳定,后来就用来形容时势的艰难。

　　［4］靖共尔位：恭恭敬敬,尽你的职分。

　　［5］股肱天朝：辅助太平天国。

改定天历诏[1]

　　朕诏和甥、福甥[2]、玕胞、达胞、玉胞、秀胞、恩胞、贤胞、辅胞、璋胞[3]、天将、掌率、统管、尽管、神策朝将、护京囯将、六部、义、主、佐将[4]、内外[5]各省众官将兵知之：

　　天父上帝降凡间,暨爷哥带朕坐江山,爷哥朕囯是天囯,三子爷共御尘寰[6]。爷哥下凡天囯来,天历流传如循环[7]。新开[8]元年传永远,永不改元诏再颁。月亮圆铁[9]无拘论,专显天情救沉沦。凡历[10]信邪中鬼计,妄为推算陷鬼门,叛爷惑鬼受永罚,今诏脱凡齐醒遵,谈天说地皆诞妄,认真真道永生存。

【注释】

　　［1］这是洪秀全于1859年11月23日,为改定天历而写的一道诏旨。"太平天历"是冯云山为适应革命需要而制定的。天历删除了封建统治阶级所宣传的封建迷信等事,而代以宣传太平天国革命的内容,这在当时是有一定的革命意义的。"天历"1851年在永安开始实行,规定每年三百六十六天,四十年一加,那一年是三百九十六天。1859年,洪仁玕对"天历"进行了一些修改,定为四十年一减,那一年是三百三十六天。太平天国称一减为一斡（wò 音沃）。

　　［2］和甥、福甥：幼西王萧有和、懿王蒋有福,他们都是萧朝贵的儿子,故洪秀全称之为甥。

　　［3］秀胞：李秀成,封忠王。1864年天京陷落后被捕,写"自述",向曾

国藩投降,成为太平天国革命的叛徒。恩胞:蒙得恩,封赞王。太平天国革命将领。后病死。贤胞:李世贤,封侍王。辅胞:杨辅清,封辅王。天京失陷后继续坚持斗争。最后牺牲。璋胞:林绍璋,封章王。后牺牲。

[4]天将、掌率、统管、尽管、神策朝将、护京国将、佐将:官名。义:爵名。六部:指吏、户、礼、兵、刑、工六部官。

[5]内外:内指中央官员,外指地方官员。

[6]"三子爷"句:天父天兄天王三人共同统治世间。

[7]循环:不息的意思。

[8]新开:太平天国辛开元年,即1851年。

[9]铁:缺。

[10]凡历:封建统治阶级炮制的旧历书。

天历首重孝顺爷,七日礼拜[1]福禄加。二月初二报爷节[2],谢爷差朕斩妖蛇。三月初三爷降节[3],天国迩来共一家。本年三更诛凶首[4],从此万郭归爷妈。天历二重恭敬哥,舍命赎罪活人多。正月十三哥升节[5],普天铭感福江河。二月念一哥登极,亦朕登极人间和[6]。九月初九哥降节[7],靠哥脱罪记当初。天历三重识东王,降托东王是父皇,爷前下凡空中讲,爷今圣旨降托杨。七月念七东升节[8],天国代代莫些忘,谢爷降托赎病主[9],乃龚[10]世人转天堂。天国代代遵三重,天情真道福无穷。妄为推测有何益,可怜叛爷成臭虫。脱尽凡情天情显,爷初立约现天虹[11]。哥活二日升四旬,四十年斡可认踪[12]。

【注释】

[1]礼拜:基督教传说上帝用六天造成世界,第七天安息,也就是基督教徒礼拜上帝的日子。

[2]报爷节:指洪秀全"奉天诛妖"的日子。

〔3〕爷降节：指1848年杨秀清假托"天父下凡"的日子。天国迩来：基督教《圣经》中的一句话，意思是天堂就在眼前。

〔4〕"本年"句：指英王陈玉成等在江北大胜，攻克浦口，杀敌将湖北提督周天培，从此南京之围暂时得解。此诏即发于这一战役后的两天，以鼓舞军民斗志。

〔5〕哥升节：基督教传说耶稣复活四十天后升天的日子。

〔6〕"二月念一"两句：洪秀全自称他和耶稣同一天登位为天国之主，实际上这一天是纪念太平天国成立。

〔7〕哥降节：指1848年萧朝贵假托"天兄下凡"的日子。

〔8〕东升节：指1856年杨秀清被杀的日子。

〔9〕赎病主：指杨秀清。金田起义前他曾生过一场病，太平天国的义件中称这件事是代世人赎病。

〔10〕乃夅：乃是拉的意思，两广方言。夅，读音不详，包括合、共两个字的意思。从前后文及太平天国的其他文件来看，"乃夅"是拯救的意思。太平天国前期的文件有"乃埋世人"句，"埋"，广东方言是"合""靠拢"的意思。

〔11〕"爷初"句：基督教传说上帝为惩罚世人犯罪，降下洪水，除事先告诉挪亚一家，其余都毁灭于洪水。但是，同时上帝又和挪亚立约，以后再不绝灭世间万物了。并且决定在彩云中放出一道长虹作为实行誓约的标帜。从此万物又重生繁殖。洪秀全借这个说法里长虹出现这一点，附会自己的姓（"洪"与"虹"同音），以为这是上帝预定他在地上建立太平天国为天王的记号。

〔12〕"哥活"二句：意为"天历"四十年一斡，是来自耶稣复活，传下福音，四十日后升天的"神迹"。

特命史官作月令[1]，钦将天历记分明。每年节气通记录，草木萌芽在何辰。每四十年一核对，裁定耕种便于民。立春迟早斡年定，迟减早加作典型。立春迟早看萌芽，耕种视此总无差。每年萌芽记节气,四十年对斡减加。立春迟些斡年减,早些斡加气候嘉,无迟无早念八定,永远天历颁天涯。

甥们遵诏,每年十月命史官献明年新天历,盖玺刻颁,永远依东王前奏天历例造天历颁行天下。永不改元,庶天情真道炳耀人间,而凡例妖谎屏绝宇内[2]矣。

【注释】

　　[1]月令:即一年二十四个节气。

　　[2]屏绝:排除干净。宇内:世上。

苏福省减赋诏[1]

朕诏苏省及所属郡县四民[2]知之:

爷哥朕幼[3]坐天京,救民涂炭[4]拯民生;民有饥溺朕饥溺,痌瘝在抱秉至情[5]。何况尔民新归附,前遭妖毒陷害深;复经天兵申天讨[6],遗家弃产朕悯怜。上帝基督带朕幼,照见民困发政仁,酌减征收舒民力[7],期无失所[8]安众心。共体爷哥朕幼意,咸遵真道乐太平。

朕览秀胞本奏,历述苏省所属郡县新附四民,前经胡妖抽捐抽税,竭尽尔等脂膏,厚敛重征,同天打斗。兹经天朝统率大众,奉行天讨,救民水炎之中,同申万郭归爷天义。勖哉[9]!

四民既列版图[10],各宜遵守条命,信实认真,克守天教。朕又念前时天兵征剿,尔等四民畏惧天威,抛弃家产;今虽欣然就抚[11],各安农业,际此新天新地之期,未有余一余三之积[12],朕格外体恤民艰,于尔民应征钱漕正款[13],今[14]该地佐将酌减若干。尔庶民得薄^[15]一分赋税，即宽出无限生机。其各体谅朕心，益坚信认，安居乐业，同顶爷哥朕幼纲常，同享真福于万万年也。

【注释】

[1] 这是洪秀全于 1860 年 11 月 2 日所颁发的关于苏福省减轻赋税的诏旨。这年夏秋间，太平军击破清朝"江南大营"之后，乘胜攻克常州、苏州等地，建立苏福省。当时苏福省的人民由于中外反动派的残酷压迫和剥削，生活非常困苦。为减轻人民负担，恢复农业生产，洪秀全特地颁发这一诏旨，张贴于当地城乡各处。这一事实有力地揭穿了叛徒李秀成诬蔑洪秀全"不修德政，不以军民为念"的鬼话。

[2] 四民：士农工商。

[3] 幼：幼主洪天贵福，洪秀全长子。

[4] 涂炭：在涂泥炭火之中，比喻处境困苦。

[5] "民有"二句：人民遭难就如同自己遭难，关怀人民的疾苦完全是出自内心的真情。痌（tōng 音通）瘝（guān 音官）：疾苦。秉：秉性，本性。

[6] 申天讨：奉行上帝的命令讨伐敌人。

[7] 舒民力：使人民的经济生活能够恢复发展。

[8] 期：希望。失所：失去安定生活的地方。

[9] 勖（xù 音续）哉：努力吧。

[10] 版图：版：户籍，户口册。图：地图。版图即指国家疆域。这里讲苏福省已成为太平天国管辖的地方。

[11] 就抚：接受安抚。

[12] "未有"句：没有余粮。余一：农民耕种一年后得到一年的余粮。

[13] 钱漕：赋税。正款：田赋中的正税。

[14] 今：疑为"令"字之误。

[15] 薄：少，减。

辛酉十一年贺年诏[1]

朕诏和甥、福甥、珏胞、达胞、玉胞、秀胞、恩胞、贤胞、辅胞、璋胞、万侄[2]、天将、掌率、统管、尽管、神策朝将、护京神将、六部、主、佐将内外众臣知之：

上帝、基督住人间，天地新；爷哥带朕幼作主，朝廷新；父子公孙同作主，天国新；爷妈哥嫂同下凡，天堂新；太平天日照万方，世界新；天将天兵齐辅佐，爵职新；在地如天圣旨行[3]，山海新；蛇兽伏诛人安妥，臣民新；一统万年万万年，景瑞新；风调雨顺天恩广，万象新。

【注释】

[1] 这是洪秀全于1861年初写的元旦献词，全文突出了一个"新"字，表明了他要建设一个农民革命新世界的坚强信念。

[2] 万侄：幼豫王胡万胜，豫王胡以晄的儿子。

[3] "在地"句：地上同天上一样，上帝的"圣旨"已得到实行。《天条书》中规定太平天国军民的各种祈祷词中都有"在天圣旨成行，在地如在天焉"的话。

改国号诏[1]

朕诏同前[2]知之：

爷哥朕幼坐天堂，天国太平空中扬，天国万样爷为头，太平一统天山江；今改为上帝天国，普天一体共父皇，自今玺印通改刻，上帝天国更荣光，玉玺改上帝天国，各印仿刻顶爷纲。朕今诏明天上地下人间,天父上帝独尊,此开辟来最大之纲常。朕今细思上帝、基督下凡带朕、幼作主,天朝号为太平天国,虽爷乃太平天帝父,哥乃太平天主兄,到底爷为独尊,全敬上帝,改太平天国为上帝天国,更合真理,断自今玉玺内"太平天国"四字,改刻"上帝天国";凡天朝所封列顶中承爵衔前刻"太平天国天朝九门御林"[3]十字冠首,通改刻"上帝天国天朝九门御林";凡诏书各件有"太平天国"四字,通改换"上帝天国",以正万古孝敬爷之纲常,普天一家尽归爷哥,世世靡既[4]永远,人间恩和[5]于无尽也。

【注释】

　　[1]这是洪秀全于1861年3月6日颁发的改国号为"上帝天国"的诏旨。当时太平天国内部李秀成等人控制兵权,不服从中央领导,给革命事业造成了危害。针对这种情况,洪秀全下令改国号为"上帝天国",借以统一内部,加强领导。在李秀成等人的反对下,洪秀全的这种措施未能实现。李秀成叛变后,曾向敌人无耻地说:"去年天王改政……军称天军,民称天民,国称天国,营称天营,兵称御林兵,那时人人遵称,独我与李世贤不服。"这篇诏书反映了当时太平天国内部的复杂斗争。

　　[2]同前:同前诏所发给的文武官员。

　　[3]太平天国天朝九门御林:官衔。太平天国后期各将领的爵职之前,都有这十个字。

　　[4]靡既:无尽。

　　[5]恩和:亲睦。

【说明】以下收入的五篇诏旨,发表时用的是幼天王洪天贵福的名义,但实际上都是洪秀全起草的。

幼主诏书开头都有"奉天爷天爹暨爹命"一句话,表示是奉上帝、耶稣和洪秀全的命令写的。"天爹"指耶稣,"爹"指洪秀全。

诏书题目都是编者加的。

基督教传教自由诏[1]

〔奉〕天爷天爹暨爹命,朕诏各王文武众臣及众弟兄知之:

天爷天爹之真教乃天教,耶稣教、天主教[2]均是也。世界与爹朕为一家,谨守天规之人皆可来访。今干叔、赞叔、秀叔[3]等奏称:西洋教士杨笃信君暨其友人,敬服天国,信奉天爷天爹,来此欲鉴荣光[4],瞻仰上帝、耶稣,并请求传布真道。感谢天爷天爹赏赐天国权力与奇能,使远近各国均得敬闻之。唯目前干戈扰攘[5],刀兵遍地,深恐教士为乱兵所伤害,引起严重后果。朕鉴彼等皆忠诚信实之人,愿为耶稣忍受各种患难而在所不惜,对此朕深敬之。仰各王传谕军民人等,对彼等当和爱相待,不得加以危害,须知天爷天爹暨爹朕同是一家,故当令彼等受到优遇也。

【注释】

[1] 这是洪秀全应伦敦布道会牧师杨笃信的请求,用幼主名义颁发的允许基督教自由传播的诏书。太平军于1860年6月攻克了苏州,引起了上海方面英国侵略者的极大恐慌。他们派遣杨笃信等于6月和8月先后到苏州,会见了李秀成,又会见了洪仁玕,借口谈宗教问题,刺探太平天国对帝国主义国家的态度。这篇诏书,表示允许"谨守天规"的外国耶稣教、天主教传教士来华自由传教,即他们必须严格遵守太平天国的法令,这在当时策略上还是正确的。但是诏文中反映出洪秀全和太平天国领导人对帝国主义的侵略和作为国际资产阶级的工具的基督教的本质都缺少认识。原文是从英文回译的,无"奉"字。

[2] 耶稣教、天主教:基督教的新、旧两个派别。

[3] 干叔、赞叔、秀叔:洪仁玕、蒙得恩、李秀成。

[4] 荣光:天王府内荣光殿,是供奉耶稣的大殿。

[5] 干戈扰攘：战事纷乱。

设赍奏官诏[1]

奉天爷天爹暨爹命，朕诏同前知之：

爷爹爹朕坐天堂，至公至正至周详，机宜事密需本章，官添赍奏[2]理应当，会同公议莫轻盖，献可替否遵父皇[3]，递传盖印多延误，公议赍奏东奏上。朕前诏自西以下听东令，东印通盖各本章，昨诏本盖玕叔印，理应政务不厌详，至正掌会同公议，仍遵前诏盖本章。又诏列叔奏凯回朝，及幼西王长谙事[4]，凡官本箱以次章、辅、侍、赞、忠、英[5]、翼、干、南、西递达幼东转献。今朕复思列叔廷府相隔远近不同，以次相传，倘有紧急军机、恐致迟误，朕今添封殿前正副赍奏官二员，职同天将，专理进本事务，令表们选举老成炼达元臣保封[6]。凡一切本章进献，先盖"会同公议"，后盖赍奏官图记，转传盖印便些。但本章当献则献，盖"会同公议"必须斟酌可献与否，切勿徇情，切勿畏势，以昭至公无私。既盖"会同公议"后，即封箱递至赍奏官，赍奏官阅后再加图记，即用自印封箱传献幼东王盖金印转献。若无"会同公议"图记，赍奏官不准盖图记传献，如单盖图记传献，即治赍奏官擅传之罪。至东殿官如无赍奏官印封本箱，概不准传到幼东转献，如违则东殿官之罪。朝门轮班侍卫如无幼东印封本箱，不准擅传一本，如违则治轮班侍卫之罪。玺盖本箱降传幼东，递传赍诏官、正掌率颁行，以一兵权，以密军机。表们恪遵守永远也。

【注释】

[1] 这是洪秀全于 1860 年 2 月 4 日用幼主名义颁发的关于添设赍奏官的诏旨。添设赍奏官,是为了统一兵权。太平天国前期,杨秀清掌握传递百官上奏和洪秀全批示的大权。杨秀清死后,石达开又出走,洪秀全亲管政务,乃设正掌率官,经手上本和颁诏的事务。以后洪仁玕总理朝政,李秀成搞分裂活动,斗争激烈,于是洪秀全又改用公议制度,即百官上奏,然后由正掌率依次送请章王、辅王、赞王、忠王、英王、翼王(实已分裂出走)、干王、幼南王、幼西王、幼东王等传阅,再由幼东王送洪秀全。传阅时,如各王同意便在本章上盖自己的印,如有一王不盖,这本章便不能上达执行。由于各王之间往往意见不一致,互相牵制,这个制度行不通。于是洪秀全又将它改变,另设赍奏官,专管百官奏章上达和洪秀全命令下传工作。从此百官上奏,无须各王盖印,只要正掌率综合各王意见,盖上“会同公议”的图章,就可交赍奏官送幼东王盖印,上达洪秀全。洪秀全的批件,也经幼东王交赍奏官,正掌率下达。下面所录的另一篇有关诏令,同样是为了统一兵权而发的。这些诏令都反映了太平天国后期内部斗争的复杂情况。此诏中所说“前诏”“昨诏”都尚未发现。

[2] 赍(jī 音机)奏:传送奏折。

[3] “会同”二句:各王“会同公议”的图章不要轻率地盖在本章上,应呈上好的建议,去掉不好的,遵循上帝的旨意办事。

[4] 谙(ān 音安)事:懂事。

[5] 英:原文作“勇”。据当时情况看是底本排印错误。

[6] 表们:指幼西王萧有和等,幼主和他们是表兄弟。炼达:老炼通达。元臣:革命元勋。

任命幼西王兼赍奏官诏[1]

奉天爷天爹暨爹命,朕诏同前知之:

爹爹爹朕坐天堂,单准东印盖本章,自今免盖玕叔印,恐人起议踵东王[2]，爷排东王乃耷世，免盖各印理事张。昨诏表们举赍奏，事归划一法更良。本盖公议不是印[3]，齐交正掌总封箱，赍奏莅任[4]加图记，亦不是印总同行，俟幼东王盖东印，辅佐江山耐久长。朕今诏明：自今内外本章免盖玕叔金印及一概金印，单准盖幼东印，恪遵上帝乃耷世人圣旨。朕今细思和表稍长可当赍奏，兼其位最合，今特诏命和表兼赍奏，司本章传奏。内外本章自长次伯[5]以下，俱交正掌盖公议图记，正掌箱交赍奏，现赍奏箱封献俟幼东王转献，永以为例。至玕叔总理仍如前也。

朕再诏明昨诏赍奏职同天将，今诏命和表兼赍奏[6]，职同西也。又前诏正掌居天将之下，今璋叔兼正掌，其正掌职同章[7]也。赍奏图记列后：会同赍奏

【注释】

［1］这是洪秀全用幼主的名义于1860年2月5日发表的任命幼西王萧有和兼任赍奏官的诏旨。当时洪秀全用幼东王、幼西王的名义加强集权，实际上仍交洪仁玕总理其事。

［2］"恐人"句：怕有人反对洪仁玕继承了东王辅政的重要职位。

［3］"本盖"句：奏章上盖上"会同公议"的图记不能算印。

［4］莅任：上任。

［5］长次伯：洪秀全的按兄洪仁发，封福王，后改封信王；次兄洪仁达，封福王，后改封勇王。两人最后均被害牺牲。

［6］"今诏"句：现在命令萧有和表兄兼任赍奏的职位，赍奏的职位就相当于幼西王的级别。

［7］章：章王林绍璋，即上一句中的"璋叔"。

整顿属员诏[1]

奉天爷天爹暨爹命,朕诏同前知之:

爷爹爹朕坐天朝,宠锡荣光天恩高,前大功者封更大,养尊处优免操劳,屙员[2]未封暂免保,以封屙员要遵条[3],宜听理事叔[4]节制,永昭划一肃官僚[5]。

朕思爷爹带爹朕作主,业[6]体爷爹大功大封之圣心,于前功大者封自身及后裔,以彰封赏盛典。但养尊处优是酬功极顶,免再操劳闻问国事。其应封屙员,暂缓保封,以免偷安托庇。兼之人品良莠不齐[7],诚恐因逸生事,借差外出,倚势作威,欺压良善,有负爷爹爹朕教民本意,而理事府阁碍难节制,致累各廷府声名。朕今诏其应封文武屙员未足者,暂止保封,俟朕令勷[8]理事时,再行遵制封设。业经保封者,宜听现在理事众叔节制,以免假[9]势妄行,希图庇护也。表们见诏一体遵行,同顶起爷爹爹朕江山万万年也。

【注释】

[1]这是洪秀全用幼主名义于1860年2月5日发的整顿属员的命令。太平天国革命后期,内部"事权不一"对革命不利。加之各军封赏过滥,使太平军的"权分而势益衰"。洪秀全接受洪仁玕、陈玉成等的建议,颁行新法,加强中央领导,限制封赏。此诏就是在这种情况下颁布的。

[2]屙员:即属员。"屙"是太平天国用的一个简化字。太平天国制度,属员由各将领保举。

[3]条:天条,太平天国的法令之一。

[4]理事叔:幼主称呼洪仁玕等掌管军政事务的各王。

[5]肃官僚:整顿官员们的纪律。

［6］业：已经。

［7］良莠（yǒu 音友）不齐：好坏不一。

［8］勷（xiāng 音乡）：帮助。

［9］假（jiǎ 音甲）：借。

抽拨御林兵诏[1]

奉天爷天爹暨爹命，朕诏同前知之：

爷爹爹朕坐天堂，根本重地固金汤[2]，万郭来朝归一统，添设御林兵[3]应当，有事同心勤勷力[4]，驱除小丑天威扬，三丁抽一五抽二，挑选能汉紧一方[5]。

朕思京都为根本[6]重地，蒙爷爹大显权能，残妖扫灭净尽；但思患预防，护守总要严密。现今朝内精壮官兵多众，固足为京都保障，惟城垣广大，廷、府、阁、楼、第、衙兵士所居远近不一，一时调遣些少灵便[7]。今特诏明，凡在京内官兵，无论廷、府、楼、第、衙，悉听表们斟酌挑选，择其精壮者，三抽一，五抽二，拨为御林兵，照旧设立军、师、旅、卒、两，交京正副主将统带。择出兵便宜之地，安置团处[8]，加粮优恤，以示鼓励。如有不遵抽拨，即以违诏议究。表们见诏实力奉行，顶起爷爹爹朕江山万万年也。

【注释】

［1］这是洪秀全用幼主名义于1861年2月30日发表的命令幼西王等从留京的各王部下和各机关卫兵中，抽拨士兵，组织洪秀全直属部队的诏旨。颁发这个命令，在于把南京的精兵集中起来，统一指挥。

［2］固金汤：固若金城汤池。金汤：像金做的城、汤灌的池一样的坚固。汤：开水。

〔3〕御林兵：古时候皇帝的禁卫部队,这里指洪秀全直接指挥的军队。

〔4〕勠力：并力,合力。

〔5〕紧一方：集中在一处。

〔6〕本：底本作"丁",据文意改。

〔7〕"廷府"句：东、西王住的叫"天廷",其他王住的叫"王府",王以下依次称阁、楼、第、衙。些少灵便：有些不太灵便。

〔8〕团处：团营。

反对外国干涉[1]

我争中国,欲相[2]全图,事成平定,天下失笑,不成之后,引鬼[3]入邦。

【注释】

〔1〕这是洪秀全在南京与太平天国高级官员的一次谈话,表明他反对外国干涉的态度。李秀成《自述》："鬼子到过天京,与天王及(应为"叙"——编者)过,要与天王平分地土,其愿助之。天王云不肯,'我争中国,欲相全图,事成平定,天下失笑,不成之后,引鬼入邦'。此语是与朝臣谈及。"

〔2〕相：应为"想"。

〔3〕鬼：太平天国对帝国主义侵略者的称呼,亦称"洋鬼""番鬼"。

杀妖不能免[1]

爷今圣旨斩邪留正,杀妖杀有罪,不能免也。

爷诫勿杀,是诫人不好谋害妄杀[2],非谓天法[3]之杀人也。

【注释】

[1]这是洪秀全在洪仁玕所著《资政新篇》上的两条批语,重申与反动派坚决斗争的"斩邪留正"思想。《资政新篇》刻印于1859年,是洪仁玕为太平天国写的政治革新纲领。在批准颁行这书时,洪秀全写了三十一条批语。

[2]"爷诫"二句:见太平天国用上帝名义颁行的戒律——《天条书》。其中第六条说:"不好杀人害人"。不好:不可。

[3]天法:太平天国法律。

戒浮文[1]

首要认识天恩主恩东西王恩;次要实叙其事,从某年月日而来,从何地何人证据,一一叙明,语语确凿,不得一词娇艳,毋庸半字虚浮,但有虔恭之意,不须古典之言,故朕改"字典"为"字义"也。

【注释】

[1]这是洪秀全于1861年对洪仁玕等的一次谈话。它表明,洪秀全不仅批判了孔孟复辟之道的思想内容,而且反对孔孟之徒复古虚伪的文风。

斥李秀成畏敌怕死[1]

朕奉上帝圣旨、天兄耶稣圣旨下凡,作天下万国独一真王,何具[2]之有!不用尔奏,政事不用尔理,尔欲出外去,欲在京,任由于尔。朕铁桶江山,尔不扶有人扶。尔说无兵,朕之天兵多过与[3]水,何惧曾妖[4]者乎! 尔怕死,便是会死。政事不与尔干,王次兄勇王[5]执掌,幼西王出令,有不遵幼西王令者,合朝诛之。

【注释】

[1] 1864年,曾国藩部反革命湘军包围天京,革命面临紧急关头,叛徒李秀成被敌人吓破了胆,三番五次要求放弃天京。为此,洪秀全对他进行了严词训斥,指出他畏敌怕死,表现出一个伟大革命者的大无畏精神。就在这次训斥之后不久,洪秀全为革命献身,而李秀成则向敌人投降,成了可耻的叛徒。

[2] 具:应为"惧"。

[3] 与:应为"于"。

[4] 曾妖:"妖",李秀成的《自述》原文是"○",此"妖"字为曾国藩添写的。

[5] 王次兄勇王:洪仁达。

附录

天朝田亩制度[1]

　　凡一军典[2]分田二,典刑法二,典钱谷二,典入二,典出二,俱一正一副,即以师帅、旅帅兼摄[3]。当其任者掌其事,不当其事者亦赞其事。凡一军一切生死黜陟等事,军帅详[4]监军,监军详钦命总制,钦命总制次详将军、侍卫、指挥、检点、丞相,丞相禀军师,军师奏天王,天王降旨,军师遵行。功勋[5]等臣,世食天禄,其后来归从者,每军每家设一人为伍卒,有警则首领统之为兵,杀敌捕贼;无事则首领督之为农,耕田奉尚[6]。

【注释】

　　[1]《天朝田亩制度》是太平天国建国的纲领,1853 年,由洪秀全批准颁行。这个制度按人口平分土地,并规定剩余生产物归公,兵农合一、军政合一、政教合一,废止买卖婚姻等条例,要求在小农经济的基础上,建设一个"有田同耕,有饭同食,有衣同穿,有钱同使,无处不均匀,无人不饱暖"的平等社会,它反映了千百万农民群众反封建的革命要求,具有巨大的革命意义。但是,正如毛主席所指出的:绝对平均主义,"只是农民小资产者的一种幻想"(《关于纠正党内的错误思想》),是不可能真正实现的。

　　[2]典:主管。

　　[3]兼摄:兼代。

　　[4]详:下级对上级的报告。

　　[5]功勋:衔名,奖给首义等官员。

　　[6]尚:上。

　　凡田分九等：其田一亩，早晚二季可出一千二百斤者为尚尚田；可出一千一百斤者为尚中田；可出一千斤者为尚下田；可出九百斤者为中尚田；可出八百斤者为中中田；可出七百斤者为中下田；可出六百斤者为下尚田；可出五百斤者为下中田；可出四百斤者为下下田。尚尚田一亩当尚中田一亩一分，当尚下田一亩二分，当中尚田一亩三分五厘，当中中田一亩五分，当中下田一亩七分五厘，当下尚田二亩，当下中田二亩四分，当下下田三亩。凡分田照人口，不论男妇，算其家口多寡，人多则分多，人寡则分寡，杂以九等，如一家六人，分三人好田，分三人丑田，好丑各一半。凡天下田，天下人同耕，此处不足则迁彼处，彼处不足则迁此处。凡天下田，丰荒相通，此处荒，则移彼丰处以赈此荒处，彼处荒，则移此丰处以赈彼荒处，务使天下共享天父上主皇上帝大福，有田同耕，有饭同食，有衣同穿，有钱同使，无处不均匀，无人不饱暖也。

　　凡男妇每一人自十六岁以尚，受田多逾十五岁以下一半，如十六岁以尚分尚尚田一亩，则十五岁以下减其半，分尚尚田五分，又如十六岁以尚分下下田三亩，则十五岁以下减其半，分下下田一亩五分。凡天下树墙下以桑，凡妇蚕绩缝衣裳。凡天下每家五母鸡，二母彘[1]，无失其时。凡当收成时，两司马督伍长，除足其二十五家每人所食可接新谷外，余则归国库。凡麦豆苎麻[2]布帛鸡犬各物及银钱亦然。盖天下皆是天父上主皇上帝一大家，天下人人不受私，物物归上主，则主有所运用，天下大家处处平匀，人人饱暖矣。此乃天父上主皇上帝特命太平真主救世旨意也。

【注释】

　　［1］彘(zhì 音至)：猪。

　　［2］苎(zhù 音祝)麻：多年生草本植物，其茎皮纤维坚韧，可以做绳子、织夏布。

　　但两司马存其钱谷数于簿，上其数于典钱谷及典出入。凡二十五家中设国库一，礼拜堂一，两司马居之。凡二十五家中所有婚娶弥月喜事[1]俱用国库，但有限式，不得多用一钱。如一家有婚娶弥月事给钱一千，谷一百斤，通天下皆一式，总要用之有节，以备兵荒。凡天下婚姻不论财。凡二十五家中陶冶[2]木石等匠俱用伍长及伍卒为之。农隙治事。凡两司马办其二十五家婚娶吉喜等事，总是祭告天父上主皇上帝，一切旧时歪例尽除。其二十五家中童子俱日至礼拜堂，两司马教读《旧遗诏圣书》《新遗诏圣书》及真命诏旨书焉。凡礼拜日，伍长各率男妇至礼拜堂，分别男行女行，讲听道理，颂赞祭奠天父上主皇上帝焉。

【注释】

　　［1］弥月：满月。农村中生子女满月时，邀亲友会餐，以示祝贺。喜事：太平天国称丧事为喜事，认为人死之后，灵魂可以升天。

　　［2］陶：生产陶器的手工业工人。冶：铁匠。

　　凡二十五家中力农者有赏，惰农者有罚。或各家有事讼，两造[1]赴两司马，两司马听其曲直；不息，则两司马挈两造赴卒长，卒长听其曲直；不息，则卒长尚其事于旅帅、师帅、典执法及军帅，军帅会同典执法判断之。既成狱辞，军帅又必尚其事于监军，监军次详总制、将军、侍卫、指挥、检点及丞相，丞相禀军师，军师奏天王。天王降旨,命军师、丞相、检点及典执法等详核其事无出入,然后军师、丞相、检点及典执法等直启天王主断。天王乃降旨主断,或生或死,或予或夺,军师遵旨处决。

【注释】

[1]两造:原告和被告。

凡天下官民,总遵守十款天条及遵命令尽忠报国者则为忠,由卑升至高,世其官;官或违犯十款天条及逆命令受贿弄弊者则为奸,由高贬至卑,黜为农。民能遵条命及力农者则为贤为良,或举或赏;民或违条命及惰农者则为恶为顽,或诛或罚。凡天下每岁一举,以补诸官之缺。举得其人,保举者受赏;举非其人,保举者受罚。其伍卒民有能遵守条命及力农者,两司马则列其行迹,注其姓名,并自己保举姓名于卒长;卒长细核其人于本百家中,果实,则详其人,并保举姓名于旅帅;旅帅细核其人于本五百家中,果实,则尚其人,并保举姓名于师帅;师帅实核其人于本二千五百家中,果实,则尚其人,并保举姓名于军帅;军帅总核其人于本军中,果实,则尚其人,并保举姓名于监军;监军详总制,总制次详将军、侍卫、指挥、检点、丞相,丞相禀军师,军师启天王。天王降旨,调选天下各军所举为某旗,或师帅,或旅帅,或卒长、两司马、伍长。凡滥保举人者黜为农。凡天下诸官三岁一升贬,以示天朝之公。凡滥保举人及滥奏贬人者黜为农。当升贬年,各首领各保升奏贬其统属。卒长细核其所统两司马及伍长,某人果有贤迹,则列其贤迹;某人果有恶迹,则列其恶迹,注其人,并自己保升奏贬姓名于军帅。至若其人无可保升并无可奏贬者,则姑置其人不保不奏也。旅帅细核其所统属卒长及各两司马、伍长,某人果有贤迹,则列其贤迹;某人果有恶迹,则列其恶迹,详其人,并自己保升奏贬姓名于师帅。师帅细核其所统属旅帅以下官,某人果有贤迹,则列其贤迹;某人果有恶迹,则列其恶迹,注其人,并自己保升奏贬姓名于军帅。军帅将师帅以下官所保升奏贬姓名并自己所保升奏贬某官姓名详于监军。监军并细核其所统军帅,某人果有贤迹,则列其贤迹;某人果有恶迹,则列其恶迹,注其人,并自己保升奏贬姓名,详钦命总制。钦命总制并细核其所统监军,某人果有贤迹,则列其贤迹,某人果有恶迹,则列其恶迹,注其人,并自己保升奏贬姓名,一同达于将帅、主将,将帅、主将达六部、掌及军师,军师直启天王主断。天王乃降旨主断,超升各钦命总制所保升各监军其或升为钦命总制,或升为侍卫;谴谪各钦命总制所奏贬各监军,或贬为军帅,或贬为师帅。超升各监军所保升各军帅,或升为监军,或升为侍卫;谴谪各监军所奏贬各军帅,或贬为师帅,或贬为旅帅、卒长。超升各军帅所保升各官,或升尚一等,或升尚二等,或升军帅;谴谪各军帅所奏贬各官,或贬下一等,或贬下二等,或贬为农。

天王降旨,军师宣[1]列王,遵列王宣掌率以下官一体行。监军以下官,俱是在尚保升,奏贬在下,惟钦命总制一官,天王准其所统各监军保升奏贬钦命总制。天朝内丞相、检点、指挥、将军、侍卫诸官,天王亦准其尚下互相保升奏贬,以剔尚下相蒙[2]之弊。至内外诸官若有大功大勋及大奸不法等事,天王准其尚下不时保升奏贬,不必拘升贬之年。但凡在尚保升奏贬在下,诬则黜为农;至凡在下保升奏贬在尚,诬则加罪。凡保升奏贬所列贤迹恶迹,总要有凭据方为实也。

凡设军，每一万三千一百五十六家先设一军帅，次设军帅所统五师帅，次设师帅所统五旅帅，共二十五旅帅；次设二十五旅帅各所统五卒长，共一百二十五卒长；次设一百二十五卒长各所统四两司马，共五百两司马；次设五百两司马各所统五伍长，共二千五百伍长；次设二千五百伍长各所统四伍卒，共一万伍卒。通一军人数共一万三千一百五十六人。凡设军以后人家添多，添多五家另设一伍长，添多二十六家另设一两司马，添多一百零五家另设一卒长，添多五百二十六家另设一旅帅，添多二千六百三十一家另设一师帅，共添多一万三千一百五十六家另设一军帅。未设军帅前，其师帅以下官仍归旧军帅统属，即设军帅，则割归本军帅统属。凡内外诸官及民，每礼拜日听讲圣书，虔诚祭奠，礼拜颂赞天父上主皇上帝焉。每七七四十九礼拜日，师帅、旅帅、卒长更番至其所统属两司马礼拜堂讲圣书教化民，兼察其遵条命与违条命及勤惰。如第一七七四十九礼拜日，师帅至某两司马礼拜堂，第二七七四十九礼拜日，师帅又别至某两司马礼拜堂，以次第轮，周而复始。旅帅、卒长亦然。

凡天下每一夫有妻子女约三四口或五六七八九口，则出一人为兵；其余鳏寡孤独废疾免役皆颁国库以养。

凡天下诸官，每礼拜日依职份虔诚设牲馔奠祭礼拜，颂赞天父上主皇上帝，讲圣书，有敢怠慢者黜为农。

【注释】

[1] 宣：宣示，传达。

[2] 蒙：蒙蔽。

太平天国革命活动年表

一八一四年一月一日

（清嘉庆十八年癸酉十二月十日）

太平天国革命领袖洪秀全出生在广东花县福源水村的一个农民家庭里。

一八一九年

（嘉庆二十四年己卯）

洪秀全七岁。进本村私塾读书，有时帮助家中干活，在农业生产劳动中，培养了热爱劳动人民的感情。

一八二八年

（道光八年戊子）

洪秀全十六岁。因家庭生活困难，停学务农，逐步亲身感受到农民群众的疾苦。

一八三〇年

（道光十年庚寅）

洪秀全十八岁。被村人聘为村塾教师，开始以教书为生。

一八三七年

（道光十七年丁酉）

洪秀全二十五岁。三月八日，去广州参加科举考试。在广州，洪秀全目睹帝国主义鸦片侵略给人民带来的深重灾难和清朝官僚机构的腐朽，对清朝统治者极为愤恨，激起革命情绪。

四月五日，洪秀全得病回家，卧床四十多日，病中连呼"斩妖"。事后，他声称：曾升天见到了"上帝"，"上帝"命令他下凡救世，诛灭妖魔（指清朝反动派）。洪秀全病中和病后先后作《斩邪留正》等诗，表达他的革命思想，又假托"上帝"旨意，改名"秀全"，中含"禾王"二字，意即农民群众的领袖。

一八三八年

（道光十八年戊戌）

清政府因英国等资本主义国家长期对中国输入大量鸦片，财政越来越困难，军队越来越腐败。十二月三十一日，任命林则徐为钦差大臣，前往广州查禁鸦片。

一八三九年

（道光十九年己亥）

六月三日至二十五日，广州人民满怀义愤，在林则徐的主持下，群集虎门，销毁鸦片二百三十多万斤。

一八四〇年

（道光二十年庚子）

六月三十一日[1]起，英国发动鸦片战争。因林则徐相信广东军民，严阵以待，无隙可乘，北上打至天津大沽口。

九月，腐朽的清政府撤去林则徐的职务，命琦善前赴广东，进行投降卖国活动。

一八四一年

（道光二十一年辛丑）

五月三十日，广州三元里群众高举"平英团"的旗帜，发动了轰轰烈烈的抗英卫国斗争，予侵略军以沉重的打击。

八月至十月，英军再次北犯，连陷浙江定海、镇海、宁波等地。

这年，两广农村中的秘密结社活动频繁。

一八四二年

（道光二十二年壬寅）

一月，湖北崇阳钟人杰领导群众武装起义。

六月至七月，英军增兵侵犯长江口、上海县城、镇江。当地中国军民奋起抵抗，因孤立无援而失败。英国侵略军侵入南京江面。

八月二十九日，清政府派耆英等在南京与英国代表璞鼎查订立丧权辱国的不平等条约——《南京条约》，中国从此一步步沦为半殖民地半封建社会。

---

[1] 本文集编者按，查一八四〇年六月，无"三十一日"。在历史教科书上多数以"六月二十八日"为第一次鸦片战争爆发日。

一八四三年

（道光二十三年癸卯）

洪秀全三十一岁，最后一次到广州应试。鸦片战争后，清政府对外投降卖国，对内加紧压迫人民，犯下了滔天罪行，洪秀全切身体会到这一切。广州之行加强了他推翻清朝反动统治的决心，从此，洪秀全开始了革命活动。

六月，洪秀全附会基督教宣传品《劝世良言》中的词句，自称是"上帝"次子，耶稣是他的兄长，上帝派他下凡杀妖，劝群众"拜上帝"，不敬邪神，创立"拜上帝会"，利用宗教形式，宣传朴素的平等思想，举起反帝反封建和反对孔孟之道的革命旗帜，启发农民群众的革命觉悟，准备革命斗争。

同月，洪秀全在花县莲花塘书馆中砸毁孔丘牌位，把千百年来封建统治阶级所崇奉利用的"至圣"斥为邪恶的偶像。

七月，洪秀全在官禄埗村宣传革命，冯云山、洪仁玕等最早参加"拜上帝"活动，他们在冯云山等教学的私塾中也把"至圣先师"孔丘的牌位捣毁，表达了同封建反动统治的精神支柱孔孟之道决裂的决心，产生了很大影响。

一八四四年

（道光二十四年甲辰）

四、五月，洪秀全和冯云山自花县到广西贵县赐谷村向群众宣传革命。

十一月，洪秀全回抵花县。

一八四五年

（道光二十五年乙巳）

这年，洪秀全在花县家中写《原道救世歌》《原道醒世训》。

冯云山深入广西桂平县紫荆山向农民、烧炭工人及矿工宣传革命，杨秀清、萧朝贵等先后参加"拜上帝会"。

一八四六年

（道光二十六年丙午）

这年，洪秀全在花县又写了《原道觉世训》等篇。《原道救世歌》等三文，是太平天国革命的理论纲领。洪秀全从农民阶级反封建的要求出发，向孔孟之道宣战，对封建专制制度的政权、族权、神权、夫权进行了批判，号召农民群众奋起革命，推翻清朝反动派。

是年，冯云山在紫荆山区继续宣传革命，发动群众。

一八四七年

（道光二十七年丁未）

七月，洪秀全去广西找冯云山，路过武宣县东乡"九仙庙"，毁掉庙中偶像，作《九妖庙题壁》诗，向孔孟所扶持的封建神权下讨伐令。

八月，洪秀全抵紫荆山晤冯云山，设"拜上帝会"机关，制定革命纪律——"天条"，派人四出活动，积极准备起义。

十月，洪秀全、冯云山率领群众到象州捣毁封建统治阶级所崇奉的甘王庙，长革命人民志气，灭反动派的威风。

十二月，桂平地主武装团练逮捕冯云山，被群众夺回。

一八四八年

（道光二十八年戊申）

一月，冯云山又被团练逮捕入桂平县狱。

三月，洪秀全往广州设法营救冯云山。

四月，杨秀清假托"天父"下凡，团结群众。同月，在群众的营救下，冯云山出狱，往广东找洪秀全。

十月，萧朝贵假托"天兄"耶稣下凡。

这年冬，洪秀全编撰了一个反孔的故事，假托上帝痛斥孔丘，指出："推勘妖魔作怪之由，总追究孔丘教人之书多错。"在上帝面前，让孔丘大受"鞭挞"，"哀求不已"。这是对孔丘和孔孟之道的进一步声讨，对于发动农民反封建革命，具有重要意义。

一八四九年

（道光二十九年己酉）

六、七月间，洪秀全、冯云山自花县回广西桂平，向"拜上帝会"群众宣布戒条，把群众进一步组织起来。

一八五〇年

（道光三十年庚戌）

是年，广西大饥荒，农民纷纷起义。

下半年，洪秀全看到农民起义的大好形势及"拜上帝会"迅速壮大，革命时机已经到来，决定发动武装起义。

七月，洪秀全发出总动员令，命令各地"拜上帝会"的群众到广西紫荆山前金田村"团营"。

十一月，各地群众陆续到金田的男女一万余人，编制队伍，建立"圣库",形成一支以农民为基础、战斗力坚强的革命大军,开始对清政府进行武装斗争。

同月,广西省平南县会党罗大纲等率众接受洪秀全的领导,加入战斗。

十二月,大破清军。

一八五一年

（太平天国辛开元年,清咸丰元年辛亥）

一月十一日,洪秀全在金田村正式宣布起义,颁布军纪,建号"太平天国"。

三月,洪秀全在武宣县的东乡被拥护称"天王"。

八月,洪秀全指挥太平军从桂平紫荆山茶地出发,向北方进军。

九月,洪秀全率太平军从紫荆山区突围,直趋永安,迅速攻克永安城。

十月,洪秀全进永安城,下令严格执行缴获归公的"圣库"制度。

十二月,洪秀全封杨秀清为东王,萧朝贵为西王,冯云山为南王,韦昌辉为北王,石达开为翼王,"所封各王俱受东王节制"。

这年秋冬间开始实行"天历"。在永安没收地主浮财,勒令地主捐献钱粮,支持农民不向地主交租。

一八五二年

（太平天国壬子二年,清咸丰二年壬子）

四月,太平军突围出永安城,直趋并包围广西省城桂林。

同月,洪仁玕被迫避往香港,以后为瑞典教士韩山文叙述洪秀全事迹,由韩写成《太平天国起义记》(中译名)。

五月,太平军撤桂林围,北向攻全州,冯云山中炮受伤。

六月,太平军占全州,两天后退出,水陆两路直向长沙进军,于途中在蓑衣渡为清军所阻。冯云山因伤重牺牲。

八月,太平军攻下湖南郴州,焚毁孔庙和孔丘牌位。湖南会党群众纷纷加入太平军,革命声势大振。

九月,太平军猛攻长沙,先锋萧朝贵牺牲。洪秀全亲从郴州赶抵长沙。

十一月,太平军从长沙撤围,渡洞庭湖北上。

十二月,攻克汉阳。

这年间,太平军在行军途中,用东王、西王名义颁发《诛妖救世安民谕》等三篇斥责清王朝的战斗檄文。

一八五三年

(太平天国癸好三年,清咸丰三年癸丑)

一月,太平军攻克武昌。

二月,太平军水陆五十万从武昌东下,攻克九江、安庆。

三月十九日至二十日,克南京城。天王于二十九日进入南京,改南京为天京,定为太平天国首都。三十一日,占领镇江。

清钦差大臣向荣赶到天京城东孝陵卫建"江南大营",窥伺天京。

四月,太平军占领扬州。清钦差大臣琦善在扬州城外建"江北大营"。

五月,洪秀全派林凤祥等北伐,目的是进攻北京。

同月，派胡以晄、赖汉英、石贞祥等西征，重新夺取天京上游安庆、九江、武昌三据点。

六月，西征军克安庆。

九月，克九江。

同月，上海小刀会刘丽川率众起义，响应太平天国革命，占领上海城，坚持了一年半之久。

十月底，北伐军逼近天津，清王朝极为震惊。

十二月，西征军攻庐州（今合肥）。

同月，因粮食供应困难，太平军撤出扬州。

这年间，天京设"删书衙"，天王亲自主持删改，批判孔孟的四书、五经，狠狠打击了维护封建剥削的儒家思想。

同年冬，太平天国颁布了建国纲领《天朝田亩制度》，提出了平分土地的方案，要求实行"有田同耕，有饭同食，有衣同穿，有钱同使，无处不均匀，无人不饱暖"。虽然这是不能实现的空想，但却反映了农民坚决反封建的要求，在当时的历史条件下，是具有革命意义的。

一八五四年

（太平天国甲寅四年，清咸丰四年甲寅）

二月，北伐军因孤军无援，自静海撤退，转至阜城，等待援兵。

五月，北伐军退据连镇，分军至山东高唐州，天京派出的援军在山东被阻，不能与北伐军会合。

六月，西征军攻克武昌。

十月，反革命地主武装头子曾国藩率领湘军和其他清军攻陷武汉。

这年间,洪秀全亲自编写《千字诏》(《千字文》),用太平天国的革命历史教育儿童。

一八五五年

(太平天国乙荣五年,清咸丰五年乙卯)

一月,湘军进犯九江。

二月,太平军援救镇江驻军,击溃敌军。西征军击败曾国藩水师于湖口。

同月,上海小刀会起义在中外反动派的联合扼杀下,终于失败。

三月,连镇北伐军粮尽失陷,林凤祥被俘,就义于北京。高唐州北伐军突围至茌平县冯官屯。僧格林沁引运河水灌陷冯官屯,北伐至此悲壮结束。

四月,西征军在湖口、九江大败曾国藩,乘胜攻克武昌。

十一、十二月,太平军自湖北入江西,连占州县,逼近南昌,迫使湘军撤九江围援南昌。

这年间,皖北爆发捻军大起义。

一八五六年

(太平天国丙辰六年,清咸丰六年丙辰)

三月,太平军攻克吉安、抚州。

四月,陈玉成等援救镇江,与守军内外夹攻,大破清军,镇江围解。

同月,太平军由镇江渡江,直指扬州,清“江北大营”的部队望风而逃,太平军再克扬州。

六月,太平军击溃“江南大营”,清钦差大臣向荣败退丹阳,天京解围。

八月至九月，韦昌辉在天京发动反革命叛乱，杀杨秀清全家，接着又惨杀革命将士两万多人。

十一月，洪秀全处死韦昌辉。

十二月，太平军退出武昌，随后汉阳失守。

一八五七年

（太平天国丁巳七年，清咸丰七年丁巳）

六月，石达开蒙蔽太平军将士十余万人，离开天京，分裂革命队伍，严重削弱了太平天国的力量。

七月，清重建"江南大营"，进犯天京。

十二月，镇江、瓜洲、浦口失陷，天京受到严重威胁。

同月，英法联军侵占广州，第二次鸦片战争开始。

一八五八年

（太平天国戊午八年，清咸丰八年戊午）

一月，清"江南大营"围困天京。

五月，英、法联军占大沽口，随后到天津。清政府先后派桂良、花沙纳、蓍英等赴天津进行投降谈判。

同月，清兵陷九江，太平军守将林启容等英勇牺牲。

六月，清政府先后与英、法、沙俄、美国签订丧权辱国的《天津条约》。

九月，陈玉成等大破敌将德兴阿、胜保军于安徽滁州乌衣镇，直下浦口，前后夹击，摧毁"江北大营"。

十一月，湘军一路攻安庆，一路向庐州进犯，到达三河镇，陈玉成等联合捻军进援三河，斩湘军悍将李续宾，尽歼湘军精锐六千余人。安庆围解。下旬，英使额尔金带领军舰侵入长江，经天京、安庆，太平军制止不听，先后发炮轰击，英舰向上游驶至汉口。

一八五九年

（太平天国己未九年，清咸丰九年己未）

三月，洪仁玕自香港经广东、江西到天京，天王封他为干王，总理朝政。洪仁玕向天王提出太平天国的施政纲领——《资政新篇》。不久，又封陈玉成为英王。

六月，英、法侵略者借口《天津条约》"换约"，用军舰袭击大沽口炮台，守军英勇击败联军，美国舰队援助英、法联军逃出大沽口。

十一月，洪秀全接受洪仁玕的建议，发布《改定天历诏》（一），过了七天，再颁布《改定天历诏》（二），重申"天父""天兄"的最高权威，借以加强中央集权，鼓舞军民斗志。

这年，洪秀全与洪仁玕、陈玉成一起，对李秀成等的分裂投降主义展开了斗争。

一八六〇年

（太平天国庚申十年，清咸丰十年庚申）

二月，清"江南大营"侵入江浦、九洑洲，围困天京。

三月，太平军为解天京围，远袭"江南大营"后方基地——杭州，迫使"江南大营"分兵往救。

五月，太平军各路一起出动，摧毁"江南大营"，天京围解。

同月，洪秀全召开高级将领会议，决定东征，不久，东征的太平军连克常州、无锡。

六月二日，太平军攻克苏州，并继续克江阴、吴江、昆山、太仓、嘉定、青浦、松江及浙江嘉兴。

上半年，英、法联军猖狂侵占舟山、大连湾、烟台。

七月，美国流氓华尔拼凑的"洋枪队"袭取松江。

八月，太平军进取上海，突受英、法侵略军阻击。

同月，英、法侵略军在北塘登陆，攻陷大沽。

十月，英、法侵略军入北京，焚掠圆明园，清政府投降，分别与英、法、沙俄等签订不平等的《北京条约》。

同月，洪秀全下诏减免苏南地区赋税，帮助农民恢复生产。

一八六一年

（太平天国辛酉十一年，清咸丰十一年辛酉）

二月九日，天历辛酉元旦，天王发表"贺词"，强调历史总是要从旧变新的，鼓舞军民坚持斗争。

四月，太平军又西征武汉。北路陈玉成攻至黄州为英国侵略者所阻；南路李秀成不按期进攻武汉，擅自撤兵回攻浙江，以致西征无功。陈玉成回援安庆。

同月间，洪仁玕编写《英杰归真》，重申太平天国必胜的信念。

八月，清咸丰帝死于热河，子载淳嗣位，政权落入太后叶赫那拉氏（慈禧太后）之手。

九月，安庆失陷，叶芸来、吴定彩等一万余太平军英勇巷战牺牲。天京上游屏障，至此尽失。曾国藩开始以安庆为反革命大本营，派兵分路进攻苏浙。

这年，根据洪秀全的指示，洪仁玕发出布告，提倡文学改革，主张"文以纪实",反对孔孟复古倒退的古典文体。

一八六二年

（太平天国壬戌十二年,清同治元年壬戌）

四月,军阀武装淮军头子李鸿章勾结驻上海英、法侵略军攻占上海外围据点,沙俄也派海军到上海妄图攻打太平军。

五月,庐州失陷,英王陈玉成突围,被暗投敌军的练匪苗沛霖诱骗至寿州,被俘牺牲。

同月,湘军沿江东下,围困天京。太平军反攻太仓,大破清军及英、法侵略军,至嘉定赶走英、法侵略军。

六月,太平军克青浦,击败英、法侵略军。

六、七月间,太平军汇集大军,猛攻雨花台附近湘军营地。

这年间,太平天国刊刻《太平天日》这篇反孔文献,把上帝鞭打孔丘的神话故事重新公布于世。

一八六三年

（太平天国癸开十三年,清同治二年癸亥）

五月,石达开军走到四川,抢渡大渡河失败,命令部队投降清军。石本人在成都被杀。

六月,湘军扑攻雨花台,进陷九洑洲,天京各要塞相继失陷,形势危急。

九月,左宗棠在浙江勾结法人德克碑的"洋枪队""常捷军"攻下富阳,进攻杭州。

十二月,苏州太平军内的投机分子郜永宽、汪安钧等接受李鸿章和上海"常胜军"头目英国侵略分子戈登的招引,杀慕王谭绍光等反投降的革命将士,献城叛变。事前,李秀成知情不加制止,听任郜等叛变。

一八六四年

(太平天国甲子十四年,清同治三年甲子)

三月,由于叛徒内应,清军占杭州。

五月,太平军为保卫常州,与淮军"常胜军"血战半年后,终因寡不敌众而失败,常州失陷,护王陈坤书牺牲。至此,江、浙重要城镇尽失,天京孤立无援。

六月一日,天京粮尽,天王洪秀全等太平天国将士吃草度日,坚持战斗。洪秀全对李秀成等的叛卖行为展开了坚决的斗争,终于为革命献身,长子洪天贵福继任为幼天王。

七月十九日,天京守城战士与攻城的清军展开肉搏,大部分壮烈牺牲,天京失陷。李秀成被俘,向曾国藩写下"自述",摇尾乞怜,成为可耻的叛徒,随后被曾国藩处死。幼天王等突围经湖州走江西。

十月,干王洪仁玕在江西石城被俘,于南昌从容就义。幼天王走至江西石城荒谷中被俘,也在南昌被杀。

这年底,西北太平军余部和捻军共推遵王赖文光为领袖,继续斗争。

南方太平军余部由康王汪海洋等率领,从江西进入福建。

一八六五年

(清同治四年乙丑)

三月,汪海洋攻入广东镇平(今蕉岭县)。

同月,赖文光、张宗禹率领捻军在山东大破清兵,杀死了清军头目僧格林沁。

十二月,汪海洋攻占嘉应州(今梅县)。

一八六六年
(清同治五年丙寅)

二月,清军围嘉应州,汪海洋战死,南方太平军战斗失败。

秋,赖文光与张宗禹为扩大革命力量,分捻军为东西两部。赖文光、任化邦率领东捻军,从河南攻入湖北。张宗禹率领西捻军,攻河南,转入陕西,与西北回民起义军联络。

一八六七年
(清同治六年丁卯)

六月,赖文光攻入山东。清军沿运河设围。

十一月,赖文光与清军在山东潍县松树山大战,因饥饿疲劳,损失惨重,退到江苏赣榆。任化邦战死。

十二月,西捻军闻东捻军危急,自陕西向山西、直隶进军。

一八六八年
(清同治七年戊辰)

一月,赖文光从山东南走,至扬州被俘牺牲。

八月,张宗禹率西捻军转战至山东茌平,陷入敌人包围,失败牺牲。

洪秀全所领导的太平天国反帝反封建的农民大革命,至此才结束。中国人民正积蓄力量,迎接新的革命高潮的到来。

祁龙威文集·专著(附：史料搜集整理)

洪仁玕选集

前　言

　　洪仁玕(1822—1864)，洪秀全的堂弟。从1843年即鸦片战争结束后的一年起，他就跟随洪秀全，在故乡广东花县进行革命活动。1851年洪秀全金田起义，洪仁玕曾两次率领一些拜上帝会的成员前往广西，但由于清军的封锁堵击，都未能与太平军会合。他还在广东策划武装起义，也未能成功。1852年至1858年，洪仁玕流亡在广东的东莞县和上海、香港。在这期间，他努力学习西方的天文学、数学、医学等科技知识，研究美英等国的政治制度，探究它们比中国富强的原因，了解到一些西方资产阶级的自然科学和社会政治学说，为他以后写作《资政新篇》作了思想准备。

　　1858年，洪仁玕借机离开香港，他"不避艰险"，于1859年辗转到达天京。洪秀全非常高兴，封他为"精忠军师干王"，任命他"总理朝纲"。

　　从1859年到1864年，太平天国革命由于韦昌辉的叛乱和领导集团的分裂，革命力量大为削弱。在革命处于不利的形势下，洪仁玕为了争取革命形势的好转，作了最大的努力。他向洪秀全提出强化革命政权、统一军事指挥、整顿革命队伍等一系列建议，并采取了一些具体措施。成为太平天国后期洪秀全的重要助手。

　　洪仁玕认为，"事有常变，理有穷通"，必须"因时制宜，度势行法"。他向洪秀全介绍世界各国兴衰的概况，强调革新则兴，守旧则衰。洪秀全对洪仁玕关于学习西方的建议大为赞许。

1856 年以后，太平天国处于"国政不能划一"，军事上"进寸退尺"的不利局势。洪仁玕与陈玉成合作，重订法制，坚持把权力集中于天王。在此基础上，他们组织了 1860 年粉碎清朝"江南大营"和攻克苏、常的大会战。1861 年，面对反革命湘军的沿江东犯，洪仁玕又坚持合力争夺长江中上游，并亲督诸将保卫安庆。

洪仁玕改革了科举制度，"劝戒士子"必"先器识而后文艺"，提倡"文以纪实"。他修订了历法，破除封建迷信，"俾有以定民志而正农时"。

洪仁玕与英法等国的官员、传教士等进行谈判和斗争，维护民族尊严。他逐步认清"我朝祸害之源，即洋人助妖之事"。

洪仁玕的政治思想，集中地表现在 1859 年他撰写的《资政新篇》里。在这篇得到洪秀全的赞许和批准颁行的文献中，洪仁玕试图把太平天国革命的理论和他所了解到的西方资本主义社会制度结合起来，制定一个"革故鼎新"的施政纲领。由于历史条件的限制，在太平军里，还没有实现洪仁玕设计的施政纲领的社会基础。他所作出的一切努力，未能从根本上改变农民革命最后失败的命运。1864 年 10 月，洪仁玕在与清军苦战中被俘，英勇就义。

洪仁玕为太平天国的革命事业献出了他的生命。他的《资政新篇》等著作，永远是珍贵的革命文献。至于对他著作中的某些错误观点，读者可以从时代和阶级的局限得到解释。

洪仁玕"革故鼎新"的进步思想和"宁捐躯以殉国，不隐忍以偷生"的高贵品德，将同伟大的太平天国革命一起，永垂史册。

编　者

一九七七年十二月

编辑说明

继《洪秀全选集》之后，我们把洪仁玕的重要作品，略加注释，编成这部《洪仁玕选集》。

本书分两部分：一、洪仁玕的文选；二、洪仁玕的诗选。文和诗基本卜都依发表先后的顺序编次。发表在同一年而难以分清月日前后的作品，则以内容的主次编辑。

注释侧重于太平天国的典章制度、专用词语等。

书中一律用简化字。诗文中太平天国的专用字保留原样，加以注明。

〔 〕内的字是编者为了比较完整地表达原意而添加的。

□表示原文缺。

为了便于读者研究洪仁玕的历史，我们辑录了一些资料，编成《洪仁玕年表》，作为本书的附录。

在编注过程中，得到了一些兄弟单位和史学工作者的帮助，深表感谢。

第一部分 文 选

【说明】这里节录了洪仁玕的《资政新篇》和《英杰归真》两部重要著作,又选录了他的文告、书信等文章。这些都撰成于1859年至1861年间。这时,外国资本主义侵略者已经公开帮助清政府攻击太平军。而太平天国内部由于1856年韦昌辉发动的天京反革命事变和石达开的分裂出走,力量明显削弱了。在洪秀全的领导下,洪仁玕总理朝纲。他力图吸取西方资产阶级的"民主"与"科学",对太平天国的政治、军事、文教等方面进行改革,他力图使农民革命重振旗鼓,夺取胜利。他又主管外交,同外国资本主义侵略者派来的官员、传教士等进行了谈判和斗争。洪仁玕的种种努力虽在最终失败了,但是他的这些有关著作却是宝贵的历史文献。1862年以后,由于农民战争大局的恶化,以及洪仁玕处境的艰难,使他难以大量发表著作。有些发表的文告等则已经散失。如当时人沈梓于1862年春在浙江乌镇所看到的洪仁玕命令乌镇守将菜天燕严防敌人间谍的文件,迄今尚未被发现。这是很可惜的。

资政新篇[1]（节录）附兵要四则

天国开朝精忠军师殿右军干王洪喧谕[2]：

照得治国必先立政，而为政必有取资[3]。本军师恭膺圣命，总理朝纲[4]，爰综政治大略，编成《资政新篇》一则，恭献圣鉴，已蒙旨准，并蒙圣照[5]："此篇傅[6]镌刻官遵刻颁行。"今已遵旨将原奏刊刻颁行，咸使闻知。

小弟仁玕跪在我真圣主万岁万岁万万岁陛下[7]，奏为条陈款列，善铺国政以新民德，并跪请圣安事。缘小弟自粤来京，不避艰险，非图爵禄之荣，实欲备陈方策，以广圣闻，以报圣主知遇之恩也。

夫事有常变，理有穷通[8]。故事有今不可行，而可豫定者为后之福。有今可行，而不可永定者为后之祸。其理在于审时度势，与本末强弱耳。然本末之强弱适均，视乎时势之变通为律，则自今而至后，自小而至大，自省而至国，自国而至万邦，亦无不可行矣。其要在于因时制宜，审势而行而已。兹谨将所见闻者，条陈于后，以广圣闻，以备圣裁，以资国政，庶有小补云尔。

昔周武有弟名旦，作《周礼》以肇八百之畿；高宗梦帝赉弼，致殷商有中叶之盛，惟在乎设法用人之得其当耳[9]。盖用人不当，适足以坏法；设法不当，适足以害人，可不慎哉！然于斯二者，并行不悖，必于立法之中，得乎权济，试推其要，约有三焉：一以风风之，一以法法之，一以刑刑之。三者之外，又在奉行者亲身以倡之，真心以践之，则上风下草[10]，上行下效矣。否则法立弊生，人将效尤，不致作乱而不已。岂法不善欤？实奉行者毁之尔。

用人察失类

一禁朋党之弊

钦定此策是也。

朝廷封官设将，乃以护国卫民、除奸保良者也。倘有结盟联党之事，是下有自固之术，私有倚恃之端，外为假公济私之举，内藏弱本强末之弊。为兵者行此，而为将之军法难行；为臣者行此，而为君之权谋下夺。良民虽欲深倚于君，无奈为所隔绝，是不可以不察也。倘欲真知其为朋奸者，每一人犯罪，必多人保护隐瞒，则宜潜消其党，勿露其形，或如唐太宗之责尉迟恭以汉高故事[11]，或如汉文之责吴不会而赐杖以愧之[12]，亦保全之一道也。若发泄而不能制，反遭其害，贻祸不浅矣。倘至兵强国富、俗厚风淳之日，又有朝发夕至之火船火车，又有新闻篇以泄奸谋，纵有一切诡弊，难逃太阳之照矣。

甚矣习俗之迷人，贤者不免，况愚者乎！即至愚之辈，亦有好胜之心，必不服人所教。且观今世之江山，竟是谁家之天下！无如我中花[13]之人，忘其身之为花，甘居軼妖之下，不务实学，专事浮文，良可慨矣！请试言之：文士之短简长篇，无非空言假话；下僚之禀帖面陈，俱是谀诐赞誉。商贾指东说西，皆为奸贪诡谲；农民勤俭诚朴，目为愚妇愚夫。诸如杂教九流，将无作有，凡属妖头鬼卒，喉舌模糊，到处尽成荆棘，无往不是陷坑。倘得真心实力，众志成城，何难亲见太平景象，而成为千古英雄，复见新天新地新世界也夫！

风风类

钦定此策是也。

夫所谓以风风之者：谓革之而民不愿，兴之而民不从，其事多属人心蒙昧、习俗所蔽、难以急移者，不得已以风风之，自上化之也。如男子长指甲，女子喜缠脚，吉凶军宾，琐屑仪文，养鸟斗蟋，打鹌赛胜，戒箍手镯，金玉粉饰之类，皆小人骄奢之习，诸如此类，难以枚举，禁之不成广大之体，民亦未必凛遵，不禁又为败风之渐。惟在在上者，以为可耻之行，见则鄙之忽之，遇则怒之挞之，民自厌而去之，是不刑而自化，不禁而自弭矣。倘民有美举，如医院、礼拜堂、学馆、四民院、四疾院等，主则亲临以隆其事，以奖其成，若无此举，则诏谕宣行，是厚风俗之法也。如毁谤潜妒等弊，皆由风俗未厚，见识未广，制法未精，是以人心虞拟，不平而鸣矣。又如演戏斗剧、庵寺和尼，凡此等弊，则立牧司[14]教导官亲身教化之，怜悯之，义怒之，务去其心之惑以拯其迷也。中地素以骄奢之习为宝,或诗画美艳,金玉精奇,非一无可取,第是宝之下者也。夫所谓上宝者,以天父上帝、天兄基督、圣神爷之风,三位一体[15]为宝,一敬信间,声色不形,肃然有律,诚以此能格其邪心,宝其灵魂,化其愚蒙,宝其才德也。中宝者,以有用之物为宝,如火船、火车、钟镖、电火表、寒暑表、风雨表、日晷表、千里镜、量天尺、连环枪、天球、地球等物,皆有探造化之巧,足以广闻见之精,此正正堂堂之技,非妇儿掩饰之文,永古可行者也。

且夫谈世事,足以闷人心,论九流,足以惑众志。释、聃尚虚无,尤为诞妄之甚;儒教贵执中,罔知人力之难。皆不如福音真道,有公义之罚,又有慈悲之赦,二者兼行,在于基督身上担当之也。此理足以开人之蒙蔽以慰其心,又足以广人之智慧以善其行,人能深受其中之益,则理明欲去,而万事理矣,非基督之弟徒,天父之肖子乎!究亦非人力所能强,必得上帝圣神感化而然也。上帝之名永不必讳,天父之名,至大、至尊、至贵、至仁、至义、至能、至知、至诚、至足、至荣、至权,何碍一名字。若说正话,讲道理,虽千言万语,亦是赞美,但不得妄称及发誓亵渎而已。若讳至数百年之久,则又无人识天父之名矣。况"爷火华"三字,乃犹太土音,译即自有者三字之意,包涵无所不知,无所不能,无所不在,自然而然,至公义,至慈悲之意也。上帝是实有,自天地万有而观,及基督降生而论，是实有也。盖上帝为爷，以示包涵万象，基督为子，以示显身指点，圣神上帝之风亦为子，则合父子一脉之至亲，盖子亦是由父身中出也，岂不是一体一脉哉。总之谓为上帝者：能形形，能象象，能天天，能地地，能始终万物而自无始终，造化庶类而自无造化，转运四时而不为时所转，变通万方而不为方所变。可以名指之曰：自有者，即大主宰之天父上帝，救世主如一也。盖子由父出也，视子如父也。若讳此名，则此理不能彰矣。

法法类

钦定此策是也。

所谓以法法之者：其事大关世道人心，如纲常伦纪，教养大典，则宜立法以为准焉。是下有所趋，庶不陷于僻矣。然其不陷于僻而登于道者，必又教法兼行，如设书信馆，以通各省郡[16]县市镇公文，设新闻馆，以收民心公议，及各省郡县货价低昂、事势常变，上览之得以资治术，士览之得以识变通，商农览之得以通有无，昭法律，别善恶，励廉耻，表忠孝，皆借此以行其教也。教行则法著，法著则知恩，于以民相劝戒，才德日生，风俗日厚矣。此立法善而施法广，积时久而持法严，代有贤智以相维持，民自固结而不可解，天下永垂而不朽矣。然立法之人，必先经磨炼，洞悉天人性情，熟谙各国风教，大小上下，源委重轻，无不了然于胸中者，然后推而出之，乃能稳惬人情也。若恐其久而有差，更当留一律，以便随时损益小纪，彰明大纲也。盖律法者,无定而有定,有定而无定,如水之软,如铁之硬,实如人心之有定而无定,世事之无定而有定,此立法所以难也,此生弊所以易也。然则如何而后可以立法?盖法之质,在乎大纲,一定不易。法之文,在乎小纪,每多变迁。故小人坏法,常窥小者无备,而掠为己有,常借大者之公,以护掩己私,然此又在奉法执法行法之人,有以主之,有以认真耳。至立法一则,阅下自可心领灵会,而法在其中矣。

又有柔远人之法。凡外邦人技艺精巧,邦法宏深,宜先许其通商,但不得擅入旱地,恐百姓罕见多奇,致生别事。惟许牧司等、并教技艺之人入内,教导我民,但准其为国献策,不得毁谤国法也。

英吉利即俗称红毛邦,开邦一千年来,未易他姓,于今称为最强之邦,由法善也。但其人多有智力,骄傲成性,不居人下,凡于往来言语文书,可称照会、交好、通和、亲爱等意,其余万方来朝,四夷宾服,及夷狄、戎蛮、鬼子一切轻污之字,皆不必说也。盖轻污字样,是口角取胜之事,不是经纶实际,且招祸也。即施于枕近之暹罗、交趾、日本、琉球之小邦,亦必不服,实因人类虽下,而志不愿下,即或愿下,亦势迫之耳,非忠诚献曝也。如必欲他归诚献曝,非权力所能致之,必内修国政,外示信义,斯为得尔,此道实为高深广远也欤。现有理雅各、湛孖士、米士威大人、俾士、合信、觉士、滨先生、慕维廉、艾约瑟、韦律众先生与小弟相善也。

花旗邦即米利坚，……有金银出，而招别邦人来采，别邦人有能者，册立为官，是其义也。邦长五年一任，限以俸禄，任满则养尊处优，各省再举。有事各省总目公议，呈明决断。取士、立官、补缺，及议大事，则限月日，置一大柜在中廷，令凡官民有仁智者，写票公举，置于柜内，以多人举者为贤能也，以多议是者为公也。其邦之跛盲聋哑，鳏寡孤独，各有书院，教习各技，更有鳏寡孤独之亲友，甘心争为善事者，愿当众立约保养。邦中无有乞丐之民，此是……其富足也。现有罗孝、卑治文、花兰芷、高先生、晏先生、赞臣先生、寡先生与小弟相善也。

总论二邦，其始出于英吉利邦，后因开埠花旗，日以日盛，而英邦欲有以制之，遂不服其苛，因而战胜英邦，故另立邦法，两不统属焉。数百年来，各君其邦，各子其民，皆以天父上帝耶稣基督立教……

日耳曼邦，内分十余邦，不相统属，亦无侵夺，信奉天父上帝耶稣基督尤慎，其人有太古之风，故国不甚威，而德则独最也。亦有大船往各邦贸易，即各邦之君臣，亦肯信任其人办事，因其人不苟于进退，最信皇上帝救世主，而不喜战斗，愿守本分也。现有黎力居、韦牧司、叶纳清、韩士伯，又有一位忘其名，与弟相善也。风雨票、寒暑针，先出此邦之花兰溪,辨正教亦出此邦之路得也[17]。

瑞邦、丁邦、罗邦[18],纯守耶稣基督之教,其发老少多白,中年多黄,相品幽雅,诚实宽广,有古人遗风焉。惟瑞国有一韩山明牧司又名咸北者,与弟相善,其人并妻子皆升天,各邦多羡其为人焉,爱弟独厚,其徒皆客家,多住新安县地也[19]。

佛兰西邦亦是信上帝耶稣基督之邦,但其教多务异迹奇行,而少有别,故其邦今似半强半美之邦,但各邦技艺,多始于此,至今别邦虽精,而佛邦亦不在下。但其教尚奇异,品学逊焉,人不之重。惟与英为婚姻之邦,相助相善,而邦势亦强。与弟无相识者,因道不同也。

土耳其邦,东南即古之犹太邦也,西北近俄罗斯,因此邦之人,不信耶稣基督为救世主,仍执摩西律法,不知变通,故邦势不振,而于丙辰年为俄罗斯所侵,幸英佛二邦相助,得免于祸。此邦为天兄降生圣地,将来必归基督,盖《新遗诏书》[20]有云:"俟万邦归信后而以色列知愧耻焉。"今犹太人因耶稣基督升天四十年后,遭上帝怒罚,驱逐出外,凡信基督耶稣者,亦逃出外邦,至今各邦皆有犹太人,以为之证据,亦天父之意也。即中邦而论,河南开封郡祥符县内,多有犹太人及羊皮书,写犹太字迹者不少,但其人自宋迄今,多历年所,亦徒行其礼,而不识其字,不知其实意焉。问其因何行此教?则答以望基督救世主降生。及凡各邦之犹太人亦如是，不信救世主之既生于一千八百五十九年之前也。

俄罗斯邦，其地最广，二倍于中邦，其教名天主教，虽信耶稣基督，而类于佛兰西之行也。百余年前，亦未信天兄，屡为英、佛、瑞、罗、日耳曼等国所迫，故遣其长子，伪装凡民，到佛兰西邦学习邦法、火船技艺。数年回邦，无人知其为俄之长子也。及归邦之日，大兴政教，百余年来，声威日著，今亦为北方冠冕之邦也。

……

埃及邦即麦西邦，在犹太西南方，有红海为界，其地周岁无寒，而夏最炎热。有山名亚喇伯，为万邦最高大者，昔挪亚方舟[21]，即搁于此山也。四时有云笼罩，少见山巅，而埃民未曾见过雨雪、闻过雷声。其地少泉而多沙漠，但到春夏交际，山头云密布，飞瀑四奔流，农民于水将退之先，在水面布种下田，待尽退时，则苗既淳然兴之矣。所以然者，因山高接热，云气升腾冻结于巅，四时不散，故雨不施于圹野，雷不奋于地中，冰常凝于高峰，云无飘于热地也。今其人尊约瑟、摩西为圣人，名回回教，盖天父上帝前现权能与二人，至今犹有遗风焉。

暹罗邦，近与英邦通商，亦能仿造火船大船往各邦采买，今亦变为富智之邦矣。

日本邦，近与花旗邦通商，得有各项技艺，以为法则,将来亦必出于巧焉。

马来邦、秘鲁邦、澳大利邦、新嘉波、天竺邦……皆信佛教,拜偶像,故其邦多衰弱不振而名不著焉。……不过中国从前不能为东洋之冠冕,暂为失色,良可慨已!

以上略述各邦大势,足见纲常大典、教养大法必先得贤人,创立大体,代有贤能继起而扩充其制,精巧其技,因时制宜,度势行法,必永远不替也。倘中邦人不自爱惜,自暴自弃,则鹬蚌相持,转为渔人之利,那时始悟兄弟不和外人欺,国人不和外邦欺,悔之晚矣!

曷不乘此有为之日,奋为中地倡,以顶天父天兄纲常,太平一统江山万万年也。

一要自大至小,由上而下,权归于一,内外适均而敷于众也。又由众下而达于上位,则上下情通,中无壅塞弄弊者,莫善于准卖新闻篇或暗柜也,法式见下。

一兴车马之利,以利便轻捷为妙。倘有能造如外邦火轮车,一日夜能行七八千里者,准自专其利,限满准他人仿做。若彼愿公于世,亦禀准遵行,免生别弊。先于二十一省[22]通二十一条大路以为全国之脉胳,通则国家无病焉。通省者阔三丈,通郡者阔二丈五尺,通县及市镇者阔二丈,通大乡村者阔丈余。差役时领犯人修葺崩破之处。二十里立一书信馆,愿为者请饷而设,以为四方耳

钦定此策杀绝妖魔行未迟。

此策是也。

目之便,不致上下梗塞,君民不通也。信资计文书轻重,每二十里该钱若干而收,其书要在某处交递者,车上车下各先束成一捆,至即互相交讫,不能停车俄顷,因用火用气用风之力大猛也。虽三四千里之遥,亦可朝发夕至,纵有小寇窃发,岂能漏网乎?

此策是也。

一兴舟楫之利,以坚固轻便捷巧为妙。或用火用气用力用风,任乎智者自创。首创至巧者,赏以自专其利,限满准他人仿做。若愿公于世,亦禀明发行。兹有火船气船一日夜能行二千余里者,大商则搭客运货,国家则战守缉捕,皆不数日而成功,甚有裨于国焉。若天国兴此技,黄河可疏通其沙而流入于海,江淮可通有无而缓急相济,要隘可以防患,凶旱水溢可以救荒,国内可保无虞,外国可通和好,利莫大焉。

一兴银行。倘有百万家财者,先将家赀契式禀报入库,然后准颁一百五十万银纸,刻以精细花草,盖以国印图章,或银货相易,或纸银相易。皆准每两取息三厘。或三四富民共请立,或一人请立,均无不可也。此举大利于商贾士民,出入便于携带,身有万金而人不觉,沉于江河,则损于一己而益于银行,财宝仍在也。即遇贼劫,亦难骤然拿去也。

此策是也。

一兴器皿技艺。有能造精奇利便者,准其自售,他人仿造,罪而罚之。即有法人而生巧者,准前造者收为己有，或招为徒焉。器小者赏五年，大者赏十年，益民多者年数加多。无益之物，有责无赏。限满他人仿做。

此策是也。

一兴宝藏。凡金、银、铜、铁、锡、煤、盐、琥珀、蚝壳、玻璃、美石等货，有民探出者，准其禀报，爵为总领，准其招民采取，总领获十之二，国库获十之二，采者获十之六焉。倘宝有丰歉，则采有多少，又当视所出如何，随时增减，不得匿有为无也。此为天财地宝，虽公共之物，究亦枕近者之福，小则准乡，大则准县，尤大者准省及省外之人来采也。有争斗抢夺他人之所先者，准总领及地方官严办，务须设法妥善焉。

此策是也。

一兴邮亭以通朝廷文书，书信馆以通各色家信，新闻馆以报时事常变，物价低昂，只须实写，勿着一字浮文。倘有沉没书札银信及伪造新闻者，轻则罚，重则罪。邮亭由国而立，余准富民纳饷，禀明而设。或本处刊卖，则每日一篇，远者一礼拜一篇，越省则一月一卷，注明某处某人某月日刊刻，该钱若干，以便远近采买。

一朝廷考察若探未实者，注明"有某人来说，未知是否，俟后报明"字样，则不得责之也。

此策现不可行，恐招妖魔乘机反间，俟杀绝残妖后，行未迟也。

一兴各省新闻官。其官有职无权，性品诚实不阿者，官职不受众官节制，亦不节制众官，即赏罚亦不准众官褒贬。专收十八省及万方新闻篇有招牌图记者，以资圣鉴，则奸者股栗存诚，忠者清心可表,于是一念之善,一念之恶,难逃人心公议矣。人岂有不善,世岂有不平哉!

是。

一兴省郡县钱谷库,以司文武官员俸值公费立官司理,每月报销。除俸值外,有妄取民贿一文者议法。

是。

一兴市镇公司。立官严正,以司工商水陆关税,每礼拜呈缴省郡县库存贮,或市镇公务支用,有为己私抽者议法。

是。

一兴士民公会。富贵善义,仰体天父、天兄好生圣心者,听其甘心乐助,以拯困扶危,并教育等件。至施舍一则,不得白白妄施,以沽名誉,恐无贞节者一味望恩,不自食其力,是滋弊也。宜令作工,以受所值,惟废疾无所归者,准白白受施。

一兴医院,以济疾苦系富贵好善,仰体天父、天兄圣心者,题缘而成其举。立医师,必考取数场然后聘用,不受谢金,公义者司其事。

是。

一兴乡官。公义者司其任,以理一乡民情曲直、吉凶等事,乡兵听其铺调。

一兴乡兵。大村多设,小村少设,日间管理各户,洒扫街渠,以免秽毒伤人,并拿打架攘窃,及在旁证见之人,到乡官处处决,妄证者同罪。夜于该管之地有失,惟守者是问。若力不足而呼救不及,不干守者之事。被伤者,生则医,死则瘗,有妻子者议恤。

是。

一罪人不孥。若讯实同情者及之,无则善视

抚慰之,以开其自新之路。若连累及之,是迫之使反也。

一禁溺子女。不得已难养者,准无子之人抱为己子,不得作奴视之。或交育婴堂。溺者罪之。

是。

一外国有兴保人物之例:凡屋宇、人命、货物、船等有防于水火者,先与保人议定,每年纳银若干,有失则保人赔其所值,无失则赢其所奉。若失命,则父母妻子有赖,失物则已不致尽亏。

一外国有禁卖子为奴之例。家贫卖子,只顾眼前之便,不思子孙永为人奴,大辱祖考,后世或生贤智者,不得为国之用,反为国之害矣。故准富者请人雇工,不得买奴,贻笑外邦,生女难养,准为女伺,长则出嫁从良也。

一禁酒及一切生熟黄烟、鸦片。先要禁为官者,渐次严禁在下。绝其栽植之源,遏其航来之路,或于外洋入口之烟,不准过关。走私者杀无赦。

是。

一禁庙宇寺观。既成者还其俗,焚其书,改其室为礼拜堂,借其资为医院等院。此为拯民出于迷昧之途,入于光明之国也。

是。

一禁演戏、修斋、建醮。先化其心之惑,使伊所签助者,转助医院、四民院、学馆等,乃有益于民生实事。

是。

一革阴阳八煞之谬。名山利薮,多有金、银、铜、铁、锡、煤等宝,大有利于民生国用,今乃动言风煞,致珍宝埋没不能现用。请各自思之,风水益

是。

人乎，抑珍宝益人乎？数千年之疑团，牢而莫破，可不惜哉！

此策是也。

一除九流。惰民不务正业，专以异端诬民，伤风败俗，莫逾于此。准其归于正业，焚去一切惑民之说。若每日无三个时辰工夫者，即富贵亦是惰民，准父兄乡老擒送，迸诸绝域，以警颓风之渐也。诚以游手偷闲，所以长其心之淫欲；劳心劳力，所以增其量之所不能。此天父之罚始祖，使汗颜而食者，一则使自养身，一则免生罪念，亦为此故也。

一屋宇之制。坚固高广任其财力自为，不得雕镂刻巧，并类王宫朝殿，宜就方正，勿得执信风水，不依众向，致街衢不直。既成者勿改，新造者可遵，再建重新者，亦可改直。

一立丈量官。凡水患河路有害于民者，准其申请，大者发库助之，小者民自捐助，而屋宇规模，田亩裁度，俱出此官。受赃者准民控诉，革职罚罪。

是。

一兴跛育〔盲〕聋哑院。有财者自携资斧，无财者善人乐助，请长教以鼓乐书数杂技，不致为废人也。

是。

一兴鳏寡孤独院。准仁人济施，生则教以诗书各法，死则怜而葬之。因此等穷民，操心危，虑患深，往多有用之辈，不可不以恩感之也。

是。

一禁私门请谒，以杜卖官鬻爵之弊。凡子臣弟友，各有分所当为，各有俸值，各有才德，各宜奋力上进，致令闻外著，岂可攀援以玷仕途。即推举者亦是为国荐贤,亦属分内之事,既得俸值,何可贪赃。审实革职,二罪俱罚。

一上所议,是"以法法之"之法,多是尊五美、屏四恶之法,诚能上下凛遵,则刑具可免矣。虽然,纵有速化,不鲜顽民,故又当立"以刑刑之"之刑。

刑刑类

钦定此策是也。

一善待轻犯。宜给以饮食号衣,使修街渠道路,练其一足,使二三相连,以差人执鞭刃掌管。轻者移别县,重者移郡移省,期满释回,一以重其廉耻,二以免生他患,庶回时改过自新,此恩威并济之法也。

爷今圣旨斩邪留正,杀妖杀有罪不能免也。

一议第六天条曰"勿杀",盖谓天父有赏罚于来生,人无生杀于今世。然天王为天父所命以主理世人,下有不法,上(不)可无刑,是知遵刑者非人杀之,是彼自缚以求天父罚之耳。虽然,为人上者,不可不亲身教导之也。

爷诚勿杀是诚人不好谋害妄杀,非谓天法之杀人也。

一议大罪宜死者,置一大架圈其颈,立其足,升至桅杆顶,则去其足上之板,以吊死焉。先彰其罪状并日期,则观者可以股栗自儆,又少符勿杀之圣诫焉。

十款天条[23],治人心恶之未形者,制于萌念之始。诸凡国法,治人身恶之既形者,制其滋蔓之多。必先教以天条,而后齐以国法,固非不教而杀矣,亦必有耻且格尔。

一与番人并雄之法。如开店二间，我无租值，彼有租值；我工人少，彼工人多；我价平卖，彼价桂卖；是我受益，而彼受亏；我可永盛，彼当即衰；彼将何以久居乎？况我已有自固之策，若不失信义二字足矣，何必拘拘不与人交接乎？是浅量者之所为也。虽然，亦必有一定之章程，一定之礼法，方不致妄生别议。但前之中国不如是焉，毫无设法，修葺补理，以致全体闭塞，血脉不通，病其深矣。今之人心风俗，皆非古昔厚重之体，欲清其病源，既不可得，即欲俊补，其可得乎！此皆为邦大略，小弟于此类凡涉时势二字，极深思索。故于古所无者兴之，恶者禁之，是者损益之，大率法外辅之以法而入于德，刑外化之以德而省于刑也。因又揣知圣心图治大急，得策则行，小弟诚恐前后致有不符之迹，故恭录己所窥见之治法，为前古罕有者，汇成小卷，以资圣治，以广圣闻。恳自今而后，可断则断，不宜断者，付小弟掌率六部[24]等议定再献，不致自负其咎，皆所以重尊严之圣体也。或更立一无情面之谏议在侧，以辅圣聪不逮。诸凡可否，有宜于后、不宜于今者，恳留为圣鉴，准以"时势"二字推行，则顶起天父、天兄纲常，太平一统江山万万年矣。

前有为将者，具禀求教用兵之法，小弟姑举兵要四则[25]，以答所求，且教以留心推行，幸勿笑为纸上谈兵可也,但未知有当与否? 恭录圣览。

为将有为将之学问:雨晴风雾,皆为兵具;山原林坎,亦是武经。喜怒哀乐,为用兵之策;智仁勇义,乃胜败之谟。虽云兵者诡道也,盖慎于平素,而诡在一时,此孔明之学问,能百战百胜也。

为将有为将之道德:兵不在多,而在得力。然所以得人力而人肯听令者,在主将有以服之耳。究亦非一朝一夕之故,必平日有恩于人,如士卒死吴起之怜病[26],众人遮余阙以身先[27],马谡虽死而不怨[28],李严见黜而无词[29]也。更有民则箪食壶浆,商则市肆无惊,岂非仁声素著、信义先行者所能如此哉。

为将有为将之法律:孔明之所以见称今古者,惟"器使群材、赏罚严明"八字而已。盖器使则人无乱法,严明则人皆服法,无乱而服,即效命取胜之根也。

为将要知蓄锐之方:盖兵者势也,因其势而导之,则一往莫遏,故孔明每多激将之言,不激则势不锐。岳飞身先士卒,激以仁义。关、张、赵云威声素著,故得迎刃而解。即我天朝,初以天父真道,蓄万心如一心,故众弟只知有天父兄,不怕有妖魔鬼。此中奥妙,无人知觉。今因人心冷淡,故锐气减半耳! 东王、西、南、翼王、罗大纲等[30],所以屡战屡胜者,亦先声夺人,闻风而窜。推之古昔,兵之得胜于进退骄诱者,无非由蓄威而得也。

又云师克在和,不和则人心不一,不一则涣,何蓄
锐之有,故廉、蔺相和而秦有十五年不敢出函谷关
者此也[31]。信斯言也!虽有些须失错,不宜妄生
议论,以惑军心,宜如田单[32]之说,有神兵下降,
以复齐七十余城,切不可有漏泄军机,如凿船底,
令水入舱者也。至于各国各省情形,以及军国精
细等事,非纸笔所能罄述,又非目前所急务者,惟
愿众弟量度"时势"二字,以行所当行可也。

【注释】

[1]这是洪仁玕于 1859 年总理朝政之后,向天王洪秀全条陈的施政纲
领。其目的在于辅助天王"善铺国政以新民德",故名《资政新篇》。他提出
"用人"和"设法"两方面的改革措施。在"用人"方面,洪仁玕要求"禁朋
党之弊"。在"设法"方面,洪仁玕主张吸取西方资产阶级的"民主"与"科
学",使中国富强。洪秀全逐条审阅并批准颁行。其中除对两条提出补充意
见外,对其他三十余条,都加批"是"或"此策是也"。现有的《资政新篇》有
己未九年初刻和辛酉十一年以后重刻两种版本,此据重刻本。

[2]开朝精忠军师殿右军干王:洪仁玕的官爵。开朝:开国。精忠:天
王为表彰洪仁玕忠贞而加给他的美号。军师:官名,辅助天王主持军政。起
义初期,天王任命杨秀清为正军师,萧朝贵为又正军师,冯云山为副军师,韦
昌辉为又副军师。1859 年,洪仁玕受任军师时,杨、萧、冯虽已死,但在太平
天国的文件上,他们仍然列名,正、副军师的职称不变。只有韦昌辉的官爵
已撤销。洪仁玕列名在南王下,称"开朝精忠又副军师"。殿右军:即殿右
军主将,洪仁玕的兼职。余一鳌《见闻录》:"其主将,有若殿前军、殿后军、
殿左军、殿右军之号。"干王:王号。据《洪仁玕自述》,天王初封洪仁玕为
干天福,不久升干天义,再升封干王。洪仁玕又总管科举考试,所以在《士阶
条例》等太平天国文件上,1859 年至 1861 年间洪仁玕的官爵称谓又是"钦
命文衡正总裁开朝精忠军师顶天扶朝纲干王"。顶天扶朝纲是天王给列王
的称号。顶天:顶天父天兄纲常,谓执行太平天国的纪纲典法。朝纲:朝

政。1862 年,天王任命吏户礼兵刑工六部僚,分管朝政。洪仁玕受任吏部正天僚部僚领袖。陈庆甲《金陵纪事诗》:"吏部天僚亦姓洪。"又说:洪仁玕"伪封吏部天僚"。据护王部下所遗《来文底簿》,癸开十三年十一月记录洪仁玕的官爵称谓是"殿前吏部正天僚部僚领袖开朝精忠军师御林兵干王"。可见,他又兼管御林兵。御林兵是天京卫兵,1861 年开始建立。喧谕:干王所发文告称喧谕。(本文集编者按,关于此注,祁先生在《太平天国史料学举例·洪仁玕事迹证补》中有订正说明。)

[3]资:资助。

[4]膺:受。总理朝纲:总理国政,又称掌朝纲。

[5]圣照:指天王在本章上的批示。《敬避字样》:"御照,本章尾御批圣诏,为真圣主太阳所照见者也。"

[6]傅:当是"传"字之误。

[7]小弟:洪仁玕自称。天王称各王为"胞",意是兄弟,各王对天王都自称"小弟"。真圣主:太平天国军民对天王的尊称。在革命前期,太平天国称天王为真主,意谓受天父上帝真命下凡作主,后称真圣主。

[8]理有穷通:即古人所说:"穷则变,变则通。"意谓一时通行的道理,过了时就会行不通,必须适应时势加以变化,才能继续通行。穷:尽,行不通。

[9]"昔周武"两句:从前周武王的弟弟姬旦(周公)制订了周代的规章制度,开创了八百年的江山;殷高宗梦见上帝赐给他以好的辅弼,随后得到了傅说,任为殷相,导致殷代的中兴。洪仁玕用这两个典故说明国家兴盛的关键在于设法和用人的得当。肇(zhào 音照):开创。畿(jī 音机):疆域。中叶:中期。

[10]上风下草:上者提倡如风,下者响应如草随风。

[11]唐太宗之责尉迟恭以汉高故事:唐太宗因大将尉迟恭恃功自傲,特为讲汉高祖杀韩信、彭越故事。告诫他,杀韩信、彭越不是汉高祖的过错。见《新唐书》卷八十九、《旧唐书》卷六十八。

[12]汉文之责吴不会而赐杖以愧之:汉文帝时,吴王刘濞(bì 音毕)托病不参加朝会,汉文帝知道后,反而赐给他几杖,让他养病。见《史记》卷一〇六。

〔13〕中花：中华。太平天国避上帝名"耶火华"，以花代华。

〔14〕牧司：牧师，基督教会教职名。太平天国后期规定，除"先师"（耶稣）、"后师"（杨秀清）、军师（官名）可用师字外，其他均用司字代。

〔15〕三位一体：指上帝、耶稣、圣神风（即东王杨秀清），一父二子，分则三位，合则一体。这是太平天国宗教信仰的最高象征。太平天国军民每周末礼拜的赞颂词说："赞美上帝为天圣父，赞美耶稣为救世圣主，赞美圣神风为圣灵，赞美三位为合一真神。"见《天条书》。圣神风，谓圣神上帝感化世人之风。东王辅助天王教导世人，犹代天使风，故太平天国称之为"圣神风"。洪秀全《新约批解》："至圣灵，东王也。""即圣神风亦是圣神上帝之风"，"风是东王，天上使风者也"。

〔16〕郡：省以下一级地方组织。太平天国改府为郡。《敬避字样》："府，王府之称，至地名皆以郡字代。"据《士阶条例》，除江南省辖十二郡外，其余各省都辖十一郡。郡辖县。

〔17〕辨正教：基督教中的一派，因反对旧教，又称新教。路得：马丁·路得（1483—1546），德国人，创立新教。

〔18〕瑞邦：瑞典。丁邦：丹麦。罗邦：挪威。

〔19〕韩山明：即韩山文，瑞典人，基督教巴色会牧师，1847年来中国，传教于广东东部南部客家人之间。洪仁玕流亡香港时，得到他的帮助。他曾根据洪仁玕所提供的材料，用英文写成《太平天国起义记》。1854年4月，他病死于香港。升天：逝世。太平天国称死为"升天"，谓好人死后，灵魂得升天享福。

〔20〕《新遗诏书》：即《新约》，基督教圣经。太平天国先译作《新遗诏书》，后又译作《前遗诏书》。

〔21〕挪亚方舟：基督教传说上帝曾降四十天大雨，把世间万物都毁于洪水。因挪亚一家独信仰上帝，所以上帝预先告诉了他。挪亚一家就上了方舟，停在高山上，得以免灾。

〔22〕二十一省：当指关内十八省及东北三省。下文又云十八省，即单指关内十八行省。

〔23〕十款天条：洪秀全在金田起义前用宗教戒条形式，向革命群众颁

布的十条革命纪律。

［24］掌率：太平天国后期官名。1856年杨秀清被杀，1857年石达开出走后，由天王直接处理军政大事，乃设置此官，负责处理中央机要事宜。凡百官上天王本章以及天王降诏，必经其手。蒙得恩做过正掌率。洪仁玕总理朝纲后，仍设掌率，林绍璋、李春发担任过此职。六部：吏、户、礼、兵、刑、工六部。

［25］兵要四则：洪仁玕为教育将领而写的用兵之要。《士阶条例》列为太平天国武学必读课本。

［26］士卒死吴起之怜病：战国时魏将吴起，平时关心士兵生活，照顾病员，士卒愿为死战。

［27］众人遮余阙以身先：余阙，元末安庆守将，与陈友谅战，遇险，士卒以身遮护之。

［28］马谡虽死而不怨：三国时，蜀汉将领马谡，与魏战兵败。诸葛亮按军法处以死刑，谡服罪，虽死不怨。

［29］李严见黜而无词：三国时，蜀汉将领李严，因过错被诸葛亮罢黜，严服罪。

［30］东王、西、南、翼王：杨秀清、萧朝贵、冯云山、石达开。罗大纲：原广西天地会首领，率部参加太平军金田起义，在永安突围、横渡洞庭等重大战役中，战功卓著。1853年驻守镇江。1855年，在芜湖阵亡。

［31］"廉蔺"句：廉、蔺合作，秦兵不敢出函谷关犯赵。廉颇，战国时赵将；蔺（lìn 音吝）相如，赵相。函谷关，在今河南灵宝西南，战国时属秦，关以东属赵。

［32］田单：战国时齐将，曾与燕国战，用兵机密，有如神兵下降，出敌不意，大败燕兵，收复齐地七十余城。

立法制喧谕[1]（残）

真天命太平天国开朝精忠军师殿右军干王洪为喧谕京都各

省众官员人等一体知悉:

照得国家以法制为先,法制以遵行为要,能遵行而后有法制,有法制而后有国家,此千秋不易之大经,而尤为今兹万不容已之急务也。本军师用与众弟等痛绝言之。

蒙天父天兄大开天恩,亲命我真圣主降凡驱逐胡虏,宰治中原。自金田起义于今九年矣!前此拓土开疆,犹有日辟百里之势,何至于今而进寸退尺,战胜攻取之威转大逊于曩时?良由昔之月,令行禁止,由东王而臂指自如;今之日出死入生,任各军而事权不一也[2]。事权不一,虽久安长治之国犹未可保,矧当国家初造,妖势尚横,而谓可保无虞耶!

且如弟等意见,动以升迁为荣,几若一岁九迁而犹缓,一月三迁而犹未足。夫国家机要,惟在铨选,现经颁发钦定功劳部章程,而弟等犹迫不及待,设仍各如所请,自兹以往,不及一年,举朝内外,皆义皆安[3],更有何官何爵可为升迁地耶!曾不思今日之势,胜则荣及祖父,荣则虽伍、两、卒、旅之职[4],而亦足以荣矣,不胜则祸及宗族,祸则燕、豫、安、福之尊,而亦适以厚其祸耳!

本军师自粤来京,诞膺王爵,天恩已重,众望焉孚。但例之以陈平进而绛、灌有言,诸葛尊而关、张不悦,韩信拜将,一军皆惊[5],理有固然,夫何足怪!惟是丈夫自命,宁捐躯以殉国,不隐忍以偷生。况乎时势至此,再一隐忍姑息,我辈并无生理,惟有如诗所云"其何能淑,载胥及溺"[6]而已。

英王陈玉成弟早见及此,驰书来府,请定章程以救时弊,其所议赏罚之法,致为森严,本军师嘉其忠款,即携原书缮本呈奏,当蒙旨准,并赐御照刻书颁行。

夫旨准颁行之法,即天法也。〔下缺〕

主降诏昭示中外,削其兵柄,拿其合家,并诏该属偏将之有能者,奉行天法,囚其本身,统其原队,官员交别将统带,属员改列朝官,身兵改为宿卫[7],均令安堵,毋使稍惊,则党羽自除,虽欲逆命而不能,弄兵而不得。更一面系缧其父母妻子之属,明正典刑,传示各处,震栗众心,倘实系扭于时势,诚难调遣者,又不可一律而论也。

一立赏查。东王在日,即末秩微员,升降必由天廷[8]转奏,片文只字,刊刻必自京内颁行。故官虽少而足贵,从无越队[9]求荣;印虽小而可珍,孰敢私镌伪铸,其郑重为何如也。近来欲遏逃顽,必先除僭乱,嗣后如主将在外远征,官兵有功足录,只准注明功劳,部存其劳绩,以俟凯旋奏封。主将以下统兵官,无位其高官王位,亦不得私镌印信,私给官凭,僭越一些。倘有私与官职者,当律以大辟[10],私受官职者亦正典刑。

【注释】

[1]这是洪仁玕于1859年为重建太平天国法制而向全国颁发的一篇文告。本文说明,在起义初期,因为太平军纪律严明,全军步调一致,所以能够取得较大胜利。但1856年以后,太平天国内部纪律松弛,兵权不能统一,不少文官武将只追求个人功名利禄,不顾国家安危。忠于革命的陈玉成有鉴于此,特向新任军师洪仁玕提议重订法纪,严行整顿,以挽救革命。洪仁玕深为赞许,立即转请天王洪秀全批准了陈玉成所拟章程,向全国颁行。原件已残缺。

[2]由东王:由东王杨秀清辅政,节制全军。各军:指1858年太平天国新任的五军主将,即前军主将陈玉成、后军主将李秀成、左军主将李世贤、右军主将韦志俊、中军主将蒙得恩。1859年,韦志俊叛变。1860年,陈玉成军改称忠勇羽林军,李秀成军改忠义宿卫军,李世贤军改忠正京卫军,蒙得恩军改忠贞朝卫军,另有杨辅清的忠懿都卫军,林绍璋的忠敬陛卫军等。事

权不一：军权不统一。

　[3]义：天义。安：天安。在革命前期，太平天国只有王、侯两等爵。后期于侯以上增设义、安、福、燕、豫五等爵，其上均冠以天字，另加一字为号，如洪仁玕曾受封干天福、陈玉成受封成天豫等。

　[4]伍：伍长，管四个伍卒。两：两司马，管二十五人。卒：卒长，管四个两。旅：旅帅，管五个卒。这些都是低级官职。

　[5]陈平进而绛、灌有言：陈平初投汉，刘邦即任为护军都尉，令监督诸将，汉大将周勃、灌婴有意见。绛：绛侯周勃。诸葛尊而关、张不悦：诸葛亮刚出茅庐，刘备即尊为军师，大将关羽、张飞很不高兴。韩信拜将，一军皆惊：韩信初投汉，刘邦听萧何建议，拜为大将，出人意外，所以一军皆惊。

　[6]其何能淑，载胥及溺：见《诗经·大雅·桑柔》。意谓这怎么为好，结果一起遭到灭顶之灾。淑：好。载：发语虚词。胥：相，一同。

　[7]属员：各朝官的属官，如忠殿承宣，是忠王李秀成的传令员。朝官：天朝的官。身兵：各主将的亲兵。宿卫：九门御林宿卫军，天朝的军队。

　[8]天廷：这指东府，东王居住的地方，全称"正九重天廷"。

　[9]越队：太平军规定，将士私自从这军到那军是违法的，叫作"过馆"，也叫作"越队"。至于离队逃亡，则称"三更"。

　[10]无位其高官王位：从文意应为无论其高官王位。疑原文有误。一些：一点儿。些：小，稍，两广方言。大辟：斩首。

克敌诱惑论[1]

　世上诱惑不能免，人心诱惑不能无。降生以后，未升以前[2]，无处不是诱惑之境，无时不生诱惑之心。耳目纵绝外诱之情，心思难割内惑之念，实由厥初生民之日，即染私欲为罪根，遂至母胎怀妊之时，亦有诱惑为原因矣。故孩童先学恶言，父母喜其启口，少壮肆其恶意,乡井称之曰能。人与人相为引诱,心与心相为滋惑,诱惑多而罪恶众,罪恶众而苦逆兴。一端既往,一端复来,以致四海之大,六合之广,无一人不在诱惑苦逆中也。

原夫诱惑之来,皆因人心无定,舟无舵而漂荡无踪,物无坚而腐朽必速,身无家则流离失所,心无主则诱惑能摇。始则遵而终则弃,人人皆然,听则从而行则违,心心若是。欲为物诱,天良日剥而日亏;惑念一萌,私欲愈煽而愈炽。良心绝灭于内,内为魔鬼之营;物欲锢结于心,心非上帝之殿。于是意想所及,皆为迷惑之端,言行所彰,都为引诱之举。一人作俑于前,举世效尤于后,互相肆毒则毒气日腾,帝怒恶逆则苦逆毕集,虽至密之室,至严之地,而诱惑苦逆无不得而入之。倘不因此而生愧悔之心,则祸无底止,而福从何来?内无慰心之术,惶恐时多;外有束身之条,欢娱日少。生或免于刑诛,死定难逃永苦,已爱弟乎[3]!古人云"防意如防城",勉乎哉!

今我侪胜惑即胜敌,心或醒而祈祷,宜坚以防;魔不睡而来攻,乘间即至。敬天爱民之事,千万多为;忠主孝亲之忱,时刻勿放。说一句主张担当[4],万愁俱散;呼一声天父救主[5],万苦皆消。诸凡惑心乱耳之谈,屏于九霄之外;一切炫目迷尣之弊,绝于方寸之中,则胜邪之方由此而得,即胜敌之策由此而成。以此克邪,何邪不克?以此歼敌,何敌不歼也!

夫惟是衣不洗则垢不除,刀不磨则锋不锐,尘世之荣非苦不得,天堂之福,不苦何来?各宜克敌诱惑,先为自固,凛此转攻妖崽,立见太平矣。是为论。

【注释】

〔1〕这是洪仁玕于1859年为教育太平天国军民而写的一篇论文。原文曾以"喧谕"的形式颁行,并刊入洪仁玕论文集《干王洪宝制》。宝制:太平天国称干王的著作。

〔2〕未升以前:未死之前。

〔3〕已爱弟乎:惊叹语。爱弟:指广大军民。

〔4〕主张担当:即"万事皆有天父主张,天兄担当"。太平天国鼓舞军民斗志的口号。见《天命诏旨书》。

〔5〕救主:耶稣。

致英教士艾约瑟书[1]

太平天国开朝精忠军师殿右军干王洪书致大英国耶稣教士艾约瑟道长兄先生阁下:

缘余前在尚海,得与众先生交游酬应,朝夕聚晤,办〔辨〕论真理,渥承教益,茅塞顿开[2]。嗣后别我同人转至香港,与理、湛二教师[3],讲学四年。前于戊午,由香港至京朝主[4]。区区之意,实非有贪禄位,盖欲翼赞王猷,广播福音,使率土之滨,扫清泥塑木雕之物[5],共归天父上帝天兄耶稣之圣教也。乃至京数日,即蒙天恩高厚,锡封王爵,晋位军师[6]。予猥以菲材,当兹重任,时惧不克负荷,有辜天恩[7],亦惟广传圣教,普化世人,以不负生平之素愿耳。惟恨学识短浅,体道未深,是所歉仄[8]。幸于接见真圣主以来,时蒙圣训,指示奥义,其一切见解知识,迥[9]出寻常万万,言近指远,出显入深,真足使智者踊跃,愚者省悟也。余日侍圣颜,渥聆圣海,故不觉心地稍开,智趣略进,时觉此中,乐趣无穷。回忆此生得力之处，是皆由昔与众先生讨论于前，今沐圣主训迪于后也[10]。

昨知先生有书通至忠王李弟，讲明真理，足见同道之人，自有同心，余故来苏省，延候大驾，务望玉趾惠临，以便面倾一切，想先生必然惠顾，不致吝玉也[11]。外特寄来绸文一包，望祈劳心，转寄广东香港，交递湛孖士先生、黄胜先生收启，不胜感佩之至。

谨此肃启，伫候辱临。临颖不尽翘企[12]。诸惟朗照。顺候文安。

另附新书一本交先生一览。

太平天国庚申十年六月十一日

【注释】

[1] 这是洪仁玕于1860年7月21日（太平天国庚申十年六月十一日）写给英国人艾约瑟的一封信。艾约瑟，英国伦敦布道会派驻上海的牧师。1854年，洪仁玕从香港到上海，拟转往天京未遂，又返回香港。他在逗留上海期间，为英国教会翻译书籍，认识了艾约瑟。1860年6月，太平军攻克苏州，前锋逼近上海。盘踞上海的英国侵略者十分恐慌。他们派遣艾约瑟和另一个英国传教士杨笃信于6月底从上海前往苏州，向李秀成刺探太平天国对"通商"的态度。这时洪仁玕已在天京执政。在苏州近郊，艾约瑟向太平军的军官探问，得知洪仁玕"现封为干王，是仅次于天王的第二领袖"。于是，他们向李秀成表示："我们认识干王，他和我们在上海同住过几个月，后来他去香港，也受到我们传教士的保护，直到他后来去南京。"（艾约瑟：《访问苏州的太平军》）这年7月，艾约瑟和杨笃信从上海又给李秀成写了信，李秀成报告了洪仁玕。其时，洪仁玕正拟前往苏州，处理各项军国要事，也想通过艾约瑟等警告英法等侵略者，不许他们干涉太平天国革命。于是他写了此信，约请艾约瑟等到苏州会晤。艾约瑟与杨笃信于8月2日到苏州，当

天和次日,洪仁玕两次接见了他们。针对"英法的军队正防守着上海"的罪恶行为,洪仁玕义愤填膺,严正斥责英法侵略者"直接违反了中立的态度"。艾约瑟和杨笃信推说:"关于这些事,作为传教士的我们是无能为力的。"(见杨笃信于 1860 年 8 月 16 日《致伦敦布道会秘书戴德曼书》)。随后,洪仁玕返抵天京,请准天王,用幼主名义,给杨笃信等颁发了《基督教传教自由诏》,坚持了中国人民反侵略的正义立场,严正要求西方传教士"谨守天教",即严格遵守太平天国法令,始准他们自由传教。

〔2〕缘:由于。尚海:上海。《敬避字样》:"上,唯尊崇天父可用,余以尚字代。"办:当作"辨"。真理:此指基督教义。渥(wò 音沃):深厚的意思。按,艾约瑟说:"干王曾在上海住过五个月,受传教士麦都思的指示,写过一本注释《新约》的书。"(《访问苏州的太平军》)此信所说在上海云云,即指这时的事。

〔3〕理、湛二教师:理雅各、湛孖士都是英国人,伦敦布道会派驻香港的传教士,与洪仁玕相识。见《资政新篇》。

〔4〕戊午:太平天国戊午八年,即 1858 年。朝主:朝见天王。关于洪仁玕离香港到天京的时间,各种资料的记载不一。南昌胡氏刻本《洪仁玕自述》误作己未九年。实际上洪仁玕是戊午八年秋离香港,转广东、江西、湖北、安徽等省,跨过年度,于己未九年三月到达天京。

〔5〕区区:微薄,谦词。翼赞:辅助。王猷:王业,此指太平天国革命大计。率土之滨:四海之内,此指全国。泥塑木雕之物:土木偶像,太平天国以之比喻反动派。

〔6〕洪仁玕于太平天国己未九年三月十三日到天京,天王"恩封福爵(干天福),二十九日,封义爵(干天义)加主将。四月初一日,改封开朝精忠军师顶天扶朝纲干王"(见《洪仁玕自述》)。此信说"至京数日"即封王云云,是表示时间很短即受重任的意思。

〔7〕猥(wěi 音伪):低贱。菲:薄。负荷:负担。辜:辜负。

〔8〕歉仄(zè 音则去声):不安,内疚。

〔9〕迥(jiǒng 音炯):远。

〔10〕沐:蒙受。训迪(dí 音笛):教导。

　　[11]苏省：太平天国对苏福省的简称，这里指省城苏州。吝(lìn 音赁)
玉：吝惜玉趾，不肯前来。

　　[12]临颖(yíng 音盈)：写信时。颖：笔。翘企：盼望。

英杰归真[1]（节录）

　　一日有投降者，据云自是甚么红顶双翎[2]，与某妖不和，欲归天朝出力报效，具禀求见。

　　……

　　干王见其归顺之念诚，遂命左右扶起，赐以天朝袍帽，令众官安置居处饮食。众官俱言遵令，仍三呼千岁而退。

　　是晚那人因未悉各款礼仪称谓，恐有不合于讲礼读法之事，乃坐卧不安，长夜耿耿，思想前所谈论听闻者，中多有隐讳之字，尊己卑人之词，恨不得天晓而欲有所请，以释其心之惑也。次日早起不敢妄进，早饭后即传鼓求见，谓"某请安求教也"。旋内有三通鼓响，女官传令出曰：干王坐殿。众官跪呼请安禀事请令毕，旋令在偏殿坐，有一礼部尚书并三四仆射侍从可矣。众属官[3]俱照常办事，不用进偏殿也。

　　引进内殿右边一厅，铺毡结彩，案尚金玉银杯、钟镖古玩四围罗列。壁挂一大福字，高长七尺五寸，横阔六尺，尚横批天兄基督登山垂训九福之言[4]，旁写精忠军师干王书。阶前花草鲜妍，中门额悬一金边龙匾，内有黄绢御笔朱题，龙边凤诏，书法遒劲，罩以大玻璃三块，明朗庄严，令人生慕。读之，其略云：

天王诏旨曰：朕意玕胞、达胞、玉胞知之：敬爷敬哥总无空，老父大兄赐光荣，得到天堂享爷福，福子福孙福无穷。朕念从前胞因爷哥朕名受辱者多矣，胞果然志同南王，历久弥坚，确乎爷爷生定家军师板荡忠臣，可为万世法。故爷哥朕眼自照得，见锡报胞以干天府王爵，子孙世袭，永远光荣，以昭福善盛典。胞靖共尔位，世世股肱天朝也。钦此。

当时进去，干王赐坐赐茶，谢恩谦退毕，干王再转进内，故得细读御书圣诏及罗列各物也。一时解了龙袍角帽，改换云冠便服，转出坐下，从容言曰："噫，世人之为妖所惑亦已甚矣！昨见弟之所言，仍不失为中土华人也。本军师因此准弟求见，欲有所达兄之素志而为知者道故也。"

……

那人起而禀曰："天王尊号前代未有此称，而天王不称皇不称帝，且贬前代僭称皇帝，以侯封之，恐有不当于人情乎？乞赦冒渎之罪，明以教我。"

干王谕曰："噫，尔何不学之甚乎！三方五氏[5]之称，恐是后人妄称，姑不置论；而夏、商、周亦未敢自大。故孔丘作《春秋》，首正名份。大书直书曰天王，盖谓系王于天，所以大一统也。此天王尊号前代无人敢僭者，实天父留以与吾真圣主也。殊无知秦政妄自尊大，僭称上主皇上帝大号，无怪其作事颠倒，年祚不长也。后代效尤，遂无救止之者，致妖魔有赤氏、白氏、青氏、黑氏[6]等之僭妄也。今吾真圣主天王于天酉年转天[7]时，蒙天父暗置一朱书在燕寝门眉鐻中，批云'天王大道君王全'七字，是君王父[8]寻着的，邻县邻乡是人皆知。故吾主天王受天真命为天王大道君王全，非自称，非人称，又非古书所称，实天父真命封为天王也，而较诸古之僭称自称为至正至顺焉。至贬前代之僭号者为侯，以其有无知之罪二：一是僭皇上帝之尊也。盖大而无外谓之皇，超乎万权谓之上，主宰天地人万物谓之帝；前侯何人，敢僭皇上帝之称乎？一是率人拜邪鬼也。盖前侯封禅立庙，祭上帝所造之山川河渎，及祭上帝所差之贤能者，所做事业多是教人叛天信鬼，以此推之，实是后世之罪人也。而吾主贬之为侯，仍是厚恕之道，实不如我天朝之检点等官尚知尊敬上帝，不拜邪神也。至鞑妖之拜佛重僧，崇信九流杂教[9]，直谓之妖而已，鬼而已，虽僭窃二百年，是上帝基督天王欲尽歼之而已，何足道哉！"

那人曰："天王是太阳，能照天下，亦有据乎？"

干王谕曰："日为君象，明烛万方，此古人之僭譬，伊等非真太阳也。若吾真圣主面形日角，眼若日轮，毫光映射，无敢仰视之者，即在游天下时而然也。故天父圣旨云'弯弯一点在中央'[10]，又云'乃念日头好上天'[11]也。在天酉年转天时，曾对胞姊[12]云：'姊姊，尔见我手中何物？'姊云：'无物。'主云：'左手执日，右手执月，尔不见乎？'三月初四将晓，鸟语喧哗，遂吟七律[13]云：'鸟向晓兮必如我，太平天子事事可。身照金乌灾尽消，天将天兵都辅佐。'是时连日阴雨，未见太阳；及吟后即见日入东窗，而吾主圣目一见，即匍匐而起，离御榻而出燕殿，遂觉昨晚卧不能起之病不知消归于何处矣。夫吾主病在阴雨旬中，一接太阳即复原体，以畅其光明，以验'身照金乌灾尽消'之句也。又于癸荣[14]年未曾看明天书以前，一晚主梦日落于圣主前，主欲从容拾之，忽见一人前来争之，吾主以一指指住那人，以一手拾日抛之，口念云：'风云雷雨送上天。'[15]忽醒而吟七律云：'天下太平真日出,那般爝烧敢争光?高悬碧落烟云卷,远照尘寰鬼蜮藏。东西南北勤献曝,蛮夷戎狄竞倾阳。重轮赫赫遮星月,独擅贞明照万方!'凡此诸证,皆十年前之天启而今俱验者,足征天王为太阳之据。至其英明果毅,广大包容,真如日照万方,而群阴不敢出现,月星不敢争光也。如欲沾恩光者,当留心钦读圣诏而钦遵之可也。至于幼主降世二年,岁在庚戌,有粤西大臣黄盛爵、侯昌伯来接[16],是晚屋上发红圆光一道,远见者疑为焚烧,近者见渐高而散,一连两夜如是。及到天京时吾幼主万寿才几龄,乃于梦觉中常发声云'日头王,照万方',是岂泛常之语乎?当亦有启之者耳。弟试思之,足征真圣主当阳之据否?"

那人禀曰:"此理既蒙指示,确乎的论,令人钦服之至。但又以义、安、福、燕、豫、侯[17]为官爵名衔,未免太新,至丞相、检点、指挥、将军、监军、军帅、师帅、旅帅、百长、司马等官虽古有之,今何太卑也!"

干王谕曰:"今之义、安、福、燕、豫、侯六爵胜过古之公、侯、伯、子、男爵多倍矣。盖公、伯、子、男等字是家人儿子之称,以之名官,实属糊混不雅之至。今我天王蒙天父天兄下凡带坐山河,创开天国、天朝,定鼎天京,奉天诛妖。兵皆天兵,将皆天将,官属天官,尽理天事,同顶天父纲常。故自天王以至某天侯皆冠以天字,不惟超乎古之叛天拜鬼者,即较古之僭号自尊者亦是出乎其类也。至丞相以下等名衔较诸前代叛天拜鬼之官实有无限荣宠,不过〔较〕有侯爵以上各官似稍卑耳。其名衔之正大堂煌,尊荣已极,何谓名衔太新?实尔等听闻未久,觉以为新耳。至鞑妖所称甚么巴图鲁、帖木儿[18]之鬼号,未知作何解意,未见我华人目为鬼名,以为太新也。哀哉,习俗移人,忘其身之为华一至于此也！”

那人禀曰：“官爵既明，而士阶[19]未晓，谓何以秀才为秀士、以补廪为俊士、以拔贡为杰士、以举人为约士、以进士为达士、以翰林为国士乎？此亦有所异乎？”

干王谕曰：“噫，世人之食古不化，泥古鲜通也，本军师所以请旨改之者，欲有以定其尊卑层次，令无失其所，以为士之实，此难一言明透，仰将兄前谕左副史乔彦材所注述之文[20]读之，大意了然矣。”随即递观，那人即跪接起读，其略云：

> 天国创万年之基业，树万年之规模，得非常之贤才，乃克佐非常之治绩。是故取士之法不一，而登明选公之意则同，特天情与凡情有别焉。荷蒙天父天兄大开天恩，亲命我真圣主降凡，宰治天下，定鼎天京，立政任人，揆文奋武，两科[21]取士之盛，惟在在革除凡例，俾人人共证天心，法至良意至美也。粤稽古昔，其设科拔擢，亦有制定章程，第名实不符，士风日下。值此天命维新之会，道既切乎性命身心，制自超乎古今前后；岂若承讹袭谬、因陋就简之所为哉！且夫秀才、举人诸名目，考前侯试士之典，有虞则三载考绩，成周则三年宾兴，无所为秀才等名也。故科目莫备于唐，唐有六科：一曰秀才，二曰明经，三曰进士，四曰明法，五曰书，六曰算。当时以诗赋取者谓之进士，以经义取者谓之明经，其秀才有上上、上中、上下、中上四等。唐玄侯手撰《六典》[22]，举凡贡举人有博识高才强学待问无失俊选者为秀才，故有乡举进士求试秀才者。明太侯以秀才丁士梅为苏州郡知郡，又以秀才曾泰为户部尚书，是秀才之科第甚高，

不容滥冒，其名当改也。举人者举到之人，唐高侯显庆四年，侯亲策试之，凡九百人，登科则除以官，不复谓之举人，而不第则须再举，不若后世以举人为一定之名也。进士即科目中之一科，有举进士者，有举进士不第者，但云举进士，而第不第未可知。盖自本人言之谓之举进士，自朝廷言之仍谓之举人，非必以乡试为举人，会试为进士也。是举人进士之名当改也。进士中之特出者为翰林，自汉以来皆有之，如贤良方正、直言极谏、博洽《坟》《典》，足以通达军谋、详明政术者，均可入翰林之选。第举用之途太宽，称名每不得其实，是翰林之名当改也。武试始于宋庆历间以阮逸为武学谕，至明太侯立武学，用武举，其秀才等名与文士同，尤觉盛名难副焉。宏惟我天国振兴文治，廑念武功，自癸好[23]开科，以天王万寿时举行，旋移于幼主万寿时，以每年十月初一日宏开天试。嗣复改为每岁三月初三日考文秀才，三月十三日考武秀才；五月初五日考文举人，五月十五日考武举人，各省皆然。于九月初九日考文进士翰林元甲，九月十九日考武进士等。又于每岁正月十五日试选各省提考举人之官[24]。洵属至精至密，至备至周。惟制度灿然一新，而名目仍然由旧，所当循名责实，顾名思义，扫除故迹而更张之，使万万年尽善尽美以永垂不朽也。欣逢我干王殿下钦奉天命主命，总揽文衡[25]，聿修试典，综核名实，定厥宏规，准论秀书升之意以相变通，改秀才为秀士，谓士人荣显之初如卉木之方秀也。改补廪为俊士，谓智过千人为俊也；改拔贡为杰士，谓才过万人为杰也；改举人为博士，谓其博雅淹通也。庚申十年十一月蒙诏改为约士，谓能通四约，博不如约也；改进士为达士，谓其通达事变，足以兼善天下也；改翰林为国士，谓其学识超乎一国，以国士待之，自克以国士报也。至武秀才等则改称英士、猛士、壮士、威士之殊，英谓其英多磊落也；猛谓其猛可济宽也；壮谓其克壮大猷也；威谓其有威可畏也。是文武统名为士，而称谓各有其真，将见弦诵之士怀经济，纠桓之士尽腹心，文可兼武，韬略载在诗书，武可兼文，干戈化为礼让。事事协文经武纬，人人具武烈文谟。我天朝万万年作人之治，所由黼国黻家，天道无不彰之美；金声玉振，天理无不畅之机。士也幸生斯世，可不争自濯磨以仰报天恩、主恩，永遵真道，永享真福也哉！

那人读毕，即禀曰："殿下所谕官衔名爵并蒙钦定士子各衔，固是名正义彰，永古可传矣。惟恐草野多愚，习惯旧染，虽闻九炮声轰，名标金榜，无如名号生疏，不知寓意，有不乐闻之意耳。"

干王谕曰："吾主天王之江山万万年乃是定的，而纲常名分之不正者，只知奉天父天兄命以改正之，使天下万代顾名思义，知所奋发也，那管愚夫俗子只喜说雌黄而惊听烈雷者也？弟其遵之凛之，毋惜人言可也。"

……

过了二天，干王想此人留心问察各事，悲喜出于自然，似非贪位慕势者所可比。倘得圣神感化，真诚献曝，将来可作天朝名人。乃命传新来之张某进来旁殿，有所谕也。俄间进来，行礼毕，赐坐。干王谕问曰："前天谕弟各款，不知弟有所疑否？抑是别有所疑，不妨一一问明，以便出京理事，放胆施行，不致有乖礼法也。"

……

那人曰："天朝天历并无畜犯凶煞生克休咎[26]，莫非凡事倚赖天父主张，天兄担当，就百无禁忌乎？"

干王谕曰："此事亦非一言明透。"即将所作之天历序文[27]授之使阅，其略云：

原夫真道行而左道必绝，天情正而天历宜明。荷蒙天父天兄大开天恩，亲命我真圣主天王降凡作主，扫荡妖氛，凡一切制度考文无不革故鼎新，所有邪说异端自宜革除净尽，聿彰美备之休。故夫历纪一书，本天道之自然，以运行于不息，无如后世之人各骋私智，互斗异谈，创支干生克之论，著日时吉凶之言，甚至借以推测，用之占候，以致异议愈多，失真愈远。我天朝开国之初，百度维新，乌可不亟为订正以醒愚俗而授民时哉！尝考后世法胜于古，而屡改益密者惟历为最。《唐志》[28]又谓天为动物，久则差忒，不得不屡变其法以求之。殊不知天地之道，恒久而不已也。盖天行至健，确然有常，本无古今之异，其岁差盈缩迟疾诸行古无而今有者，因其数甚微，积久始著，古人不觉而后人知之，而非天行之忒也。夫天之行度多端，而人智力有限，持寻尺之仪表仰测穹苍，安能洞悉而无疑？况屡经更改，屡失常度，周、秦历凡六改，汉凡四改，魏迄隋十五改，唐迄五代十五改，宋十七改，妖元五改，明亦数改不定，是皆无知妄作，反致岁失其次，日行失度，诸弊纷纷丛起焉。若夫选择日时，致分黄道黑道[29]之殊，趋避吉凶，捏造天恩天煞之异。不思岁月日时皆天父之所定，日日是吉是良，时时无殊无异。故《易》曰："君子吉，小人凶；悔厉吉，失终凶[30]。"

是明示人以君子作善则吉,小人作恶则凶,非关卜日选月而定夫祸福也。乃今好事者借其说,以为吉凶休咎可卜而知趋避,不必悔厉修省,大有负于古训之意。且术士喜言怪诞,不曰予宗《河图》,则曰予宗《洛书》[31];或认伏羲之徒,或称周文之弟,并造出无数捕风捉影之说,观形察色之机,以肥囊利己。而无知愚人恬然受人欺骗,诩然赞之曰灵,固属可笑,实为可怜!历查史册推测占验之术,起于晋之郭璞,诡言得有《青囊经》[32],葬卜休咎,荫人祸福;唐之杨松筠[33]踵其弊而增其非,故今之言历数者以此二人为宗。曾亦思郭璞不见富贵之福,反遭灭族之凶;松筠贫苦江湖,并无安身之地?彼既不能自为趋吉避凶,岂有后人传之而能使人趋吉避凶之理?孔子云:"始作俑者,其无后乎!"此之谓也。况晋、唐以前,未有占验之说,富贵功名如故,晋、唐以后,既有推测之法,而富贵功名亦如故。是可知数算非能益人,但人自惑之耳。孔子又云:"死生有命,富贵在天。"若依历数之家论之,当改云"死生有术,富贵在地"矣。至推命一则,信乎唐之吕才有云:"长平坑卒,岂尽命犯三刑?[34]南阳贵士[35],岂皆命逢六合[36]?"今亦有同年同禄而贵贱悬殊,共命共胎而夭寿各异,盖命虽定于有生之初,其理至微,非人所能测识。况降祥降殃总由作善作不善所致,即云死生有命,及得之不得,曰"有命",不过一以解忧患,一以止贪求,非真有一定之数存乎其中,任人善恶百端不能移易也。纷纷谈算者又何其惑之甚乎!兹我天朝新天新地新日新月,用颁新历以彰新化,故特将前时一切诱惑之私,迷误之端,反复详明以破其惑。庶几人人共知天国新历光明正大,海隅苍生咸奉正朔。将见农时以正,四序调匀,天行不息,悠久无疆。中外臣民共嬉游于光天化日之下,举凡旧日一应索隐行怪之习,荒谬妄诞之谈,自不戢而悉泯焉,岂不懿钦!兹当新历告成,谨特识于历首,俾有以定民志而正农时焉,以仰副我真圣主敬授民时之意云耳。是为序。

那人读毕曰:"此理甚明,无如人不自加察耳。弟今捧读是篇,不胜钦佩之至。但是均同此天、同此地、同此世、同此人也,何天朝出来之人个个都说新天新地新人新世界乎?"

干王谕曰:"倘我天朝之人仍依妖之俗例,拜邪魔,信邪说,叛皇天,恃己力,一切妖样而行,又何敢自称为新乎?夫云净而月明,春来而山丽,衣必洗而垢去,物必改而更新,理之自然者也。所谓世之变革者,以真圣主天酉年转天时受天新命,食天新果,饮天新汁,因有自新之学,用以新民新世。今又蒙天父天兄下凡,带真主幼主作主,而天地更新也。虽同是此天地,世人外观,谁云不旧?若人人能悔罪改过,弃恶归善,弃伪归真,力求自新,转以新民,改邪术而行真理,去偶像而拜上帝,拆妖庙而建礼拜堂,化愚顽而归良正,脱俗见而遵新化,视听言行既殊,而耳目手足斯新;万物情理既真,而天地世人即新。前日之人行鬼路,今日则脱鬼成人;前日之人面兽心,今日则洗心革面;前日之旧染污俗,今日则咸与为新;前入魔鬼之网罗,几几地狱;今登光明之善域,赫赫天堂。鱼跃鸢飞,无非妙道;风云变态,尽是神思。天父天兄喜此新心之人,世人朝野喜此新天之理,彼此皆新,受几多陶熔磨炼;后前迥异,岂毫无感化灵明?凡能见此者,必受天父上帝圣神感化,而真信基督救世主者,乃有此慧眼,始能认识新天新地新人新世界也。否则彼且不能自新,又安知所谓新之者？吾恐彼且谓新不如旧矣,岂易同日而语哉！"

那人问曰:"予闻人言:凡来进营者须拜上帝以扶真圣主[37],不知拜上帝之道、遵主之规如何,敢请指教,畀知王章,共守天朝之大典也。"

答曰:"尔云欲拜上帝,不知拜之之道；但拜之之道,内则以神以诚,外则言真行实,作事遵依天条十诫,有罪时加悔改,求天父上帝赦之,天兄基督救世主赎之,以望得天堂之福,求得免地狱之祸,此便是拜上帝之道,而遵主之规即在其中矣。但未知尔所问拜上帝之道其意何所指乎？"

其人曰:"兹蒙真圣主建都天京,平治天下,使普天之下崇拜上帝,焚毁妖邪,其邪者固当焚毁,间有古之长仆[38],亦有治郭安邦[39]之功,救世保民之力,其形象概亦毁之,其意何也？"

答曰:"我真圣主奉天父上帝真命,天兄基督眷顾,天酉年接转高天,指明凡间妖邪古怪百出,迷害人灵魂落地狱,诱人忘恩背本,昧良瞒天,数千余年作威作福,无非盗正人之名以为己有,私受凡人敬祭而世人被其迷惑,认妖魔偶像过于伊父伊母,畏妖邪恐吓过于天崩地裂,乃至迷惑久而良知昏失矣！恐吓多而欲有所倚赖矣。于是思想正人君子,以为他生时如此正气,必能制伏邪魔,故有绘神荼郁垒以为啖鬼之神,有绘钟馗恶像以为南方逐鬼,有绘关云长谓其正气能以伏魔,更有向龟蛇而屈膝,见木石而叩头；有病时不谓血气不和,而谓妖邪作祟,贫困时不谓天父磨炼,而怨运限不辰。间有血气复和而病愈,时势困极而必通者,遂以为某圣贤有灵矣；孰知那圣贤若果生平功德高大,敬天忠主,改过修身，正己以正人者，必蒙天父天兄接转高天，其出世是由天父差遣，其去世是升天复命，何曾在人间享受而佑世人乎？古语有云：'死不认尸。'人死其魂之升降不由自主，其凡间何得有权以逐鬼有魂而受人酬其德，致犯第二天诫乎？故凡敬朽木邪象，皆系妖魔作孽冒名，僭受人诳祭，非正大圣贤忠良天使磊落光明者肯受人之祭拜也，又非正直光明者肯向妖而祭拜也。夫人生于世，孰不知天生天养天排定？人生由天，死亦必由天。何以尔凡例祈福祈寿尽求邪神保佑，殊不知人命关天，天命人生，不得不生；天欲人死，不得不死。可知生死由命，富贵在天，岂木雕泥塑之死妖得以保佑而转移之者？实由人心愚昧，被妖魔迷惑害累之深，故普天之下不知天父上帝化生保养，只知有偶像蠹物，所以我真圣主天王奉天父真命令概焚毁之者，由此故也。"

那人连日请教，至此时于凡事世情亦多有能自解说辨断真伪者，毅然自负，释然无疑，足见上帝基督化人，超凡入圣，返璞归真，乃跪〔谢〕天恩主恩曰："今后之得成正果，瞻依天父，得沐主恩，有今生之荣光福乐，来生之天堂永福，实为天父安排，真主牵带[40]，干王之所教导也。倘愚弟有合用之处，即粉骨碎身，誓当图报，以尽吾份，以报天恩，以酬主德也。"

干王谕曰："弟当宽心宽心，总要认天识主而永福自在矣。自今退去，当留心永记，无负本军师之谆谆喧谕可也。"

【注释】

[1] 这是洪仁玕于1861年回答一投降者张某问话的记录。刘闳忠等序文说："而何幸妖胡奴隶之辈犹有所谓铁中铮铮、庸中佼佼者，自知从前之失，仰慕真主而幡然来归，且又善于质疑，善于问难，适足以触发我干王训诲不倦之本怀，故不禁津津焉、娓娓焉，举真理真道有味乎其言之，而使斯人恍

然悟、帖然服,觉向之以身归者今更以心归矣,向之身归真主者今更心归真道矣。"因此,书名《英杰归真》。其实,张某及其问话都是假托的。刘闿忠等《军次实录序》把它列入"干王宝制",肯定它实际是洪仁玕的一篇重要著作。全篇阐述了太平天国"革故鼎新"的思想和制度,特别是对革新科举、历法等作了详尽的说明。

〔2〕红顶双翎:红顶子双眼花翎。指清朝大官员。

〔3〕属官:属员,这指干王的属官,如干殿六部尚书和仆射等。

〔4〕基督登山垂训九福之言:见洪仁玕《福字碑》所录《新约·马太福音书》第五章一至十二节。

〔5〕三方五氏:三皇五帝。太平天国规定,除皇上帝外,他人不准称皇称帝,故改"三皇五帝"为"三方五氏"。

〔6〕赤氏、白氏、青氏、黑氏:赤帝、白帝、青帝、黑帝。据《史记·封禅书》,汉高祖认为有白、青、黄、赤、黑五天帝。汉文帝设五帝坛,立五帝庙。洪秀全斥之为妖。见《原道觉世训》。

〔7〕天西年转天:据《太平天日》记载,丁酉年,"上帝"把洪秀全召上天堂,命令他下凡驱除妖魔、拯救世人。天西:丁酉。《敬避字样》:"天西,单是真圣主上天之年称之以志天恩也。余仍用丁酉字样。"这是太平天国后期的规定。转天:上天。

〔8〕君王父:天王之父洪镜扬。太平天国后期,尊称天王父母为君王父、君王母。

〔9〕九流:儒、道、阴阳、法、名、墨、纵横、杂、农九种流派。见《汉书·艺文志》。杂教:指佛、道等教。

〔10〕弯弯一点在中央:语见《太平天日》。弯弯:指太阳。洪秀全《天父诗》:"草对弯弯直上天。"草:心。

〔11〕乃念日头好上天:跟着洪秀全可上天堂。语见《十全大吉诗》第一首。

〔12〕胞姊:洪秀全的胞姊洪辛英。

〔13〕七律:应是七绝。

〔14〕癸荣:癸卯,公元1843年。太平天国认为"卯"字不吉,改地支

中的"卯"为"荣"。《敬避字样》:"卯,改用荣字。"天书:指洪秀全于 1836 年得于广州的《劝世良言》,是一部基督教的传教书。据《太平天日》记载,这是上帝赐给他的书。1843 年,洪秀全看了这部书,把书中所说道理同他 1837 年"上天"听到的上帝的话相对证,便觉悟起来,开始劝人"拜上帝"。

〔15〕风云雷雨送上天:暗示东、西、南等王辅助天王建立太平天国。《秦日纲等颂赞》:"恭维我主天王,是日光之照临,万方普察。我东王、列王是风云雨雷电光之敷布,化洽群生。"

〔16〕"至于幼主降世"句:指 1850 年(庚戌)金田团营时,洪秀全派黄盛爵等到广东花县迎取他的家属往紫荆山区。见《太平天国起义记》。幼主:洪天贵福,天王长子。黄盛爵:广西贵县赐谷村人,洪秀全的表兄,后封就王。

〔17〕义、安、福、燕、豫、侯:太平天国后期在王以下的六等爵名。

〔18〕巴图鲁:满文译音,勇敢。是清王朝赏给有武功的官员的勇号。帖木儿:蒙语人名,意思是铁。

〔19〕士阶:科举名目。太平天国起初沿用旧制,开科取士也称进士、举人、秀才等,以后经洪仁玕改革,秀才、举人……一律称士,故总称科名为"士阶"。

〔20〕左副史乔彦材所注述之文:即《士阶条例序》。按,《士阶条例》上写明作序的是正、副总阅李春发和黄期升。但乔彦材时任天京考试的磨勘,参预制定《士阶条例》,当是序文的实际执笔者。左副史:官名。太平天国设左右史正副共四人,主记事记言。

〔21〕两科:文科、武科。

〔22〕《六典》:《唐六典》。这书记唐代官制,其中包括"三师""三公""三省""九寺""五监""十二卫"六个组织机构的典章制度,故称《六典》。

〔23〕癸好:癸丑,指 1853 年。《敬避字样》:"丑,改用好字。"

〔24〕各省提考举人之官:即提考官。《士阶条例》:"拟每逢子午荣酉年由京遣放,提考每省正副各一员。"

〔25〕我干王殿下钦奉天命主命,总揽文衡:当时,文衡总裁一正两副,

洪仁玕受任文衡正总裁,陈玉成为副总裁,蒙得恩为又副总裁。

[26]奤犯凶煞生克休咎:都是地主阶级在历法中宣扬的封建迷信。奤(fàn 音贩)犯:触犯。凶煞:灾害。生克:五行相生相克,如木生火,火克金之类。休咎:福祸。

[27]天历序文:洪仁玕为阐明太平天国编制新历的革命意义而写的一篇序文。金田起义前,冯云山在桂平县敌人的牢狱里,为准备革命,编订了一部《太平天历》。1851 年太平军攻克永安后,开始颁行新历。1859 年,洪仁玕根据自然科学的知识,对"天历"进行了修改,并写了这篇序文,赞扬"天历"删除了传统历法中所掺杂的封建迷信等内容的革命意义。

[28]《唐志》:《新唐书·历志》。

[29]黄道黑道:吉日、凶日。

[30]悔厉吉,失终凶:勇于悔改就吉,执迷不悟就凶。凶:不好的后果。

[31]《河图》《洛书》:据传说,伏羲时,有龙马背负图从黄河出现;又有大龟背负书从洛水出现,伏羲据以画八卦。《周易》说:"河出图,洛出书,圣人则之。"实际《河图》《洛书》都是古代占验吉凶的书。

[32]《青囊经》:讲堪舆相地的书籍,书前有相士伪托的郭璞序。

[33]杨松筠:应为杨筠松。

[34]"长平坑卒"句:指公元前 260 年秦将白起于长平坑死赵国降卒四十万人。坑:活埋。三刑:坑、斩、绞三种死刑。

[35]南阳贵士:指东汉光武帝为首的南阳贵族集团。

[36]命逢六合:谓命运达到圆满无缺。六合:天地四方,比喻圆满。

[37]凡来进营者须拜上帝以扶真圣主:谓加入太平军者必须"拜上帝"。简称"拜上"。佚名《山曲寄人题壁》:"贼人逼降,名为拜上。"有人写作"拜降"或"拜相",都是一语之讹。

[38]古之长仆:古代的君臣。

[39]治郭安邦:治国安邦。《敬避字样》:"天国,独我天父天兄天王幼主太平天国可称,其余列邦及人地各名俱以郭字代。"但从现在见到的太平天国刊刻的书籍看,执行的并不都那么严格。

[40]牵带:牵带世人上天堂。《太平救世歌》:"牵连弟妹上天庭。"

恭录天王《禁鸦片诏》通令全国军民[1]

本军师曾游诸洋,深悉外洋鸦片烟甚为中国害,且寻其各洋邦售卖实数,每年总计耗中国银两不下四五千万之多,我中土花人[2]其何以堪?前将此情启奏我真圣主天王,而圣心悲悯,不胜悼叹,乃蒙面降纶音[3],必除鞑妖此弊,方能永保我民。嗣劳圣心御笔降诏,训诲天下,令知所儆戒也。本军师恭录遍行,令天下军民人等知悉,毋违煌煌圣训,致蹈国法,并自贻伊戚[4]可也。

天王诏旨云:"朕诏天下军民人等知之:烟枪即铳枪,自打自受伤,多少英雄汉,弹死在高床!钦此。"[5]

【注释】

[1] 这是洪仁玕于1861年春间在徽、浙等地行军途中向全国军民发出的一道通令,重新颁布天王洪秀全在金田起义前所作的一首诗,重申太平天国对鸦片的禁令。

[2] 中土:中国。花人:华人。

[3] 纶音:天王的指示。《敬避字样》:"纶音、钦定,圣教圣训也。"

[4] 自贻伊戚:自取其害。

[5] 这是洪秀全于1849年在紫荆山准备武装起义时写的一首诗。韩山文《太平天国起义记》:"洪禁吸鸦片,即平常烟草及饮酒均在被禁之列。关于鸦片,彼有一诗,原文曰:'烟枪即铳枪,自打自受伤,多少英雄汉,困死在高床。'"除个别字同此有差异外,其他是一样的。铳枪:旧式火枪。

戒浮文巧言谕[1]

喧谕合朝内外官员书士[2]人等一体知悉:

照得文以纪实,浮文在所必删,言贵从心,巧言由来当禁。恭维天父天兄大开天恩,亲命我真圣主天王降凡作主,施行正道,存真去伪,一洗颓风。是以前蒙我真圣主降诏:凡前代一切文契书籍,不合天情[3]者概从删除。即"六经"等书,亦皆蒙御笔改正,非我真圣主不恤操劳,诚恐其诱惑人心,紊乱真道,故不得不亟于弃伪从真,去浮存实,使人人共知虚文之不足尚,而真理自在人心也[4]。

况现当开国之际,一应奏章文谕,尤属政治所关,更当朴实明晓,不得稍有激刺、挑唆、反间,故令人惊奇危惧之笔。且具本章不得用龙德、龙颜,及百灵、承运、社稷、宗庙等妖魔字样[5]。至祝寿浮词,如鹤算、龟年、岳降、嵩生,及三生有幸字样[6],尤属不伦,且涉妄诞。推原其故,盖由文墨之士,或少年气盛,喜骋雄谈。或新进恃才,欲夸学富,甚至舞文弄笔,一语也,而抑扬其词,则低昂遂判[7]。一事也,而参差其说,则曲直难分。倘或听之不聪,即将贻误非浅,可见用浮文者不惟无益于事,而且有害于事也。

本军师等近日登朝,荷蒙真圣主面降圣诏:首要认识天恩、主恩、东西王恩;次要实叙其事,从某年月日而来,从何地何人证据,一一叙明,语语确凿,不得一词娇艳,毋庸半字虚浮,但有虔恭之意,不须古典之言,故朕改字典为字义也。本军师等朝奏钦遵之下,不胜敬凛,为此特颁喧谕,仰合朝内外官员书士人等一体周知：嗣后本章禀奏以及文移书启，总须切实明透，使人一目了然，才合天情，才符真道。切不可仍蹈积习，从事虚浮，有负本军师等谆谆谕诫之至意焉。特此喧谕，各宜凛遵。

【注释】

［1］这是洪仁玕于1861年，与幼赞王蒙时雍、忠诚二天将李春发，根据洪秀全的指示，向全国军民发出的关于改革文风的一篇喧谕。浮文巧言：言之无物、华而不实的文章。

［2］合朝内外官员：太平天国对全国文武官员的总称。朝内官：中央官。朝外官：各军和地方官。书士：太平军内司文书的人。

［3］天情：太平天国革命理想。

［4］按《士阶条例》："至真圣主御笔改正四书、五经各项，待镌颁后再行诵读。"直至太平天国失败，这事迄未完成。虚文之不足尚：浮文不该提倡。

［5］龙德：封建统治阶级称帝王的德政。太平天国不准用以颂赞天王。《敬避字样》："圣德，不得渎以妖龙德字。"龙颜：封建统治阶级称帝王的容颜。《敬避字样》："圣颜，不得渎以妖龙颜字。"承运：即奉天承运，封建统治阶级吹捧帝王受命于天的专用词。《敬避字样》："下凡御世，不得渎以妖承运、应运及妖龙飞、龙兴等字。"百灵、社稷、宗庙：封建统治阶级称国家的代号。《敬避字样》："太平天国，是天父天兄天王开辟之国，不得渎以妖社稷、宗庙、百灵等字。"

［6］鹤算、龟年：鹤和龟的年纪。鹤和龟都比较长寿。岳降、嵩生：封建统治阶级称帝王将相诞生的颂词。《敬避字样》："圣寿，不得渎以岳降、嵩生等字。"

［7］骋（chěng 音逞）：驰骋。这里是卖弄的意思。学富：学识广博。抑扬：抑之使低，扬之使高。昂：高。判：分别。

致英翻译官富礼赐书[1]

钦命文衡正总裁开朝精忠军师顶天扶朝纲干王书致大英钦命番译官富弟台览：

缘本军师昨承厚爱相请，不忍直言相拒，奈天朝礼制，实〔与〕外国不同。外国之王虽出街闲游，不嫌自轻，惟以双膝跪为重。我天朝则自列王及各大员跪为平常，但以轻出为非礼。至兄身任军师之重，虽英王忠王辅王赞王章王等逢有大事[2]，即传到本府会议，从未尝亲往各府，并各府亦不敢相请。今若一往洋船，情虽无妨，礼却有碍，后将何以处列王，又将何以对朝众乎？尔不轻跪，我不轻出，各守各礼，是为两得。诸蒙请宴厚意，尽依我天朝之礼，感谢天父上帝矣。仰祈宽心无劳可也。

特此书致，顺询刻佳。

再者，售卖米粮一事，查明现下粮仓皆不用再买。至于各府各衙或私买若干，问五天将莫世暌[3]弟，自可明白。又致。

天父天兄天王太平天国辛酉拾壹年七月初七日

【注释】

[1] 这是洪仁玕于1861年8月17日复英国人富礼赐的一封信。富（又译福）礼赐，实际是英国驻上海的署理副领事。1861年，他以翻译官名义带领兵舰，到了南京江面。为了刺探军情，富礼赐出入京城，混进各王府，并对某些动摇分子进行诱降，给清政府提供情报，干了不少坏事。[见《筹办夷务始末》（同治朝）卷十二，第4页]他与干王等太平军将领会见的表面情节，见所写《天京游记》。

〔2〕1859年，在继封洪仁玕为干王之后，天王又封陈玉成为英王，李秀成为忠王，杨辅清为辅王，蒙得恩为赞王，林绍璋为章王。

〔3〕莫世暌：即莫仕暌。广西平南人。1862年封补王。这时他的头衔是"开朝王宗殿前忠诚伍天将任番镇统管"。见《太平天国书翰》所辑《莫仕暌致英翻译官照会》上的印文。开朝王宗，是太平天国给予在1853年前参加起义者的称号。天将，位次列王。在革命后期，太平天国于王以下设天将一级官，在"殿前忠诚"总号下，用一、二、三、四……数字排次。如李春发曾任殿前忠诚二天将，林彩新曾任殿前忠诚一百六十二天将。番镇：外国。统管：总管。当时莫仕暌以忠诚五天将的身份掌管天京的外交事务。

致李秀成书[1]

自古取江山，屡先西北而后东南，盖由上而下，其势顺而易，由下而上，其势逆而难；况江之北，河之南[2]，自〔古〕称为中洲渔〔鱼〕米之地，前数年京内所恃以〔无〕恐者，实赖有此地屏藩资益也。今弃而不顾，徒以苏杭繁华之地，一经挫折，必不能久远，今殿下云有苏、浙可以高枕无忧，此必有激之谈，谅殿下高才大志，必不出此也。

夫长江者古号为长蛇，湖北为头，安省为中，而江南为尾，今湖北未得，倘安徽有失，则蛇既中折，其尾虽生不久，而殿下之言，非吾所敢共闻也。

【注释】

〔1〕这是洪仁玕在1864年殉国前写《自述》时，为谴责李秀成破坏太平天国革命战争的罪行，而引证的一封信。从内容判断，这封信是写在1861年9月安庆陷落的前夕。这时，按洪秀全、洪仁玕的战略部署，陈玉成等部太平军正以全力与反革命湘军争夺长江中游，保卫天京的大门——安庆，而

李秀成却为扩充自己一伙的地盘,中途撤兵,"下取浙江","遂失前议大局之计"。随后,安庆失陷,陈玉成兵败牺牲,天京因此被围。原文见《洪仁玕自述》。

[2]江:长江。河:黄河。

复英翻译官富礼赐书[1]

开朝精忠军师顶天扶朝纲干王书复大英番译官富弟惠览:

顷接来书,备悉一是。所寄来天王御笔,系朱书黄绸一条十字,即在圣书四包[2]内之《英杰归真》一包内也。

至前允文据交尚海水师一事,经兄细思,未便遽行。现下和酌未定,该水师等日前来书,但称天国大头子而已,今偏欲我众官兵人等称呼该水师官衔,似于情理未符,容俟有事往来之时再行酌交可也。

至于鞑妖数运将终,天夺其算,承蒙弟台劳心,示及咸丰妖头去世信息,深感友谊关注盛情[3]。

统此布覆,顺候升祺。

后有新闻,祈为劳心照知,是望。

天父天兄天王太平天国辛酉拾壹年八月初一日

【注释】

[1]这是洪仁玕于1861年9月11日为维护民族尊严,复富礼赐的一封信。

[2]圣书四包:洪仁玕于发这信的前一天,送给富礼赐"圣书"四包,《莫仕暌致梁凤超照会》:"忠诚伍天将莫照会开朝王宗江南省水师主将敛天义梁贤弟阁下:兹奉干王喧谕,付来天朝各种圣书四包,命兄转交翻译官富

礼赐收阅等谕,为此特行照会,并将圣书四包派员转交贤弟,祈望劳心,即速交与该洋官恭读可也。特此照会,顺候咏安。再附来干王付洋官文书一件,并祈转交。又照。为祈交圣书事。天父天兄天王太平天国辛酉十一年七月三十一日。"

[3]鞑妖:清朝反动派。算:寿数,寿命。咸丰妖头去世:指清帝奕詝于1861年8月死在承德。富礼赐为骗取太平天国政府对他的信任,伪装同情革命,向洪仁玕提供咸丰病死的消息。

第二部分　诗　选

【说明】这里选录了洪仁玕的十三首诗。其中除第一首辑自他在南昌就义前所写自述外,其他都辑自《军次实录》。

《军次实录》刊行于太平天国辛酉十一年(1861)。刘闼忠等为该书所撰序文说:"兹因辛酉春正,恭随干王奉旨催兵,路经徽浙,所过郡县乡镇,多有妖习未除,妖形未化。我干王不禁触目惊心,思急有以挽救之。每于军次行府,信笔挥写,或恭录圣旨,以化醒愚蒙;或为之诗,以起发志意;或为之谕,以剀切指明;或为之论说,以严辨是非得失,文浅意深,语近指远。"刘闼忠等把这些抄集成书,取名《军次实录》。"军次",指撰成于行军途中。"实录",表示此书"语皆确实,义皆切实、理皆真实"。其实,该书所录,不限于洪仁玕这次行军时所作,也保存了他以前的一些诗篇。

甲寅四年冬自上海乘海轮返香港[1]

船帆如箭斗狂涛，　　　风力相随志更豪。

海作疆场波列阵，　　　浪翻星月影麾旄。

雄驱岛屿飞千里，　　　怒战貔貅走六鳌[2]。

四日凯旋欣奏绩[3]，　　　军声十万尚嘈嘈[4]。

【注释】

[1] 甲寅：1854 年。是年，洪仁玕在上海，欲去天京参加革命被阻，不得已而折回香港，在航行途中，即景赋诗以抒壮志。

[2] "雄驱"两句：雄：威武。驱（qū 音区）：行进，驱逐。怒：气势强盛，引申为奋发。貔（pí 音皮）貅（xiū 音休）：神话中的猛兽名，比喻勇猛的战士。走：驰逐，驰骋。六鳌：古代神话传说中渤海中的大龟。《列子》："龙伯国之大人一钓而连六鳌。"鳌（áo 音熬）：海龟。

[3] 奏绩：取得胜利。奏：取得。

[4] 嘈（cáo 音曹）嘈：声音喧杂，引申为声势盛。

香港钱别[1]

枕边惊听雁南征[2]，　　　起视风帆两岸明。

未挈琵琶挥别调，　　　聊将诗句壮行旌[3]。

意深春草波生色，　　　地隔关山雁有情。

把袖挥舟尔莫顾，　　　英雄从此任纵横。

【注释】

[1] 1858 年，洪仁玕离开香港，奔赴天京，临行时赋此诗。

［2］雁南征：雁向南方远行。雁是一种候鸟，每年春分飞向北方，秋分后飞往南方。征：远行。

［3］"未挈"两句：没有携带琵琶弹奏送别的曲调，姑且吟首诗句以壮此行。挈（qiè 音切）：携带。别调：离别的曲调。聊（liáo 音辽）：姑且。行旌（jīng 音京）：旧时对人外出或巡行的一种敬称，有"大驾"的意思。

题御赐金笔^[1]（两首）

其　一

一枝卓立似干戈，　　横扫千军阵若何？

鏖罢文场书露布^[2]，　　饱离墨海奏旋歌。

龙跳虎伏归毫底，　　鱼跃鸢飞入兴么^[3]。

幸我毕生随宝手^[4]，　　古今天地任搜罗。

其　二

笔尖犀利甚干戈，　　挥洒从心任欲何？

怒则生嫌悲则叹，　　乐时陶咏喜时歌。

可参造化宣精奥，　　悉载情形恰肖么^[5]。

任尔豪强穿铁砚，　　天公注定妄张罗^[6]。

【注释】

［1］1861 年，洪仁玕奉命赴安徽、浙江等处催兵，救援安庆。临行，天王及幼主赐以金笔，"寓有文武兼责"之意。

［2］鏖（áo 音熬）：战斗激烈。露布：捷报。

［3］么：微妙。

［4］宝手：指御赐金笔。

［5］"可参"两句：能够参与造化，宣示其精微奥妙，详载的情形与实际正好一样。参：参与。造化：谓天地创造化育万物，亦指天地。宣：显示。精奥：精微深奥。肖（xiāo 音消）么：极为相似。

［6］"任尔"两句：不管反动派怎样疯狂挣扎，但注定是要失败的。张罗：张设罗网，这里用作部署的意思。

赠宁郭守将[1]

离别深情世罕抛，　　关心云树[2]及河桥。

长亭十里[3]旗生色，　　壮士三千气奋旄。

骏马金鞍鞭共响，　　宗臣王弟谊何饶！[4]

从今无以兄为范，　　惟慕东王姓字超。

【注释】

［1］《军次实录》："辛酉十一年（1861）正月二十七日军经丁郭郡，众天将天兵，殷勤迎于十里之外，且送至十里外之九眼桥，依依敬别，因吟以劝慰之。"宁郭：安徽宁国。其时正由杨辅清部下驻守。

［2］云树：即"暮云春树"。典故出自杜甫《春日忆李白》，后人用"云树"作为忆念远方友人之辞。

［3］长亭十里：长亭，古时在路旁供休息用的亭舍，常用作朋友饯别用。

［4］宗臣：原意是世所崇仰的名臣。《汉书·萧何曹参传赞》："唯何、参擅功名，位冠群臣，声施后世，为一代宗臣。"这里指"国宗"。太平天国规定，天王堂兄弟辈和东、西、南、北王的兄弟辈、堂兄弟都称"国宗"。饶：深厚。

四十千秋自咏[1]

不惑年临惑转滋[2]，　　知非尚欠九秋期[3]。

位居极地夸强仕[4]，　　天命与人幸早知[5]。

宠遇偏嗤莘野薄，　　奇逢半笑渭滨迟[6]。

兹当帝降劬劳日[7]，　　喜接群僚庆贺诗。

【注释】

[1] 1861年，照中国的传统计算法，洪仁玕四十岁，他写了这首诗自勉。

[2] 不惑：古代称四十岁为"不惑之年"。临：到。惑：疑惑。滋：生。

[3] 知非：五十岁称"知非之年"。《淮南子》："行年五十，而知四十九年之非。"九秋期：九年。

[4] 极地：最高的地位。夸：赞助。强仕（shì 音士）：大事。（本文集编者按，夸，当作"夸耀"义。强仕：四十岁代称。语本《曲记·曲礼上》。）

[5] "天命"句：太平天国革命是适应当时的形势而发展的，我早有预见。

[6] "宠遇"两句：洪仁玕受天王重用，胜似伊尹、吕尚的遭遇商汤王、周文王。宠（chǒng 音充上声）遇：荣遇。嗤（chī 音吃）：讥笑。莘（shēn 音身）野：地名，此指伊尹在莘野遇商汤而被重用。渭滨：地名，此指吕尚在渭水之滨垂钓遇周文王而被重用。

[7] 帝降（jiàng 音匠）：诞生的意思。劬（qú 音渠）劳：劳累。《诗经·小雅·蓼莪》："哀哀父母，生我劬劳。"后人遂以"劬劳"来指父母养育子女的劳苦。劬劳日：生日。

二月下浣军次遂安城北吟于行府[1]

志在生灵愿未酬，　　　七旬苗格策难侔[2]。

足跟踏破山云路，　　　眼底空悬海月秋[3]。

意马不辞天地阔，　　　心猿常与古今愁[4]。

斯民官长谁堪任？　　　徒使企予叹白头[5]。

【注释】

[1] 辛酉十一年（1861）二月下旬，洪仁玕驻军浙江遂安城北，写了这诗。行府：干王临时办公的地方。

[2] "志在"两句：太平天国革命胜利的愿望还未实现。生灵：人民。酬（chóu 音仇）：实现愿望。七旬苗格：指舜七十天使苗归服的故事。旬：十天为一旬。策：计谋，策划。侔（móu 音谋）：相等，一样。

[3] "足跟"两句：足迹走遍了崇山峻岭，同时也流逝了我的许多岁月。山云路：高山上的小路。海月秋：流逝了的岁月。

[4] "意马"两句：革命者不畏征战劳碌，把民众疾苦常怀胸中。辞（cí 音词）：推托。

[5] "斯民"两句：这里民众的官长由谁来担任才好呢？徒使我盼望到老也难得其人。斯民：这些人民。堪（kān 音勘）任：胜任。企（qǐ 音起）予：盼望。

谕　兵[1]

劝谕军兵勿妄为，　　　从来民物汗中希[2]。

奸淫焚毁伤心事，　　　戒净堪称圣主师。

【注释】

〔1〕此诗作于1861年行军途中。

〔2〕"从来"句：从来人民的财物都是辛勤劳动所得,极为珍贵。汗中：喻辛勤劳动。希：少,可贵。

谕　民[1]

庐居暂借作王居[2]，　　寄谕我民别夏夷[3]。
中国纲常如未坠[4]，　　军师安肯运军机！

【注释】

〔1〕此诗作于1861年行军途中。

〔2〕庐居：古代官员值宿住的房屋。王居：王的住处。

〔3〕夏：华夏,这指汉族人民。夷：蛮夷,这指满洲贵族。

〔4〕纲：纪纲。常：典法。坠(zhuì 音缀)：失去。

止　戈[1]

鞑秽腥闻北斗昏[2]，　　谁新天地转乾坤？
丈夫不下英雄泪，　　　壮士无忘漂母飧[3]。
志顶江山心欲奋，　　　胸罗宇宙气潜吞。
吊民伐罪[4]归来日，　　草木咸歌雨露恩。

【注释】

〔1〕这首诗作于1861年行军途中,原诗无题,作者自述他所以"不惮星霜",出师征伐,无非是"止戈之意""止戈为武",即以革命战争消灭反革命

战争。

　　[2]"鞑秽"句：清反动统治阶级的淫乱残暴使得中国昏天黑地。鞑：即鞑靼，指清朝反动统治阶级。秽：污秽。腥闻：酒肉的腥味。北斗：北斗星。

　　[3]"壮士"句：这是指汉初韩信不忘漂母给以饭食的故事。韩信：秦末汉初淮阴人，幼年家贫，常向人要饭。后帮助刘邦击败项羽，被封为齐王，旋改封楚王。最后封为淮阴侯。漂母：洗衣妇女。《史记·淮阴侯列传》："信钓于城下，诸母漂，有一母见信饥，饭信，竟漂数十日。"信封楚王后，"召所从食漂母，赐千金"。飧（sun 音孙）：晚饭。

　　[4]吊（diào 音掉）民伐罪：慰问被压迫的群众，讨伐有罪的统治者。吊：哀怜。伐：讨伐。

谕复敞天燕方永年诗[1]（三首）

其　一

英姿磊落是贤豪，　　　　招纳[2]还期道义高。
� 我性疏无礼让，　　事功仍耻及萧曹[3]。

其　二

自古名人姓字标，　　　　岂关逞智负贤劳。
顶天报国存公道，　　　　便是才谋德最高。

其　三

备阅诗章识抱才，　　　　果然王佐出尘埃。
翱翔择木知良鸟，　　　　挺志扶君是栋材。
只为胸中云雾净，　　　　自然身列凤凰台[4]。

> 他时奏凯回朝日，　　　应与宗兄大畅怀[5]。

【注释】

[1] 此诗作于 1861 年行军途中。敞天燕：太平天国爵名。方永年：恤王洪仁政部下的将领。

[2] 招纳：招收，招抚归附，

[3] 忕：太平天国的"愧"字。萧曹：指萧何、曹参。他们都是沛县人。秦末随刘邦起义，协助刘邦建立西汉王朝，相继为汉相。

[4] 凤凰台：古台名。故址在今南京市南。李白有《登金陵凤凰台》诗。此处意为身居高位。

[5] 宗兄：洪仁政，洪仁玕的堂兄。畅（chàng 音唱）怀：畅谈衷曲，尽情话旧。

祁龙威文集·专著(附：史料搜集整理)

劫 余 小 记

【说明】迄今已发现的关于太平军三次攻克扬州的专门记载,有倪在田《扬州御寇录》、佚名《广陵史稿》、臧毂《劫余小记》三种。《扬州御寇录》有《扬州丛刻》等刻本,中国史学会编入《太平天国》资料中。《广陵史稿》抄本四册,现藏苏北师专图书馆。《劫余小记》稿本藏作者后人处,我从扬州市文物保管委员会黄汉侯先生处得见其抄本。

臧毂,清进士,曾充当扬州富商大贾的食客,出入官府,包揽词讼。《劫余小记》两卷,是他的见闻随笔。其中主要追记太平军在扬州的历史。他和其他地主文人一样,污蔑农民革命,歪曲事实。但是他也不能不从反面给太平军留下一些真相,尽管在他的笔下已经变形了。

本文和《扬州御寇录》《广陵史稿》相比,记载太平军初入扬州时的措施较多。可以从这里窥见早期太平军的政策制度等的概貌。如所记太平军初入扬州,"先至各衙署搜库帑,劫囚狱","良民不肯为旅帅,为司马,为百长,市井无赖及蛮横仆妇,喜充之,蓄发包黄绸,扬扬意得。凡平昔睚眦之怨借以报复,其涂毒有不可胜言者"。剥去污蔑太平军的滥言,就可以看到太平军摧毁了清政权以后,建立了新政权。掌握新政权的不是地主官僚之类的所谓"良民",而是地主心目中的"下等人",即劳动者。

又如记太平军出示,"令民进贡,驱民拜降,男为男馆,女为女馆,潜以兵法部勒","诸馆林立,有一技皆收录",以及"讲道理"等等,均为有关太平军的政策制度的资料。

再如，所记"传闻有乡民进贡，诸门不禁其出入"，说明太平军领域内农民热烈拥护太平天国革命政权；而在清军领域内的农民，则掀起了抗租运动："童三妄子，一村农耳，当军务倥偬之际，州县未启征，凡佃人田者，亦思抗租不纳，豚酒莅盟，推董为首。"此外，文中还记载了一些清军残暴的事实，如"勇目孙德富等所献首级，有白发垂垂而耳环眼分明者。岂老妇人亦叛党耶？"等等，均可供参考。

祁龙威

劫余小记

臧 毂

劫余小记(上)

咸丰三年岁次癸丑,粤贼由武汉东下陷金陵。时余年始冠,两应童子试不售,拟弃而从戎,先君弗之许焉。犹记有正白旗汉军书羲者居城南,好谈兵事。二月二十日遭于路,下马执手,谓贼昨至真州[1],将合大股来犯,闻眷属已东徙,书生文弱,恋恋危城,非计也。余于是晚即携仆至邵埭。至今心感其言。

张小虎名翊国,由盐知事统古观音寺练勇仅五百人,最雄壮。闻江寿民将为饵贼计,率队围其宅,缚献之,请以奸民论,当道代白其无他,遂止焉。小虎常快快,窃语人曰:"以钱畀贼,何如添兵守城?"其论亦颇伟。

二十三日,贼入扬州。教谕黄元灏,把总田登仕(死)之,盐运司、知府、同知、两知县、参将、都司、守备等俱免于难。先是漕帅[2]率兵南下,将营瓜州,又欲驻三汊河,最后驻五台山,借淮南

---

[1] 真州今仪征,在扬州城之西。《扬州御寇录》云:"(咸丰三年)二月十九日,贼党林凤翔、罗大纲、李开芳、胡以晄、曾立昌帅贼万计,方舟下过仪征。"

[2] 清漕运总督杨殿邦。

保卫局为粮台,城陷即解维北去。乡民歌以谑之,有"漕督八十三,驻扎五台山,船头向北不向南"云。

贼初入城,先至各衙署搜库帑,劫狱囚,见号衣者手戮之,呼为妖。谕居民无或出,居民亦弗敢出焉。是夜有由天宁门逸出者,见贼啸聚酒食肆中,酣歌畅饮,灯火未息,残扉皆紧闭,无所谓城守。使于此掩而袭之,必能得志。奈承平日久,诸君计不及此,甚可惜也。翌晨,教场下街诸茶社犹启门,偶北门桥上一贼年十余,逢人便刺,以杀为戏,始各鸟兽散。嗣出伪示,令民进贡,驱民拜降,男为男馆,女为女馆,潜以兵法部勒,或夫妇暂相语,谓之犯天条。良民不肯为旅帅,为司马,为百长,市井无赖及蛮横仆妇,喜充之,蓄发包黄绸,扬扬意得。凡平昔睚眦之怨借以报复,其荼毒有不可胜言者。

凡贼讲道理,先示期,至日,高踞板台,言天父天兄救人之苦,令若等下凡,好大福气。尽情搬演极诸丑状。每食必唱赞美。又著有《三字经》,谓天父名爷火华,红眼睛,绿眉毛,六日间造成山水。复讳丑为好,书国为囯。其诸说鄙俚类如此。

贼尝一至仙镇[1],由是而马桥,而邵埭,河东人心惶惶。适琦侯[2]军至甘泉山,贼乃撤队回。为抗拒计,陈、胜[3]两公毁其新筑土城,势甚锐。鞠殿华扎城西金匮山。双来扎城北凤凰桥。贼遂不敢启西北门。为时逾城陷仅十日,早设有人稍事支持,则吾郡数十万生灵何至涂炭乃尔!

阴阳生高殿元者,滑稽士也。全家陷城中,无可脱。传闻有

---

[1] 仙女庙镇,在扬州城东。
[2] 清将琦善,曾封侯爵。
[3] 清将陈金绥、胜保。

乡民进贡,诸门不禁其出入。于是密约戚友携老稚数十人,或载酒,或负米,与夫糕脯菱枣之属,鼓吹而出,径投伪衙,称自槐子桥特来拜献。贼喜甚,给以伪示伪书。高谬为顶礼,仍以鼓吹前导,欢呼雀跃,即所携老稚数十人亦复游行街市,嬉不知愁。城中有素识者见高生,欲唾骂,高更未便显白之,乃未几已离虎口矣。是虽事急智生,岂非玩贼于掌股上耶?

江寿民本以字馆为生活,有兄依某商自经死,寿民具椟往收之,一无诈扰,商因重其人,凡有善举,悉倚托焉。由是忝列堂董,地方亦目为善人,得通声气,稍稍乘舆矣。道光壬寅,夷陷润州[1],商人惧,使寿民与颜君款之,夷果不来。至是,将复为斯计,商诸颜君。颜君曰:"彼夷也,饱则去。此贼也,名不正,汝安则为之,吾不与也。"嗣后但闻居民隐相庆,谓善人有以安我,究未识其计之果何在。城陷后,寿民亦罹于难。其子旭为贼伤面数十刀未得死,余盖于河东亲见之焉。

贼慑于琦营,不敢往西北乡,然东南一路,与瓜州相连属,贼踪尚络绎不绝。会雷君携钱东平来[2],议保里下河,由邵埭至仙镇,遂撤万福桥[3],营于河东,张小虎亦隶焉。五月间,约合兵攻城,前锋已登,行至广储门街,未及斩关,为贼所扼。张小虎与双来逾城下,小虎幸无恙,双来中枪子伤重遂卒。琦侯甚痛惜之。

自贼踞城,毁落星街居民(当作民居)为教场,即以砖木就城构戍楼及城堞,皆加三尺。又童与童相狎,每呼为"小把戏"。及

---

[1] 1842年,英国侵略者占镇江。

[2] 指清将雷以诚携其幕僚钱江至。

[3] 《江都县续志》云:"万福桥即廖家沟桥。……咸丰三年,官军毁桥防贼东窜。"桥架运河支流(廖家沟)上,在扬州与仙女镇之间。

贼与童犿，亦以是呼之。人家兄弟行当区别，或称曰"大王爷""二王爷"，循次以类推。后男妇遇贼，无不奉之为"王爷"。

吾郡团练以钟小亭先生为最，与六合县温公并重。先生讳淮，丁酉孝廉，家于红桥[1]，时出挠贼，瓜州贼颇畏之。自先生阵亡后，贼举杯相庆。郡人奔走糊口，散处四隅，恒苦资绌而材短，迄无能自成一军继先生而特起者。

董三妄子，一村农耳。当军务倥偬之际，州县未启征，凡佃人田者，亦思抗租不纳，豚酒苣盟，推董为首。董以武孝廉蒋某最倔强，必先除之，乃率众前，时尚无械，锄棒而已。蒋某应以火器，当者辄毙，后各骇散。雷营闻其事，即派队往剿。访知董匿女婿家，初搜不获，已将去，见床忽振动，疑之。盖床以木承板，更有曲木外护，董即贯卧其中，是至亦惧，其身战栗，故就擒焉。是役也，克期扑灭，幸不为害，然不无少滥。据孙仲甫世丈云：勇目孙德富等所献首级，有白发垂垂而耳环眼分明者。岂老妇人亦叛党耶？

雷营初议，以投效为将，以招募为兵，以捐输为饷。继则投效者不能办贼，专办捐。东乡富室咸乐输而征比之甚，有副贡为所辱，诉控不已者。富室不足，又创为捐卡。其法禁一同于关。当军饷支绌，吾民亦谅其不得已。迨后此沿以为例，久之无革除日，不能不谓雷君为始作俑者矣。

十一月，城中粮尽，贼由东南路窜回瓜州，冯景尼营先溃，琦侯特罪之。当是时，各虽合围，贼犹众，自三汊河为毛三元所扼，往来不甚便，姑委去耳。未必即能制其死命，余盖不以是责景尼。余见东关城坍数丈，居民出入悉由此，询知，为军炮所毁，贼日以

---

[1]《广陵史稿》第一《钟淮传》作"虹桥"。

枪百杆守之。景尼既在前敌，素称勇敢，麾下又多猏捷士，苟效死于此，不犹愈于小茅山之毕命乎？

城复后，余亦随众归来，遍访戚友不可得，幸旧庐犹在。遇韩媪于女馆，彼系为余家居守者，身着鲜衣，面容甚槁，尚喃喃为余道：某物贼毁，某物邻取。余反宽譬之。见饭箩中一掬，又有物形似皮，黑黄色，卷而弗舒，询知乃旧箱上剥得者。至此不觉声泪俱下，因嘱与偕出。韩以少擒贼遗，不能舍，仍居城，复为兵搜括去，始孑然一身来投湖东旅舍也。

琦营由堡城移至桂花庄，与雷营相犄角，进逼瓜州，虽未驱贼去；贼尚未能北窜，居民稍安之。郡人有衣食者，仍居于外，雇仆守其屋，不兼顾者，即为黑头所偷拆。黑头者别乎红头而言，虐则一也。斯时，民家具食，无芦苇供炊爨，咸以旧木代，虽雕梁画栋，黑头举石桩之，碎为柴，每斤只三钱。往往有适见为屋，旋见为墟，盖黑头于人静时，以大索遥曳其柱，轰然一声，又一家灰烬，以故毁于红头者少，毁于黑头者多，无地（所）不为。

初时衙署犹有存者，惟参将葺而居之。知府则馆于东关街，为董雪舫先生指备入官之宅也。两县则一在仙镇，一在邵埭，城中虽有行馆，每托催趱事互相往，盖为有警地耳。黑头知其意不在此，胆愈试而愈壮，每来皆以夜，始固见其有房有廊焉，继乃仅见其为堂为门焉，终并不见其一椽一瓦焉。厥后规模旧治，重新创建，靡善后之款甚巨，委董由是起大厦，工匠由是获小康，此一时也。

吾郡收藏家甚多，然真赝参半。画士李蕚生陷于贼，遂得恣为搜讨，凡可宝贵者虽装潢精致皆揭取中心，便提携焉。城复后，李已死，故纸成束，被兵攫去，枉为他人作嫁衣裳耳。嗣闻琦营粮台李某所得，甲于一时。

贼诸馆林立，有一技皆收录，如避而不入其中，名曰"外小"。外小恒苦饥。九月初三日，忽传令诈外小至南门领粮，时伪总制陈酉驻南城楼，督牌刀手自后戮之，出城即被戮。初九日，又传令谓前此人数，实厌其多，今则真可领粮矣。外小误信而踵至，驱戮之无一遗，委尸于河，河为满。

自琦侯卒于军，托将军代之[1]，瓜州贼复蠢动。咸丰六年岁次丙辰三月一日，贼再陷扬州。知府世琨死之。世公和厚持正，尤爱惜士类。初闻警，即为死守计。先一日，犹自往米市购粮，借安众心，豫囊土，将闭塞诸门。当二鼓时，贼于北门外鼓噪，焚民居，公方登城督勇，以枪击之。旋亲巡至梗子街，从者少，贼出不意拥而去。盖贼诈为商贾，早伏于宜昌客栈，乘昏黑偶得志，以众少仍潜伏无息，故城中人罕能知公耗者。翌晨，外贼始入城，弟驱强壮者隶伪军，并无意久居。后闻贼拥公至三汊河，乡民见之垂泪，又拥至镇江，不屈死……

是年二月晦为清明，即城陷之前一日。晨起，郡庙焚香者犹络绎不绝。时余侍先君暂居城中。午饭罢，见居民扶老携幼趋而北，谓贼已逾三汊河，邻里皆去。先君亦命随之行，至北门拥挤甚，仓卒不能顾，忽相失，寻至薄暮，始得复聚武庙后门阶下，当日小憩处也。缘城门已闭，复归家，谋一食。是夕未能寐，频登南城探望。近四鼓，先君起如厕。余有鉴于日间不获及时出，清早抵城下庶启钥。即前行才及半途，前有云：天宁门已开者，至则果如言，遂偕出焉。城复后，先君询查当夜情事，并少迟者皆被掳。每

---

[1] 继琦善统扬州清军者为将军托明阿。

窃谓曰："天佑吾家，不使一见贼。嗣后须好为人，小子其谨志之无或忘。"

雷营自杀钱东平后，河北从之来者如李三闹儿等皆去而归乡里。迨后经溃败不能成军，微特无以办贼，即他日诸捻之麇聚，亦未必不由于此[1]。

蒋王庙马队营为德公所统，未溃散。翁少詹[2]退屯邵埭收集骑兵，会贼亦弃城遁，窜回瓜州，军事复振。

城中被掳者多家室仳离，又百业俱废，枯坐无以活，妻子往往屈为营兵缝浣，有心人所窃悯也。若余所闻则尤异。一日，有少妇与邻妇饶舌，谓之曰："汝恃汝家有某将爷耶，汝知汝家将爷为吾家副爷所管辖耶？"噫！廉耻扫尽矣。

三汊河高旻寺旧有塔，自贼据毛三元之营，以药弹聚塔中。有吾郡人潜为种火，至夜乃发，势如山裂，凡一砖一瓦无不迅有力，毙贼甚众。于是有乘间逸出者，有新掳误罹难者。惜其人亦轰死，终不能得其姓名[3]。

自五月至七月不雨，江北奇旱，下河诸湖荡素称泽国，至是皆涸，风吹尘起，人循河行以为路。乡居苦无水饮，就岸脚微润处掘尺许小穴名井汪，待泉浸出，以瓢勺盛之，恒浑浊有碛气，妇子争汲视若琼浆玉液。田中禾尽槁，飞蝗蔽日，翅戛戛有声。间补种荞菽，亢不能生，即生亦为蝗所害。斗米须钱七百，麦值与之齐，凡民家不饘粥而偶得一饭，邻女羡且忌。磨麦尝至四五更。平时以面食人，以麸食犬豕，犬之娇者犹不肯食麸焉。今则煮面为稀

---

[1]　李三闹儿等投捻军事，见《剿平捻匪方略》。

[2]　翁少詹系翁同书，时以少詹事帮办军务。

[3]　《增修甘泉县志》作"赵嘉琳"。

糊,麸虽细终不受和,略切之,呼为钉条,沉诸釜底,熟以疗饥。然亦有买粪田之豆饼而食者。乡民频为余道其苦,余慰之曰:"大军之后,必有凶年。饿而死,较兵而死,不犹幸耶!"

盐运司以盐产于场,且课税所出,将借之充饷,宜与贼远,故寄馆于泰州。初试就场征课法,销甚畅;嗣思引地渐退出,仍行票盐,商人冒险往,获利颇厚。泰州繁富,几与往昔之郡城相埒。

七年十一月,德公[1]复瓜州,时镇江亦复,遂引兵而西。居民私相庆,从此将不复睹兵革矣。诸肆渐复业。八年中秋节,辕门桥观灯者,拥簇如盛时。俄闻德公由浦口败回,余亲遇诸军于槐子桥,不特弃曳而走,即走亦不克走也。是年岁次戊午九月三日,贼三陷扬州,淫掳逾于前,凡西北乡未经兵燹之地,几无一免。又至陈家沟,谋东渡,幸毛三元于六闸口以巨炮击之,贼乃退。运河一衣带水,所保实多,然亦岌岌乎殆哉!

张总统[2]由江南来赴援,渡自八江口,至万福桥,桥已撤,备船稍稽迟,贼闻风已弃城遁。总统入东关,旋出西门,居民皆焚香顶礼。遂留张玉良、马德昭共守之。后张分兵南去。九年十月,李若珠自红窑溃围出,贼蹑其后,马率军城西司徒庙迎之,得无恙。因与贼酋陈玉成遇于金匮山,即谣传所谓四眼狗者。方搏战,贼忽退,马亦不追,启闸入西门。今党军楼前两木犹在,其遗制也。马复整队出便益门,防东窜,又与该酋遇,贼知有备,乃去。斯为扬州第一次真城守。

贼以吾郡人旋掳旋遁,为仿狱囚刺字法,庶使降心相从,莫敢

---

[1] 继托明阿统扬州清军者为德兴阿。
[2] 张国樑时为清军江南大营总统。

复出。其在颧间者，"太平"两字分列。额上者，"太平天国"四字并列，且有颧间、额上六字俱备者。刺成后，以蓝涂之。大营知其故，凡难民投往，咸遣释，弗之罪。然究未免自觉形秽，颇思磨荡以灭其迹，无如深入肌理，致令终身为白圭之玷焉。

李若珠既至扬州，江南有警，马德昭复引兵去。李素疲软，人呼为李驼子，咸易视之。有薛老小者，投诚后改名成良[1]，时由浦口来，因发饷，稽其册，薛不服，驶船北上。王万清驻邵埭，为所执，系诸桅。詹启纶、赖正海闻之，率师追及于王家港，仅以万清归。薛诈言舟覆死，后又往投李昭寿，昭寿斩之以徇。

十年八月，都将军至扬州[2]营于五台山。以詹启纶为翼长，驻三汊河，以海翼长统马队。海亦苦（善）战者，一日击贼胜，驰马赴营白事，忽苇荡中有年幼贼枪击之，伤重死，将军甚惋惜焉。又有胡子英者，仅数百人，颇锋锐，扎都营对岸之老虎山。贼或乘间至，以刀斫营门，勇亦以刀应之，终不能入，寻复去。时贼飘忽无定，往往遇村庄即止宿。将军探知其迹，夜出队迹其地，四面皆沟，攻之不易入，以火箭焚其庐，贼欲出亦不可得，遂聚而歼焉。此贼在扬州受巨创之始，至是不敢轻入境矣。

詹启纶驻三汊河，年最久，独当一面，其功自不可没。然苛敛妄杀，就传闻所得者，非只一二端。后虽积有巨资，退居郡城，几于闭门学圃，不与世事，识者隐卜其难全终焉。

王万清驻邵埭，亦有年，能兼顾地方事。团练大臣晏公[3]住丁沟张某家，张被盗劫，伤而死。时方捕获多名，究其赃。王谓既

[1] 薛小本捻军将，投太平军，率部守浦口，又叛清军。
[2] 继李若珠统扬州清军者为将军都兴阿。
[3] 晏公指团练大臣晏端书。

为盗，当就地正法，以警其余，乃聚而并歼焉。湖水秋张，例验志桩，启坝宣泄。王深信保一日多收一分之说，尽力抢护。后水与堤平，不能支，西风忽越堤东注，小陆堡、大王庙皆成决口，堵塞之费帑甚巨。王又于宝公寺旁起三圣殿。三圣为何？中奉关壮缪、左文昌、右财神。邵埭人至今香火不绝。

先茔在邵埭西岸唐庄，松柏蔚然，……讵料王万清军规弗肃，纵勇剪伐，族人哀之不能止。余小子实痛心焉。

大王庙决口日，余方寄居永安葛村，……水至暴长数尺，……晨鸡鸣屋巅，田蛙吠床底，蛇蚿亦蠕蠕然欲与人争栖息间，闻丁当声浮水入户者，不知谁家瓴瓶属焉。……水气温热，触之罔弗病，幸不至传染为大疫。如是者月余，水渐落。……迨重阳后，霜风告警，往来稍有人迹，……乡农补种二麦，多有淤垫不能耕者。由是，湖东之民荡析亦如遇寇者矣。

十一年七月十六日，文宗显皇帝龙驭宾天。是日大风雨，有声隆隆似雷非雷，或谓天鼓鸣。又喧传永安之西，有石坠于地，浅紫色，计三五枚，为公道桥阮氏携去，余亦未暇就而质焉[1]。

郡城凡三陷，丙辰、戊午为日浅，惟癸丑二月至十一月，初惑于江善人饵敌之说，本无巷战事。或骂贼不屈，或阖室自焚，与夫仰药赴水投井自缢。男儿豪气，志在千秋；至若误出为贼夷，无粮始绝命，毕竟能死，荷恤银难荫之赐，俱无愧焉。他如自拔来归，虽衣冠中人，朝廷方示以宽大，乡里亦不必咎其既往。浸假有为贼效死，擅威福以杀人，并献媚而戏侮圣经，闻者能无发指乎？相

---

[1] 事亦见《增修甘泉县志》。

传某明经迫于贼，渐有所统，至六合城外，为温公[1]焚死于龙池，
余盖深耻之。某明经素有书名，凡伪馆颂联，多出其手笔，至寻衅
杀人之父，余甚欲唾骂之。某孝廉老大无子息，昵娈童，因陷于贼，
贼授以天官丞相，虽无螳拒显迹，尝戏改《论语》"殷有三仁"为
"二仁"。有询之者，云："微子变妖去矣。"侮圣人之言，莫此为甚，
余安得起九原而挞责之，或谓传言未必实，即实，亦吾郡人，宜为
讳。余曰："金兀术破宋海舟，乃闽人王姓献策，当时未闻以是撼
紫阳。清者自清，浊者自浊，余姑备举，以劝戒来兹。"

　　贼势已渐衰，而都营之操无虚日。汤某扎凤凰桥，步伐极整
齐，然有如象戏，车当出则出，马当走则走，兵卒当过河则过河，尚
嫌其缓，操者操而行人不停瞩焉。胡子英扎老虎山，每操日，观者
立而俟，俄焉分，俄焉合，或以遇贼而奔赴，或以追贼而包抄，金鼓
喧阗，旌旂飞舞，顷刻间风云万变，即将军选锋犹少逊之，乡人咸
叹为目所未睹焉。

　　富明阿由都营分兵北上会剿苗沛霖，王万清军亦隶焉。时苗
贼围蒙城，僧王复围之，官军与贼迭相围凡三匝。苗贼思窜东南
以分其势，自出探访，万清亦懵不知也。先是，万清分二小统带都
守之，属营各数十人，屯水次以为巡卡。北地瘠苦无可扰，稍稍掠
行旅。是日，有船来曾伏于圩内，见壮者先登，老者随后，因突出
夺其船，老者不服，遂刃之，壮者回顾，惊曰："老先生被伤矣！"勇
亦不知老先生何许人也。偶白诸统带，统带白诸万清，嗣风闻渐
确，群勇分其尸，万清欲攘以为功，诱二统带并杀之，或云逸其一。
诸军凯撤，万清仍居郡隶，旋即病，见所谓统带者与之索命，旋复

---

[1] 温公指六合知县温绍原。

死营中。人以为冤报不爽,特为余历历言之。

劫余小记(下)

六年十二月,忽闻捻警。先是,捻败欲南窜,由六塘河潜进,淮以下无知者。高邮近河堤,以城闭不得入。因至邵埭,自称败兵,入市攫食,盖不食已六日矣。许竹香孝廉拟邀巡检为弹压,遇捻,罹于难。旋复至仙镇,始大肆掠。日将晡,适万福桥图遁,华字营吴君[1]率勇截其后。捻之前队已及湾头,曳布为桥,蚁而渡。适水师廖君[2]以炮击,乃溃散。赖文光困不能行,席地吸鸦片,被掳妇女唤兵往,华字营掩袭之,执而归。因闭营门,恐地方与分功焉。是晚微雨,余在东关城上,扬营朱海秋、吕玉堂诸子集精锐二百人思一战,见廖君絮舟回,得捷耗,遂启钥出北门,将搜获余党。以余短视不习骑,夜昏黑,未便偕往,遂止焉。后闻捻众千余人,雄捷如李云(允)辈,有马尚能走,西投李昭寿,昭寿留之,计缚以献,而捻之根株始绝[3]。

李昭寿投诚后,改名世忠,是为豫胜营。凡竖有旗帜,舳舻相接,咸曰军糈,厘卡无敢过而问焉。凯撤后,忽来郡城。发甚少,人呼为秃子。曾买包氏棣园,今易为湖南会馆。又有宅在琼花馆南,售洋人为耶稣堂,今为淮南书局。其姬妾颇众,往往以毡覆地,

---

[1] 吴君指华字营统领吴毓兰。

[2] 廖君指清淮扬水师将廖福宾。

[3] 这里对赖文光多污蔑之词,读者可参阅拙作《东捻军失败与赖文光被俘事迹调查简记》,1958 年 2 月 3 日《光明日报》。

相扑为戏,挥金如粪土。嗣因与陈万云[1]寻衅,势汹汹,郡人有惧遁为移家者。李自是亦不复返矣。后予赴皖,至夏塘谒见马小云夫子,道往滁来询访其人,方谓贫而衰,以赌戏为生活,可卜无他志,孰意一旦故态复萌,竟终膺显戮哉!

　　盐有正课,有杂支,杂支按例报销,其数不逾于正课,以故商人获利,为广结纳。自军兴以来,易为盐厘,较课大。盖督臣主之,由外支销,如军饷之报部,滴滴归公关。凡夫秋风游客投止两淮者,往往兴尽而返。

　　盐政旧署初为贼酋曾立沧(昌)所据,去时复焚之。洪琴西都转就其地建万寿宫,其西偏有盐义仓在焉。

----

[1]　陈万云即陈国瑞。

祁龙威文集·专著(附：史料搜集整理)

史致谔与外国侵略者往来信函选录

【说明】史致谔字士良,清溧阳人。道光十八年(1838)进士,历官江西广信等地知府,一贯与太平军对敌。同治元年(1862),由左宗棠奏荐为浙江宁绍台道,和美英法侵略者深相勾结,从太平军手中夺取了浙东。就由于他的撮合,左宗棠才能获得外国干涉者的支持,而享"平浙"的"大功"。

由此可见当时史致谔在宁波的地位,近似上海的吴煦。吴煦后被李鸿章参革,史致谔也和左宗棠"有隙"而于同治三年以"原品休致"。这些买办官僚曾经是外国侵略者与国内封建军阀结合的桥梁。他们的函电文件,都是研究太平天国史的重要资料,也是美英法等侵略者干涉中国革命的罪行证据。

史致谔"休致"后,寄居常州。1952年秋冬间,我在常州工作,得从史致谔的后人家里,抄录过他和外国侵略者的往来信函。现在选录一部分发表,供太平天国史研究者参考。原件和"同治元年军务要件"稿本等后都由前苏南文物管理委员会收藏。以下便是信函原文和我所作的一些注释。

祁龙威

史致谔与外国侵略者往来信函选录

买忒勒与史致谔函[1]

　　买忒勒启者：本统领所带花头勇[2]每月薪俸等类，共银七千两，系合洋一万元。日前照会贵道内开银数洋价因一时合错，是以不符。现在共收过洋五千元，应作银三千五百两，尚欠银三千五百两。应请贵道即发洋五千元，解交本统领军营，以便分给，幸勿稍迟为祷。闰八月十四日（1862 年 10 月 7 日）

买忒勒与史致谔函

　　原注：闰八月十八日（10 月 11 日），到即复

　　顷于闰八月望日，接展公牍下颁，知宁郡近有奸细混入充当

---

[1]　标题系选录时所加。下同。按买忒勒即达尔第福（Tardif de Moidrey）法军炮兵管带。1861 年间，在上海编练清军"会防局炮勇"与太平军作战。1862 年夏秋间，调充浙东法国"洋枪队"统领，在余姚一带与太平军作战。时值史致谔接任宁绍台道，买忒勒便通过他向中国人民搜括军费。

[2]　"绿头""花头"系英法"洋枪队"的简称。按许瑶光：《谈浙》说："法国用花布缠头，英国则用绿布，故人呼绿头、花头云。"（《太平天国》六，第 614 页）

绿头勇[1]事,业已拿获。足见大人保卫民生,防范严密,是所铭佩。从今弟处自当一体严查,毋烦廑念耳。至前在余防英国人刻已拔队而去。闻伊兵头之意,欲由苏州而至金陵,未悉确否? 弟之一军驻守姚城,兵力甚单。昨收黄头谢勇[2]三百名,学习洋枪,并可保护城池。更喜余姚县陶大老爷办事甚好,可否恳请大人保举? 再闻宁郡有资助黄头勇之军饷,如有即祈大人作速催解来姚,以济军糈,是为至祷。买忒勒

史致谔复买忒勒函

姚江防御,务希保卫维持,加意慎密。黄头勇三百名,既蒙教练洋枪,可期得力。已饬善后局查照本地雇勇章程给予口粮,此事局中自当妥办,可请放心。余姚陶令前有失守处分。此次随同克复,亦必为之转详。英国兵勇现在会攻奉化,其由苏进剿金陵之议,并未闻有此说。专泐布复。十八复大法参府买大老爷升[3]。

---

[1] 当时宁波的"绿头勇",除英国教练的"洋枪队"外,另有美将法尔师德(E.Forrester)统带的"常胜军"的一部。在这里,揭露了"洋枪队"内部的"不稳"情形。

[2] 按,《越州纪略》言:"初,黄头名长胜军,统之者为余姚练长员外郎谢敬。"(《太平天国》六,第771页)这信说明买忒勒驻军余姚时,与这支地主武装勾结,和收编其中一部为法国"洋枪队"的经过。谢敬后在余姚四明镇被太平军俘获,伏诛。(《左文襄公奏疏》初编卷十二《请议恤余姚县殉难之绅士片》)

[3] 买忒勒的法国军职,相当于清参将,故称参府。

买忒勒与史致谔函

买忒勒启者：前泐一函，计蒙台览。所有本统领军营至闰八月初七日止，薪俸口粮等类，尚欠银三千五百两，计洋五千元。现已逾期十余日未荷解交，兵勇待饷孔殷，实难再缓。合亟专函奉渎，务望贵道即速如数解交本统领军营，以便散给，是所切盼。闰八月二十日（10 月 13 日）

史致谔复买忒勒函

买参将：前奉来函，因饷需支绌，一时未能应付，是以尚稽作复。再顷接催件，已遵照欠数，饬令善后局即刻补放矣。专泐奉复，顺请勋安。闰二十

买忒勒与史致谔函

买忒勒启者：所有前拨兵丁一百名，学习洋枪，内有兵丁十名逃避不到[1]，曾经开单照会贵道饬营严提等因在案。惟迄今已逾

---

[1] 美英法侵略者与中国人民为敌，武装清军以干涉中国革命。从 1862 年起，曾教唆清政府调拨天津、上海、宁波、广州、福州等地清军交英法训练（见同治《东华续录》卷十四），但是"各营弁勇皆不愿"（李鸿章：《朋僚函稿》第一同治元年六月二十五日《上曾相》），这信也暴露出这个情况，所以狡猾的侵略者以后不得不改用供给教练和武器的办法，由湘淮军阀自行改编他们的军队了。

旬日,未知曾否提到? 如荷传到,应如何惩办之处,务祈贵道将该兵丁解至余姚军营,当面惩治,庶可以儆将来。专此渎恳,顺颂勋安。闰八月二十一日

史致谔复买忒勒函

史致谔顿复:前因贵营学习洋枪之勇逃避多名,即经严饬文武各衙门查拿送究。昨据府县报称:查到二十余人,多系营兵。现因陈提军[1]前赴奉化,一俟即日回城,即当咨请按名解送贵营,讯明惩办。迟滞之惩(惩字疑误),统希亮察。先此奉复。

史致谔致日意格[2]函

启者:上虞久为逆匪占踞,本当作速进攻,因饷绌兵单,未能即时议剿,然所有通盘计较,本道实无刻不往来于胸,思以长策取胜者也。今日西刻接据余姚探报,知买、德二参府已带兵前赴下坝一路,便探上虞贼势,拟即进攻,当经余姚县知照谢营为之

---

[1]　陈世章,时护理浙江提督。

[2]　日意格(Prosper Giguel)本法国参将,参加过第二次鸦片战争。后转充宁波海关税务司,和史致谔、左宗棠等密切勾结,积极干涉太平天国革命。这时法国"洋枪队"在买忒勒和德克碑(Ensign paul d' Aiqubelle)的指挥下,向上虞蠢动,企图占领该地后进犯绍兴。绍兴系"浙之肥壤"(左宗棠语,见《阳湖史氏家藏左文襄公手札》上册),为中外反革命所共争。史致谔因知左宗棠不愿意这块肥肉先落入洋将口中(参阅拙作《关于太平天国革命时期浙江地区武装干涉者的几点问题》,《历史教学》1955年第3期),所以竭力拦阻云云。

辅助。本道接奉后，深以孤军深入为虞。已立刻照会买、德二参府，请其带领各队折回。一俟宽筹军饷，有隙可乘，再行会师进取。为特函请贵税务司速将鄙意代为切实知照为要。至提台及林守[1]之师，昨经进驻虎山、石□一带[2]，今已分别咨令趱姚西以为接应，想两参府进退更可自如也。手此奉布，顺颂勋安。九月初六（10月28日）

史致谔与法尔师德函[3]

法大人：顷由江北岸回署，适接江苏李抚宪札，所有宁波绿勇应归贵协镇[4]统带，其华头勇、黄头勇亦应由贵协镇节制调遣。敝处即当照札办理，印文分别知照。先此布闻，顺颂日喜。初九日戌刻

---

[1]　林钧，宁波知府。

[2]　虎山当即浒山，石字下一字模糊不可辨，故缺。

[3]　按，《谈浙》说："（同治元年四月）十三日，宁绅前江苏粮道杨坊所分华尔常胜军数百人始至，而先日已收复雄城。"（《太平天国》六，第604页）是为"常胜军"分军宁波之始。八月，史致谔赴任，经上海向李鸿章"假饷并挈华尔同往"（钱勖：《吴中平寇记》卷二）。不久，华尔被太平军击毙于慈溪，美英法三国竞争派员接统"常胜军"，当时占侵华领导地位的英国便拉拢美国，推荐华尔的副手白齐文和法尔师德分别接带在江苏、浙江的"常胜军"，以抵制法国的"挽越"。[见《筹办夷务始末》（同治朝）卷十四，第19页]又教唆李鸿章令法尔师德节制法国"洋枪队"，借以激成"法、买两酋争长"。（《李文忠公朋僚函稿》第二闰月十九日《复史士良观察》）美、法之间矛盾的扩大，有利于英国夺取"常胜军"的指挥权，所以不久，"常胜军"的浙江分军即落入英将哈乐德克（Capt.Roderick Dew）手中。在这个信里，隐藏着侵略者之间的激烈斗争和李鸿章迎合英国等重重黑幕。

[4]　清政府曾赏给法尔师德副将衔，故称协镇。

勒伯勒东[1]致史致谔照会

第一款

花头勇第一队

兵勇六百九十三名,每名每月口粮钱粮洋七元,共计四千八百五十一元。

二道金线外卫六名,每名每月口粮钱粮洋十五元,共计九十元。

每牌管带:名簿口粮等类六名,每名每月口粮钱粮洋十二元,

---

[1] 勒伯勒东(Lieut A.E.LeBrethon de Caliguy)本法国海军参将。1860年间,曾在上海督兵和太平军作战(《清史稿·华尔传》言"勒伯勒东……咸丰十一年来上海",当系误记)。1862年5月,任宁波法国海军司令,和英将哄乐德克合力攻陷宁波。7月,与日意格募练法国"洋枪队"。后调回上海,部下由买忒勒、德克碑分别指挥在奉化、余姚等地进攻太平军。不久,买忒勒与中国武弁布兴有等互斗,激起一部分清军的哗变。法国公使令勒伯勒东仍回宁波领军"权受"中国"会办宁绍防剿事务署浙江总兵"职任。清政府并正式承认这支法国"洋枪队"的编制,从宁波关税中给发饷项,这个"照会"就是勒伯勒东向史致谔索第一个月军需费的文件。暴露当时"洋枪队"的编制及其内部的极端不平等待遇,以此为最详。他发出这个照会后,即从慈溪进屯上虞,扩大部队,积极准备侵犯绍兴。1863年1月,勒伯勒东在绍兴城下,炮炸身死。再由买忒勒接统该军,不到一个月,又在绍兴攻城战中,被起义"黑兵"击毙。最后由德克碑继任,称所部为"常捷军",于3月中攻陷绍兴,极尽了奸淫抢杀之能事。他和日意格又帮助左宗棠用炮火攻陷了富阳、余杭、杭州、湖州等城市,左宗棠之所以能在浙江与太平军作战,主要就是凭借他们的支持。1864年秋冬间,"常捷军"在形式上全部裁撤,实际却转变而为左系湘军"洋枪队"的骨干,继续参加以后的反革命战争。("常捷军"转入左部湘军事,见《左文襄公书牍》卷七,第10—12页,《上总理各国事务衙门》;又见《平浙纪略》卷十二,第3页)

共计七十二元。

一道金线外卫二十四名，每名每月口粮钱粮洋十元，共计二百四十元。

外国兵头队总参将官衔一名，每月薪俸洋三百元。

队总帮办一名，每月薪俸洋二百三十元。

牌总四名，每名每月薪俸洋二百元，共计八百元。

副牌总四名，每名每月薪俸洋一百五十元，共计六百元。

中国兵头八名，每名每月薪俸洋二十元，共计一百六十元。

以上共计七千三百四十三元。

第二款

黄头勇第二队

兵勇六百八十四名，每名每月口粮钱粮洋七元，共计四千七百八十八元。

中国千总一名，每月薪俸洋二十五元。

中国把总六名，每名每月薪俸洋二十元，共计一百二十元。

二道金线外卫六名，每名每月口粮钱粮洋十五元，共计九十元。

每牌管带名簿口粮等类六名，每名每月口粮钱粮洋十二元，共计七十二元。

一道金线外卫二十四名，每名每月口粮钱粮洋十元，共计二百四十元。

外国教师队总参将官衔一名，每月薪俸洋三百元。

队总帮办一名，每月薪俸洋二百三十元。

牌总副牌总共八名，每名每月薪俸洋一百五十元，共一千二百元。

以上共计七千零六十五元。

第三款

　炮兵

　　兵勇一百名,每名每月口粮钱粮洋八元,共计八百元。

　　二道金线外卫一名,每月口粮钱粮洋二十元。

　　管带名簿口粮等类一名,每月口粮钱粮洋十五元。

　　一道金线外卫六名,每名每月薪俸洋十二元,共计七十二元。

　　外国教师牌总一名,每名每月薪俸洋二百五十元。

　　副牌总二名,每名每月薪俸洋一百八十元,共计三百六十元。

　　中国兵头一名,每月薪俸洋二十五元。

　　以上共计一千五百四十二元。

第四款

　外国黑兵

　　外国黑兵一百二十五名,每名每月口粮钱粮洋三十五元,计四千三百七十五元。

　　二道金线外卫四名,每名每月口粮钱粮洋五十元,共计二百元。

　　一道金线外卫六名,每名每月口粮钱粮洋四十五元,共计二百七十元。

　　牌总二名,每名每月薪俸洋一百二十元,共计二百四十元。

　　副牌总二名,每名每月薪俸洋八十元,共计一百六十元。

　　以上共计五千二百四十五元。

第五款

　开路造桥拆贼卡等类

　　开路造桥拆贼卡等类兵头一名,每月薪俸洋二百元。

外国兵四名,每名每月薪俸洋五十元,共计二百元。

木匠六名,每名每月口粮洋十五元,共计九十元。

以上共计四百九十元。

第六款

管粮台火药粮食

管粮台官一名,每月薪俸洋二百元。

管守火药粮食局二名,每名每月口粮钱粮洋五十元,共计一百元。

以上共计三百元。

第七款

缝火药袋修枪及铜匠

缝火药袋修枪兵头一名,每月薪水洋二百元。

帮办二名,每名每月薪俸洋七十五元,共计一百五十元。

中国铜匠十名,每名每月口粮洋十五元,共计一百五十元。

以上共计五百元。

第八款

养病院

养病院医生一名,每月薪俸洋三百元。

管帐粮食一名,每名(当系每月之误)薪俸洋一百元。

帮办管药二名,每名每月口粮洋五十元,共计一百元。

买药材及病人粮食等类每月洋三百元。

以上共计八百元。

第九款

通事书办

通事一名,每月薪俸洋八十元。

第二通事一名,每月薪俸洋三十元。

第一书办一名,每月薪俸洋三十元。

第二、三书办二名,每名每月二十元,共计四十元。以上共计一百八十元。

总共中国外国人一千七百六十八名,经费共统二万三千四百六十五元。

照得该经费自外国十一月初一日起至外国十一月三十日止,即中国九月初十日起至十月初九日止,本统领迄今共收洋五千三百元,存项洋一万八千一百六十五元,请贵道发给,以便抵上月经费。至本统领薪俸请贵道筹议办理。从前华总兵薪俸每月银一千两,请贵道查办。理合照会,为此照会贵道,请烦查照施行。须至照会者。

右照会钦命浙江分巡宁绍台兵备道史。同治元年拾月　日(盖有"会办宁绍防剿事务署浙江总兵勒关防")

附函

勒伯勒东启者:顷来函以梁湖、蒿坝等处贼踪不绝。本统领因病业已痊好,早经拟明日清晨动身,现在贵道念虞城,本统领断不能再事耽搁。兹将照会一件送呈冰案。因上虞县远,以后未便商量,请贵道今日即赐回音。本统领防守虞城,所留下参将名法蓝[1]代理,前日本在慈溪城防守……(下缺)

(这信系写在勒伯勒东的红色名帖上,右上角有勒伯勒东签字及1862年12月9日等法文字迹。)

---

[1]　法蓝,史致谔:《同治元年军务要件·禀中外兵勇克复绍郡详细情形由》作"法兰喀";左宗棠:《陈明酌拟颁赏洋将人等物件片》作"法兰克",都系Frank 一字的异译。

朴三克[1]与史致谔函

朴三克顿启：前者呋大人[2]代买军需，所欠之项。每月二千。承照会云，交领事衙门转交本船收送香港，未见解到。各门火药军需不见，亦有照会到贵道，未见回复。二事烦即见复，以便转知各处。

史致谔复朴三克函稿

大英水师副将朴大人勋启：来翰聆悉。呋总镇[3]代买军火，欠款按月分完二千元，早饬善后局赶紧筹措，当再催令备齐，如数送交领事衙门转交尊处，不致有误。至各门收存火药，亦饬善后局查明面复矣。四月十八日（1863 年 6 月 4 日）缮复

[1] 史致谔记录往来外人姓名中有“大英钦命统领驻宁水师副将朴三克”，再据此信内容更可断定他是英国海军舰长，而系接替呋乐德克（这时已调往日本）控制宁波城防的。

[2] 呋乐德克，英国海军大佐，战斗号（Encounter）军舰舰长。1862 年 4 月，带兵侵入宁波海面，担任英法联军司令，攻陷宁波（见王崇武等：《大平天国史料译丛》）。又募练“洋枪队”接统“常胜军”的分军参加过余姚、慈溪、奉化、绍兴等战役，系浙东干涉战争的最高指挥者。他和史致谔的关系最为密切，这信证明他曾代史致谔购买大量军火，屠杀中国人民。

[3] 呋乐德克的英国军职相当于清朝总兵，故称“总镇”。

史致谔复佛礼赐[1]函

来函以英国法雷列前因剿贼受伤,手指断落,请本道格外发给薪工洋一百二十元等语。查法雷列前在何处剿贼,何日受伤,未准德总镇[2]照会有案。今请给薪工洋一百二十元,碍难饬局给发,希即转知德总镇,将各情节明白照会本道,以便核夺。四月二十五日(6月11日)

佛礼赐与史致谔函

佛礼赐顿启:法雷列系在绍兴受伤。前在本署滋事,本拟重办,因念其身受重伤,姑罚其洋七十五元。兹发给薪工一百二十元,除将本署所罚该兵七十五元扣送本署外,其余始给该兵。泐此布达。五月初一日(6月16日)

史致谔复佛礼赐函稿

奉函具悉。查法雷列在绍受伤,当时未准德总镇照会有案。

---

[1] 佛礼赐(R.J.Forrest)本上海英国领事馆翻译,即于1861年曾随巴夏礼航行长江,窥探太平天国军事形势者(见T.W.Blakiston, *Five Months on the Yang-tsze*)。后继夏福礼(Frederick Harvey)为宁波领事。这里选录他和史致谔往来的信件,证明英国侵略军曾参加绍兴之战,但他致史致谔的第一封信已告佚失。

[2] 即德克碑,时为清军浙江总兵,故称"总镇"。

应否另给薪工,亦须德总镇照会,方可核明酌给。祈饬知施福臣粮台速即告知德总镇为幸。此复。五月初一日

葛格[1]与史致谔函

史大人升:葛格顿首接启,来函称局中无钱,只可从缓。但枪系营中必须之物,不能不备。但期四日后有二千元洋银可抵,即可往上海去取枪矣。如能见许,即祈示知为荷。

史致谔复葛格函稿

前奉督宪大人之谕,花黄绿各勇,概不调派接仗,应遵从前谕

[1] 葛格(Col.Cooke),英国参将,由咈乐德克派充宁波英国"洋枪队"统领。《鄞县志》云:"绿头勇者,官募枪炮队也。绿布裹首,装束如洋人。以英将教之,马昂所教曰常安军(按即"常胜军"的宁波分军扩展而成,参阅1953年1月30日《大公报·史学周刊》拙作《美英法帝国主义者组织"洋枪队"在浙江省进攻太平天国革命军的真相》),英常所教曰定胜军,而皆统于葛格。"(卷七十《外国志》)郭廷以《太平天国史事日志》误以为即"常胜军"中的科克。(附录,第165页)按史致谔纪录往来外人姓名中有"美国人科克系带兵人员,并无授过中外职"一语;再按他禀报李鸿章说:"宁郡绿头勇,即常胜军……又经该兵头马惇、科克等自行添募至一千九百……[《筹办夷务始末》(同治朝)卷十,第40—41页]。可见原充"常胜军"兵头之科克系美国人,非即葛格。

旨裁撤，现已出奏，俟奉上谕饬遵等因[1]。是洋枪等项无须购买矣。五月初六日缮发

---

[1] 在美英法侵略军大掠绍兴之后，浙江地主阶级都为之寒心，左宗棠也生怕他们进攻杭州，"精华尽为所掠"，所以上书总理各国事务衙门"慷慨激昂"地说："洋人在内地强横之状实有不可以情理论者。……见饬各军，勿与计较，冀可免启衅端。……已饬史道乘我军声威正盛，将洋兵陆续遣撤。据史道禀称：常安军即英国教练绿头勇一千名亦拟调回宁郡，分别遣散。惟法首教练花头黄头各勇一千五百名，见改名常捷军……又屡请进攻杭城，经革道张景渠婉言阻止。此勇必须早撤，地方庶可安谧，饷需庶可节省。……大局幸甚。"（《左文襄公书牍》卷六，第12页）史致谔这信所言，即表示出当时中外反革命之间这种一度尖锐化的矛盾。但当德克碑"禀见"左宗棠，"愿出死力……谨受节制"之后，这种矛盾便缓和下来，左宗棠又上书总理衙门强调"花绿头勇多系宁波、慈溪、绍兴之人，一旦裁撤无事，势必流而为匪。且东岸防兵单薄，密迩贼氛，操之未可过急"（同上书，第35页）。而且不久又因"富阳久围不下，增募外国军助攻"（《湘军志·浙江篇》），"花绿各勇"已成为左宗棠的好帮手了。

殷谱经侍郎自定年谱(摘录)

殷谱经侍郎自定年谱^[1]（摘录）

〔清〕殷兆镛撰

咸丰八年四月，时夷匪占据天津炮台，要求无厌，执政力主和议，惠亲王来书房咨访众论。……

五月十六，递封奏，折留中。怡亲王载垣、郑亲王端华见之，大怒，抵诸地，骂曰："书骇耳！"内"鼾"字音义俱不解，以为诟己也，尤恨，逢人告语，欲甘心焉。人皆为余危，余曰："彼此速祸，圣明在上，何惧？"（按，是折始未发出，余亦未敢示人，不知何由中外争传？或云次年天津胜仗后补行发抄，未审然否？英国主见之，命上海夷目访余年貌爵里。一日，鬼子至吴江县令处询问，县令大惊，诡称余家寄籍京师，无从探悉。辛酉春，选之弟避乱上海，恐为夷匪所觉。及巴雅里闻余至，曰："此我国主所访，前年上疏请打仗者，不可犯。"）是日，偕恭亲王、惇郡王、大学士、六部、九卿奏："侍郎衔耆英办理天津夷务，不候谕旨，擅自回京，拟绞监候。"寻赐自尽。……

咸丰十年七月，太白昼见，大沽北炮台失守，僧王节次退兵，夷情益悖。初八，命海口撤防议和，京城讹言四起，劫盗公行，官民逃徙。二十三、二十四，命阅夷务机宜朱谕二道。二十六，递封

---

[1]　清光绪年间刊本。

奏。二十八又递封奏。八月初四、五日，怡王等因和议中变，拿获巴雅里等五人解园，僧王续解三十余人。初七申刻，胜保败伤入安定门，僧王退至八里桥，夷军进逼。上夜召内廷王大臣定计出狩，外间未深悉也。初八，递封奏。是日卯初，上召见惠、恭、惇、怡、郑五王，军机大臣。巳正，从后门出。余至书房，惠、惇、醇、钟、孚诸邸已随驾诣安佑宫，叩辞登程。御膳及铺盖帐棚俱未带。余踉跄步归，遣眷属往清河卓茔，离园二十余里。恭王同桂燕山相国、文博川留办抚局，驻善缘庵，招余等相助。僧王退至齐化门外。京城惟西直、西便、彰义、南西四门未闭。初九，恒子久至刑部狱中，许巴雅里和约悉如原议，俟夷船退出海口，将伊释回，令作汉字与厄尔金。巴雅里倔强不肯。初十，夷兵屯八里桥。十二，夷兵至齐化门外。僧王兵十溃八九。十三，通州知州禀称：夷人约恭王赴通面议，王不答。中秋，巴雅里等出狱，馆积水潭高庙。令成魏卿带兵三百环守，嘱城破时即行处死。十八，巴雅里致夷营书云："现在中国以礼相待，是恭亲王主意。恭亲王甚明白，暂可免战议和。"十九，夷营又挪进三里余。二十一，夷人照会云："亲递国书之议可已，唯须放还巴雅里议和。"二十二，夷匪大队至南海淀。恭王往万寿寺。余乘车从间道往卓茔，仓卒迷路，到已昏黑。子刻，葆源骑马由园而至。与卓、刘、赵三姓同居。二十三下午，土匪屡至卓茔窥伺，俱喝退。二更后，数十人持刀放枪毁门纵火，卓润山及工人六名受重伤，余逾垣免。余挈眷避吕姓家，途遇逃难太监王总管等，言圆明园宫殿、南海淀铺户被焚，内务府大臣文霞帆（丰）投福海，有金光上下，气绝光灭，太监居民亦有死者。余徘徊草露中，望西南数处火焰烛天。二十四黎明，回茔，计烧厅屋五间，茅屋四间，失物无算。夷匪游骑至清河。夜，望西南火益炽。二十五，夷兵撤回德胜门外，俟恭王面议和约。王在长新店。二十六，葆源到园侦视。二十七夜，西南火如故。二十八，余独回园，涂无人影，直庐箱箧一空，木器书籍摧毁满地。京城开门迎夷匪入，城上易置夷旗夷炮，炮皆内向。九月朔，独步大宫门、如意门、福园门外，与二三残卒话，不胜离黍麦秀之感。初二、三日，夷匪游万寿、玉泉、香山。巴雅里、恒子久过善缘庙小憩。初四，余在园检点残编，累日寂听，惟闻风声、鸟声、落叶声、夷营枪炮声、土匪抢劫声。夜，有不知何物怪异声。初五辰刻，夷队复来，毁余上房后窗入，余避至东园门，被抢身上衣物。余步往卓荦，过太后宫已火起，并烧三山宫殿。初六午后，夷队回黄、黑寺大营。重九，程夫人等避至沙河厅吕署。余与葆源等宿邻村梁氏。初十，余回园。前所剩物又一空，近光楼炽，圆明园存坐落七所。阅和议条目。十一、二日，王大臣同英、弗两国集礼部换约，夷人照镜为图以寄国主，余未到。余炊烟屡断。海淀、清河零星夷匪日肆抢掠。黄土村拿获赵四等数名，赃物经官干没。程夫人与葆源往来昌平、沙河催索，并到园收拾，入城觅屋。十九日，余入城，见夷匪纵横九衢，夷酋坐绿呢轿游览拜客。城中喧传余已被戕。是夕宿桐轩处。诘晨借桐轩衣服诣内阁拜发请安折，嗣后逢五逢十如之，见者皆庆更生。周中堂（祖培）惊曰："遂良须发尽白矣！"下午还园。